"十四五"职业教育国家规划教材

微课版

ERP供应链管理系统应用教程（第二版）

（用友ERP-U8 V10.1版）

新世纪高职高专教材编审委员会 组编

主　编　翟　铮　刘震威
副主编　潘　威　方　敏　李　庭
主　审　李　鸽　吴雪凌

大连理工大学出版社

图书在版编目(CIP)数据

ERP供应链管理系统应用教程 / 翟铮，刘震威主编. — 2版. — 大连：大连理工大学出版社，2021.8(2024.6重印)
新世纪高职高专大数据与会计专业系列规划教材
ISBN 978-7-5685-3146-7

Ⅰ．①E… Ⅱ．①翟… ②刘… Ⅲ．①企业管理—供应链管理—计算机管理系统—高等职业教育—教材 Ⅳ．①F274-39

中国版本图书馆CIP数据核字(2021)第155585号

大连理工大学出版社出版

地址：大连市软件园路80号　邮政编码：116023
电话：0411-84708842　邮购：0411-84708943　传真：0411-84701466
E-mail:dutp@dutp.cn　URL:https://www.dutp.cn

大连雪莲彩印有限公司印刷　　大连理工大学出版社发行

幅面尺寸：185mm×260mm　　印张：20.25　　字数：518千字
2017年11月第1版　　　　　　　　　　　　　2021年8月第2版
2024年6月第7次印刷

责任编辑：郑淑琴　　　　　　　　　　　　　　责任校对：王　健
封面设计：对岸书影

ISBN 978-7-5685-3146-7　　　　　　　　　　　定　价：51.80元

本书如有印装质量问题，请与我社发行部联系更换。

前言

《ERP 供应链管理系统应用教程》(第二版)(用友 ERP—U8V10.1 版)是"十四五"职业教育国家规划教材、"十三五"职业教育国家规划教材,也是新世纪高职高专教材编审委员会组编的大数据与会计专业系列规划教材之一。

  本教材全面贯彻党的二十大精神,落实立德树人根本任务,融入思政教育理念。本教材从高等职业教育的课程标准出发,以某商业企业的经济业务为原型进行供应链典型业务设计,由一线教师与会计行家、新道科技股份有限公司的高级专业人员共同合作完成编写。本教材的内容是在经过多轮的教学实践并与软件公司的相关人员一同改进和调整后才最终确定的。教材详细地介绍了 ERP 供应链管理系统的初始设置及采购管理、销售管理、库存管理、存货核算四个子系统对企业经济业务的处理办法和操作流程。教材编写充分贯彻党二十大精神,教材体例符合教育部"1+X"证书、课程思政和劳动教育改革的要求,通过知识链接、能力塑造、素质培养、业务流程与操作步骤、拓展训练环节来设计教材内容,结合"新税政、新技术"后的企业原型业务,以完整的知识体系、明确的能力、素质培养目标、清晰的业务流程图、详细的操作步骤,让学生身临其境,快速进入角色,掌握知识要点,不断提高学生的财务软件操作能力,坚定学生守正创新意识、培养学生谦虚谨慎,乐于奉献的工作态度,树立学生保障重要产业链供应链数据安全观,为加快国家数字经济产业化发展、实现社会主义现代化凝心铸魂。

  本教材的主要特点如下:

  1. 实现理实零对接:本教材以某商业企业原型 ERP 业务为开发案例,结合"新税政、新技术"后企业真实票据

呈现经济业务,通过业务描述、业务分析、岗位说明、操作步骤进行渗透教学,使学生熟练地掌握系统中从普通业务到特殊业务的各个环节的处理全过程,从而提高学生在综合业务中分析问题、解决问题的能力,使学生具备上岗位即执业的能力。

2. 以二维码展现丰富的课程资源:本教材通过校企合作开发教材资源,包括课程标准、教学课件、教案设计、操作录屏、数据账套等内容,为教师和学生提供线上和线下的教学支持。

3. 结合ERP赛项开发教材配套的拓展训练题:总结一线大赛教师历年参赛经验,在各项目内容之后设计模拟赛项训练题,体现以赛促教、教学与竞赛相融合的教学手段。

本教材由哈尔滨职业技术学院翟铮、刘震威任主编,哈尔滨职业技术学院潘咸、徽商职业学院方敏、哈尔滨职业技术学院李庭任副主编,哈尔滨职业技术学院赵宝芳、鲍翠芝和黑龙江生态工程职业学院申思参与了部分内容的编写。具体编写分工如下:项目一、项目三的实训一和项目一的拓展训练由翟铮编写;项目三的实训三、实训四、实训五、拓展训练和项目四的实训四由刘震威编写;项目二、项目四的实训一、实训二和实训三由潘咸编写;项目四的实训五由方敏编写;项目三的实训二、项目四的实训六、项目五、项目六、项目四的拓展训练、项目五的拓展训练和项目六的拓展训练由李庭编写;项目七、项目二的拓展训练和项目七的拓展训练由申思编写。哈尔滨职业技术学院翟铮和鲍翠芝负责全部教材案例业务的设计与内容的统筹安排。九三粮油工业集团有限公司李鸽和新道科技股份有限公司市场总监吴雪凌审阅了全部书稿,并提出了许多宝贵的意见和建议。

在编写本教材的过程中,编者参考、引用和改编了国内外出版物中的相关资料以及网络资源,在此表示深深的谢意!相关著作权人看到本教材后,请与出版社联系,出版社将按照相关法律的规定支付稿酬。

本教材是相关高职院校与企业倾力合作和集体智慧的结晶。尽管我们在教材特色的建设方面做出了很多努力,但由于编者的经验和水平有限,书中仍可能存在疏漏之处,恳请各相关教学单位和读者在使用本教材的过程中予以关注,并将意见和建议及时反馈给我们,以便修订时完善。

编 者

所有意见和建议请发往:dutpgz@163.com
欢迎访问职教数字化服务平台:https://www.dutp.cn/sve/
联系电话:0411-84707492 84706671

目录

项目一　供应链基础设置 ... 1
实训一　系统管理 ... 3
实训二　基础档案设置 ... 13
实训三　单据设置 ... 35
实训四　财务信息初始化设置 ... 39
拓展训练一 ... 53

项目二　供应链各子系统初始设置 ... 54
实训一　采购管理与销售管理 ... 54
实训二　库存管理与存货核算 ... 58
拓展训练二 ... 66

项目三　采购管理 ... 67
实训一　普通采购业务 ... 68
实训二　特殊采购业务 ... 118
实训三　受托代销业务 ... 134
实训四　采购退货业务 ... 166
实训五　采购暂估业务 ... 175
拓展训练三 ... 180

项目四　销售管理 …… 182

- 实训一　普通销售业务 …… 183
- 实训二　直运销售业务 …… 228
- 实训三　零售日报业务 …… 237
- 实训四　委托代销业务 …… 242
- 实训五　特殊销售业务 …… 262
- 实训六　销售退货业务 …… 285
- 拓展训练四 …… 290

项目五　库存管理 …… 291

- 实训一　盘点业务 …… 292
- 实训二　其他业务 …… 298
- 拓展训练五 …… 300

项目六　存货核算 …… 301

- 实训一　存货价格及结算成本处理 …… 302
- 实训二　单据记账 …… 303
- 拓展训练六 …… 305

项目七　期末业务处理 …… 306

- 实训一　业务部门期末处理 …… 306
- 实训二　财务部门月末结账 …… 311
- 实训三　账表查询 …… 314
- 拓展训练七 …… 316

参考文献　317

项目一

供应链基础设置

供应链
基础设置

> **知识链接**
>
> 供应链管理系统是一个通用系统,针对不同企业所属行业和管理模式的不同以及业务处理的差异,将通用系统所提供的管理功能与企业特色相结合,深入分析来确定企业供、销、存的个性化应用方案。
>
> 供应链管理系统基础设置主要包括系统管理、基础档案设置、单据设置和财务信息初始化设置。首先系统管理员(admin)在系统管理中进行建账、增加用户、操作员权限的设置、账套数据管理等初始化账套管理工作,再由账套主管进一步完善包括部门档案、人员档案、客户分类、客户档案、供应商分类、供应商档案、存货分类、存货档案、财务档案、业务信息等基础档案信息,并对总账系统、应收款管理系统以及应付款管理系统进行参数及期初余额等财务信息进行设置。

> **能力塑造**
>
> - 能够进行操作员设置、建立账套和修改操作员权限
> - 能够进行基础设置、账套输出和引入
> - 能够对单据格式、编号进行修改
> - 能够对应收款、应付款管理系统参数进行设置和期初余额录入
> - 能够进行总账系统参数设置和总账系统期初余额录入

> **素质培养**
>
> - 培养学生严谨、规范、及时、保密的工作作风
> - 培养学生踏实、严谨的劳动精神
> - 培养学生岗位分工的责任意识
> - 培养学生迎合社会科技进步的创新精神和创新意识

背景描述

• **企业概况**

黑龙江富铤商贸有限公司(简称富铤商贸)是专门从事鞋类、童装批发的商贸企业,公司法人代表为宋文哲。

公司开户银行及账号:

人民币:中国农业银行哈尔滨中山支行　　账号:08059201040012189

美　元:中国农业银行哈尔滨中山支行　　账号:08059201040012213

公司纳税登记号:230102676956780

公司地址:哈尔滨市道里区爱建路113号

电话:0451-84678976

邮箱:songwenzhe@163.com

• **科目设置及辅助核算要求**

日记账:库存现金、银行存款。

银行账:银行存款——农行存款(人民币)、银行存款——农行存款(美元)

客户往来:应收票据——银行承兑汇票、应收票据——商业承兑汇票、应收账款——人民币、应收账款——美元、预收账款——美元

供应商往来:在途物资、应付票据——商业承兑汇票、应付票据——银行承兑汇票、应付账款——一般应付账款、应付账款——暂估应付账款(其中一般应付账款设置为受控于应付系统,暂估应付账款设置为不受控于应付系统)、预付账款、其他应付账款——其他单位往来、受托代销商品款。

• **会计凭证的基本规定**

业务采用通用凭证进行处理,由指定的会计人员操作录入或生成凭证,收、付款凭证均需出纳签字。已记账凭证修改采用红字冲销法。出库单与入库单原始凭证以软件系统生成的为准;除指定业务外,收到发票同时支付款项的业务使用现付功能处理,开出发票同时收到款项的业务使用现结功能处理。

• **结算方式**

结算方式包括现金、支票、托收承付、委托收款、银行汇票、商业汇票、电汇等。

• **外币业务的处理**

公司按业务发生当日的即期汇率记账,根据期末汇率按月计算汇总损益。

• **存货业务的处理**

公司存货主要包括男鞋、女鞋、童装,按存货分类进行存放(代销商品除外)。各类存货按照实际成本核算,采用永续盘存制;对库存商品采用"数量进价金额核算"法,发出存货成本计价采用"先进先出法",采购入库存货对方科目全部使用"在途物资"科目,委托代销商品成本使用"发出商品"科目核算,受托代销商品成本使用"受托代销商品"科目核算;存货按业务发生日期逐笔记账并制单,暂估业务除外。同一批出入库业务合并生成一张记账凭证;采购、销售业务必须有订单(订单号与合同编号一致),出入库业务必须有

发货单和到货单。

存货核算制单时不允许勾选"已结算采购入库单自动选择全部结算单上单据,包括入库单、发票、付款单,非本月采购入库按蓝字报销单制单"选项。

• **财产清查的处理**

会计期末对存货及固定资产进行清查,根据盘点结果编制"盘点表",并与账面数据进行比较,由库存管理员审核后进行处理。

• **坏账损失的处理**

仅对应收账款计提坏账准备。期末,按应收账款余额百分比法计提坏账准备,提取比例为0.5%。

• **损益类账户的结转**

每月末将各损益类账户余额转入本年利润账户,结转时按收入和支出分别生成记账凭证。

实训一 系统管理

一、账套建立

(一)账套信息

账套号:007;

账套名称:黑龙江富铤商贸有限公司;

启用日期:2022年1月1日;

企业类型:商业企业;

行业性质:2007年新会计制度科目;

基础信息:存货、客户、供应商是否分类(是),是否有外币核算(是);

编码方案:科目编码级次4222,收发类别编码级次12,其他采用系统默认;

系统启用:总账、应收款、应付款、采购管理、销售管理、库存管理、存货核算系统。

(二)操作员及权限分工

操作员及权限分工见表1-1-1。

表 1-1-1　　　　　　　　操作员及权限分工

操作员编号	操作员姓名	隶属部门	职务	操作分工
A01	宋文哲	总经办	总经理	账套主管
W01	高鹏	财务部	财务经理	凭证审核,总账结账
W02	张晓娴	财务部	总账会计	总账(填制、查询凭证、记账、账表、期末处理)、应收应付款管理系统权限,存货核算、UFO报表权限
W03	林静	财务部	出纳	总账(出纳签字),应收应付款管理系统的票据管理,收、付款单填制权限(卡片编辑、卡片删除、卡片查询、列表查询)

续表

操作员编号	操作员姓名	隶属部门	职务	操作分工
G01	王悦	采购部	采购员	采购管理的全部权限
X01	刘军	销售部	销售员	销售管理的全部权限
C01	艾英杰	仓储部	库管员	库存管理的全部权限,存货核算的全部权限,公用目录和公共单据权限

【操作步骤】

1.登录系统管理

(1)执行【开始】/【所有程序】/【用友 ERP-U8V10.1】/【系统服务】/【系统管理】命令,启动系统管理。

(2)执行【系统】/【注册】命令,打开【登录】窗口。

(3)在【登录】窗口中输入服务器名称,此处为默认;输入操作员名称"admin";密码为空;选择系统默认账套"(default)",单击【登录】按钮,以系统管理员身份进入系统管理,如图1-1-1所示。

图1-1-1 【登录】窗口

提示

- 在用友 ERP-U8V10.1 系统管理中,只允许用户以两种身份登录系统管理,一是系统管理员,二是账套主管。如果是初次使用本系统,第一次必须以系统管理员 admin 的身份注册系统管理,建立账套和指定相应的账套主管,之后才能以账套主管的身份注册系统管理。用友 ERP-U8V10.1 默认系统管理员密码为空。

2.增加用户

(1)以系统管理员身份进入系统管理后,选择【权限】/【用户】命令,打开【用户管理】窗口,以增加用户。

(2)单击工具栏中的【增加】按钮,打开【操作员详细情况】窗口,按表1-1-1中所示资料依次输入用户的编号、姓名、口令等信息后,单击【增加】按钮完成增加用户的操作,如图 1-1-2、图 1-1-3 所示。

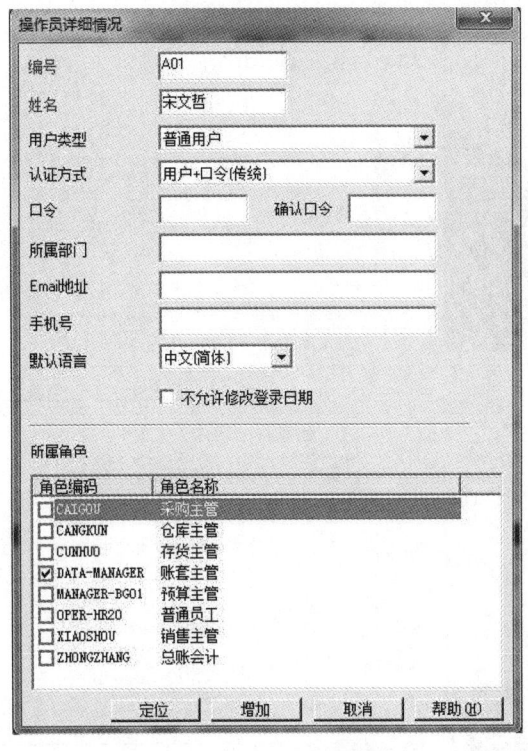

图 1-1-2 【操作员详细情况】窗口

图 1-1-3 【用户管理】窗口

3.建立账套

(1)在【系统管理】窗口中,选择【账套】/【建立】命令,打开【创建账套—建账方式】窗口,选择"新建空白账套",单击【下一步】按钮,如图 1-1-4 所示。

(2)在打开的【创建账套—账套信息】窗口中输入账套号"007"、账套名称"黑龙江富铤商贸有限公司"及启用会计期"2022 年 1 月",如图 1-1-5 所示。

(3)单击【下一步】按钮,打开【创建账套—单位信息】窗口,依次输入单位名称、单位简称、单位地址等信息,如图 1-1-6 所示。

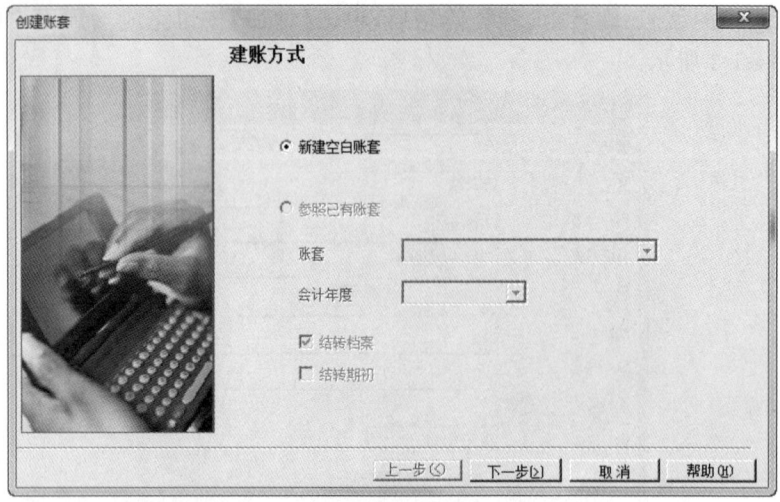

图 1-1-4 【创建账套—建账方式】窗口

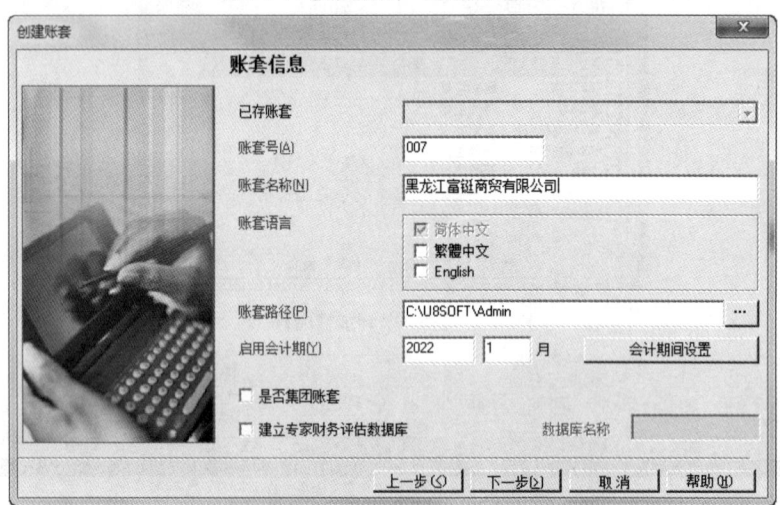

图 1-1-5 【创建账套—账套信息】窗口

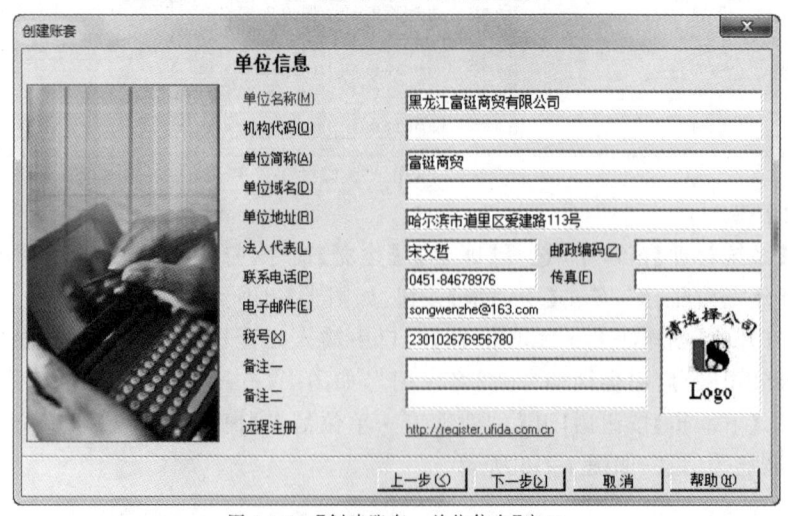

图 1-1-6 【创建账套—单位信息】窗口

(4)单击【下一步】按钮,打开【创建账套—核算类型】窗口。选择"商业"企业类型,行业性质选择"2007年新会计制度科目",科目预置语言选择"中文[简体]",从"账套主管"下拉列表中选择"[A01]宋文哲",勾选"按行业性质预置科目"复选框,如图1-1-7所示。

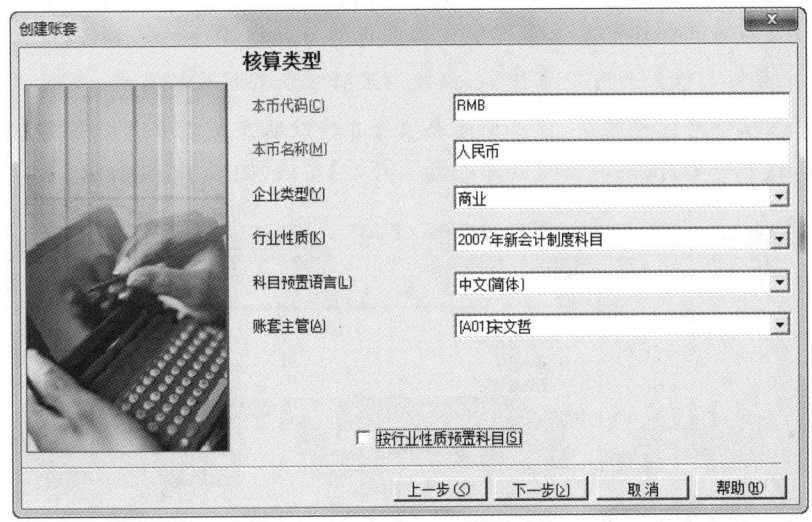

图1-1-7 【创建账套—核算类型】窗口

提示

- 系统默认企业类型为"商业",可以修改。选择"商业"企业类型,供应链管理系统才能处理受托代销业务;选择"工业"企业类型,供应链管理系统才能处理产成品入库、限额领料等业务。
- 行业性质将决定系统预置科目的内容,必须选择正确。系统默认按行业性质预置科目。

(5)单击【下一步】按钮,打开【创建账套—基础信息】窗口。分别勾选"存货是否分类""客户是否分类""供应商是否分类""有无外币核算"复选框,如图1-1-8所示。

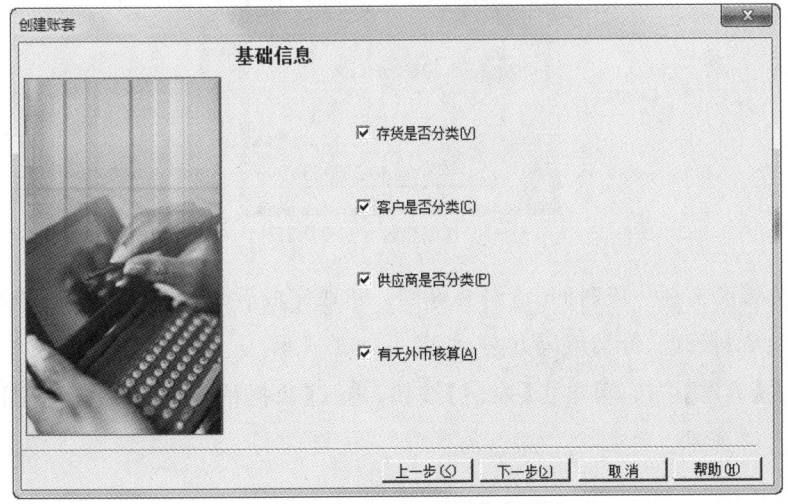

图1-1-8 【创建账套—基础信息】窗口

提示

- 是否对存货、客户及供应商进行分类将会影响其档案的设置。有无外币核算将会影响基础信息的设置和日常业务处理中有无外币的核算内容。一般来说，即使暂时没有外币核算，也最好先设置为有外币核算，以便满足将来业务扩展的需要。
- 如果基础信息设置错误，可以由账套主管在修改账套功能中进行修改。

（6）单击【下一步】按钮，打开【创建账套—开始】窗口，如图1-1-9所示。

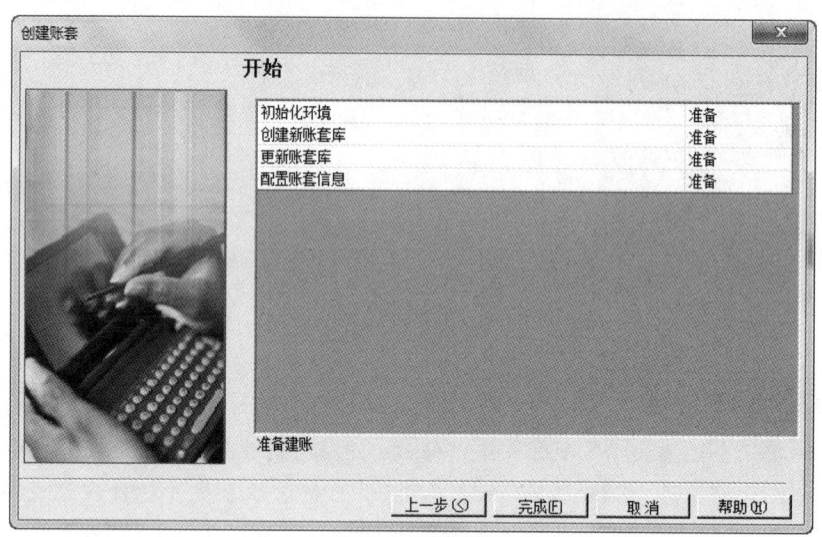

图1-1-9 【创建账套—开始】窗口

（7）单击【完成】按钮，系统提示"可以创建账套了么？"，如图1-1-10所示，单击【是】按钮。

图1-1-10 【创建账套—提示】窗口

（8）建立账套需要一段时间，请耐心等候。建账完成后，系统自动打开【编码方案】窗口，按照所给资料修改、分类编码方案，如图1-1-11所示。

（9）单击【确定】按钮，再单击【取消】按钮，进入【数据精度】窗口进行数据精度的定义，如图1-1-12所示。

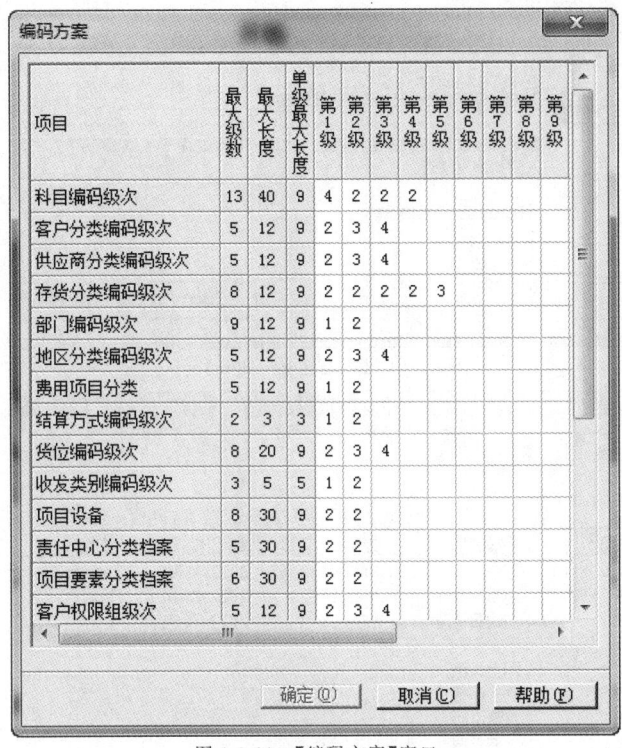

项目	最大级数	最大长度	单级最大长度	第1级	第2级	第3级	第4级	第5级	第6级	第7级	第8级	第9级
科目编码级次	13	40	9	4	2	2	2					
客户分类编码级次	5	12	9	2	3	4						
供应商分类编码级次	5	12	9	2	3	4						
存货分类编码级次	8	12	9	2	3	2						
部门编码级次	9	12	9	1	2							
地区分类编码级次	5	12	9	2	3	4						
费用项目分类	5	12	9	1	2							
结算方式编码级次	2	3	3	1	2							
货位编码级次	8	20	9	2	3	4						
收发类别编码级次	3	5	5	1	2							
项目设备	8	30	9									
责任中心分类档案	5	30	9	2								
项目要素分类档案	6	30	9	2								
客户权限组级次	5	12	9	2	3	4						

图 1-1-11 【编码方案】窗口

数据精度

请按您单位的需要认真填写

存货数量小数位 2
存货体积小数位 2
存货重量小数位 2
存货单价小数位 2
开票单价小数位 2
件数小数位 2
换算率小数位 2
税率小数位 2

图 1-1-12 【数据精度】窗口

（10）数据精度采用系统默认，单击【取消】按钮后，系统提示"[007]建账成功"，如图 1-1-13 所示。

（11）单击【是】按钮，打开【系统启用】窗口，在该窗口中依次启用"总账""应收款管理""应付款管理""采购管理""销售管理""库存管理""存货核算"子系统，启用日期为 2022 年 1 月 1 日，如图 1-1-14 所示。

ERP供应链管理系统应用教程

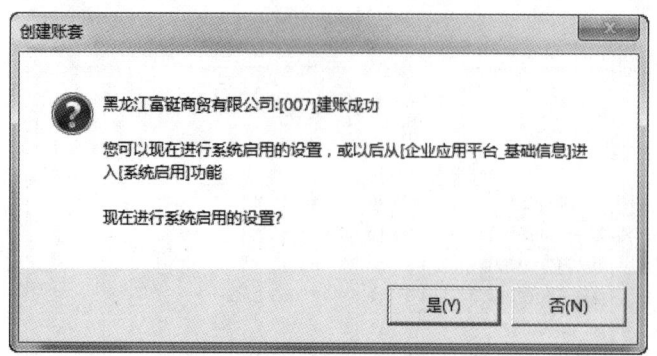

图 1-1-13 【创建账套—完成】窗口

图 1-1-14 【系统启用】窗口

💮 提示

- 采购管理系统的启用月份必须大于等于应付款管理系统的未结账月。

- 销售管理系统的启用月份必须大于等于应收款管理系统的未结账月,并且应收款管理系统未录入当月发票。如果已经录入当月发票,则必须先删除当月发票。

- 当采购管理系统先启用、库存管理系统后启用时,如果库存管理系统启用月份已有根据采购订单生成的采购入库单,则库存管理系统不能启用。

- 库存管理系统启用之前,必须先审核库存管理系统启用日期之前未审核的发货单和先开具但未审核的发票,否则库存管理系统不能启用。

- 当销售管理系统先启用、库存管理系统后启用时,如果库存管理系统启用日期之前的发货单有对应的库存管理系统启用日期之后的出库单,则必须先删除此类出库单,并在库存管理系统启用日期之前生成这些出库单,然后才能启用库存管理系统。

4.设置操作员权限

(1)在【系统管理】窗口中执行【权限】/【权限】命令,打开【操作员权限】窗口。

(2)在【操作员权限】窗口中选择"[007]黑龙江富铤商贸有限公司"账套,时间为2017年,从窗口左侧操作员列表中选择"W01 高鹏",如图 1-1-15 所示。

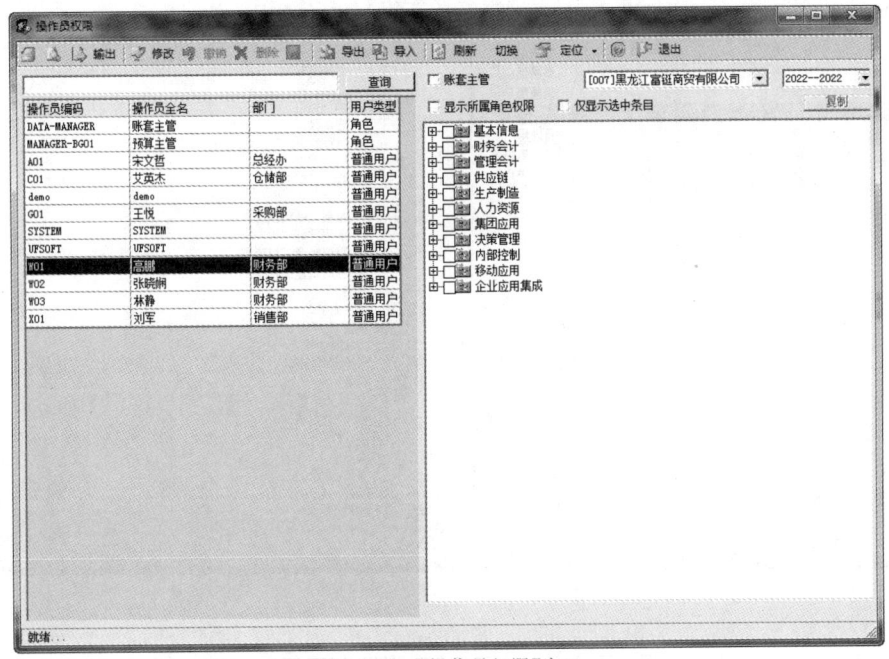

图 1-1-15 【操作员权限】窗口

(3)单击【修改】按钮,展开【操作员权限】窗口。

(4)在【操作员权限】窗口中按照权限分工设置权限,如图 1-1-16 所示,单击【保存】按钮。之后依次设置其他操作员的权限。

提示

• 请以 A01 身份登录企业应用平台,执行【系统服务】/【权限】/【数据权限控制】命令,在打开的窗口中取消记录级的"仓库""科目""工资权限"和"用户"的权限控制。

5.账套数据备份

(1)在 D 盘中建立"1-1 建账"文件夹。

(2)在【系统管理】窗口中执行【账套】/【输出】命令,打开【账套输出】窗口。

(3)在"账套号"文本框中选择"[007]黑龙江富铤商贸有限公司",单击"输出文件位置"文本框右侧的 按钮,打开【选择账套备份路径】窗口。

(4)在【选择账套备份路径】窗口中打开"D:\1-1 建账"文件夹,单击【确认】按钮,如图 1-1-17所示。

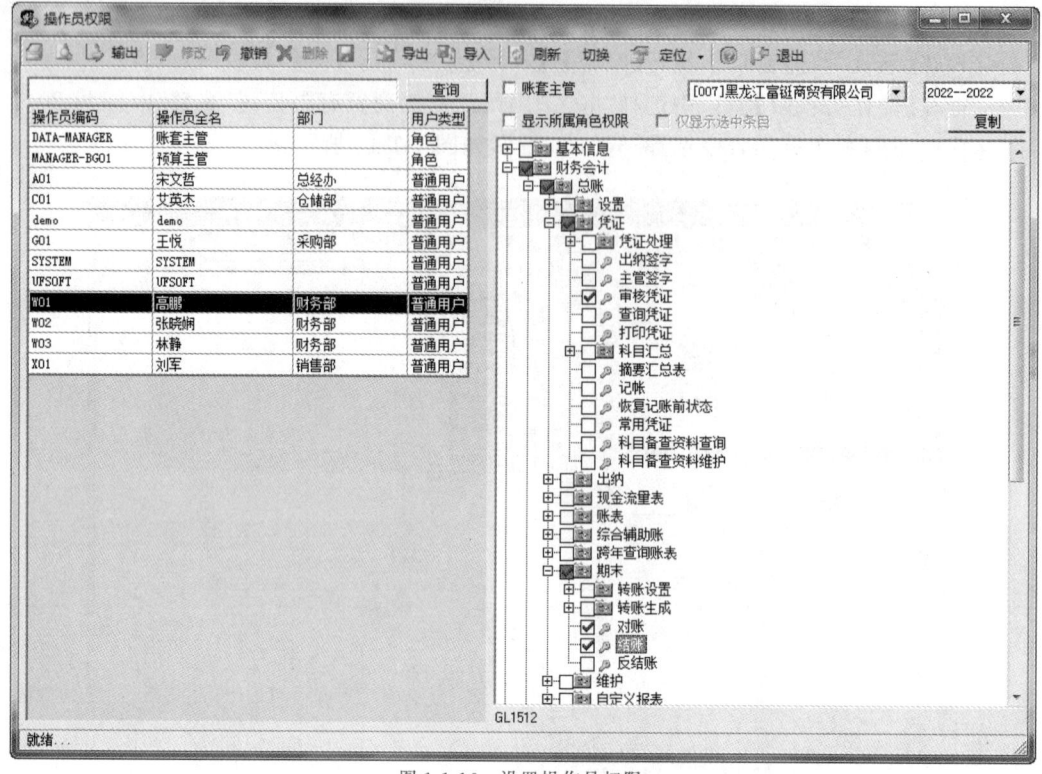

图 1-1-16 设置操作员权限

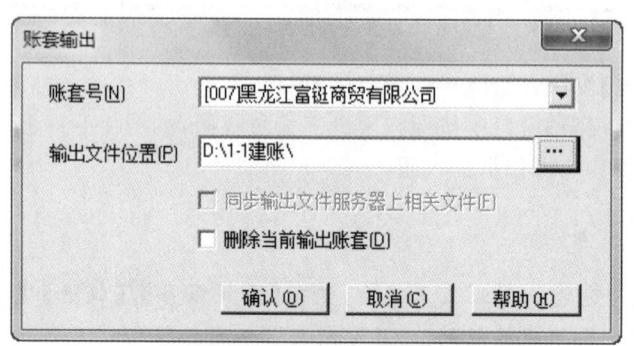

图 1-1-17 【账套输出】窗口

(5)系统提示"输出成功",单击【确定】按钮,完成账套备份,如图 1-1-18 所示。

图 1-1-18 【输出成功】信息提示框

实训二　基础档案设置

一、机构人员设置

(一)部门档案设置

公司的部门档案信息见表1-2-1。

表1-2-1　　　　　　　部门档案信息

部门编码	部门名称	部门编码	部门名称
1	总经办	4	销售部
2	财务部	5	仓储部
3	采购部		

(二)人员类别设置

公司的人员类别信息见表1-2-2。

表1-2-2　　　　　　　人员类别信息

分类编码	分类名称	分类编码	分类名称
10101	管理人员	10103	销售人员
10102	采购人员		

(三)人员档案设置

公司的人员档案信息见表1-2-3。

表1-2-3　　　　　　　人员档案信息

人员编码	人员名称	所属部门	人员类别	性别	是否业务员	业务或费用部门
101	宋文哲	总经办	管理人员	男	是	总经理办公室
201	高鹏	财务部	管理人员	男	是	财务部
202	张晓娴	财务部	管理人员	女	是	财务部
203	林静	财务部	管理人员	女	是	财务部
301	王悦	采购部	采购人员	女	是	采购部
302	周南	采购部	采购人员	男	是	采购部
401	刘军	销售部	销售人员	男	是	销售部
402	董勇浩	销售部	销售人员	男	是	销售部
501	艾英杰	仓储部	管理人员	女	是	仓储部

【操作步骤】

1.设置部门档案

执行【基础设置】/【基础档案】/【机构人员】/【部门档案】命令,打开【部门档案】窗口。按基础档案信息资料(表1-2-1)输入部门档案信息,操作结果如图1-2-1所示。

2.设置人员类别

执行【基础设置】/【基础档案】/【机构人员】/【人员类别】命令,打开【人员类别】窗口。单击"正式工"人员类别,单击【增加】按钮,按基础档案信息资料(表1-2-2)输入人员类别信息,操作结果如图1-2-2所示。

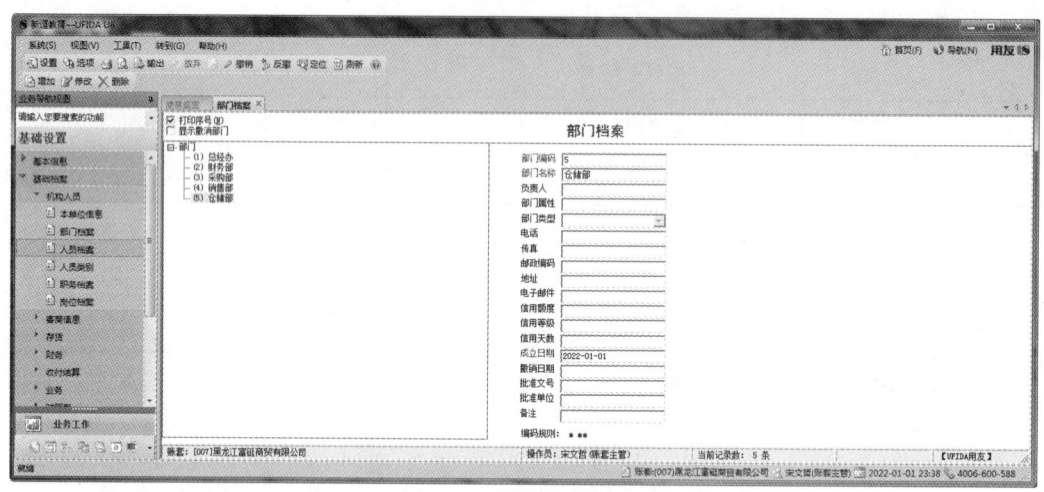

图1-2-1 【部门档案】窗口

图1-2-2 【人员类别】窗口

3.设置人员档案

执行【基础设置】/【基础档案】/【机构人员】/【人员档案】命令,打开【人员列表】窗口。按基础档案信息资料(表1-2-3)输入人员档案信息,操作结果如图1-2-3所示。

图 1-2-3 【人员列表】窗口

二、客商信息设置

(一)地区分类设置

公司的地区分类信息见表1-2-4。

表 1-2-4　　　　　　　　　地区分类信息

地区分类编码	地区分类	地区分类编码	地区分类
01	黑龙江	05	山东
02	浙江	06	江苏
03	辽宁	99	境外
04	广东		

(二)客户分类设置

公司的客户分类信息见表1-2-5。

表 1-2-5　　　　　　　　　客户分类信息

客户分类编码	客户分类	客户分类编码	客户分类
01	商贸类	03	零售商店
02	超市类		

(三)客户档案设置

公司的客户档案信息见表1-2-6。

表1-2-6 客户档案信息

客户编码	客户名称	客户简称	所属分类	所属地区	税号	地址、电话	开户银行	账号
01	哈尔滨秋林集团股份有限公司	秋林公司	商贸	黑龙江	23010312704l995	哈尔滨市东大直街319号 0451-58938034	中国工商银行哈尔滨大直支行	35000221090060l2499
02	大商集团大庆新东风购物广场有限公司	新东风购物广场	商贸	黑龙江	23060267745004S	大庆市萨尔图区东风新村纬七路13号商场 0459-6621278	中国建设银行大庆市分行营业部	23001665105096666
03	哈尔滨中央红集团股份有限公司	中央红	商贸	黑龙江	2301021275S1296	哈尔滨市中央大街100号 0451-8488S119	中国农业银行哈尔滨道里支行	04020104003986
04	哈尔滨哈西万达百货	万达百货	商贸	黑龙江	230l03056334S86	哈尔滨市中兴大道166号 0451-877l7212	中国建设银行哈尔滨香坊支行	23001S56510501986
05	哈尔滨家乐福超市有限公司	家乐福	超市	黑龙江	2301906981221O	哈尔滨市红旗大街73号 0451-58989667	中国建设银行哈尔滨红旗大街支行	23001S6510505047
06	哈尔滨家得乐超市有限公司	家得乐	超市	黑龙江	2301906981l342	哈尔滨市平准街116号 0451-58989564	中国农业银行哈尔滨宣西支行	04020104003635
07	哈尔滨岳华进出口有限公司	岳华	商贸	黑龙江	2301906981267O	哈尔滨市平房区新疆大街103号 0451-63297865	中国工商银行哈尔滨平房支行	35000221090060l235
08	大庆世纪联华超市有限公司	世纪联华	超市	黑龙江	2306025986378?	黑龙江省大庆市萨尔图区东风路15-5号 0459-822306G	中国银行股份有限公司大庆分行	17021235832O
09	佳木斯标志服饰经销店	标志服饰	零售商店	黑龙江	2308037369l521	佳木斯市中山路458号 0454-869848	中国银行佳木斯分行营业部	17145301296g

（四）供应商分类设置

公司的供应商分类信息见表 1-2-7。

表 1-2-7　　　　　　　　　　　　供应商分类信息

供应商分类编码	供应商分类	供应商分类编码	供应商分类
01	鞋	01001	男鞋
01002	女鞋	02	童装
09	其他		

（五）供应商档案设置

公司的供应商档案信息见表 1-2-8。

【操作步骤】

1.设置地区分类

执行【基础设置】/【基础档案】/【客商信息】/【地区分类】命令，打开【地区分类】窗口。按基础档案信息资料（表 1-2-4）输入地区分类信息，操作结果如图 1-2-4 所示。

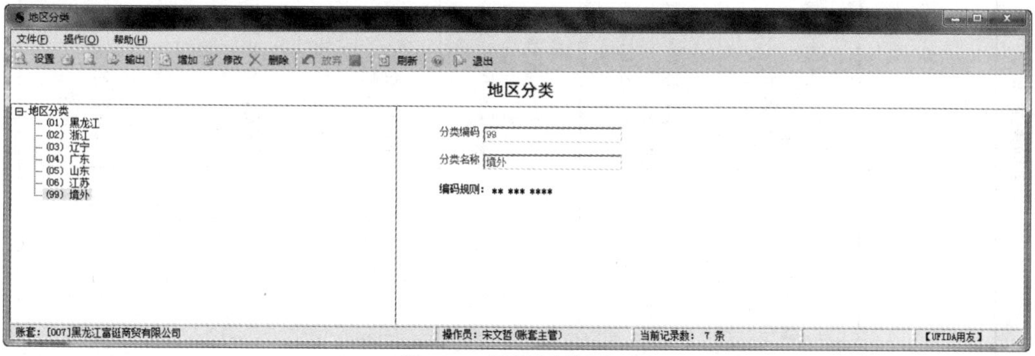

图 1-2-4　【地区分类】窗口

2.设置客户分类

执行【基础设置】/【基础档案】/【客商信息】/【客户分类】命令，打开【客户分类】窗口。按基础档案信息资料（表 1-2-5）输入客户分类信息，操作结果如图 1-2-5 所示。

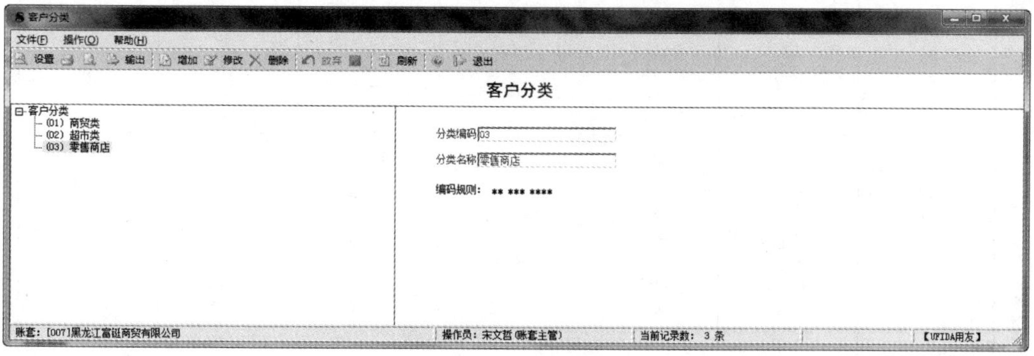

图 1-2-5　【客户分类】窗口

表 1-2-8　供应商档案信息

供应商编码	供应商名称	供应商简称	所属分类	所属地区	税号	地址、电话	开户银行	账号
01	广州富铤鞋业发展有限公司	富铤鞋业	01001	广东	44132268485678	广东省广州市海珠区江南北路60号 020-36497151	中国工商银行广州市海珠区支行	3500022109006312468
02	徐州市凤雷贸易有限公司	凤雷贸易	01002	江苏	32030066576593X	江苏省徐州市段庄小区3#-4-501 0516-85656394	中国农业银行徐州市段庄分理处	10230104005 4510
03	永嘉细平鞋业有限公司	细平鞋业	01002	浙江	330302715426786	浙江省温州市永嘉镇塘路26号 0577-67569256	温州银行永嘉支行	7040001201 90010820
04	温州市鼎豪鞋业发展有限公司	鼎豪鞋业	01002	浙江	330302715426662	温州市鹿城工业区泰力路37号（1-2层） 0577-88788753	温州银行劳武支行	7320001201 90001630
05	大庆世纪联华超市有限公司	世纪联华	01002	黑龙江	230602569863787	黑龙江省大庆市萨尔图区东风路15-5号 0459-8223066	中国银行股份有限公司大庆分行	17021235 8320
06	宝派少儿服饰（中国）有限公司	宝派服饰	02	浙江	330381583569046	瑞安市东新工业区 0577-65126687	浙江瑞安农村合作银行东新支行中村分理处	2010000865 08909

3.设置客户档案

(1)执行【基础设置】/【基础档案】/【客商信息】/【客户档案】命令,打开【客户档案】窗口。该窗口分为左、右两部分,左侧窗口显示已经设置的客户分类,选中某一客户分类,则在右侧窗口显示该分类下所有的客户列表。

(2)单击【增加】按钮,打开【增加客户档案】窗口。该窗口中共包括4个选项卡,即【基本】【联系】【信用】【其他】,应根据客户不同的属性分别归类记录。

(3)单击窗口中的【银行】按钮,系统弹出【客户银行档案】窗口。将基础信息资料(表1-2-6)中的开户银行及账号等信息输入到上述窗口中,其中"所属银行"和"默认值"是参照录入的。

(4)按基础信息资料(表1-2-6)输入客户档案信息,操作结果如图1-2-6所示。

图 1-2-6　【客户档案】窗口

4.设置供应商分类

执行【基础设置】/【基础档案】/【客商信息】/【供应商分类】命令,打开【供应商分类】窗口。按基础信息资料(表1-2-7)输入供应商分类信息,操作结果如图1-2-7所示。

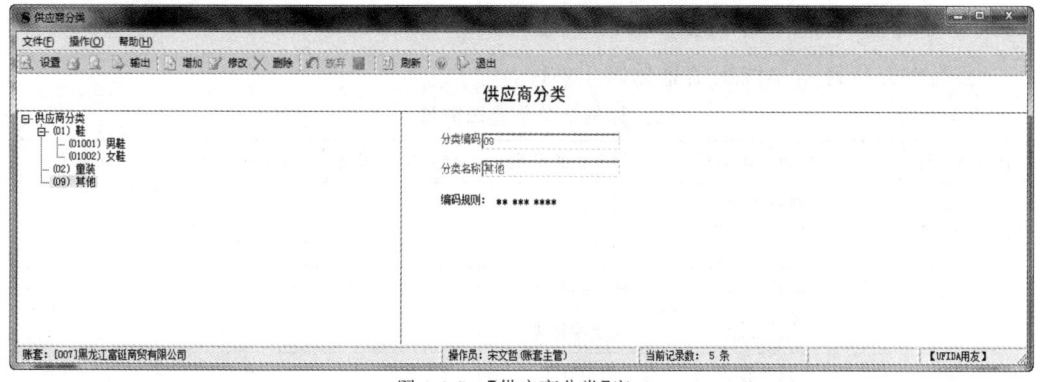

图 1-2-7　【供应商分类】窗口

5.设置供应商档案

(1)执行【基础设置】/【基础档案】/【客商信息】/【供应商档案】命令,打开【供应商档案】窗口。该窗口分为左、右两部分,左侧窗口显示已经设置的供应商分类,选中某一供应商分类,则在右侧窗口显示该分类下所有的供应商列表。

(2)单击【增加】按钮,打开【供应商档案】窗口。

(3)按基础信息资料(表1-2-8)输入供应商档案信息,操作结果如图1-2-8所示。

图 1-2-8 【供应商档案】窗口

> **提示**
>
> • 分类编码必须符合编码方案中定义的编码规则。

三、存货档案设置

(一) 存货分类设置

公司的存货分类信息见表 1-2-9。

表 1-2-9　　　　　　　　　　存货分类信息

分类编码	分类名称	分类编码	分类名称
01	鞋	02	童装
0101	男鞋	09	其他
0102	女鞋		

(二) 存货计量单位设置

公司的存货计量单位组信息见表 1-2-10。

表 1-2-10　　　　　　　　存货计量单位组信息

计量单位组编码	计量单位组名称	计量单位组类别	计量单位编码	计量单位名称	换算率
01	换算 1 组	固定换算率	01	双	1
01	换算 1 组	固定换算率	02	套码	6
02	换算 2 组	固定换算率	03	套	1
02	换算 2 组	固定换算率	04	套号	3
03	自然单位组	无换算率	05	公里	—
03	自然单位组	无换算率	06	支	—

(三) 存货档案设置

公司的存货档案信息见表 1-2-11。

表 1-2-11 存货档案信息

分类编码	所属类别	存货编码	存货名称	主计量单位	税率	规格	存货属性
0101	男鞋	0101001	富锭商务男鞋	双	13%	240#-270#	外购、内销
		0101002	富锭休闲男鞋	双	13%	240#-270#	外购、内销
		0101003	富锭运动男鞋	双	13%	240#-270#	外购、内销
0102	女鞋	0102004	鼎豪平跟流行女鞋	双	13%	225#-250#	外购、内销
		0102005	鼎豪平跟正装女鞋	双	13%	225#-250#	外购、内销
		0102006	鼎豪平跟休闲女鞋	双	13%	225#-250#	外购、内销
		0102007	鼎豪高跟流行女鞋	双	13%	225#-250#	外购、内销
		0102008	鼎豪高跟正装女鞋	双	13%	225#-250#	外购、内销
		0102009	鼎豪高跟休闲女鞋	双	13%	225#-250#	外购、内销
		0102010	鼎豪内增高女鞋	双	13%	225#-250#	外购、内销
		0102011	细平短筒靴	双	13%	225#-250#	外购、内销、受托代销
		0102012	细平中筒靴	双	13%	225#-250#	外购、内销、受托代销
		0102013	细平高筒靴	双	13%	225#-250#	外购、内销、受托代销
02	童装	02014	宝派婴童套装	套	13%	0-3岁	外购、内销
		02015	宝派男童套装	套	13%	4-6岁	外购、内销
		02016	宝派女童套装	套	13%	4-6岁	外购、内销
09	其他	09017	运输费	公里	9%		外购、内销
		09018	皮革护理液	支	13%	自然色	外购、内销

【操作步骤】
1.设置存货分类

执行【基础设置】/【基础档案】/【存货】/【存货分类】命令,打开【存货分类】窗口。按基础信息资料(表1-2-9)输入存货分类信息,操作结果如图1-2-9所示。

图1-2-9 【存货分类】窗口

2.设置存货计量单位组

(1)执行【基础设置】/【基础档案】/【存货】/【计量单位】命令,打开【计量单位】窗口。

(2)单击【分组】按钮,打开【计量单位组】窗口。

(3)单击【增加】按钮,按基础信息资料(表1-2-10)输入计量单位组的编码、名称、类别(换算)等信息,如图1-2-10所示。

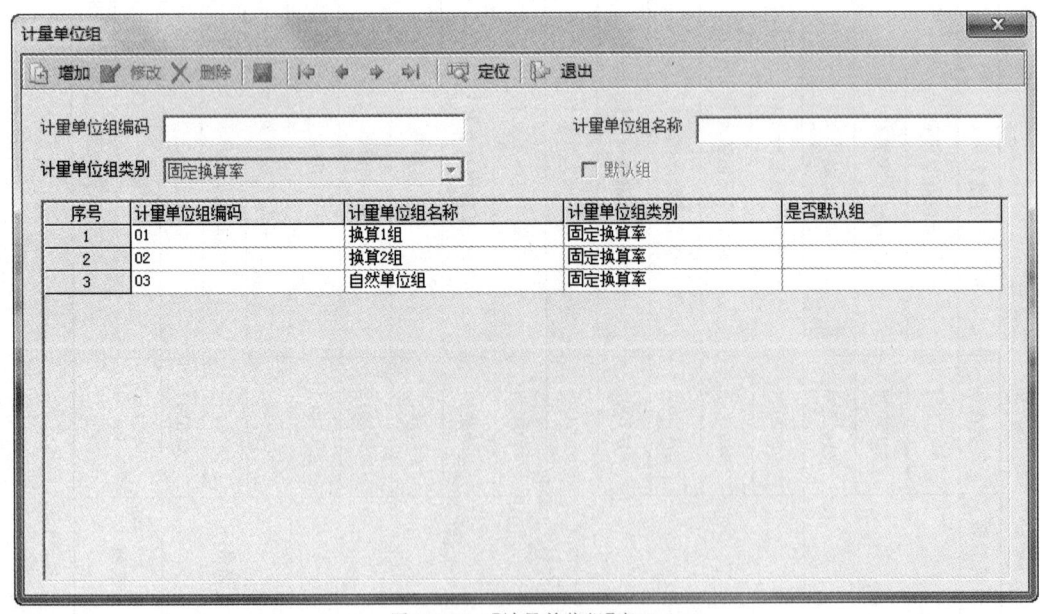

图1-2-10 【计量单位组】窗口

(4)单击【单位】按钮,再单击【增加】按钮,按基础信息资料(表1-2-10)依次输入计量单位的编码、名称等信息,之后单击【保存】按钮。操作结果如图1-2-11所示。

图 1-2-11 【计量单位】窗口

(5)单击【刷新】按钮,操作结果如图 1-2-12 所示。

图 1-2-12 【计量单位列表】窗口

3.设置存货档案

(1)执行【基础设置】/【基础档案】/【存货】/【存货档案】命令,打开【存货档案】窗口。

(2)选中"(0101)男鞋"存货分类。

(3)单击【增加】按钮,打开【增加存货档案】窗口。

(4)根据基础信息资料(表 1-2-11)填制"0101001 富链商务男鞋"的存货档案的【基本】选项卡。

(5)单击【保存】按钮,保存存货档案信息,操作结果如图 1-2-13。

(6)按基础信息资料(表 1-2-11)依次输入全部存货档案,操作结果如图 1-2-14 所示。

图 1-2-13 设置存货档案

图 1-2-14 【存货档案】窗口

提示

• 【基本】选项卡主要记录企业存货的基本信息，其中"蓝色字体"项为必填项。

• 如果"受托代销"为灰颜色即处于无法选择的状态，则需要在【企业应用平台】窗口中单击【业务】选项，执行【供应链】/【库存管理】/【初始设置】/【选项】命令，打开【选项】窗口，选中"有无受托代销业务"复选框，单击【确定】按钮退出即可。

• 受托代销业务只有在建账时选择"商业"核算类型，并且在采购管理中确定"是否受托代销业务"后才能选择使用。

四、财务档案设置

(一) 会计科目设置

公司会计科目信息见表 1-2-12。

表 1-2-12　会计科目信息

科目编码	科目名称	外币币种	辅助账类型	账页格式	余额方向	受控系统	银行账	日记账
1001	库存现金			金额式	借			Y
1002	银行存款			金额式	借		Y	Y
10020101	农行存款（人民币）			金额式	借		Y	Y
10020102	农行存款（美元）	美元		外币金额式	借		Y	Y
100202	哈尔滨银行			金额式	借			
1012	其他货币资金			金额式	借			
1121	应收票据			金额式	借			
112101	银行承兑汇票		客户往来	金额式	借	应收系统		
112102	商业承兑汇票		客户往来	金额式	借	应收系统		
1122	应收账款			金额式	借			
112201	人民币		客户往来	金额式	借	应收系统		
112202	美元	美元	客户往来	外币金额式	借	应收系统		
1123	预付账款			金额式	借			
112301	人民币		供应商往来	金额式	借	应付系统		
112302	美元	美元	供应商往来	外币金额式	借	应付系统		
1321	受托代销商品			金额式	借			
2001	短期借款			金额式	贷			
2201	应付票据			金额式	贷			
220101	银行承兑汇票		供应商往来	金额式	贷	应付系统		
220102	商业承兑汇票		供应商往来	金额式	贷	应付系统		
2202	应付账款			金额式	贷			
220201	一般应付款		供应商往来	金额式	贷	应付系统		
220202	暂估应付款		供应商往来	金额式	贷	应付系统		
2203	预收账款			金额式	贷			

续表

科目编码	科目名称	外币币种	辅助账类型	账页格式	余额方向	受控系统	银行账	日记账
220301	人民币		客户往来	金额式	贷	应收系统		
220302	美元	美元	客户往来	外币金额式	贷	应收系统		
2211	应付职工薪酬			金额式	贷			
221101	工资			金额式	贷			
221102	社会保险			金额式	贷			
221103	职工福利			金额式	贷			
2221	应交税费			金额式	贷			
222101	应交增值税			金额式	借			
22210101	进项税额			金额式	借			
22210102	已交税金			金额式	借			
22210106	销项税额			金额式	贷			
22210107	进项税额转出			金额式	贷			
2314	受托代销商品款		供应商往来	金额式	贷			
4104	利润分配			金额式	贷			
410415	未分配利润			金额式	贷			
6601	销售费用			金额式	借			
660101	职工薪酬			金额式	借			
660102	广告费			金额式	借			
660103	委托代销手续费			金额式	借			
660104	赠品费用			金额式	借			
660109	其他			金额式	借			
6602	管理费用			金额式	借			
660201	职工薪酬			金额式	借			
660202	办公费			金额式	借			
660209	其他			金额式	借			

（二）指定科目设置

指定现金科目为"库存现金"、银行科目为"银行存款"。

（三）凭证类别设置

公司凭证类别设置为"记账凭证"。

（四）外币设置

公司外币类型设置为"美元"，币符为"USD"，汇率类型为"固定汇率"。

【操作步骤】

1. 设置会计科目

（1）执行【基础设置】/【基础档案】/【财务】/【会计科目】命令，打开【会计科目】窗口。

（2）单击【增加】按钮，打开【新增会计科目】窗口，按基础信息资料（表1-2-12）输入科目编码"112201"和科目名称"人民币"，勾选"客户往来"辅助项，选择受控系统为"应收系统"，如图1-2-15所示。

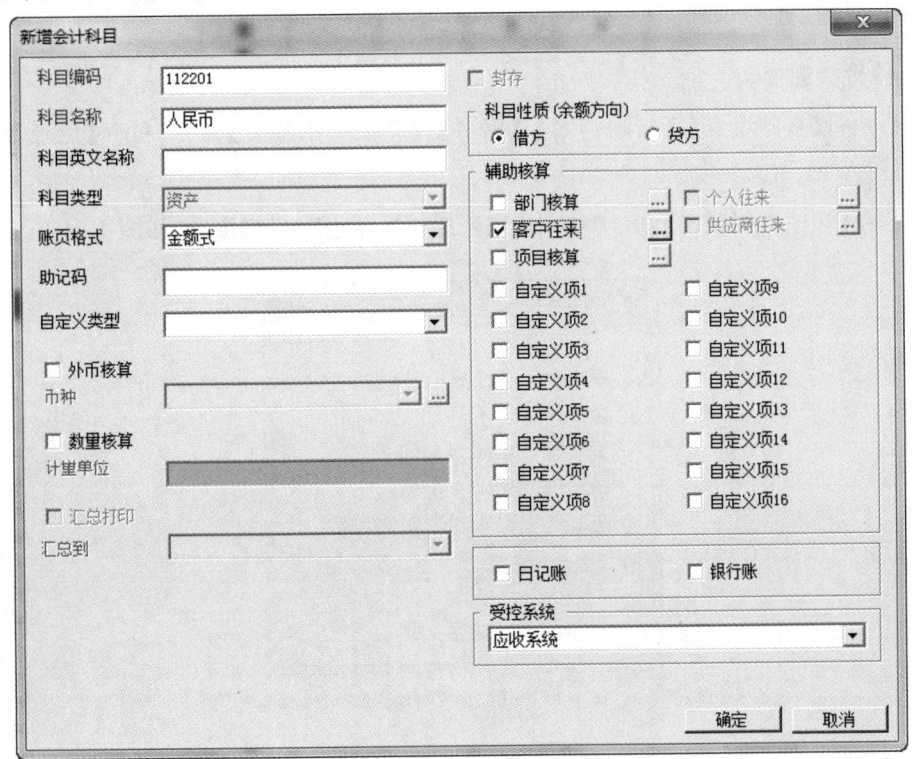

图1-2-15 【新增会计科目】窗口

（3）单击【确定】按钮。根据基础信息资料（表1-2-12）依次修改、增加会计科目。

2. 设置指定科目

（1）执行【基础设置】/【基础档案】/【财务】/【会计科目】命令，打开【会计科目】窗口。

（2）执行【编辑】/【指定科目】命令，打开【指定科目】窗口，如图1-2-16所示，选择"现金科目"为"1001 库存现金"，"银行科目"为"1002 银行存款"，单击【确定】按钮。

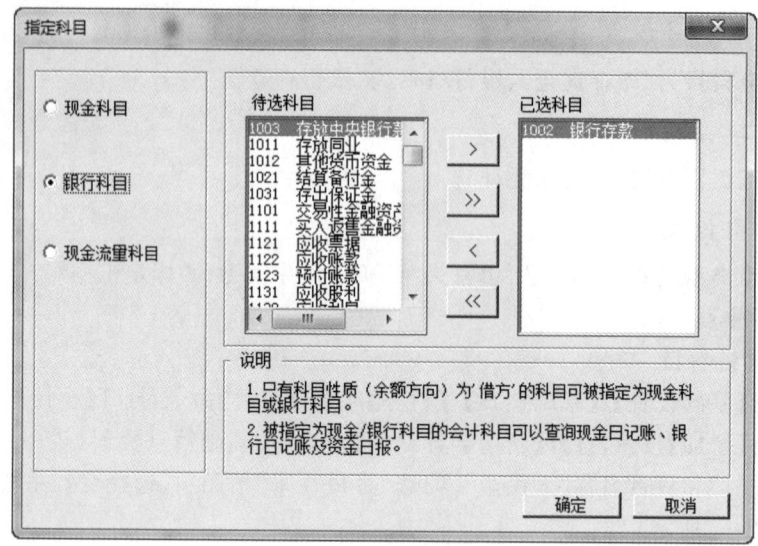

图 1-2-16 【指定科目】窗口

3.设置凭证类别

(1)执行【基础设置】/【基础档案】/【财务】/【凭证类别预置】命令,打开【凭证类别预置】窗口。

(2)在【凭证类别预置】窗口中选中"记账凭证",单击【确定】按钮,如图1-2-17所示。

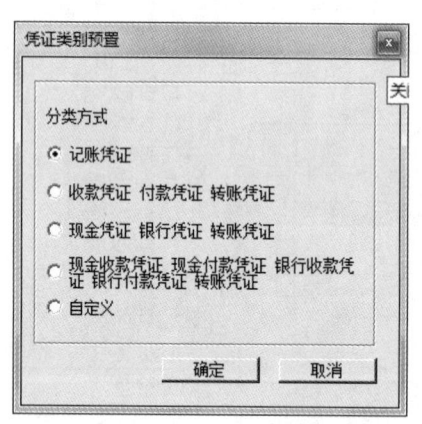

图 1-2-17 【凭证类别预置】窗口

4.设置外币

(1)执行【基础设置】/【基础档案】/【财务】/【外币设置】命令,打开【外币设置】窗口。

(2)单击【增加】按钮,选择"固定汇率",输入"币符"为"USD","币名"为"美元",单击【确认】按钮,如图1-2-18所示。

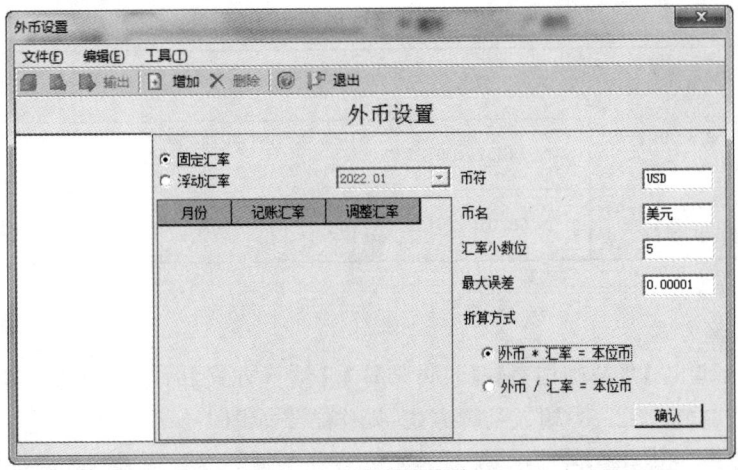

图 1-2-18 【外币设置】窗口

五、收付结算信息设置

(一)结算方式设置

公司结算方式信息见表 1-2-13。

表 1-2-13　　　　　　　　结算方式信息

编　号	结算方式名称	编　号	结算方式名称
1	现　金	302	银行承兑汇票
2	支　票	4	电　汇
201	现金支票	5	托收承付
202	转账支票	6	委托收款
3	汇　票	9	其　他
301	商业承兑汇票		

(二)付款条件设置

公司付款条件信息见表 1-2-14。

表 1-2-14　　　　　　　　付款条件信息

付款条件编码	信用天数	优惠天数1	优惠率1	优惠天数2	优惠率2
01	30	10	2	20	1

(三)银行档案设置

公司银行档案信息见表 1-2-15。

表 1-2-15　　　　　　　　银行档案信息

银行编码	银行名称	银行编码	银行名称
05	温州银行	06	浙江瑞安农村合作银行

(四)开户银行设置

公司开户银行信息见表 1-2-16。

表 1-2-16　　　　　　　　开户银行信息

企业开户银行编码	开户银行名称	账号	账户名	币种	所属银行名称
01	中国农业银行哈尔滨中山支行	08059201040012189	黑龙江富铤商贸有限公司	人民币	中国农业银行
02	中国农业银行哈尔滨中山支行	08059201040012213	黑龙江富铤商贸有限公司	美元	中国农业银行

【操作步骤】

1.设置结算方式

执行【基础设置】/【基础档案】/【收付结算】/【结算方式】命令,打开【结算方式】窗口,按基础信息资料(表 1-2-13)输入结算方式,操作结果如图 1-2-19 所示。

图 1-2-19　【结算方式】窗口

2.设置付款条件

执行【基础设置】/【基础档案】/【收付结算】/【付款条件】命令,打开【付款条件】窗口。按基础信息资料(表 1-2-14)输入付款条件,操作结果如图 1-2-20 所示。

3.设置银行档案及本单位开户银行

(1)执行【基础设置】/【基础档案】/【收付结算】/【银行档案】命令,打开【银行档案】窗口,按基础信息资料(表 1-2-15)输入银行信息,操作结果如图 1-2-21 所示。

(2)执行【基础设置】/【基础档案】/【收付结算】/【本单位开户银行】命令,单击【增加】按钮,打开【增加本单位开户银行】窗口,按基础信息资料输入开户银行信息,操作结果如图 1-2-22 所示。

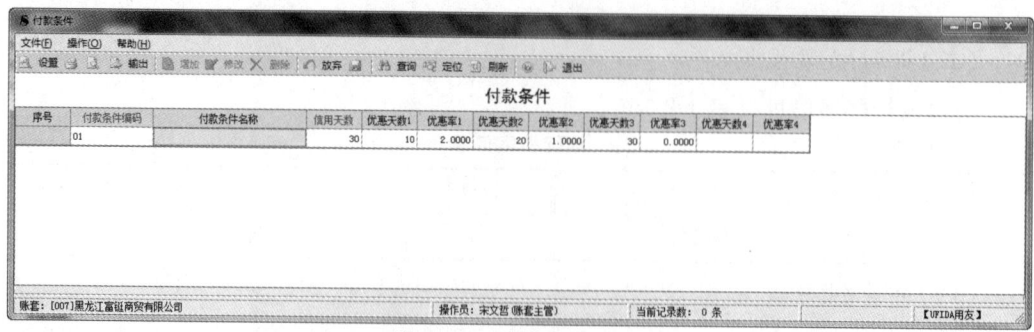

图 1-2-20　【付款条件】窗口

图 1-2-21 【银行档案】窗口

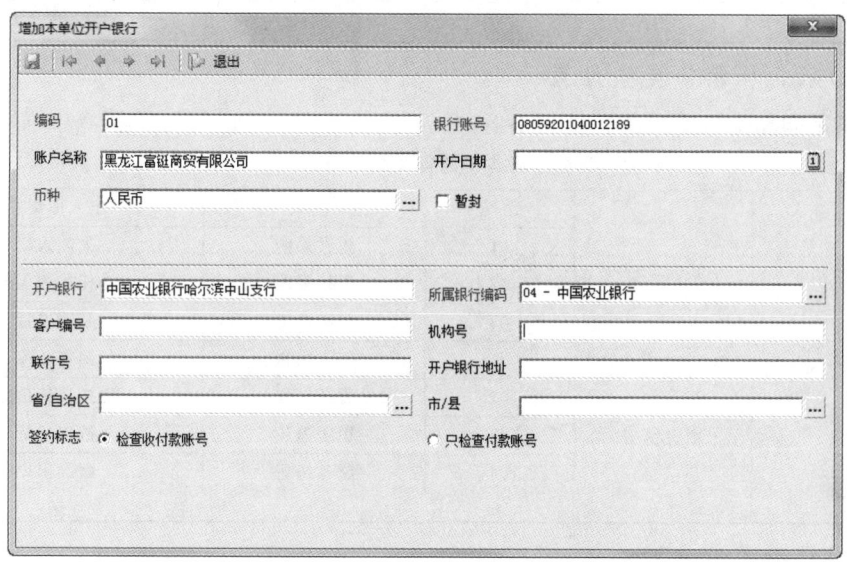

图 1-2-22 【增加本单位开户银行】窗口

提示

• 请先在银行档案中取消其企业账号"定长"选项,再进行本单位开户银行信息设置。

六、业务信息设置

(一)仓库档案设置

公司仓库档案信息见表 1-2-17。

表 1-2-17　　　　　　　　仓库档案信息

仓库编码	仓库名称	计价方式	仓库编码	仓库名称	计价方式
01	男鞋库	先进先出法	04	受托代销库	先进先出法
02	女鞋库	先进先出法	05	赠品仓库	先进先出法
03	童装库	先进先出法			

（二）收发类别设置

公司收发类别信息见表 1-2-18。

表 1-2-18　　　　　　　　　　收发类别信息

收发类别编码	收发类别名称	收发标志	收发类别编码	收发类别名称	收发标志
1	入库	收	201	销售出库	发
101	采购入库	收	202	销售退货	发
102	采购退货	收	203	盘亏出库	发
103	盘盈入库	收	204	委托代销出库	发
104	受托代销入库	收	205	赠品出库	发
109	其他入库	收	209	其他出库	发
2	出库	发			

（三）采购和销售类型设置

公司采购和销售类型信息见表 1-2-19。

表 1-2-19　　　　　　　　　　采购和销售类型信息

		编码	名称	出入库类别
类型	采购类型	01	正常采购	采购入库
		02	受托采购	受托代销入库
		03	采购退货	采购退货
	销售类型	01	正常销售	销售出库
		02	委托销售	委托代销出库
		03	销售退货	销售退货
		04	赠品销售	赠品出库

（四）费用项目设置

公司费用项目信息见表 1-2-20。

表 1-2-20　　　　　　　　　　费用项目信息

费用项目分类编码	费用项目分类名称	费用项目编码	费用项目名称
0	无分类	01	运输费
0	无分类	02	委托代销手续费

（五）非合理损耗类型设置

公司非合理损耗类型信息见表 1-2-21。

表 1-2-21　　　非合理损耗类型信息

非合理损耗类型编码	非合理损耗类型名称
01	运输部门责任

【操作步骤】

1. 设置仓库档案

执行【基础设置】/【基础档案】/【业务】/【仓库档案】命令，打开【仓库档案】窗口。按基础信息资料（表 1-2-17）设置企业仓库档案，操作结果如图 1-2-23 所示。

图 1-2-23 【仓库档案】窗口

提示

- 仓库编码、仓库名称必须输入。
- 每个仓库必须选择一种计价方式。系统提供6种计价方式,工业企业为计划价法、全月平均法、移动平均法、先进先出法、后进先出法和个别计价法;商业企业为售价法、全月平均法、移动平均法、先进先出法、后进先出法和个别计价法。

2.设置收发类别

执行【基础设置】/【基础档案】/【业务】/【收发类别】命令,打开【收发类别】窗口。按基础信息资料(表1-2-18)输入收发类别,操作结果如图1-2-24所示。

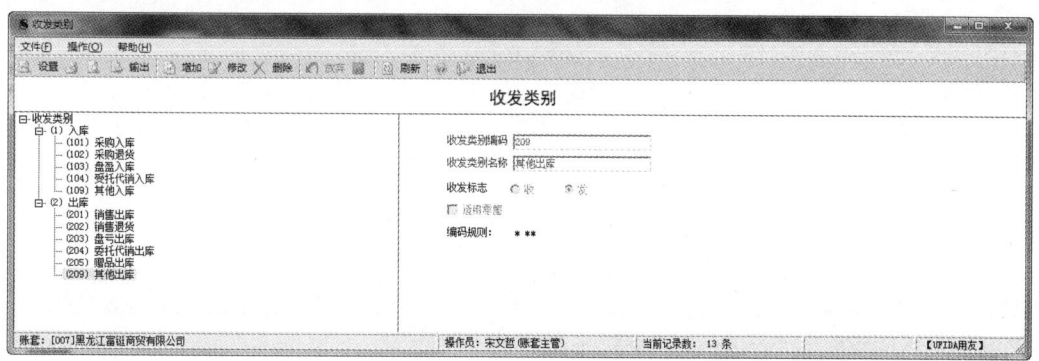

图 1-2-24 【收发类别】窗口

3.设置采购类型

执行【基础设置】/【基础档案】/【业务】/【采购类型】命令,打开【采购类型】窗口。按基础信息资料(表1-2-19)输入采购类型,操作结果如图1-2-25所示。

图 1-2-25 【采购类型】窗口

4. 设置销售类型

执行【基础设置】/【基础档案】/【业务】/【销售类型】命令,打开【销售类型】窗口。按基础信息资料(表 1-2-19)输入销售类型,操作结果如图 1-2-26 所示。

图 1-2-26 【销售类型】窗口

5. 设置费用项目

(1)执行【基础设置】/【基础档案】/【业务】/【费用项目分类】命令,打开【费用项目分类】窗口,设置一个"无分类",如图 1-2-27 所示。

图 1-2-27 【费用项目分类】窗口

(2)执行【基础设置】/【基础档案】/【业务】/【费用项目】命令,打开【费用项目】窗口。按基础信息资料(表 1-2-20)输入费用项目,操作结果如图 1-2-28 所示。

图 1-2-28 【费用项目】窗口

6. 设置非合理损耗类型

执行【基础设置】/【基础档案】/【业务】/【非合理损耗类型】命令,打开【非合理损耗类型】窗口。按基础信息资料(表 1-2-21)输入非合理损耗类型,操作结果如图 1-2-29 所示。

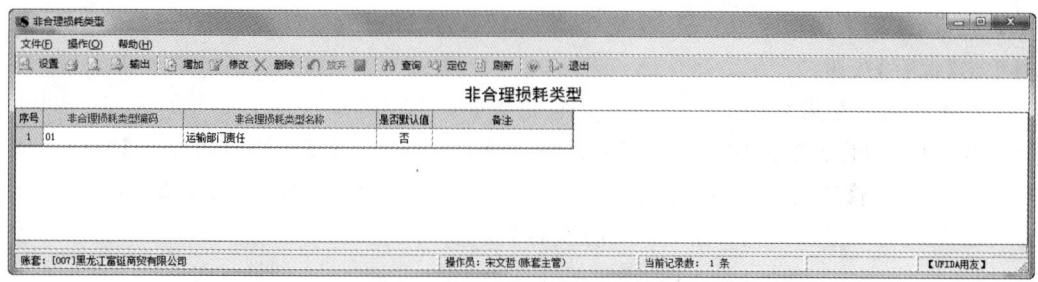

图 1-2-29 【非合理损耗类型】窗口

七、账套备份

【操作步骤】

(1)在 D 盘建立"1-2 基础档案"文件夹。
(2)将账套输入至"1-2 基础档案"文件夹中。

实训三 单据设置

一、单据格式设置

【操作步骤】

1.修改销售订单、销售专用发票、发货单表头汇率为可编辑

(1)执行【基础设置】/【单据设置】/【单据格式设置】命令,打开【单据格式设置】窗口。如图 1-3-1 所示,修改销售订单的表头项目"汇率",取消其"禁止编辑"选项,单击【确定】按钮,再单击【保存】按钮。

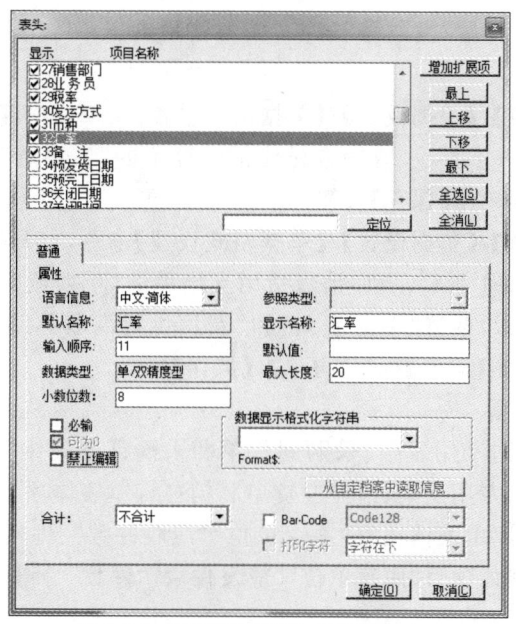

图 1-3-1 【单据格式设置-表头】窗口(1)

(2)依次取消销售专用发票、发货单表头汇率的"禁止编辑"选项,单击【确定】按钮,再单击【保存】按钮。

2.修改销售专用发票表体"退补标志",数量删除"必输"项

执行【基础设置】/【单据设置】/【单据格式设置】命令,打开【单据格式设置】窗口。如图1-3-2所示,修改销售专用发票的表体项目"数量",取消其"必输"选项,增加"退补标志"表体项目,单击【确定】按钮,再单击【保存】按钮。

图1-3-2 【单据格式设置-表体】窗口(1)

3.增加委托代销结算单"发票号"表头,销售费用支出单"单据流向"和"费用供货商名称"

(1)执行【基础设置】/【单据设置】/【单据格式设置】命令,打开【单据格式设置】窗口。如图1-3-3所示,增加委托代销结算单的"发票号"表头项目,单击【确定】按钮,再单击【保存】按钮。

(2)执行【基础设置】/【单据设置】/【单据格式设置】命令,打开【单据格式设置】窗口。如图1-3-4所示,增加销售费用支出单的"单据流向"和"费用供货商名称"表头项目,调整"单据流向"和"费用供货商名称"表头位置,使其不要重叠,如图1-3-5所示,单击【确定】按钮,再单击【保存】按钮。

特殊单据
表头项目设置

4.其他单据格式设置

具体包括:增加采购专用发票、采购到货单和采购订单表体项目"换算率""采购单位"和"件数";增加销售专用发票、销售发货单和销售订单表体项目"换算率""销售单位"和"件数";增加采购入库单表体项目"库存单位""应收件数""件数""换算率"和"应收数量";增加销售出库单表体项目"库存单位""应发件数""件数""换算率"和"应发数量"。

(1)执行【基础设置】/【单据设置】/【单据格式设置】命令,打开【单据格式设置】窗口。如图1-3-6所示,增加采购专用发票"换算率""采购单位"和"件数"三个表体项目,单击【确定】按钮,再单击【保存】按钮。

(2)按照上述方法,继续设置其他单据中的表体项目。

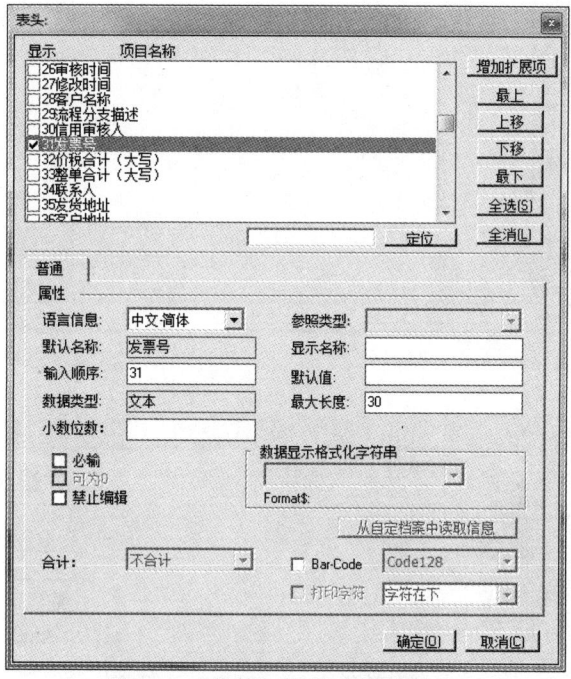

图1-3-3 【单据格式设置-表头】窗口(2)

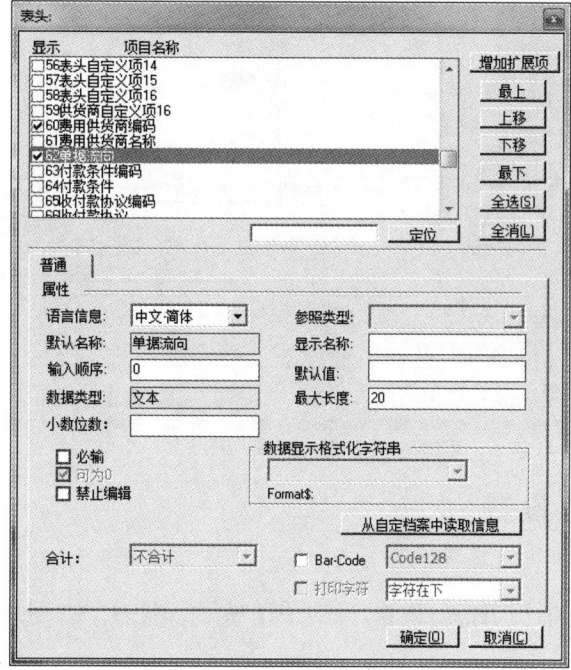

图1-3-4 【单据格式设置-表头】窗口(3)

图 1-3-5 调整表头项目位置

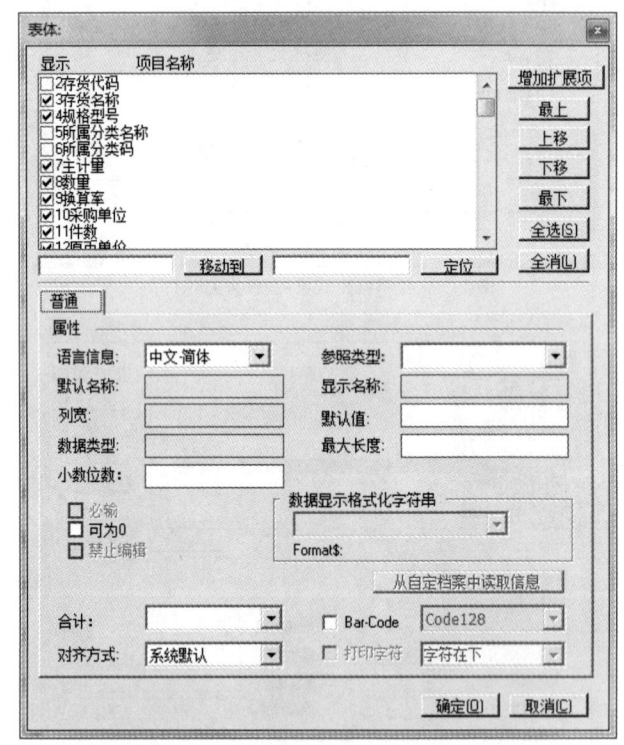

图 1-3-6 【单据格式设置-表体】窗口（2）

二、单据编号设置

【操作步骤】

采购订单、采购（专用、普通）发票，完全手工编号；销售订单、销售（专用、普通）发票、零售日报，完全手工编号。

(1)执行【基础设置】/【单据设置】/【单据编号设置】命令，打开【单据编号设置】窗口。

(2)选择【单据类型】/【采购管理】/【采购订单】选项,单击【修改】按钮,选中"完全手工编号"复选框,如图1-3-7所示。

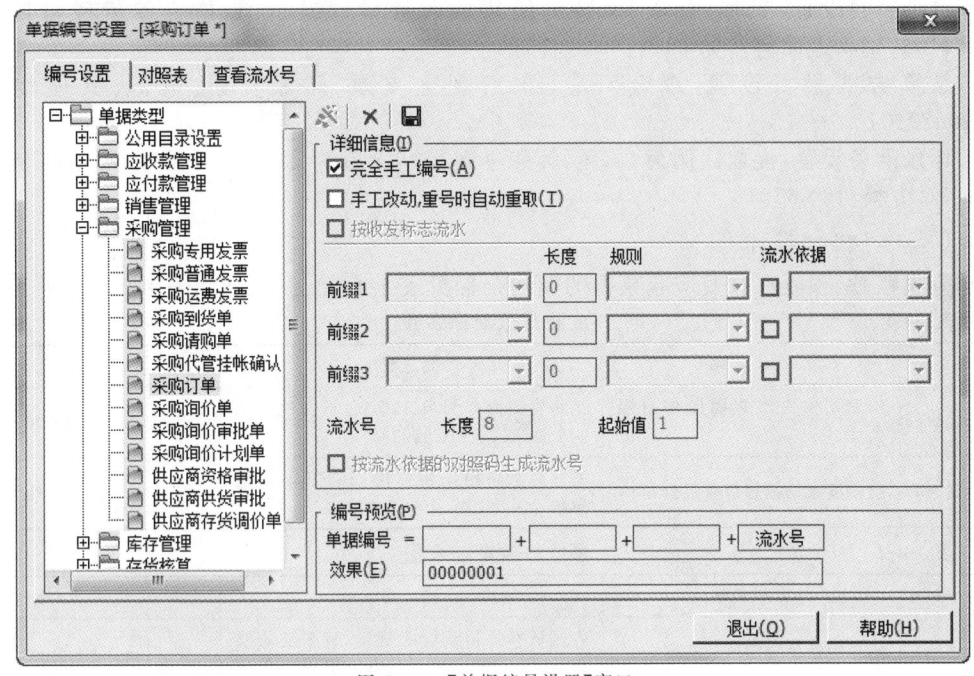

图1-3-7 【单据编号设置】窗口

(3)单击【保存】按钮,再单击【退出】按钮。
(4)依次进行其他单据编号的设置,并保存修改设置。

三、账套备份

【操作步骤】
(1)在D盘建立"1-3 单据设置"文件夹。
(2)将账套输入至"1-3 单据设置"文件夹中。

实训四 财务信息初始化设置

一、应收款管理初始化设置

(一)参数设置

应收款管理系统中单据审核日期依据单据日期,自动计算现金折扣;坏账处理方式为应收账款余额百分比;勾选核销生成凭证;其他参数为系统默认。

(二)科目设置

基本科目设置:应收科目为112201,预收科目为220301,税金科目为22210106;销售收入科目为6001;销售退回科目为6001;现金折扣科目为6603;坏账入账科目为1231;银行承兑科目为112101;商业承兑科目为112102。

控制科目设置：哈尔滨岳华进出口有限公司应收科目为112202，预收科目为220302；其余客户的应收科目为112201，预收科目为220301。

产品科目设置：男鞋、女鞋、童装的销售收入科目均为6001，应交增值税科目为22210106，销售退回科目为6001。

结算方式科目设置：现金对应1001；现金支票、转账支票、电汇、其他均对应10020101。

坏账准备设置：提取比例为0.5％，坏账准备期初余额为425.39元，坏账准备科目为1231，对方科目为6701。

（三）期初余额录入

应收账款、预收账款及应收票据的期初余额见表1-4-1、表1-4-2和表1-4-3。

表1-4-1　　　　　　　　　　　　应收账款期初余额

日期	客户名称	摘　要	方向	余额（元）
20211216	哈尔滨中央红集团股份有限公司	销售富铤商务男鞋120双，不含税单价445元/双，票号29222327	借	60342.00
20211230	哈尔滨家乐福超市有限公司	销售鼎豪高跟正装女鞋110双，不含税单价199元/双，票号00174147	借	24735.70

表1-4-2　　　　　　　　　　　　预收账款期初余额

日期	客户名称	摘　要	方向	余额（元）
20211231	哈尔滨秋林集团股份有限公司	收到秋林公司预付的货款，转账支票票号04304149	贷	8000.00

表1-4-3　　　　　　　　　　　　应收票据期初余额

日期	客户名称	摘　要	方向	余额（元）
20211112	大商集团大庆新东风购物广场有限公司	收到新东风购物广场签发的银行承兑汇票，中国建设银行签发日期2021-11-12，到期日期2022-02-12，票号35477223	借	6942.72

【操作步骤】

1. 设置应收款管理系统参数

（1）执行【业务工作】/【财务会计】/【应收款管理】/【设置】/【选项】命令，打开【账套参数设置】窗口。

（2）打开【常规】选项卡，单击【编辑】按钮，使所有参数处于可修改状态。按照初始化要求进行设置，"单据审核日期依据"选择"单据日期"，"坏账处理方式"选择"应收余额百分比法"，勾选"自动计算现金折扣"选项，如图1-4-1所示。

（3）打开【凭证】选项卡，勾选"核销生成凭证"选项，如图1-4-2所示。

（4）单击【确定】按钮，保存应收款管理系统参数的设置。

2. 科目设置

（1）执行【业务工作】/【财务会计】/【应收款管理】/【设置】/【初始设置】命令，打开【初始设置】窗口。单击【设置科目】下的【基本科目设置】选项，根据要求对应收款管理系统的基本科目进行设置，如图1-4-3所示。

（2）执行【业务工作】/【财务会计】/【应收款管理】/【设置】/【初始设置】命令，打开【初始设置】窗口。单击【设置科目】下的【控制科目设置】选项，根据要求对应收款管理系统的控制科目进行设置,如图 1-4-4 所示。

图 1-4-1 【账套参数设置】窗口——【常规】选项卡(1)

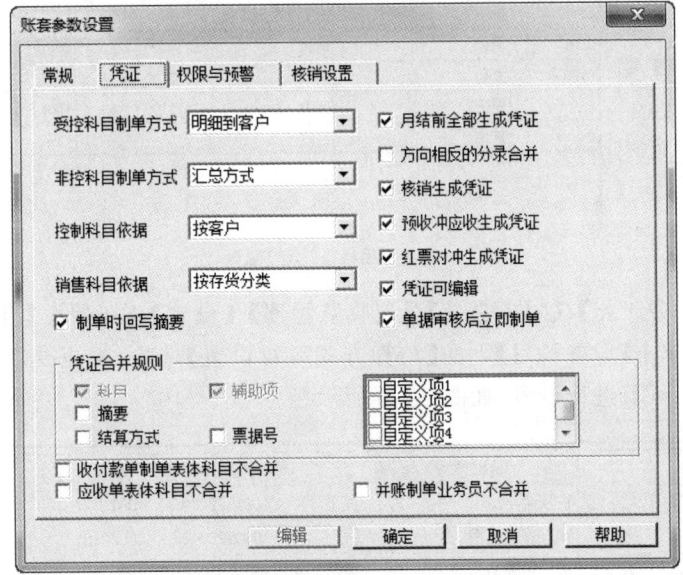

图 1-4-2 【账套参数设置】窗口——【凭证】选项卡(1)

基础科目种类	科目	币种
应收科目	112201	人民币
预收科目	220301	人民币
税金科目	22210106	人民币
销售收入科目	6001	人民币
销售退回科目	6001	人民币
现金折扣科目	6603	人民币
坏账入账科目	1231	人民币
银行承兑科目	112101	人民币
商业承兑科目	112102	人民币

图 1-4-3 【基本科目设置】窗口(1)

客户编码	客户简称	应收科目	预收科目
01	秋林公司	112201	220301
02	新东风购物广场	112201	220301
03	中央红	112201	220301
04	万达百货	112201	220301
05	家乐福	112201	220301
06	家得乐	112201	220301
07	岳华	112202	220302
08	世纪联华	112201	220301
09	标志服饰	112201	220301

图 1-4-4 【控制科目设置】窗口(1)

(3)执行【业务工作】/【财务会计】/【应收款管理】/【设置】/【初始设置】命令,打开【初始设置】窗口。单击【设置科目】下的【产品科目设置】选项,根据要求对应收款管理系统的产品科目进行设置,如图 1-4-5 所示。

类别编码	类别名称	销售收入科目	应交增值税科目	销售退回科目	税率
01	鞋				
0101	男鞋	6001	22210106	6001	13
0102	女鞋	6001	22210106	6001	13
02	童装	6001	22210106	6001	13
09	其他				

图 1-4-5 【产品科目设置】窗口(1)

(4)执行【业务工作】/【财务会计】/【应收款管理】/【设置】/【初始设置】命令,打开【初始设置】窗口。单击【设置科目】下的【结算方式科目设置】选项,根据要求对应收款管理系统的结算方式科目进行设置,如图 1-4-6 所示。

结算方式	币种	本单位账号	科...
1 现金	人民币	080592010...	1001
201 现金支票	人民币	080592010...	10020101
202 转账支票	人民币	080592010...	10020101
4 电汇	人民币	080592010...	10020101
9 其他	人民币	080592010...	10020101

图 1-4-6 【结算方式科目设置】窗口(1)

(5)执行【业务工作】/【财务会计】/【应收款管理】/【设置】/【初始设置】命令,打开【初始设置】窗口。单击【坏账准备设置】选项,分别录入"提取比率""坏账准备期初余额""坏账准备科目""对方科目",单击【确定】按钮,如图 1-4-7 所示。

图 1-4-7 【坏账准备设置】窗口

3.录入期初余额

(1)执行【业务工作】/【财务会计】/【应收款管理】/【设置】/【期初余额】命令,打开【期初余额-查询】窗口,单击【确定】按钮,系统打开【期初余额】窗口,单击【增加】按钮,打开【单据类别】窗口,选择"单据名称"为"销售发票","单据类型"为"销售专用发票","方向"为"正向",如图 1-4-8 所示。

图 1-4-8 【单据类别】窗口(1)

(2)单击【确定】按钮,打开【销售专用发票】窗口,录入期初"应收账款-人民币"的信息,单击【保存】按钮,如图 1-4-9 所示。依次录入第二张销售专用发票,单击【保存】按钮。

图 1-4-9 【销售专用发票】窗口

(3)单击【增加】按钮,打开【单据类别】窗口,选择"单据名称"为"预收款","单据类型"为"收款单","方向"为"正向",如图 1-4-10 所示。

图 1-4-10 【单据类别】窗口(2)

(4)单击【确定】按钮,打开【收款单】窗口,录入期初"预收账款-人民币"的信息,单击【保存】按钮,如图 1-4-11 所示。

图 1-4-11 【收款单】窗口

(5)单击【增加】按钮,打开【单据类别】窗口,选择"单据名称"为"应收票据","单据类型"为"银行承兑汇票","方向"为"正向",如图 1-4-12 所示。

图 1-4-12 【单据类别】窗口(3)

(6)单击【确定】按钮,打开【期初票据】窗口,录入期初"应收票据-银行承兑汇票"的信息,单击【保存】按钮,如图 1-4-13 所示。单击【刷新】按钮,查看"期初余额明细表",如图 1-4-14 所示。

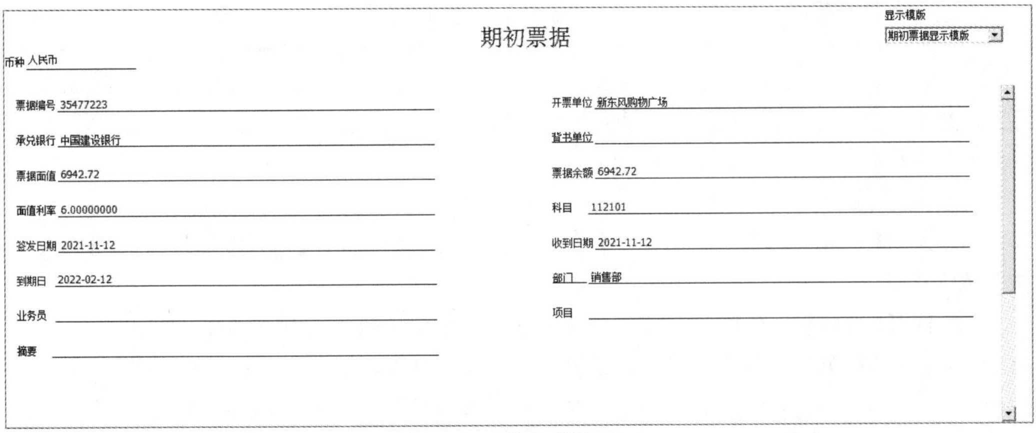

期初票据

币种 人民币

票据编号 35477223

承兑银行 中国建设银行

票据面值 6942.72

面值利率 6.00000000

签发日期 2021-11-12

到期日 2022-02-12

业务员

摘要

开票单位 新东风购物广场

背书单位

票据余额 6942.72

科目 112101

收到日期 2021-11-12

部门 销售部

项目

显示模板
期初票据显示模板

图 1-4-13 【期初票据】窗口

期初余额明细表

本币合计借 84,020.42

单据类型	单据编号	单据日期	客户	部门	业务员	币种	科目	方向	原币金额	原币余额	本币金额	本币余额	备注	订单号
销售专用发票	29222327	2021-12-16	哈尔滨中央红集团股份	销售部		人民币	112201	借	60,342.00	60,342.00	60,342.00	60,342.00		
销售专用发票	00174147	2021-12-30	哈尔滨家乐福超市有限	销售部		人民币	112201	借	24,735.70	24,735.70	24,735.70	24,735.70		
收款单	0000000001	2021-12-31	哈尔滨秋林集团股份有限	销售部		人民币	220301	贷	8,000.00	8,000.00	8,000.00	8,000.00		
银行承兑汇票	35477223	2021-11-12	大商集团大庆新东风购物	销售部		人民币	112101	借	6,942.72	6,942.72	6,942.72	6,942.72		

图 1-4-14 【期初余额明细列表】窗口(1)

二、应付款管理初始化设置

(一)参数设置

应付款管理系统中单据审核日期依据单据日期,自动计算现金折扣,勾选核销生成凭证,其他参数为系统默认。

(二)科目设置

基本科目设置:应付科目为220201,预付科目为112301,税金科目为22210101;采购科目为1402;现金折扣科目为6603;银行承兑科目为220101;商业承兑科目为220102。

控制科目设置:应付科目为220201;预付科目为112301。

产品科目设置:采购科目为1402,产品采购税金科目为22210101。

结算方式科目设置:现金对应1001;现金支票、转账支票、电汇、其他对应10020101。

(三)期初余额录入

应付账款及预付账款期初余额见表1-4-4、表1-4-5。

表 1-4-4　　　　　应付账款——一般应付款期初余额

日期	供应商名称	摘 要	方向	余额(元)
20211206	广州富铤鞋业发展有限公司	业务员周南,购入富铤休闲男鞋100双,不含税单价236元/双,票号02419406	贷	26668.00
20211223	徐州市凤雷贸易有限公司	业务员周南,购入鼎豪平跟正装女鞋160双,不含税单价185元/双,票号24419589	贷	33448.00

表 1-4-5　　　　　　　　　　　　预付账款期初余额

日期	供应商名称	摘　要	方向	余额（元）
20211218	宝派少儿服饰(中国)有限公司	预付宝派服饰货款,电汇票据号 29092530	借	1000.00

【操作步骤】

1.参数设置

(1)执行【业务工作】/【财务会计】/【应付款管理】/【设置】/【选项】命令,打开【账套参数设置】窗口。

(2)打开【常规】选项卡,单击【编辑】按钮,使所有参数处于可修改状态。"单据审核日期依据"选择"单据日期",勾选"自动计算现金折扣"选项,如图 1-4-15 所示。

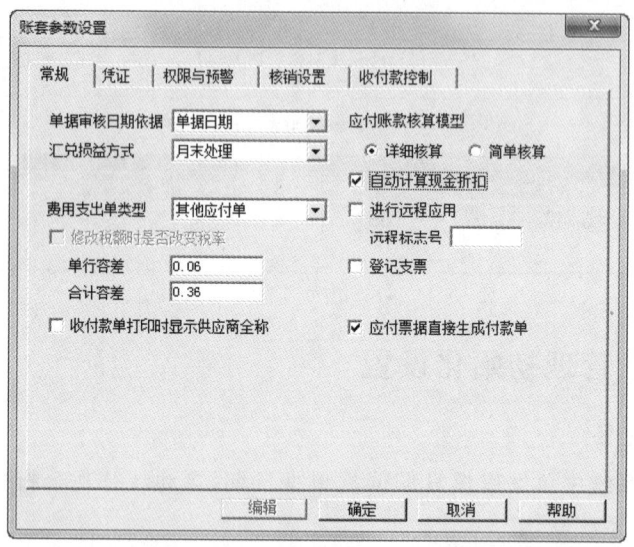

图 1-4-15　【账套参数设置】窗口——【常规】选项卡(2)

(3)打开【凭证】选项卡,勾选"核销生成凭证"选项,如图 1-4-16 所示。

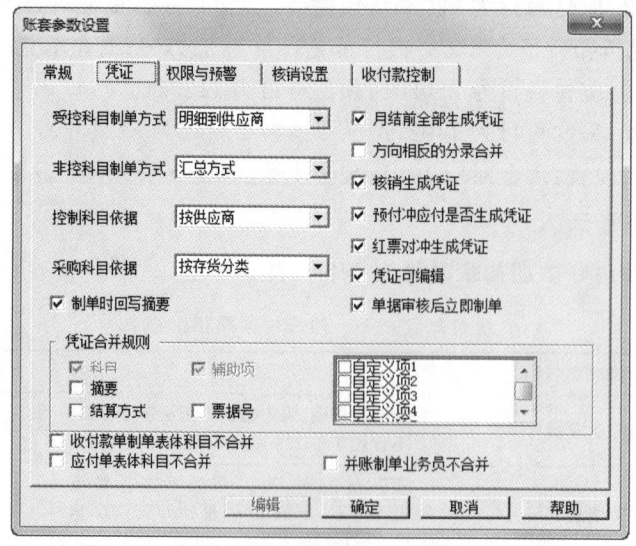

图 1-4-16　【账套参数设置】窗口——【凭证】选项卡(2)

(4)单击【确定】按钮,保存应付款管理系统参数的设置。

2.设置科目

(1)执行【业务工作】/【财务会计】/【应付款管理】/【设置】/【初始设置】命令,打开【初始设置】窗口。单击【设置科目】下的【基本科目设置】选项,根据要求对应付款管理系统的基本科目进行设置,如图1-4-17所示。

基础科目种类	科目	币种
应付科目	220201	人民币
预付科目	112301	人民币
税金科目	22210101	人民币
采购科目	1402	人民币
现金折扣科目	6603	人民币
商业承兑科目	220102	人民币
银行承兑科目	220101	人民币

图1-4-17 【基本科目设置】窗口(2)

(2)执行【业务工作】/【财务会计】/【应付款管理】/【设置】/【初始设置】命令,打开【初始设置】窗口。单击【设置科目】下的【控制科目设置】选项,根据要求对应付款管理系统的控制科目进行设置,如图1-4-18所示。

供应商编码	供应商简称	应付科目	预付科目
01	富铤鞋业	220201	112301
02	风雷贸易	220201	112301
03	西平鞋业	220201	112301
04	鼎豪鞋业	220201	112301
05	世纪联华	220201	112301
06	宝派服饰	220201	112301

图1-4-18 【控制科目设置】窗口(2)

(3)执行【业务工作】/【财务会计】/【应付款管理】/【设置】/【初始设置】命令,打开【初始设置】窗口。单击【设置科目】下的【产品科目设置】选项,根据要求对应付款管理系统的产品科目进行设置,如图1-4-19所示。

类别编码	类别名称	采购科目	产品采购税金科目	税率
01	鞋			
0101	男鞋	1402	22210101	13
0102	女鞋	1402	22210101	13
02	童装	1402	22210101	13
09	其他	1402	22210101	13

图1-4-19 【产品科目设置】窗口(2)

(4)执行【业务工作】/【财务会计】/【应付款管理】/【设置】/【初始设置】命令,打开【初

始设置】窗口。单击【设置科目】下的【结算方式科目设置】选项,根据要求对应付款管理系统的结算方式科目进行设置,如图1-4-20所示。

图1-4-20 【结算方式科目设置】窗口(2)

3. 录入期初余额

(1)执行【业务工作】/【财务会计】/【应付款管理】/【设置】/【期初余额】命令,打开【期初余额-查询】窗口,单击【确定】按钮,系统打开【期初余额】窗口,单击【增加】按钮,打开【单据类别】窗口,选择"单据名称"为"采购发票","单据类型"为"采购专用发票","方向"为"正向",如图1-4-21所示。

图1-4-21 【单据类别】窗口(4)

(2)单击【确定】按钮,打开【采购专用发票】窗口,录入期初"应付账款——一般应付款"的信息,单击【保存】按钮,如图1-4-22所示。依次录入第二张采购专用发票,单击【保存】按钮。

图1-4-22 【采购专用发票】窗口

（3）单击【增加】按钮,打开【单据类别】窗口,选择"单据名称"为"预付款","单据类型"为"付款单","方向"为"正向",如图1-4-23所示。

图1-4-23 【单据类别】窗口(5)

（4）单击【确定】按钮,打开【付款单】窗口,录入期初"预付账款"的信息,单击【保存】按钮,如图1-4-24所示。

图1-4-24 【付款单】窗口

（5）单击【刷新】按钮,查看"期初余额明细表",如图1-4-25所示。

图1-4-25 【期初余额明细表】窗口(2)

三、总账系统初始化设置

（一）参数设置

在总账系统中,取消制单序时控制,取消允许修改、作废他人填制的凭证。

（二）期初余额录入

总账账户期初余额见表1-4-6。

表 1-4-6　　　　　　　　　　总账账户期初余额

科目名称	方向	年初余额（元）	科目名称	方向	年初余额（元）
库存现金(1001)	借	1000.00	累计折旧(1602)	贷	12764.00
银行存款(1002)	借	207156.13	短期借款(2001)	贷	1044.48
农行存款(人民币)(10020101)	借	207127.78	应付账款(2202)	贷	66260.00
哈尔滨银行(100202)	借	28.35	一般应付款(220201)	贷	60116.00
应收票据(1121)银行承兑汇票	借	6942.72	暂估应付款(220202)	贷	6144.00
应收账款(1122)	借	85077.70	预收账款(2203)	贷	8000.00
人民币(112201)	借	85077.70	人民币(220301)	贷	8000.00
美元(112202)	借		美元(220302)	贷	
坏账准备(1131)	贷	425.39	受托代销商品款(2314)	贷	113370.00
预付账款(1123)	借	1000.00	实收资本(4001)	贷	500000.00
库存商品(1405)	借	243020.00	资本公积(4002)	贷	
受托代销商品(1321)	借	113370.00	利润分配(4104)	贷	19702.68
发出商品	借		未分配利润(410415)	贷	19702.68
固定资产(1601)	借	64000.00			

公司辅助核算账户期初余额见表 1-4-7～表 1-4-13。

表 1-4-7　　　　　　　　　　应收账款期初余额

日期	客户名称	摘要	方向	余额（元）
20211216	哈尔滨中央红集团股份有限公司	销售富铤商务男鞋 120 双,不含税单价 445 元/双,票号 29222327	借	60342.00
20211230	哈尔滨家乐福超市有限公司	销售鼎豪高跟正装女鞋 110 双,不含税单价 199 元/双,票号 00174147	借	24735.70

表 1-4-8　　　　　　　　　　预收账款期初余额

日期	客户名称	摘要	方向	余额（元）
20211231	哈尔滨秋林集团股份有限公司	收到秋林公司预付的货款,转账支票票号 04304149	贷	8000.00

表 1-4-9　　　　　　　　　　应收票据期初余额

日期	客户名称	摘要	方向	余额（元）
20211112	大商集团大庆新东风购物广场有限公司	收到新东风购物广场签发的银行承兑汇票,中国建设银行签发日期 2016-11-12,到期日期 2017-02-12,票号 35477223	借	6942.72

表 1-4-10　　　　　　　　　　应付账款——一般应付款期初余额

日期	供应商名称	摘要	方向	余额（元）
20211206	广州富铤鞋业发展有限公司	业务员周南,购入富铤休闲男鞋 100 双,不含税单价 236 元/双,票号 02419406	贷	26668.00
20211223	徐州市凤雷贸易有限公司	业务员周南,购入鼎豪平跟正装女鞋 160 双,不含税单价 185 元/双,票号 24419589	贷	33448.00

表 1-4-11　　　　　　　　　预付账款期初余额

日期	供应商名称	摘　要	方向	余额(元)
20211218	宝派少儿服饰(中国)有限公司	预付宝派服饰货款,电汇票据号 29092530	借	1000.00

表 1-4-12　　　　　　应付账款——暂估应付款期初余额

日期	供应商名称	摘　要	方向	余额(元)
20211231	广州富铤鞋业发展有限公司	购入富铤运动男鞋	贷	6144.00

表 1-4-13　　　　　　　受托代销商品款期初余额

日期	供应商名称	摘　要	方向	余额(元)
20211231	永嘉细平鞋业有限公司	受托代销细平女靴	借	113370.00

【操作步骤】

1.设置参数

(1)执行【业务工作】/【财务会计】/【总账】/【选项】命令,打开【选项】窗口,选择【凭证】选项卡,取消"制单序时控制"选项,如图 1-4-26 所示。

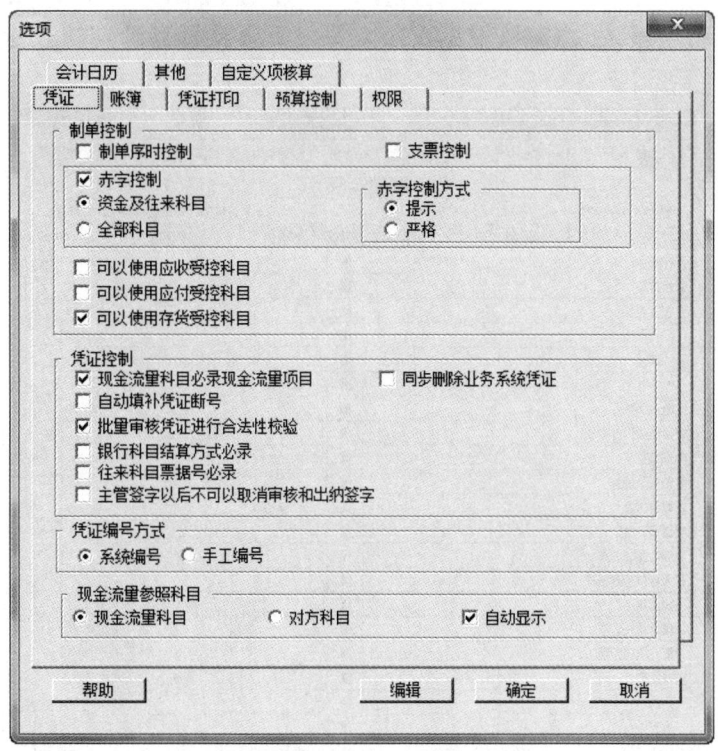

图 1-4-26　【选项】窗口——【凭证】选项卡

(2)选择【权限】选项卡,取消"允许修改、作废他人填制的凭证"选项,如图 1-4-27 所示。

2.录入期初余额

(1)执行【业务工作】/【财务会计】/【总账】/【设置】/【期初余额】命令,打开【期初余额录入】窗口。

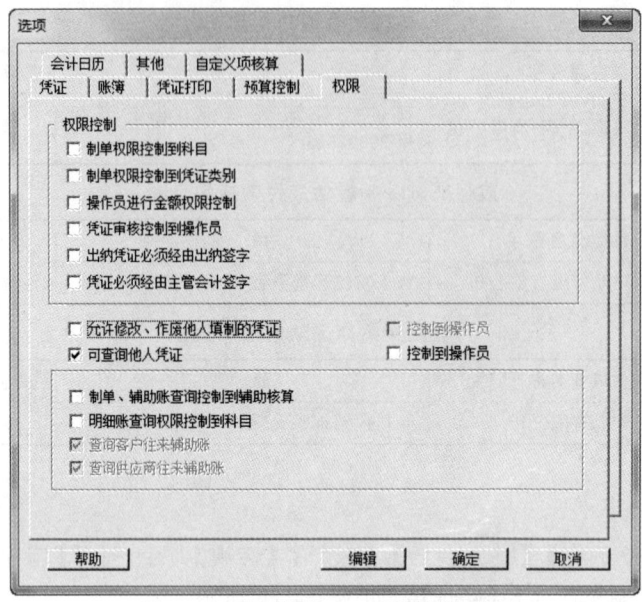

图 1-4-27 【选项】窗口——【权限】选项卡

(2) 在【期初余额录入】窗口中依次录入每一个会计科目的期初余额,如图 1-4-28 所示。

图 1-4-28 【期初余额录入】窗口

提示

- 可根据应收款管理、应付款管理系统已录入余额进行期初相关数据引入。

(3)单击【试算】按钮,生成"期初试算平衡表",操作结果如图1-4-29所示。

```
期初试算平衡表
    资产 = 借 708,377.16      负债 = 贷 188,674.48
    共同 = 平                  权益 = 贷 519,702.68
    成本 = 平                  损益 = 平
    合计 = 借 708,377.16      合计 = 贷 708,377.16
    试算结果平衡
                    [确定]  [打印]
```

图1-4-29 【期初试算平衡表】窗口

四、账套备份

【操作步骤】

(1)在D盘建立"1-4财务信息初始化"文件夹。

(2)将账套输入至"1-4财务信息初始化"文件夹中。

拓展训练一

黑龙江鼎鑫商贸有限公司(简称鼎鑫商贸)是一家专门从事乳制品批发的商业企业,请根据扫描二维码提供的基础信息完成下面任务:

1.建立账套,设置操作员并对其赋权。

2.设置基础档案信息(机构人员档案、客商信息档案、存货档案)。

3.设置财务档案(会计科目设置、凭证类别设置、外币设置)。

4.设置收付结算信息(结算方式设置、本单位开户银行设置)。

5.设置付款条件(表拓训-1)

供应链基础设置

表拓训-1　　　　　　　　付款条件

付款条件编码	信用天数	优惠天数1	优惠率1	优惠天数2	优惠率2
01	30	10	2	20	1

6.设置业务信息(仓库档案、收发类别、采购和销售类型、费用项目、非合理损耗类型设置)。

7.财务信息初始化设置(应收款管理、应付款管理和总账系统财务信息设置)。

8.应收款管理参数设置。

坏账处理方式:应收余额百分比法;勾选"核销生成凭证"和"自动计算现金折扣"。

9.在应收款管理系统中录入应收账款——人民币(112201)期初余额(表拓训-2)。

表拓训-2　　　　　应收账款——人民币(112201)期初余额

日期	发票号	客户名称	部门	货物名称	数量(双)	无税单价(元/双)
2021-12-18	32567787	沃尔玛超市	销售部	蒙牛真果粒	300	300

项目二

供应链各子系统初始设置

> **知识链接**
>
> 通过设置供应链各子系统的系统参数，输入供应链各子系统启用期间的期初余额，对采购管理和库存管理以及存货核算系统进行期初记账，为进行采购管理、销售管理、库存管理和存货核算系统的业务核算提供基础数据。

> **能力塑造**
>
> - 能够进行各子系统的参数设置
> - 能够进行各子系统期初余额的录入和期初记账
> - 能够掌握各子系统的数据传递关系

> **素质培养**
>
> - 培养学生遵章守法、诚实严谨的职业道德
> - 培养学生敬业的社会主义核心价值观
> - 培养学生自身的风险意识和安全意识
> - 培养学生与时俱进的职业精神

实训一　采购管理与销售管理

一、采购管理初始设置

（一）采购选项设置

在采购管理系统中启用受托代销，允许超订单到货及入库，其他默认。

(二)期初采购入库单录入

2021年12月31日,采购部王悦采购4套码(24双)富铤运动男鞋,不含税单价256元/双,已入男鞋库,正常采购,入库类别为采购入库,购自广州富铤鞋业发展有限公司,采购发票未到,货款未付。

(三)采购期初记账

【操作步骤】

1.设置采购选项

(1)执行【业务工作】/【供应链】/【采购管理】/【设置】/【采购选项】命令,打开【采购系统选项设置—请按照贵单位的业务认真设置】窗口,如图2-1-1所示。

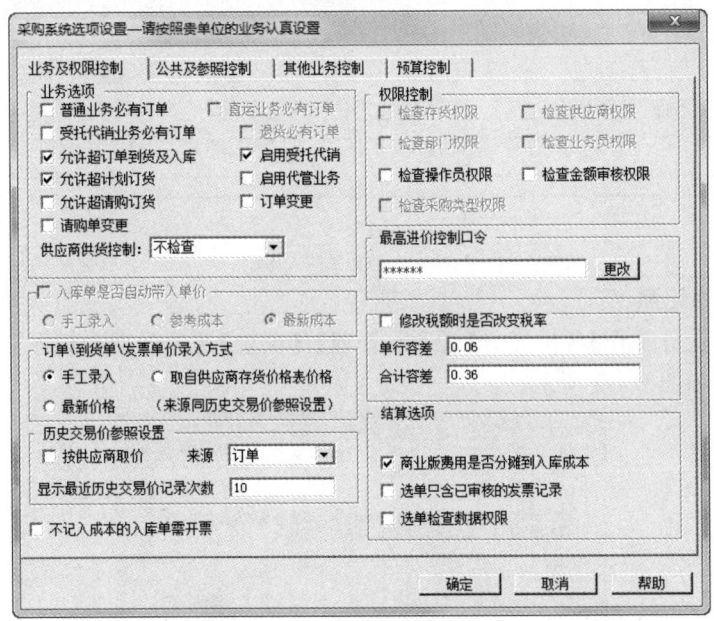

图2-1-1 【采购系统选项设置—请按照贵单位的业务认真设置】窗口

(2)打开【业务及权限控制】选项卡,对本单位需要的参数进行选择后,单击【确定】按钮,保存参数的设置。

2.录入期初采购入库单

(1)执行【业务工作】/【供应链】/【采购管理】/【采购入库】/【采购入库单】命令,打开【期初采购入库单】窗口。

(2)单击【增加】按钮,按实训资料要求录入一张期初采购入库单信息,具体信息如图2-1-2所示。

(3)单击【保存】按钮,保存期初采购入库单信息。

♥ 提示

• 在采购管理系统期初记账前,采购管理系统的"采购入库"只能录入期初采购入库单。期初记账后,采购入库单需要在库存管理系统录入或生成。

• 采购管理系统期初记账前,期初采购入库单可以修改、删除,期初记账后,不允许

修改或删除。

• 如果采购货物尚未运达企业但发票已经收到,则可以录入期初采购发票,表示企业的在途物资;待货物运达后,再办理采购结算。

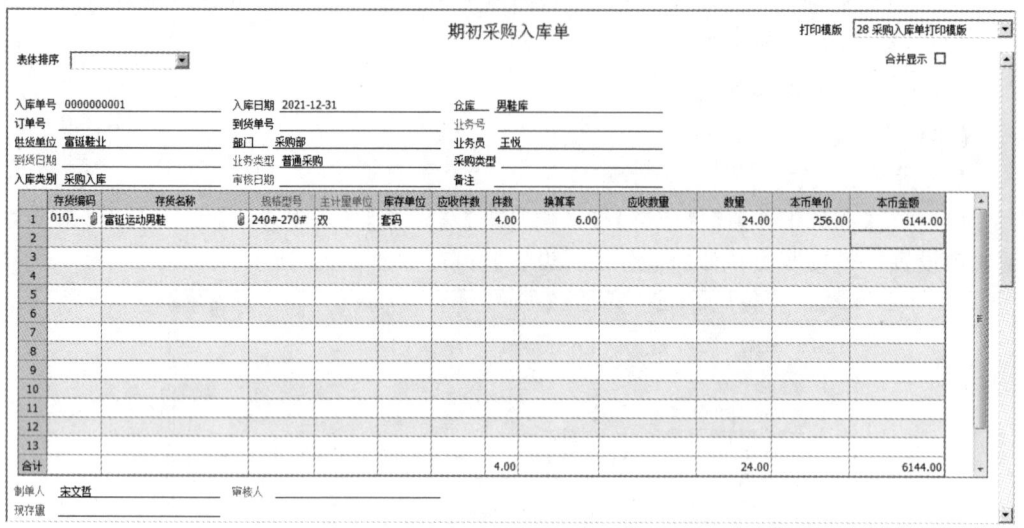

图 2-1-2 期初采购入库单

3.采购期初记账

(1)执行【业务工作】/【供应链】/【采购管理】/【设置】/【采购期初记账】命令,打开【期初记账】窗口,如图 2-1-3 所示。

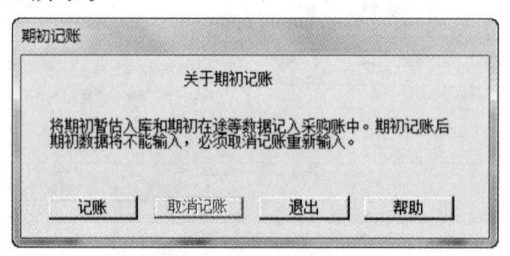

图 2-1-3 【期初记账】窗口

(2)单击【记账】按钮,弹出【期初记账完毕】信息提示框,如图 2-1-4 所示。

图 2-1-4 【期初记账完毕】信息提示框

(3)单击【确定】按钮,完成采购管理系统期初记账。

提示

• 在供应链期初记账之前或处理日常业务之前,供应链管理的系统参数可以修改或重新设置;在期初记账或处理日常业务之后,有的参数不允许修改。

二、销售管理初始设置

在销售管理系统中启用有零售日报业务、有销售调拨业务、有委托代销业务和有直运销售业务;取消销售生成出库单;新增退货单参照发货单;新增发票参照订单。

【操作步骤】
1.设置销售选项
(1)执行【业务工作】/【供应链】/【销售管理】/【设置】/【销售选项】命令,打开【销售选项】窗口。

(2)打开【业务控制】选项卡,取消勾选"销售生成出库单"选项,勾选"有零售日报业务""有销售调拨业务""有委托代销业务""有直运销售业务"选项,如图2-1-5所示。

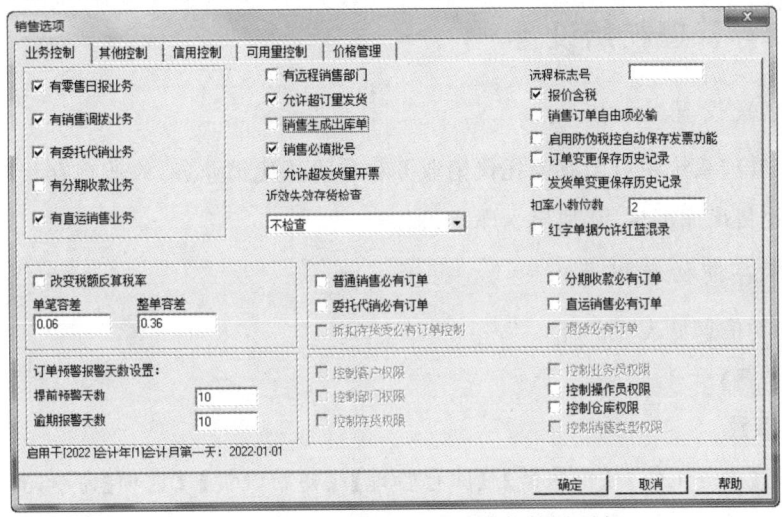

图 2-1-5 【销售选项】窗口——【业务控制】选项卡

(3)打开【其他控制】选项卡,"新增发票默认"选择"参照订单",其他的选项按照默认设置,如图2-1-6所示。

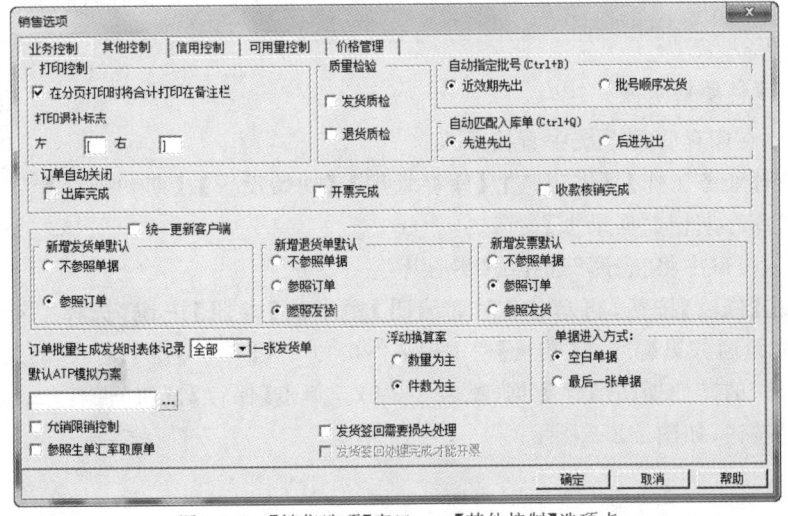

图 2-1-6 【销售选项】窗口——【其他控制】选项卡

三、账套备份

【操作步骤】

(1)在 D 盘建立"2-1 采购与销售期初"文件夹。

(2)将账套输入至建立的"2-1 采购与销售期初"文件夹中。

实训二 库存管理与存货核算

一、库存管理初始设置

(一)参数设置

在库存管理系统中启用有受托代销业务和有委托代销业务;修改现存量时点为采购入库审核、销售出库审核、其他出入库审核。

(二)库存期初数据录入

库存期初信息见表 2-2-1。

【操作步骤】

1.设置参数

(1)执行【业务工作】/【供应链】/【库存管理】/【初始设置】/【选项】命令,打开【库存选项设置】窗口。

(2)选中【通用设置】选项卡中的"采购入库审核时改现存量""销售出库审核时改现存量""其他出入库审核时改现存量""有无委托代销业务""有无受托代销业务"选项,如图 2-2-1 所示。

2.录入库存期初余额

方法一:在库存管理系统中直接录入。

(1)执行【业务工作】/【供应链】/【库存管理】/【初始设置】/【期初结存】命令,打开【库存期初数据录入】窗口。

(2)在该窗口中将"仓库"选择为"男鞋库"。

(3)单击【修改】按钮,再单击【存货编码】栏中的【参照】按钮,选择"存货名称"为"0101001 富铤商务男鞋",在【数量】栏中输入"90.00",在【单价】栏中输入"318.00"。依次输入"男鞋库"的其他期初结存数据(见表 2-2-1)。单击【保存】按钮,保存录入存货信息,单击【批审】按钮,如图 2-2-2 所示。

库存管理
期初数据录入

表 2-2-1 库存期初信息

分类编码	所属类别	存货编码	存货名称	计量单位	税率(%)	规格	数量 套数	数量 主数量	单价(元) 套价格	单价(元) 主价格	金额(元)
0101	男鞋	0101001	富链商务男鞋	双	13	240#～270#	15	90	1 908	318	28 620
		0101002	富链休闲男鞋	双	13	240#～270#	10	60	1 416	236	14 160
		0101003	富链运动男鞋	双	13	240#～270#	30	180	1 536	256	46 080
0102	女鞋	0102004	鼎豪平跟流行女鞋	双	13	225#～250#	30	180	1 296	216	38 880
		0102005	鼎豪平跟正装女鞋	双	13	225#～250#	10	60	1 110	185	11 100
		0102006	鼎豪平跟休闲女鞋	双	13	225#～250#	20	120	918	153	18 360
		0102007	鼎豪高跟流行女鞋	双	13	225#～250#	25	150	1 008	168	25 200
		0102008	鼎豪高跟正装女鞋	双	13	225#～250#	15	90	852	142	12 780
		0102009	鼎豪高跟休闲女鞋	双	13	225#～250#	20	120	408	68	8 160
		0102010	鼎豪内增高女鞋	双	13	225#～250#	15	90	1 008	168	15 120
		0102011	细平短筒靴	双	13	225#～250#	20	120	1 776	296	35 520
		0102012	细平中筒靴	双	13	225#～250#	25	150	1 944	324	48 600
		0102013	细平高筒靴	双	13	225#～250#	15	90	1 950	325	29 250
02	童装	02014	宝派婴童套装	套	13	0～3岁	40	120	141	47	5 640
		02015	宝派男童套装	套	13	4～6岁	60	180	204	68	12 240
		02016	宝派女童套装	套	13	4～6岁	30	90	216	72	6 480
合 计											356 190

图 2-2-1 【库存选项设置】窗口

图 2-2-2 库存期初数据录入——男鞋库

(4) 在【库存期初数据录入】窗口中将"仓库"选择为"女鞋库"。单击【修改】按钮,依次输入"女鞋库"的期初结存数据并保存,单击【批审】按钮,如图 2-2-3 所示。

图 2-2-3　库存期初数据录入——女鞋库

(5)在【库存期初数据录入】窗口中将"仓库"选择为"童装库"。单击【修改】按钮,依次输入"童装库"的期初结存数据并保存,单击【批审】按钮,如图 2-2-4 所示。

图 2-2-4　库存期初数据录入——童装库

(6)在【库存期初数据录入】窗口中将"仓库"选择为"受托代销库"。单击【修改】按钮,依次输入"受托代销库"的期初结存数据并保存,单击【批审】按钮,如图 2-2-5 所示。

方法二:从存货核算系统中引入

若存货核算系统中存货期初已录入完毕,则可以直接单击【引入】按钮,完成库存期初数据的引入。

提示

- 库存期初结存数据必须按照仓库分别录入。
- 库存期初数据录入完成后,必须进行审核工作。期初结存数据的审核实际是期初记账的过程,表明该仓库期初数据录入工作的完成。
- 库存期初数据审核是分仓库分存货进行的,即针对一条存货记录进行审核。如果

执行"批审"功能,则对选中仓库的所有存货执行审核,但并非审核所有仓库的存货。

- 审核后的库存期初数据不能修改、删除,但可以弃审后进行修改或删除。

	仓库	仓库编码	存货编码	存货名称	规格型号	主计量单位	数量	单价	金额	入库类别	部门	制单人	审核人	审核日期
1	受托代销库	04	0102011	细平短筒靴	225#-250#	双	120.00	296.00	35520.00			宋文哲	宋文哲	2022-01-01
2	受托代销库	04	0102012	细平中筒靴	225#-250#	双	150.00	324.00	48600.00			宋文哲	宋文哲	2022-01-01
3	受托代销库	04	0102013	细平高筒靴	225#-250#	双	90.00	325.00	29250.00			宋文哲	宋文哲	2022-01-01
合计							360.00		113370.00					

图 2-2-5　库存期初数据录入——受托代销库

二、存货核算初始设置

(一)参数设置

在存货核算系统中设置核算方式为按仓库核算;暂估方式为单到回冲;销售成本核算方式为销售发票;委托代销按发出商品核算;其余默认系统提供参数。

(二)期初余额录入

同库存管理期初数据。

(三)科目设置

(1)设置存货科目

男鞋库、女鞋库、童装库、赠品仓库的存货科目为"1405 库存商品";

男鞋库、女鞋库、童装库的发出商品科目为"1406 发出商品";

男鞋库、女鞋库、童装库的直运科目为"1402 在途物资";

受托代销库的存货科目为"1321 受托代销商品"。

(2)设置对方科目

采购入库的对方科目为"1402 在途物资",暂估科目为"220202 应付账款——暂估应付款";

采购退货的对方科目为"1402 在途物资";

盘盈入库的对方科目为"1901 待处理财产损益";

受托代销入库的对方科目、暂估科目均为"2314 受托代销商品款";

销售出库、销售退货、委托代销出库的对方科目均为"6401 主营业务成本";

盘亏出库的对方科目为"1901 待处理财产损益";

赠品出库的对方科目为"660104 赠品费用"。

(3)设置税金科目

男鞋、女鞋、童装、其他税金科目为"22210101 进项税额"。

(四)存货期初记账

【操作步骤】

1.设置存货核算参数

(1)执行【业务工作】/【供应链】/【存货核算】/【初始设置】/【选项】/【选项录入】命令,打开【选项录入】窗口。

(2)如图 2-2-6 所示,在【核算方式】选项卡中设置核算参数。核算方式:按仓库核算;暂估方式:单到回冲;销售成本核算方式:销售发票;委托代销成本核算方式:按发出商品核算。

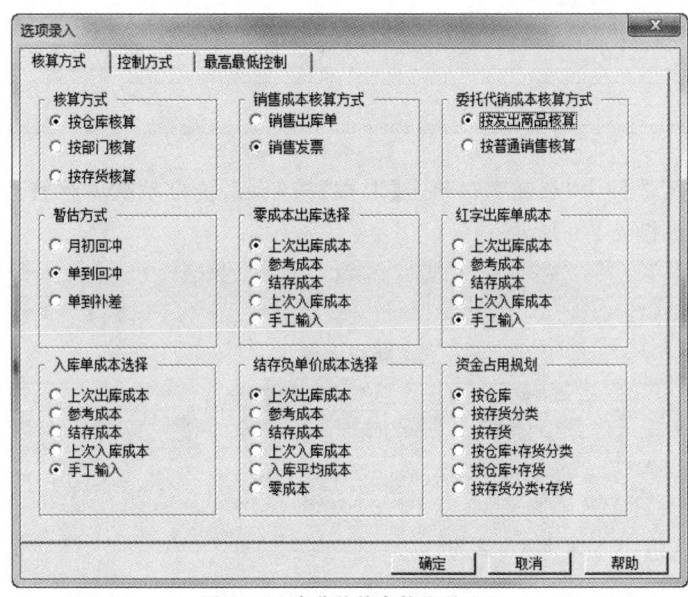

图 2-2-6　存货核算参数选项录入

2.录入存货期初数据

(1)执行【业务工作】/【供应链】/【存货核算】/【初始设置】/【期初数据】/【期初余额】命令,打开【期初余额】窗口,将"仓库"选择为"男鞋库",单击【取数】按钮,系统自动从库存管理系统取出该仓库的存货信息,如图 2-2-7 所示。

图 2-2-7　期初余额——男鞋库

(2)将"仓库"选择为"女鞋库",单击【取数】按钮,系统自动从库存管理系统取出该仓库的存货信息,如图2-2-8所示。

存货编码	存货名称	规格型号	计量单位	数量	单价	金额	售价	售价金额	存货科目编码	存货科目
0102004	鼎豪平跟流行女鞋	225#-250#	双	180.00	216.00	38,880.00			1405	库存商品
0102005	鼎豪平跟正装女鞋	225#-250#	双	60.00	185.00	11,100.00			1405	库存商品
0102006	鼎豪平跟休闲女鞋	225#-250#	双	120.00	153.00	18,360.00			1405	库存商品
0102007	鼎豪高跟流行女鞋	225#-250#	双	150.00	168.00	25,200.00			1405	库存商品
0102008	鼎豪高跟正装女鞋	225#-250#	双	90.00	142.00	12,780.00			1405	库存商品
0102009	鼎豪高跟休闲女鞋	225#-250#	双	120.00	68.00	8,160.00			1405	库存商品
0102010	鼎豪内增高女鞋	225#-250#	双	90.00	168.00	15,120.00			1405	库存商品
合计:				810.00		129,600.00				

图2-2-8 期初余额——女鞋库

(3)将"仓库"选择为"童装库",单击【取数】按钮,系统自动从库存管理系统取出该仓库的存货信息,如图2-2-9所示。

存货编码	存货名称	规格型号	计量单位	数量	单价	金额	售价	售价金额	存货科目编码	存货科目
02014	宝派婴童套装	0-3岁	套	120.00	47.00	5,640.00			1405	库存商品
02015	宝派男童套装	4-6岁	套	180.00	68.00	12,240.00			1405	库存商品
02016	宝派女童套装	4-6岁	套	90.00	72.00	6,480.00			1405	库存商品
合计:				390.00		24,360.00				

图2-2-9 期初余额——童装库

(4)将"仓库"选择为"受托代销库",单击【取数】按钮,系统自动从库存管理系统取出该仓库的存货信息,如图2-2-10所示。

存货编码	存货名称	规格型号	计量单位	数量	单价	金额	售价	售价金额	存货科目编码	存货科目
0102011	细平短筒靴	225#-250#	双	120.00	296.00	35,520.00			1321	受托代销商品
0102012	细平中筒靴	225#-250#	双	150.00	324.00	48,600.00			1321	受托代销商品
0102013	细平高筒靴	225#-250#	双	90.00	325.00	29,250.00			1321	受托代销商品
合计:				360.00		113,370.00				

图2-2-10 期初余额——受托代销库

(5)单击【对账】按钮,选择所有仓库,系统自动对存货核算与库存管理系统的存货数据进行核对,如果对账成功,弹出如图2-2-11所示【对账成功】信息提示框,单击【确定】按钮。

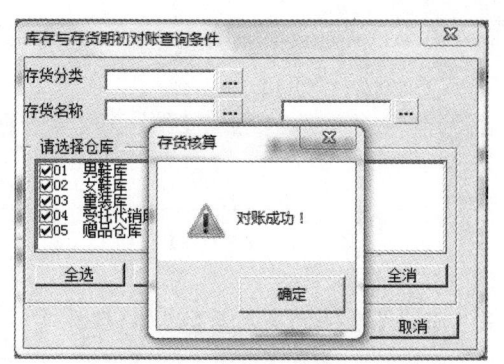

图 2-2-11　库存与存货期初对账成功

3. 设置科目

(1)执行【业务工作】/【供应链】/【存货核算】/【初始设置】/【科目设置】/【存货科目】命令,打开【存货科目】窗口,单击【增加】按钮,选择"仓库"为"01男鞋库",选择"存货科目"为"1405库存商品",选择"委托代销发出商品科目"为"1406发出商品",选择"直运科目"为"1402在途物资",依次设置其他仓库存货科目,单击【保存】按钮,如图2-2-12所示。

图 2-2-12　【存货科目】窗口

(2)执行【业务工作】/【供应链】/【存货核算】/【初始设置】/【科目设置】/【对方科目】命令,打开【对方科目】窗口,单击【增加】按钮,选择"收发类别"为"101采购入库",选择"对方科目"为"1402在途物资",选择"暂估科目"为"220202暂估应付款",依次设置其他收发类别的对方科目,单击【保存】按钮,如图2-2-13所示。

图 2-2-13　【对方科目】窗口

(3)执行【业务工作】/【供应链】/【存货核算】/【初始设置】/【科目设置】/【税金科目】命令,打开【税金科目】窗口,单击【增加】按钮,选择"存货大类"为"0101男鞋",选择"科目"为"22210101进项税额",依次设置其他存货大类税金科目,单击【保存】按钮,如图2-2-14所示。

图 2-2-14 【税金科目】窗口

4. 期初记账

执行【业务工作】/【供应链】/【存货核算】/【初始设置】/【期初数据】/【期初余额】命令,打开【期初余额】窗口,单击【记账】按钮,系统弹出【期初记账成功】信息提示框,单击【确定】按钮,完成期初记账工作,如图 2-2-15 所示。

图 2-2-15 【期初记账成功】信息提示框

> **提示**
>
> • 供应链管理系统各个子系统集成使用时,采购管理系统先记账;库存管理系统所有仓库的所有存货必须"审核"确认;最后,存货核算系统记账。
> • 如果没有期初数据,可以不输入期初数据,但必须执行记账操作。
> • 如果期初数据是运行"结转上年"功能得到的,为未记账状态,则需要执行记账功能后,才能进行日常业务的处理。如果已经进行业务核算,则不能恢复记账。

三、账套备份

【操作步骤】

(1)在 D 盘建立"2-2 库存与存货期初"文件夹。

(2)将账套输入至建立的"2-2 库存与存货期初"文件夹中。

拓展训练二

请根据拓展训练一完成的任务数据继续完成下面任务:

1. 设置采购管理系统参数。

2. 录入期初采购入库单。

2021 年 12 月 18 日,采购部王悦采购蒙牛 250 mL 早餐奶 200 箱,不含税单价 36 元/箱,已入乳制品库,正常采购,入库类别为采购入库。

3. 采购期初记账。

4. 设置暂估方式为单到回冲。

5. 设置采购入库的对方科目、暂估科目。

6. 设置销售管理系统参数。

7. 库存管理初始设置(系统参数和期初余额)。

8. 存货核算初始设置。

9. 存货核算期初余额取数、科目设置和记账。

供应链各子系统初始设置

项目三

采购管理

采购管理

知识链接

采购管理是企业为完成生产和销售计划,在确保适当的品质下,从适当的供应商、于适当的时期、以适当的价格,购入必需数量的物品的一切管理活动。采购管理系统是通过各种可能的采购流程对采购业务进行有效的控制和管理,帮助企业降低采购成本,提升企业竞争力的控制系统。

采购管理系统的主要功能包括有效管理供应商、严格管理采购价格、选择采购流程、及时进行采购结算和采购执行情况分析等。

运用采购管理系统对普通采购业务、受托代销业务、特殊采购业务、采购退货业务和采购暂估业务等进行处理,及时进行采购结算;能够与应付款管理系统、总账系统集成使用,以便及时处理采购款项,并对采购业务进行相应的账务处理。

能力塑造

- 能够掌握采购管理系统各项业务流程
- 能够运用采购管理系统进行各项业务处理
- 能够运用采购管理系统及时进行采购结算
- 能够灵活运用采购管理系统与其他各子系统进行数据传递

素质培养

- 培养学生遵守国家税收优惠政策、守护国家财产安全的爱国主义情怀
- 培养学生诚信经营的社会主义核心价值观
- 培养学生职业沟通和协调能力
- 培养学生团结协作的合作意识

业务流程

采购管理业务流程如图 3-0-1 所示。

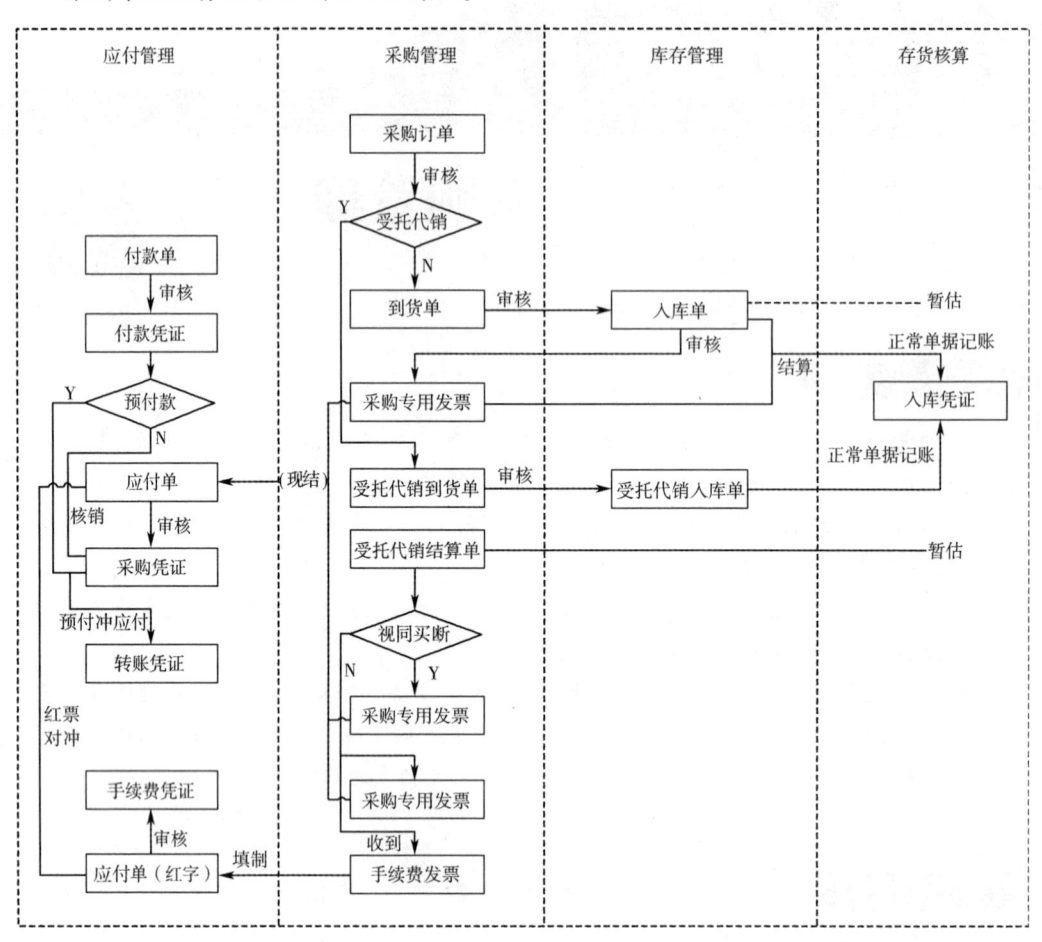

图 3-0-1 采购管理业务流程

实训一 普通采购业务

业务一 单货同到、赊购业务

【业务描述】 2022年1月1日,采购部王悦向温州市鼎豪鞋业发展有限公司采购鼎豪平跟正装女鞋,并取得与该业务相关的凭证,如图 3-1-1、图 3-1-2、图 3-1-3 所示。

【业务分析】 本笔业务是签订采购合同、采购到货、收到采购专用发票的业务。

【岗位说明】 采购部王悦填制采购订单(审核)、采购到货单(审核)、采购专用发票并进行采购结算;仓储部艾英杰填制采购入库单(审核);财务部张晓娴审核发票、单据记账并制单。

购销合同

合同编号： cg0001
签订日期： 2022年1月1日

供方（以下简称甲方）： 温州市鼎豪鞋业发展有限公司
需方（以下简称乙方）： 黑龙江富铤商贸有限公司

供需双方平等互利，协商一致的原则，签订本合同，双方信守执行。

一、产品型号、数量、金额

序号	产品名称	规格型号	单位	数量	单价（无税）	金额（无税）	税率	价税合计
1	鼎豪平跟正装女鞋	225#-250#	双	300	185.00	55500.00	13%	62715.00
合计金额（无税）					55500.00		-	
合计金额（大写）	陆万贰仟柒佰壹拾伍元整					￥62715.00		
其他								

二、包装：由甲方按国家标准进行包装。任何因包装不善所致之损失均由甲方负责。
三、交货日期：2022年1月1日
四、交货地点及交货方式：卖方配送，并承担运费。
五、付款方式：延期支付。
六、合同生效及其他
　　1、本合同应在双方授权代表签字、单位盖章、预付款到达乙方指定账户生效。
　　2、本合同正本一式四份，双方各持两份，具有同等法律效力。
七、本合同一式两份，双方各执一份。

甲方单位名称：	温州市鼎豪鞋业发展有限公司	乙方单位名称：	黑龙江富铤商贸有限公司
法人代表：	魏嘉欣	法人代表：	王悦
日期：	2022年1月1日	日期：	2022年1月1日
签章：		签章：	

图 3-1-1 "业务一——购销合同"凭证

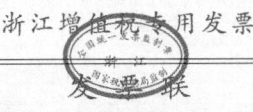

浙江增值税专用发票

5600400080　　　　　　　№ 31357986　　5600400080
　　　　　　　　　　发票联　　　　　　　　　31357986
　　　　　　　　　　　　　　　　　　　　　开票日期：2022年01月01日

购买方	名　称：	黑龙江富铤商贸有限公司	密码区	033+*7-*73*>2170608870>2/>09-7/3/+/86<9<>990498/72132*7+<>931329*894++897/8>+570*5->6<589/47*019>/306>26+006<89
	纳税人识别号：	230102676956780		
	地址、电话：	哈尔滨市道里区爱建路113号 0451-84678976		
	开户行及账号：	中国农业银行哈尔滨中山支行 08059201040012189		

货物或应税劳务、服务名称	规格型号	单位	数量	单价	金额	税率	税额
鼎豪平跟正装女鞋	225#-250#	双	300	185.00	55500.00	13%	7215.00
合　计					￥55500.00	13%	￥7215.00
价税合计（大写）	⊗ 陆万贰仟柒佰壹拾伍圆整				（小写）￥62715.00		

销售方	名　称：	温州市鼎豪鞋业发展有限公司
	纳税人识别号：	330302715426662
	地址、电话：	温州市鹿城工业区泰力路37号(1-2层) 0577-88788753
	开户行及账号：	温州银行劳武支行 732000120190001630

收款人：王悦　　　　复核：　　　　开票人：　　　　销售方：（章）

图 3-1-2 "业务一——增值税专用发票"凭证

采 购 入 库 单

交货单位：温州市鼎豪鞋业发展有限公司
仓库：女鞋库　　　　　2022年1月1日　　　　　入库编号：20220101

编号	名称	单位	实收数量	应收数量	单位成本（元）	总成本（元）	备注
0102005	鼎豪平跟正装女鞋	双	300	300			cg0001
	合　计：		300	300			

验收员：艾英杰　　　　　采购员：略　　　　　部门负责人：略

图 3-1-3 "业务———入库单"凭证

【操作步骤】

1.填制采购订单

（1）2022年1月1日，采购部王悦在企业应用平台中执行【业务工作】/【供应链】/【采购管理】/【采购订货】/【采购订单】命令，打开【采购订单】窗口。

（2）单击【增加】按钮，在表头中，修改"订单编号"为"cg0001"，选择"采购类型"为"正常采购"，选择"供应商"为"温州市鼎豪鞋业发展有限公司"，选择"部门"为"采购部"，选择"业务员"为"王悦"；在表体中，选择"存货编码"为"0102005（鼎豪平跟正装女鞋）"，输入"数量"为"300"，"原币单价"为"209.05"，修改"计划到货日期"为"2022-01-01"，其他信息由系统自动带出，单击【保存】按钮，如图3-1-4所示。

图 3-1-4 【采购订单】窗口

（3）单击【审核】按钮，审核填制的采购订单。

2.生成采购到货单

（1）2022年1月1日，采购部王悦在企业应用平台中执行【业务工作】/【供应链】/【采购管理】/【采购到货】/【到货单】命令，打开【到货单】窗口。

（2）单击【增加】按钮，选择【生单】/【采购订单】命令，打开【查询条件选择-采购订单列表过滤】窗口，单击【确定】按钮，如图3-1-5所示。

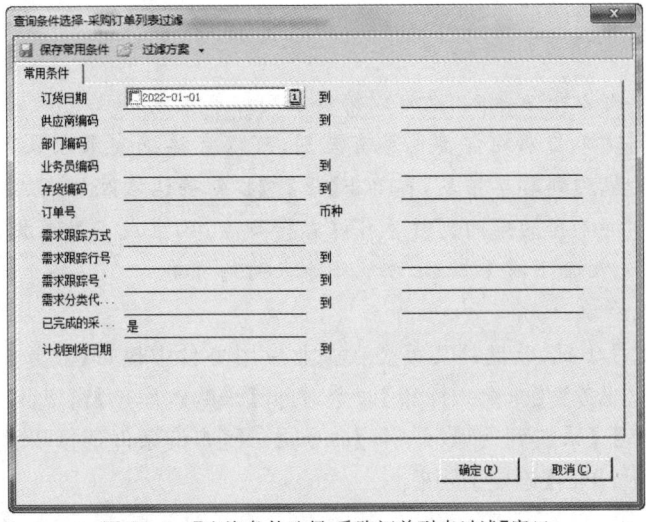

图 3-1-5 【查询条件选择-采购订单列表过滤】窗口

(3) 系统弹出【拷贝并执行】窗口，选中所要拷贝的采购订单，如图 3-1-6 所示，单击【确定】按钮，系统自动生成到货单，单击【保存】按钮。

图 3-1-6 【拷贝并执行】窗口(1)

(4) 单击【审核】按钮，审核根据采购订单生成的到货单，如图 3-1-7 所示。

图 3-1-7 【到货单】窗口

(5) 单击【退出】按钮。

> **提示**
>
> • 采购到货单可以手工录入，也可以拷贝采购订单生成。
> • 如果采购到货单与采购订单信息有差别，可以直接据实录入采购到货单信息，或者直接修改生成的采购到货单信息，再单击【保存】按钮确认修改的采购到货单。
> • 没有生成下游单据的采购到货单可以直接删除；已生成下游单据的采购到货单不能直接删除，需要先删除下游单据后，才能删除采购到货单。

3. 生成采购入库单

（1）2022年1月1日，仓储部艾英杰在企业应用平台中执行【业务工作】/【供应链】/【库存管理】/【入库业务】/【采购入库单】命令，打开【采购入库单】窗口。

（2）选择【生单】/【采购到货单（蓝字）】命令，打开【查询条件选择-采购到货单列表】窗口，如图 3-1-8 所示，单击【确定】按钮。

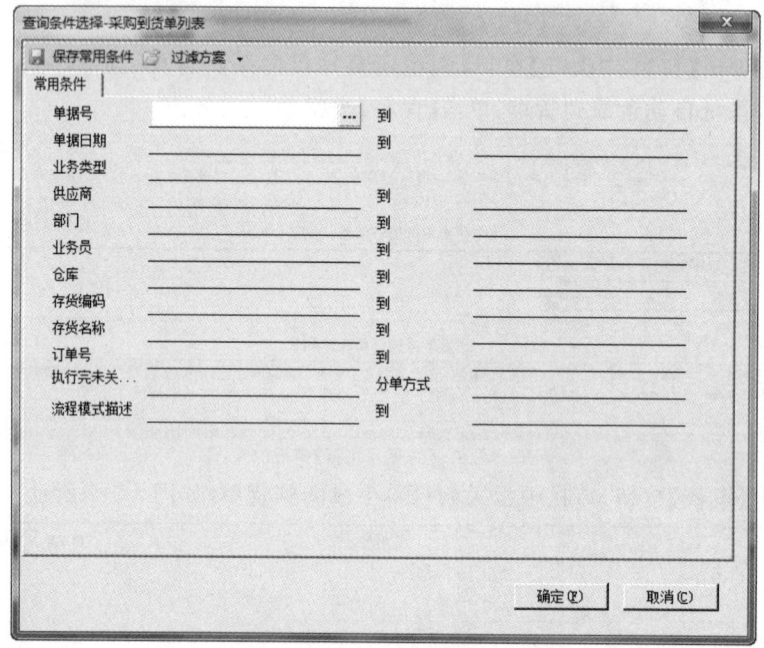

图 3-1-8 【查询条件选择-采购到货单列表】窗口

（3）打开【到货单生单列表】窗口，如图 3-1-9 所示。

图 3-1-9 【到货单生单列表】窗口

（4）选择相应的"到货单生单表头"，单击【确定】按钮，系统自动生成采购入库单，选择"仓库"为"女鞋库"，单击【保存】按钮，如图3-1-10所示。

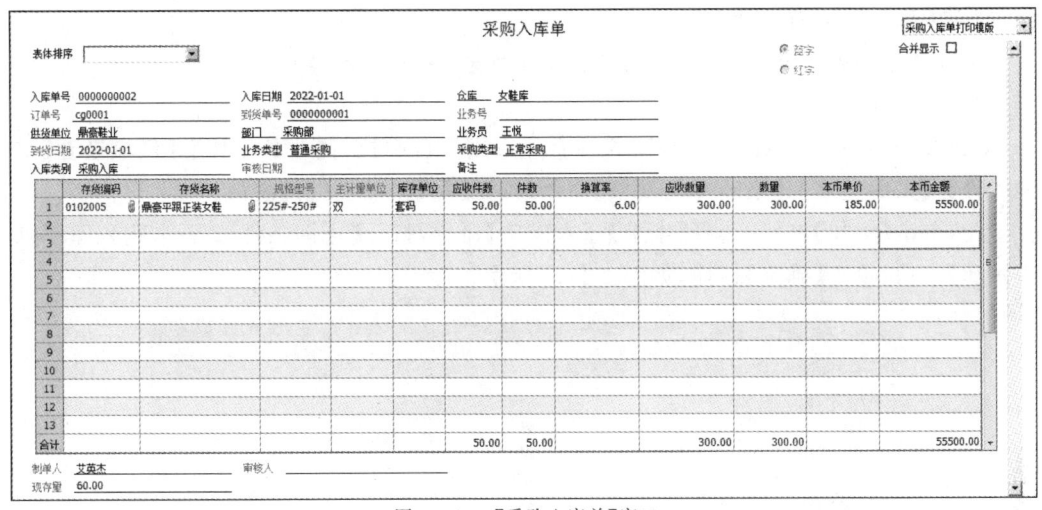

图 3-1-10 【采购入库单】窗口

（5）单击【审核】按钮，如图3-1-11所示。之后单击【确定】按钮，关闭信息提示框。

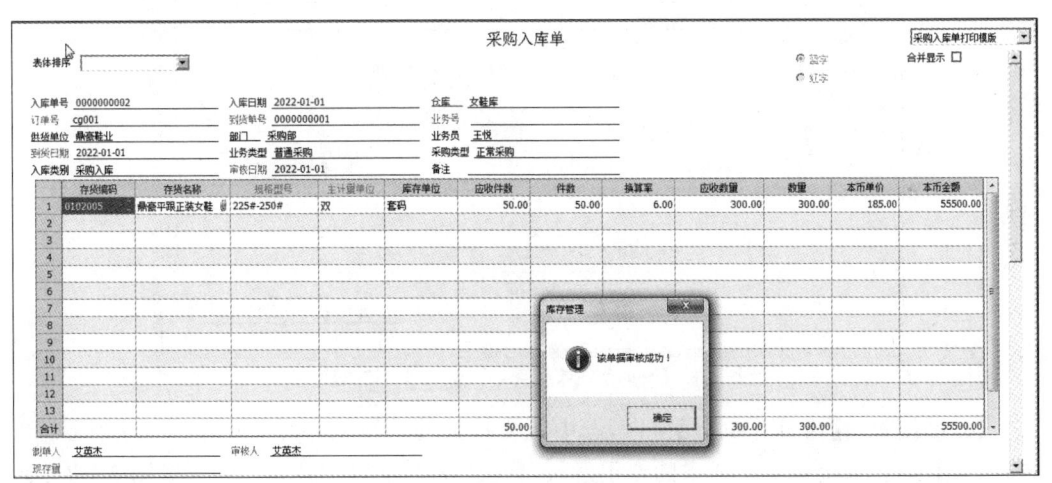

图 3-1-11 【采购入库单】窗口（审核）

提示

- 采购入库单必须在库存管理系统中录入或生成。
- 在库存管理系统中录入或生成的采购入库单，可以在采购管理系统中修改或删除。
- 如果需要手工录入采购入库单，则在库存管理系统中打开【采购入库单】窗口时，单击【增加】按钮，可以直接录入采购入库单信息。
- 如果在采购选项中勾选了"普通业务必有订单"选项，则采购入库单不能手工录入，只能参照生成。如果需要手工录入采购入库单，则需要先取消"普通业务必有订单"选项。

● 采购入库单可以拷贝采购订单生成，也可以拷贝采购到货单生成。根据上游单据拷贝生成下游单据后，上游单据不能直接修改、弃审。删除下游单据后，其上游单据才能执行"弃审"操作，弃审后才能修改。

● 查询采购入库单，可以在采购管理系统查看"采购入库单列表"。

4. 填制采购发票

(1) 2022年1月1日，采购部王悦在企业应用平台中执行【业务工作】/【供应链】/【采购管理】/【采购发票】/【采购专用发票】命令，打开【采购专用发票】窗口。

(2) 单击【增加】按钮，选择【生单】/【入库单】命令，打开【查询条件选择-采购入库单列表过滤】窗口，单击【确定】按钮，如图3-1-12所示。

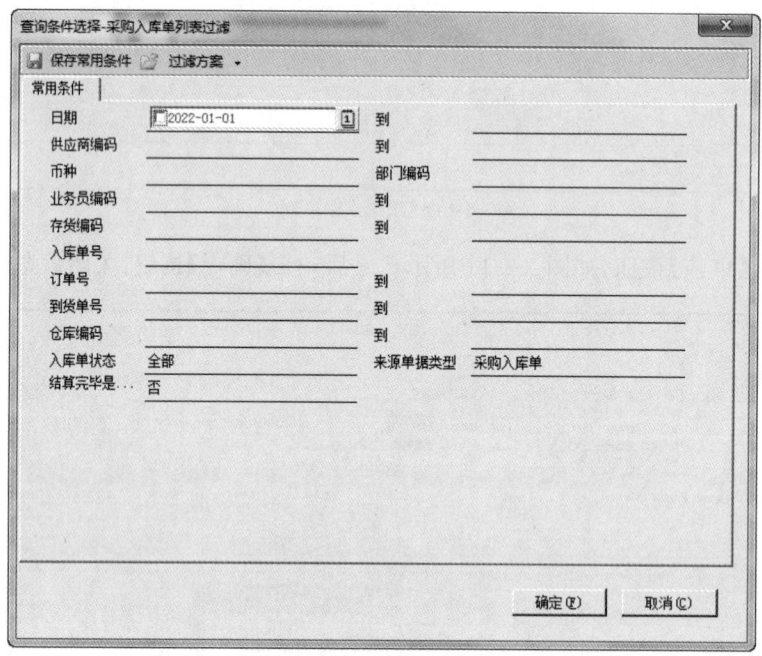

图3-1-12 【查询条件选择-采购入库单列表过滤】窗口

(3) 系统弹出【拷贝并执行】窗口，选中所要拷贝的采购入库单，如图3-1-13所示，单击【确定】按钮，系统自动生成采购专用发票，修改"发票号"为"31357986"，如图3-1-14所示，单击【保存】按钮。

图3-1-13 【拷贝并执行】窗口(2)

图 3-1-14 【采购专用发票】窗口(1)

> **提示**
>
> • 采购专用发票可以手工录入,也可以根据采购订单、采购入库单参照生成。
>
> • 如果在采购选项中勾选了"普通业务必有订单"选项,则不能手工录入采购发票,只能参照生成采购发票。如果需要手工录入,则需要先取消"普通业务必有订单"选项。
>
> • 如果录入采购专用发票,需要先在基础档案中设置有关开户银行信息,否则只能录入普通发票。
>
> • 采购专用发票中的表头税率是根据专用发票默认税率带入的,可以修改。采购专用发票的单价为无税单价,金额为无税金额,税额等于无税金额与税率的乘积。
>
> • 如果收到供应商开具的发票但没有收到货物,可以对发票压单处理,待货物运达后,再输入采购入库单并进行采购结算;也可以先将发票输入系统,以便实时统计在途物资。
>
> • 在采购管理系统中可以通过"采购发票列表"查询采购发票。

5. 采购结算

(1)2022 年 1 月 1 日,采购部王悦在企业应用平台中执行【业务工作】/【供应链】/【采购管理】/【采购结算】/【手工结算】命令,打开【手工结算】窗口,如图 3-1-15 所示。

(2)单击【选单】按钮,打开【结算选单】窗口,如图 3-1-16 所示。

(3)单击【查询】按钮,打开【查询条件选择-采购手工结算】窗口,如图 3-1-17 所示。

(4)单击【确定】按钮,回到【结算选单】窗口。选择相应的"采购发票"和"入库单",如图 3-1-18 所示,单击【确定】按钮。

图 3-1-15 【手工结算】窗口(1)

图 3-1-16 【结算选单】窗口(1)

图 3-1-17 【查询条件选择-采购手工结算】窗口

图 3-1-18　【结算选单】窗口(2)

(5)系统回到【手工结算】窗口,如图 3-1-19 所示,单击【结算】按钮,系统弹出【完成结算】信息提示框,单击【确定】按钮,如图 3-1-20 所示。

图 3-1-19　【手工结算】窗口(2)

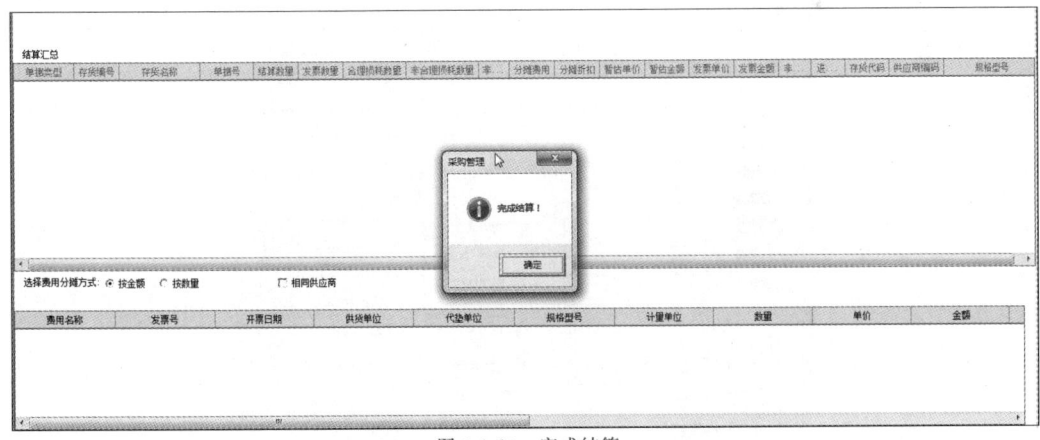

图 3-1-20　完成结算

(6)执行【结算单列表】命令,双击需要查询的结算单所在行,可以打开结算单,如图 3-1-21 所示。

图 3-1-21 【结算单】窗口

(7) 单击【退出】按钮。

6. 财务部门确认应付账款

(1) 2022 年 1 月 1 日，财务部张晓娴在企业应用平台中执行【业务工作】/【财务会计】/【应付款管理】/【应付单据处理】/【应付单据审核】命令，打开【应付单查询条件】窗口，如图 3-1-22 所示。

图 3-1-22 【应付单查询条件】窗口

(2) 单击【确定】按钮，系统弹出【应付单据列表】窗口，如图 3-1-23 所示。

图 3-1-23 【应付单据列表】窗口

(3)双击【选择】栏,或单击【全选】按钮,再单击【审核】按钮,系统进行审核并在完成后给出审核报告,如图 3-1-24 所示。

图 3-1-24 应付单据审核

(4)单击【确定】按钮后退出。

(5)执行【制单处理】命令,打开【制单查询】窗口,勾选"发票制单",如图 3-1-25 所示。

图 3-1-25 【制单查询】窗口

(6)单击【确定】按钮,打开【采购发票制单】窗口。

(7)选择"凭证类别"为"记账凭证",再单击【全选】按钮,选中要制单的"采购专用发票",如图 3-1-26 所示。

图 3-1-26 【采购发票制单】窗口

(8)单击【制单】按钮,生成一张记账凭证,单击【保存】按钮,如图 3-1-27 所示。

已生成		记账凭证			
记 字 0001	制单日期:2022.01.01		审核日期:		附单据数:1
摘要	科目名称			借方金额	贷方金额
采购专用发票	在途物资			5555000	
采购专用发票	应交税费/应交增值税/进项税额			721500	
采购专用发票	应付账款/一般应付款				6271500
票号 日期	数量 单价		合计	6271500	6271500
备注	项目 个人 业务员	部门 客户			
记账	审核	出纳		制单	张晓娴

图 3-1-27 【记账凭证】窗口(1)

(9)打开总账系统,执行【凭证】/【查询凭证】命令。选择"未记账凭证",打开所选凭证,可以查询在应付款管理系统中生成并传递至总账系统的记账凭证。

提示

- 此处需对 W02 进行操作员权限设置,令 W02 对其他所有用户的数据具有"查询""删改""审核""弃审""撤销"和"关闭"的权限。

- 应付科目可以在应付款管理系统的初始设置中设置,如果账套未设置,可以在生成凭证后补充填入。

- 只有采购结算后的采购专用发票才能自动传递到应付款管理系统,并且需要在应付款管理系统中审核确认,才能形成应付账款。

- 在应付款管理系统中可以根据采购专用发票制单,也可以根据应付单或其他单据制单。

- 在应付款管理系统中,可以根据一条记录制单,也可以根据多条记录合并制单,用户可以通过选择制单序号进行处理。

- 可以在采购结算后针对每笔业务立即制单,也可以月末一次性制单。

- 采购专用发票需要在存货核算系统记账。但可以在采购专用发票记账前制单,也可以在采购专用发票记账后制单。

7. 核算采购成本

(1)2022 年 1 月 1 日,财务部张晓娴在企业应用平台中执行【业务工作】/【供应链】/【存货核算】/【业务核算】/【正常单据记账】命令,打开【查询条件选择】窗口,如图 3-1-28 所示。

(2)单击【确定】按钮,打开【正常单据记账列表】窗口。

(3)单击【全选】按钮,如图 3-1-29 所示。

(4)单击【记账】按钮,将采购入库单记账,系统弹出【记账成功】信息提示框,如图 3-1-30 所示。

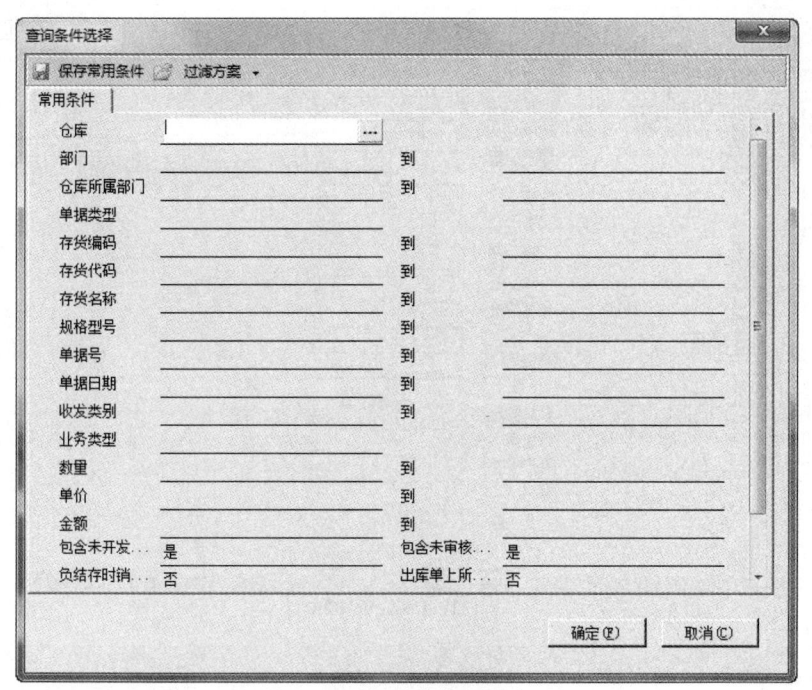

图 3-1-28 【查询条件选择】窗口

图 3-1-29 【正常单据记账列表】窗口

图 3-1-30 【记账成功】信息提示框

(5) 单击【确定】按钮。

(6) 执行【财务核算】/【生成凭证】命令,单击【选择】按钮,打开【查询条件】窗口,如图 3-1-31 所示。

(7) 单击【确定】按钮,打开【未生成凭证单据一览表】窗口,如图 3-1-32 所示。

(8) 单击【选择】栏,或单击【全选】按钮,选中待生成凭证的单据,单击【确定】按钮。

(9) 选择"凭证类别"为"记 记账凭证",如图 3-1-33 所示。

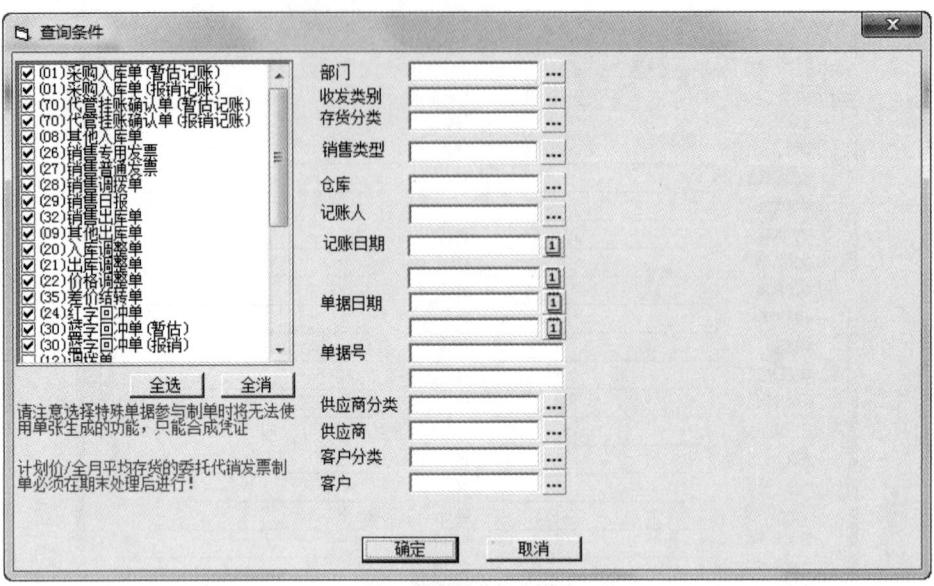

图 3-1-31 【查询条件】窗口

图 3-1-32 【未生成凭证单据一览表】窗口

图 3-1-33 【生成凭证】窗口

(10) 单击【生成】按钮,生成一张记账凭证,单击【保存】按钮,如图 3-1-34 所示。

图 3-1-34 【记账凭证】窗口(2)

(11) 单击【退出】按钮退出。

业务二 货到单未到、赊购业务

【业务描述】 2022年1月2日,采购部王悦与广州富铤鞋业发展有限公司签订采购合同,采购富铤休闲男鞋,货已验收入库,发票未收到。取得与该业务相关的凭证如图 3-1-35 和图 3-1-36 所示。

购销合同

合同编号： cg0002
签订日期： 2022年1月2日

供方（以下简称甲方）： 广州富铤鞋业发展有限公司
需方（以下简称乙方）： 黑龙江富铤商贸有限公司

供需双方平等互利,协商一致的原则,签订本合同,双方信守执行。

一、产品型号、数量、金额

序号	产品名称	规格型号	单位	数量	单价（无税）	金额（无税）	税率	价税合计
1	富铤休闲男鞋	240#-270#	双	150	236.00	35400.00	13%	40002.00
	合计金额（无税）					35400.00		-
合计金额（大写）	肆万零贰元整				￥40002.00			
其他								

二、包装：由甲方按国家标准进行包装。任何因包装不善所致之损失均由甲方负责。
三、交货日期：2022年1月2日
四、交货地点及交货方式：卖方配送,并承担运费。
五、付款方式：电汇
六、合同生效及其他
　　1、本合同应在双方授权代表签字、单位盖章、预付款到达乙方指定账户生效。
　　2、本合同正本一式四份,双方各持两份,具有同等法律效力。
七、本合同一式两份,双方各一份

甲方单位名称：广州富铤鞋业发展有限公司	乙方单位名称：黑龙江富铤商贸有限公司
法人代表：贾欣然	法人代表：王悦
日期：2022年1月2日	日期：2022年1月2日
签章	签章

图 3-1-35 "业务二——购销合同"凭证

采购入库单

交货单位： 广州富铤鞋业发展有限公司
仓库：男鞋库　　　　　　　　　2022年1月2日　　　　　　　　入库编号：20220102

编号	名称	单位	实收数量	应收数量	单位成本（元）	总成本（元）	备注
0101002	富铤休闲男鞋	双	150	150			cg0002
合计：			150	150			

验收员：艾英杰　　　　　采购员：略　　　　　部门负责人：略

图 3-1-36 "业务二——入库单"凭证

【业务分析】 本笔业务是签订采购合同、采购到货的业务。

【岗位说明】 采购部王悦填制采购订单(审核)、采购到货单(审核);仓储部艾英杰填制采购入库单(审核)。

【操作步骤】

1.填制采购订单

(1)2022年1月2日,采购部王悦在企业应用平台中执行【业务工作】/【供应链】/【采购管理】/【采购订货】/【采购订单】命令,打开【采购订单】窗口。

(2)单击【增加】按钮,在表头中修改"订单编号"为"cg0002",选择"采购类型"为"正常采购",选择"供应商"为"富铤鞋业",选择"部门"为"采购部",选择"业务员"为"王悦";在表体中,选择"存货编码"为"0101002(富铤休闲男鞋)",输入"数量"为"150","原币含税单价"为"266.68",修改"计划到货日期"为"2022-01-02",其他信息由系统自动带出,完成后单击【保存】按钮。

(3)单击【审核】按钮,审核填制的采购订单,如图3-1-37所示。

图3-1-37 【采购订单】窗口

2.生成采购到货单

(1)2022年1月2日,采购部王悦在企业应用平台中执行【业务工作】/【供应链】/【采购管理】/【采购到货】/【到货单】命令,打开【到货单】窗口。

(2)单击【增加】按钮,选择【生单】/【采购订单】命令,打开【查询条件选择-采购订单列表过滤】窗口,单击【确定】按钮。

(3)系统弹出【拷贝并执行】窗口,选中所要拷贝的采购订单,单击【确定】按钮,系统自动生成到货单,单击【保存】按钮。

(4)单击【审核】按钮,审核根据采购订单生成的到货单,如图3-1-38所示。

(5)单击【退出】按钮。

3.生成采购入库单

(1)2022年1月2日,仓储部艾英杰在企业应用平台中执行【业务工作】/【供应链】/【库存管理】/【入库业务】/【采购入库单】命令,打开【采购入库单】窗口。

(2)选择【生单】/【采购到货单(蓝字)】命令,打开【查询条件选择-采购到货单列表】窗口,单击【确定】按钮。

(3)打开【到货单生单列表】窗口,选择相应的"到货单生单表头",单击【确定】按钮,系统自动生成采购入库单,选择"仓库"为"男鞋库",单击【保存】按钮。

(4)单击【审核】按钮,如图3-1-39所示。之后单击【确定】按钮,关闭信息提示框。

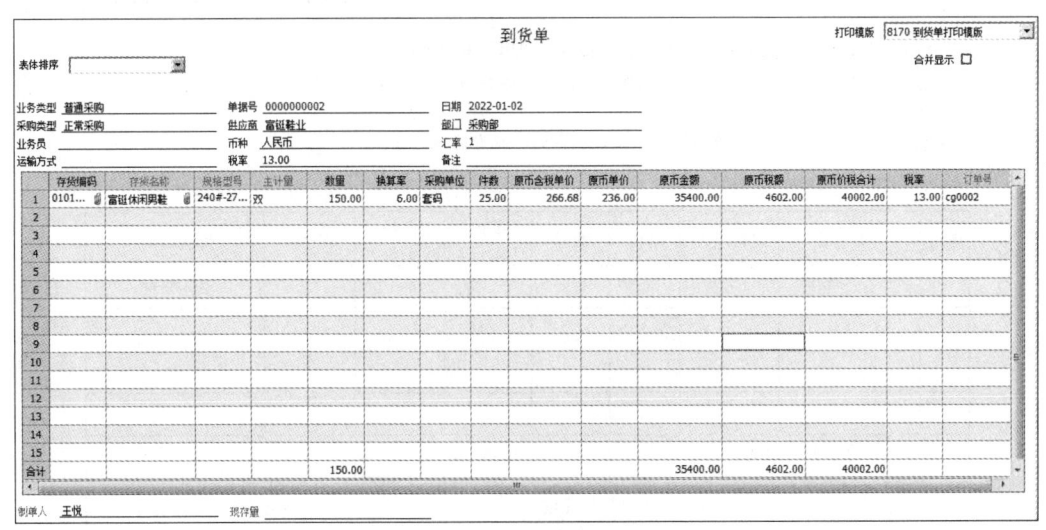

图 3-1-38 【到货单】窗口

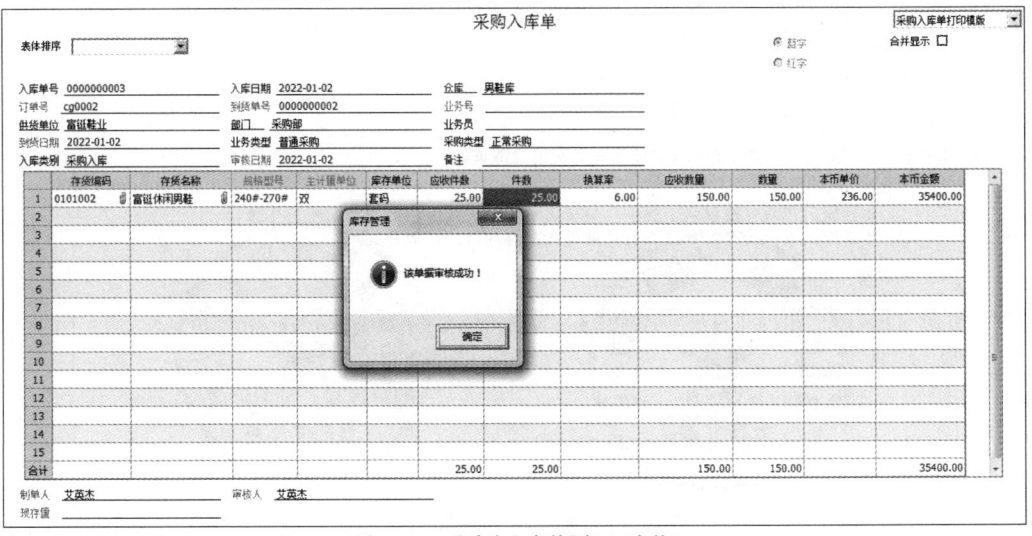

图 3-1-39 【采购入库单】窗口(审核)

业务三　单货同到、现购业务

【业务描述】 2022年1月3日,采购部周南与宝派少儿服饰(中国)有限公司签订采购合同,采购宝派女童套装300套。取得与该业务相关的凭证如图3-1-40～图3-1-43所示。

购销合同

合同编号：　cg0003
签订日期：　2022年1月3日

供方（以下简称甲方）：　宝派少儿服饰（中国）有限公司
需方（以下简称乙方）：　黑龙江富铤商贸有限公司

供需双方平等互利，协商一致的原则，签订本合同，双方信守执行。

一、产品型号、数量、金额

序号	产品名称	规格型号	单位	数量	单价（无税）	金额（无税）	税率	价税合计
1	宝派女童套装	4-6岁	套	300	72.00	21600.00	13%	24408.00
合计金额（无税）					21600.00		-	
合计金额（大写)	贰万肆仟肆佰零捌元整					￥24408.00		
其他								

二、包装：由甲方按国家标准进行包装。任何因包装不善所致之损失均由甲方负责。

三、交货日期： 2022年1月3日

四、交货地点及交货方式：卖方配送，并承担运费。

五、付款方式：电汇，2022年1月3日乙方以支付全部货款

六、合同生效及其他
　1、本合同应在双方授权代表签字、单位盖章、预付款到达乙方指定账户生效。
　2、本合同正本一式四份，双方各持两份，具有同等法律效力。

七、本合同一式肆份，双方各执贰份。

甲方单位名称：	宝派少儿服饰（中国）有限公司	乙方单位名称：	黑龙江富铤商贸有限公司
法 人 代 表：	姜宏良	法 人 代 表：	王悦
日　　　期：	2022年1月3日	日　　　期：	2022年1月3日
签　　　章：		签　　　章：	

图3-1-40　"业务三——购销合同"凭证

浙江增值税专用发票

发票联

5600880060
№ 34556324
5600880060
34556324

开票日期：2022年01月03日

购买方	名　称：	黑龙江富铤商贸有限公司	密码区	033+*7-*73*>2170608870>2/>09-7/3/+/86<9><>990498/72132*7+<>931329*894++897/8>+570*5-> >6<589/47*019>/306>26+006<89
	纳税人识别号：	230102676956780		
	地址、电话：	哈尔滨市道里区爱建路113号 0451-84678976		
	开户行及账号：	中国农业银行哈尔滨中山支行 08059201040012189		

货物或应税劳务、服务名称	规格型号	单位	数量	单价	金额	税率	税额
宝派女童套装	4-6岁	套	300	72.00	21600.00	13%	2808.00
合　计					¥21600.00	13%	¥2808.00

价税合计（大写）　⊗ 贰万肆仟肆佰零捌圆整　（小写）¥24408.00

销售方	名　称：	宝派少儿服(饰中)国有限公司	
	纳税人识别号：	330381583569046	（发票专用章）
	地址、电话：	瑞安市东新工业区 0577-65126687	
	开户行及账号：	浙江瑞安农村合作银行东新支行中村分理处 201000086508909	

收款人：王悦　　复核：　　开票人：　　销售方：（章）

图 3-1-41 "业务三——增值税专用发票"凭证

中国农业银行 AGRICULTURAL BANK OF CHINA

电汇凭证（回单）

√普通　　加急　　委托日期　2022年1月3日

汇款人	全　称	黑龙江富铤商贸有限公司	收款人	全　称	宝派少儿服饰（中国）有限公司
	账　号	08059201040012189		账　号	201000086508909
	开户银行	中国农业银行哈尔滨中山路支行		开户银行	浙江瑞安农村合作银行东新支行中村分理处

金额	人民币（大写）	贰万肆仟肆佰零捌元整	亿	仟	佰	十万	仟	佰	十	元	角	分
						¥	2	4	4	0	8	0	0

票据编码：24675362
票据种类：电汇
票据张数：1

附加信息及用途：
2022.01.03 支付前欠货款

汇出行签章：

复核：　　　　记账：

图 3-1-42 "业务三——银行电汇凭单"凭证

采购入库单

交货单位：宝派少儿服饰(中国)有限公司
仓库：童装库
2022年1月3日
入库编号：20220103

编号	名称	单位	实收数量		单位成本（元）	总成本（元）	备注
			实收数量	应收数量			
2016	宝派女童套装	套	300	300			cg0003
	合　计：		300	300			

验收员：艾英杰　　采购员：略　　部门负责人：略

图 3-1-43 "业务三——入库单"凭证

【业务分析】 本笔业务是签订采购合同、采购到货、收到采购专用发票同时支付全部货款的业务。

【岗位说明】 采购部王悦填制采购订单(审核)、采购到货单(审核)、采购专用发票(现付)并进行采购结算;仓储部艾英杰填制采购入库单(审核);财务部张晓娴审核发票、单据记账并制单。

【操作步骤】

1.填制采购订单

(1)2022年1月3日,采购部王悦在企业应用平台中执行【业务工作】/【供应链】/【采购管理】/【采购订货】/【采购订单】命令,打开【采购订单】窗口。

(2)单击【增加】按钮,在表头中,修改"订单编号"为"cg0003",选择"采购类型"为"正常采购",选择"供应商"为"宝派服饰",选择"部门"为"采购部",选择"业务员"为"周南";在表体中,选择"存货编码"为"02016(宝派女童套装)",输入"数量"为"300","原币含税单价"为"81.36",修改"计划到货日期"为"2022-01-03",其他信息由系统自动带出,单击【保存】按钮。

(3)单击【审核】按钮,审核填制的采购订单,如图3-1-44所示。

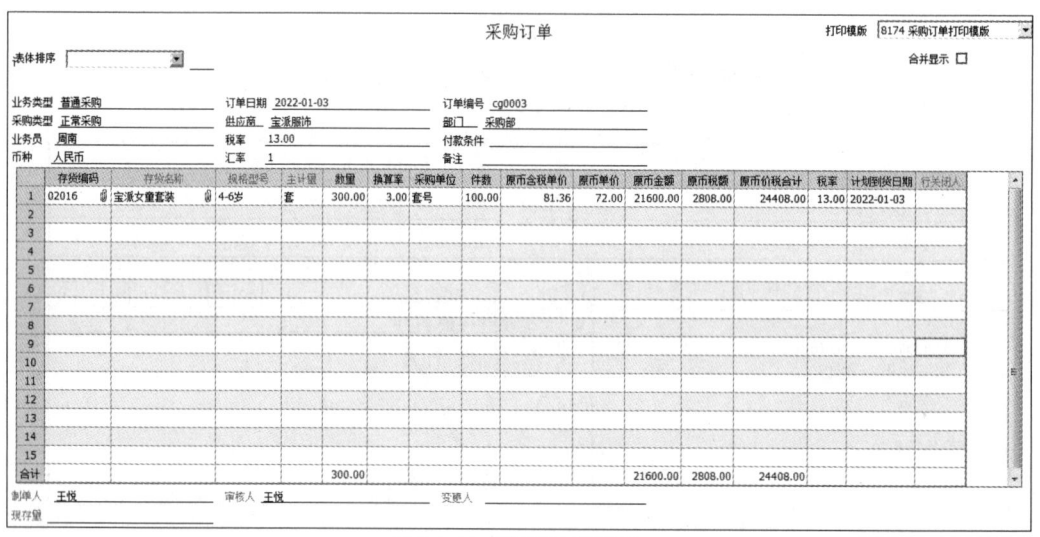

图3-1-44 【采购订单】窗口

2.生成采购到货单

(1)2022年1月3日,采购部王悦在企业应用平台中执行【业务工作】/【供应链】/【采购管理】/【采购到货】/【到货单】命令,打开【到货单】窗口。

(2)单击【增加】按钮,选择【生单】/【采购订单】命令,打开【查询条件选择-采购订单列表过滤】窗口,单击【确定】按钮。

(3)系统弹出【拷贝并执行】窗口,选中所要拷贝的采购订单,单击【确定】按钮,系统自动生成到货单,单击【保存】按钮。

(4)单击【审核】按钮,审核根据采购订单生成的到货单,如图3-1-45所示。

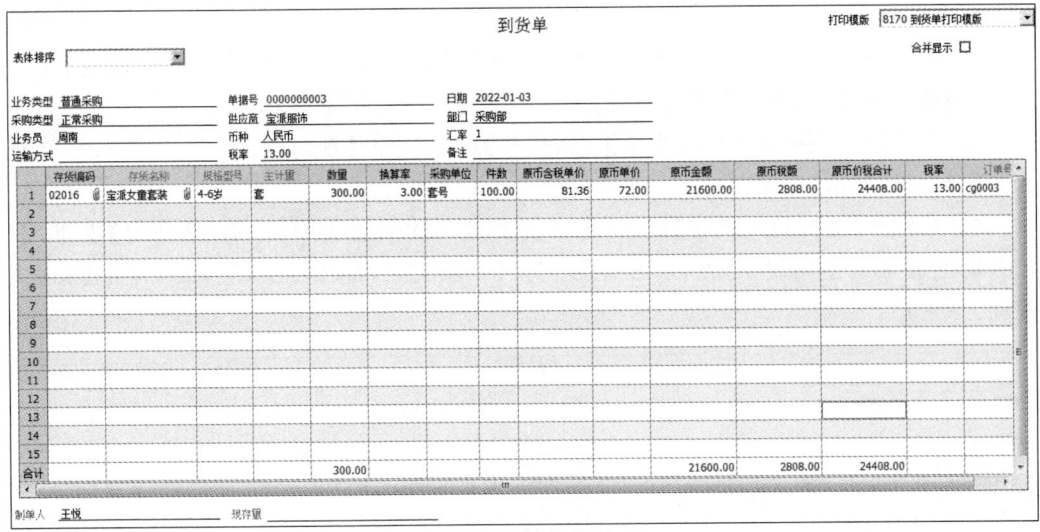

图 3-1-45 【到货单】窗口

(5)单击【退出】按钮。

3.生成采购入库单

(1)2022年1月3日,仓储部艾英杰在企业应用平台中执行【业务工作】/【供应链】/【库存管理】/【入库业务】/【采购入库单】命令,打开【采购入库单】窗口。

(2)选择【生单】/【采购到货单(蓝字)】命令,打开【查询条件选择-采购到货单列表】窗口,单击【确定】按钮。

(3)打开【到货单生单列表】窗口,选择相应的"到货单生单表头",单击【确定】按钮,系统自动生成采购入库单,选择"仓库"为"童装库",单击【保存】按钮。

(4)单击【审核】按钮,如图 3-1-46 所示。之后单击【确定】按钮,关闭信息提示框。

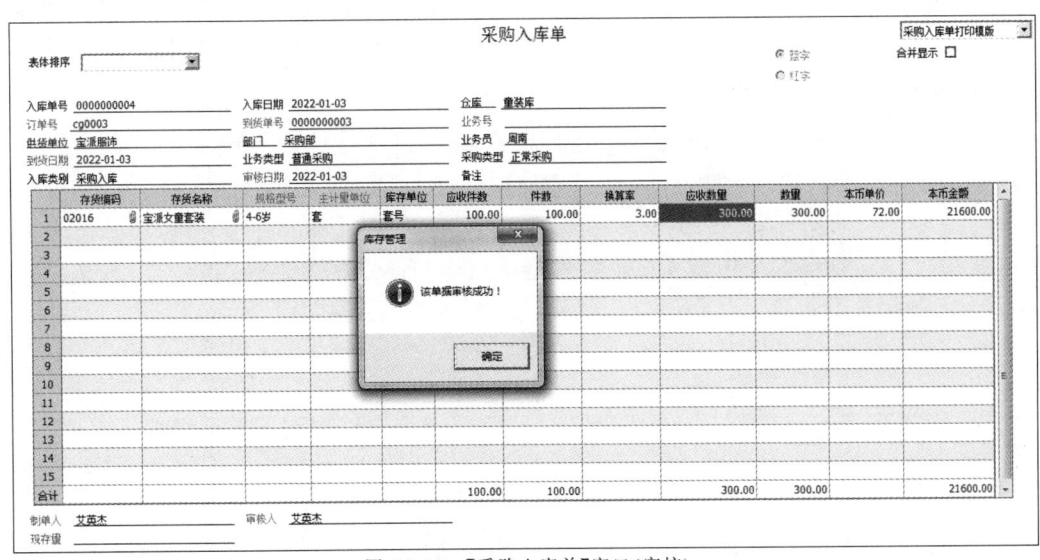

图 3-1-46 【采购入库单】窗口(审核)

4.填制采购发票

(1)2022年1月3日,采购部王悦在企业应用平台中执行【业务工作】/【供应链】/【采购管理】/【采购发票】/【专用采购发票】命令,打开【采购专用发票】窗口。

(2)单击【增加】按钮,选择【生单】/【入库单】命令,打开【查询条件选择-采购入库单列表过滤】窗口,单击【确定】按钮。

(3)系统弹出【拷贝并执行】窗口,选中所要拷贝的采购入库单,单击【确定】按钮,系统自动生成采购专用发票,修改"发票号"为"34556324",如图3-1-47所示,单击【保存】按钮。

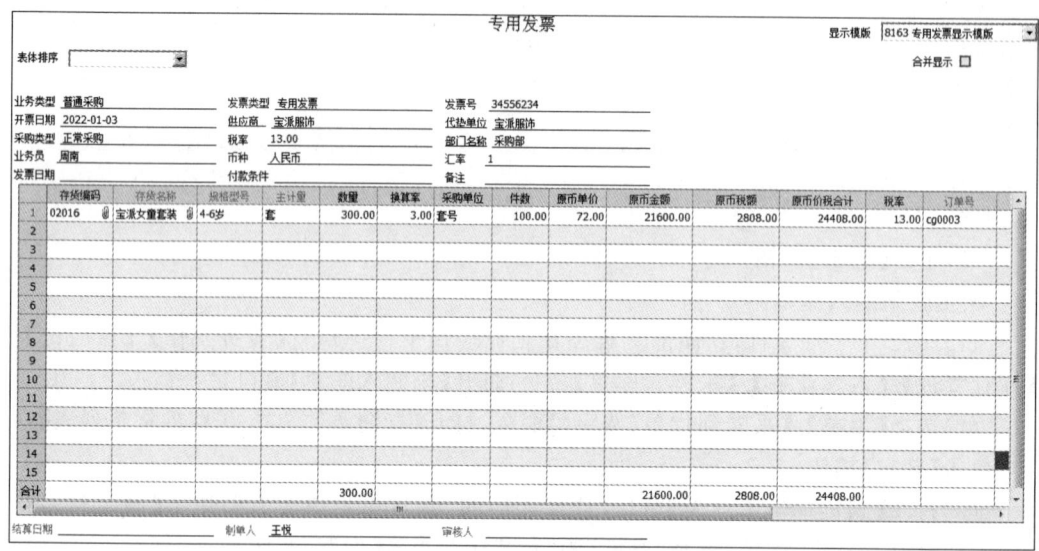

图3-1-47 【采购专用发票】窗口

(4)单击【现付】按钮,打开【采购现付】窗口。输入"结算方式"为"4-电汇","原币金额"为"24408.00","票据号"为"24675362",如图3-1-48所示。单击【确定】按钮,采购专用发票提示"已现付",如图3-1-49所示。

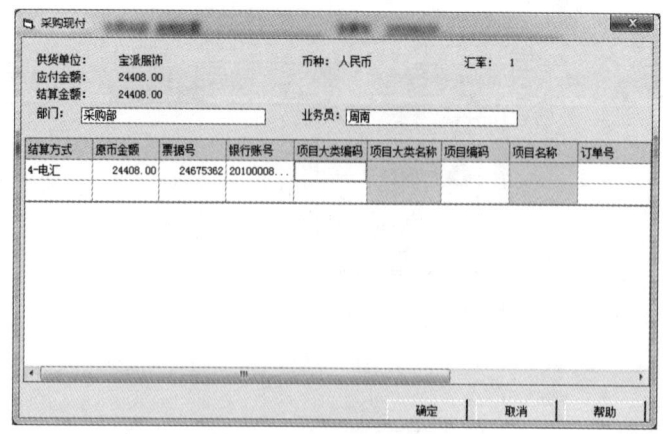

图3-1-48 【采购现付】窗口

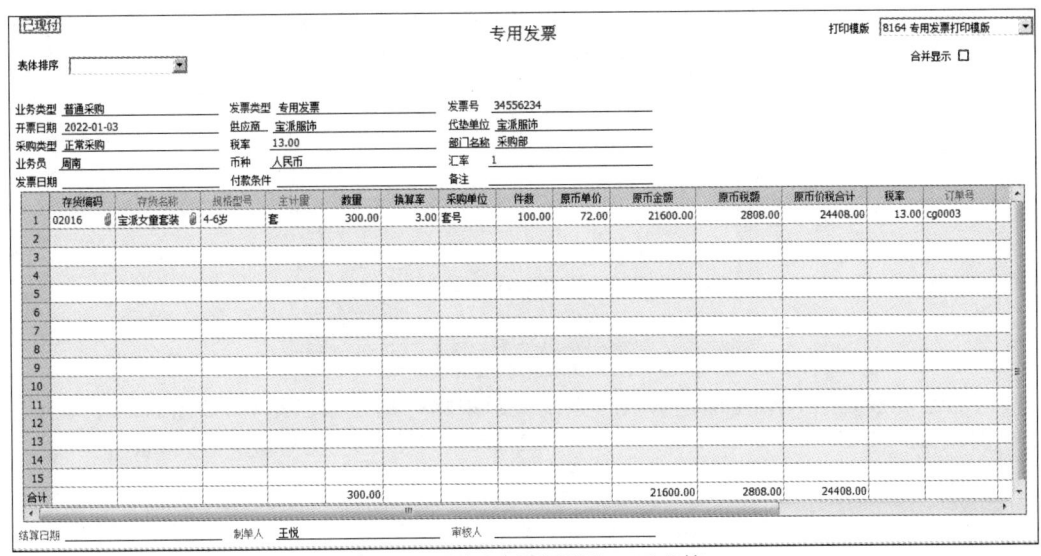

图 3-1-49 【采购专用发票】窗口(已现付)

5.采购结算

(1)2022年1月3日,采购部王悦在企业应用平台中执行【业务工作】/【供应链】/【采购管理】/【采购结算】/【自动结算】命令,打开【查询条件选择-采购自动结算】窗口,如图3-1-50所示。

图 3-1-50 【查询条件选择-采购自动结算】窗口

(2)根据需要输入结算过滤条件和结算模式,如单据的起止日期,选择单据和发票的结算模式,单击【确定】按钮,系统自动进行结算。如果存在完全匹配的记录,则系统弹出【结算成功】信息提示框,如图 3-1-51 所示。如果不存在完全匹配的记录,则系统弹出【状态:没有符合条件的红蓝入库单和发票】信息提示框。

图 3-1-51 【结算成功】信息提示框

（3）结算成功后，单击【确定】按钮，系统提示采购专用发票已结算，如图 3-1-52 所示。

图 3-1-52 【采购专用发票】窗口（已结算）

（4）执行【结算单列表】命令，双击需要查询的结算单所在行，可以打开结算单，如图 3-1-53 所示。

图 3-1-53 【结算单】窗口

(5)单击【退出】按钮。

6.现付单据审核与制单

(1)2022年1月3日,财务部张晓娴在企业应用平台中执行【业务工作】/【财务会计】/【应付款管理】/【应付单据处理】/【应付单据审核】命令,打开【应付单查询条件】窗口,勾选"包含已现结发票",如图3-1-54所示。

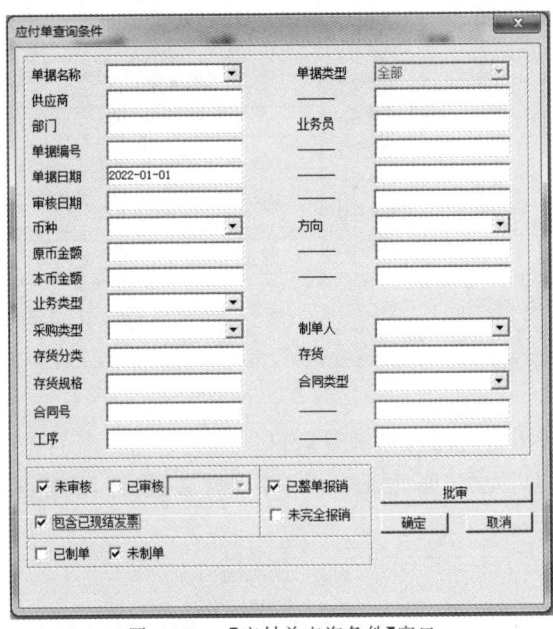

图3-1-54 【应付单查询条件】窗口

(2)单击【确定】按钮,系统弹出【应付单据列表】窗口,如图3-1-55所示。

图3-1-55 【应付单据列表】窗口

(3)双击【选择】栏,或单击【全选】按钮,再单击【审核】按钮,系统进行审核并在完成后给出审核报告,如图3-1-56所示。

图3-1-56 应付单据审核

(4)单击【确定】按钮后退出。

(5)执行【制单处理】命令,打开【制单查询】窗口,勾选"现结制单",如图3-1-57所示。

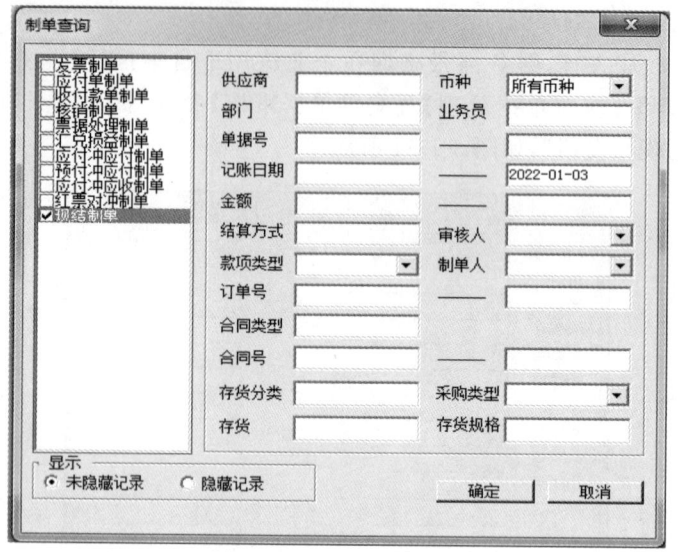

图3-1-57 【制单查询】窗口

(6)单击【确定】按钮,打开【现结制单】窗口。

(7)选择"凭证类别"为"记账凭证",再单击【全选】按钮,选中要制单的"现结发票",如图3-1-58所示。

图3-1-58 【现结制单】窗口

(8)单击【制单】按钮,生成一张记账凭证,单击【保存】按钮,如图3-1-59所示。

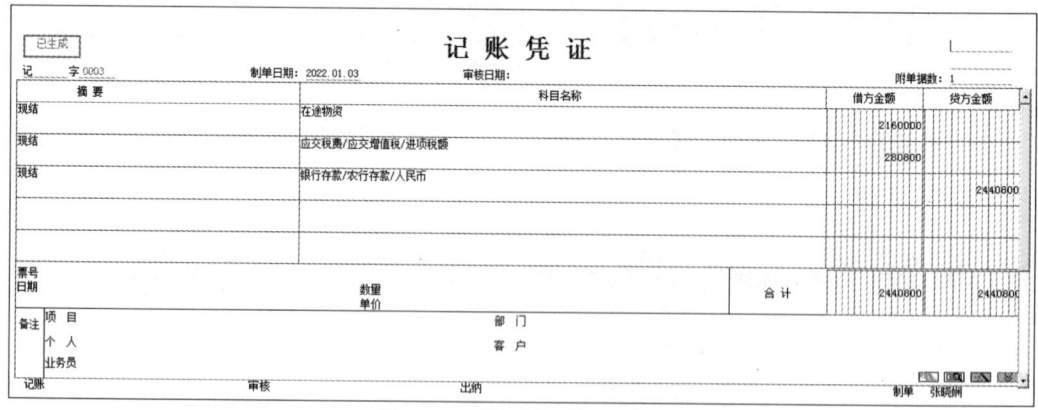

图3-1-59 【记账凭证】窗口(1)

7.核算采购成本

(1)2022年1月3日,财务部张晓娴在企业应用平台中执行【业务工作】/【供应链】/【存货核算】/【业务核算】/【正常单据记账】命令,打开【查询条件选择】窗口。

(2)单击【确定】按钮,打开【正常单据记账列表】窗口。

(3)单击【全选】按钮,如图 3-1-60 所示。

选择	日期	单据号	存货编码	存货名称	规格型号	存货代码	单据类型	仓库名称	收发类别	数量	单价	金额
	2022-01-02	0000000003	0101002	富逛休闲男鞋	240#-270#		采购入库单	男鞋库	采购入库	150.00	236.00	35,400.00
Y	2022-01-03	0000000004	02016	宝派女童套装	4-6岁		采购入库单	童装库	采购入库	300.00	72.00	21,600.00
小计										450.00		57,000.00

图 3-1-60　【正常单据记账列表】窗口

(4)单击【记账】按钮,将采购入库单记账,系统弹出【记账成功】信息提示框。

(5)单击【确定】按钮。

(6)执行【财务核算】/【生成凭证】命令,打开【查询条件】窗口。

(7)单击【确定】按钮,打开【未生成凭证单据一览表】窗口。

(8)单击【选择】栏,或单击【全选】按钮,选中待生成凭证的单据,单击【确定】按钮。

(9)选择"凭证类别"为"记 记账凭证",如图 3-1-61 所示。

凭证类别	记 记账凭证													
选择	单据类型	单据号	摘要	科目类型	科目编码	科目名称	借方金额	贷方金额	借方数量	贷方数量	科目方向	存货编码	存货名称	存货代码	规格型号	部门编码	部门名称	业务员编码	业务
1	采购入库单	0000000004	采购入	存货	1405	库存商品	21,600.00		300.00		1	02016	宝派女		4-6岁	3	采购部	302	周南
				对方	1402	在途物资		21,600.00		300.00	2	02016	宝派女		4-6岁	3	采购部	302	周南
合计							21,600.00	21,600.00											

图 3-1-61　【生成凭证】窗口

(10)单击【生成】按钮,生成一张记账凭证,单击【保存】按钮,如图 3-1-62 所示。

图 3-1-62　【记账凭证】窗口(2)

业务四　现金折扣业务

【业务描述】　2022 年 1 月 4 日,采购部王悦与温州市鼎豪鞋业发展有限公司签订采购合同,采购鼎豪平跟休闲女鞋和鼎豪高跟流行女鞋。取得与该业务相关的凭证如图 3-1-63 所示。

现金折旧业务

【业务分析】　本笔业务是签订采购合同、有付款条件的采购业务。

【岗位说明】　采购部王悦填制采购订单(审核)。

【操作步骤】

填制采购订单

(1)2022 年 1 月 4 日,采购部王悦在企业应用平台中执行【业务工作】/【供应链】/【采购管理】/【采购订货】/【采购订单】命令,打开【采购订单】窗口。

(2)单击【增加】按钮,在表头中,修改"订单编号"为"cg0004",选择"采购类型"为"正常采购",选择"供应商"为"鼎豪鞋业",选择"部门"为"采购部",选择"业务员"为"王悦",

选择"付款条件"为"2/10,1/20,n/30";在表体中,选择"存货编码"为"0102006(鼎豪平跟休闲女鞋)"和"0102007(鼎豪高跟流行女鞋)",输入"数量"均为"300","原币含税单价"分别为"172.89"和"189.84",修改"计划到货日期"为"2022-01-06",其他信息由系统自动带出,单击【保存】按钮。

购销合同

合同编号: cg0004
签订日期: 2022年1月4日

供方(以下简称甲方): 温州市鼎豪鞋业发展有限公司
需方(以下简称乙方): 黑龙江富铤商贸有限公司

供需双方平等互利,协商一致的原则,签订本合同,双方信守执行。

一、产品型号、数量、金额

序号	产品名称	规格型号	单位	数量	单价(无税)	金额(无税)	税率	价税合计
1	鼎豪平跟休闲女鞋	225#-250#	双	300	153.00	45900.00	13%	51867.00
2	鼎豪高跟流行女鞋	225#-250#	双	300	168.00	50400.00		56952.00
合计金额(无税)						96300.00		—
合计金额(大写)	壹拾万捌仟捌佰壹拾玖元整							¥108,819.00
其他								

二、包装: 由甲方按国家标准进行包装。任何因包装不善所致之损失均由甲方负责。
三、交货日期: 2020年1月6日
四、交货地点及交货方式: 卖方配送,并承担运费。
五、付款方式: 延期支付,乙方享有现金折扣: 2/10 1/20 n/30, 现金折扣按货物无税价款计算
六、合同生效及其他
　　1、本合同应在双方授权代表签字、单位盖章、预付款到达乙方指定账户生效。
　　2、本合同正本一式四份,双方各持两份,具有同等法律效力。
七、本合同一式两份,双方各执一份。

甲方单位名称: 温州市鼎豪鞋业发展有限公司　　乙方单位名称: 黑龙江富铤商贸有限公司
法 人 代 表: 苏再栋　　　　　　　　　　　　法 人 代 表: 王悦
日　　　　期: 2022年1月4日　　　　　　　　日　　　　期: 2022年1月4日
签　　　　章:　　　　　　　　　　　　　　　签　　　　章:

图 3-1-63 "业务四————购销合同"凭证

(3)单击【审核】按钮,审核填制的采购订单,如图 3-1-64 所示。

图 3-1-64 【采购订单】窗口

业务五 预付款业务

【业务描述】 2022年1月5日,采购部周南与广州富铤鞋业发展有限公司签订采购合同,采购富铤商务男鞋。取得与该业务相关的凭证如图3-1-65、图3-1-66所示。

购销合同

合同编号：cg0005
签订日期：2022年1月5日

供方（以下简称甲方）：广州富铤鞋业发展有限公司
需方（以下简称乙方）：黑龙江富铤商贸有限公司

供需双方平等互利，协商一致的原则，签订本合同，双方信守执行。

一、产品型号、数量、金额

序号	产品名称	规格型号	单位	数量	单价（无税）	金额（无税）	税率	价税合计
1	富铤商务男鞋	240#-270#	双	150	318.00	47700.00	13%	53901.00
	合计金额（无税）					47700.00		—
合计金额（大写）	伍万叁仟玖佰零壹元整						￥53,901.00	
其他								

二、包装：由甲方按国家标准进行包装。任何因包装不善所致之损失均由甲方负责。
三、交货日期：2022年1月7日
四、交货地点及交货方式：卖方配送，并承担运费。
五、付款方式：合同签订当日乙方支付货款人民币贰万叁仟捌佰伍拾元整（￥23850.00），验收后支付剩余货款人民币叁万零伍拾壹元整（￥30051.00）。
六、合同生效及其他
  1、本合同应在双方授权代表签字、单位盖章、预付款到达乙方指定账户生效。
  2、本合同一式四份，双方各持两份，具有同等法律效力。
七、本合同一式两份，双方各执一份。

甲方单位名称：广州富铤鞋业发展有限公司   乙方单位名称：黑龙江富铤商贸有限公司
法人代表：贾欣悦   法人代表：王悦
日 期：2022年1月5日   日 期：2022年1月5日
签 章：（广州富铤鞋业发展有限公司合同专用章） 签 章：（黑龙江富铤商贸有限公司合同专用章）

图3-1-65 "业务五——购销合同"凭证

中国农业银行 电汇凭证（回单）

AGRICULTURAL BANK OF CHINA

√普通 加急 委托日期 2022年1月5日

汇款人	全 称	黑龙江富铤商贸有限公司	收款人	全 称	广州富铤鞋业发展有限公司
	账 号	08059201040012189		账 号	3500022109006312468
	开户银行	中国农业银行哈尔滨中山路支行		开户银行	中国工商银行广州市海珠区支行
金额	人民币（大写）	贰万叁仟捌佰伍拾元整			￥ 2 3 8 5 0 0 0

票据编码：24579461
票据种类：电汇
票据张数：1

附加信息及用途：2022年1月 预付货款

汇出行签章：（中国农业银行中山路支行 转讫）

支 付：中国
复核：   记账：

图3-1-66 "业务五——银行电汇凭单"凭证

【业务分析】 本笔业务是签订采购合同、预付部分货款的业务。

【岗位说明】 采购部王悦填制采购订单（审核）；财务部林静填制付款单；财务部张晓娴审核付款单并制单。

预付款业务

【操作步骤】

1. 填制采购订单

（1）2022年1月5日，采购部王悦在企业应用平台中执行【业务工作】/【供应链】/【采购管理】/【采购订货】/【采购订单】命令，打开【采购订单】窗口。

（2）单击【增加】按钮，在表头中，修改"订单编号"为"cg0005"，选择"采购类型"为"正常采购"，选择"供应商"为"富铤鞋业"，选择"部门"为"采购部"，选择"业务员"为"周南"；在表体中，选择"存货编码"为"0101001（富铤商务男鞋）"，输入"数量"为"150"，"原币含税单价"为"359.34"，修改"计划到货日期"为"2022-01-07"，其他信息由系统自动带出，单击【保存】按钮。

（3）单击【审核】按钮，审核填制的采购订单，如图3-1-67所示。

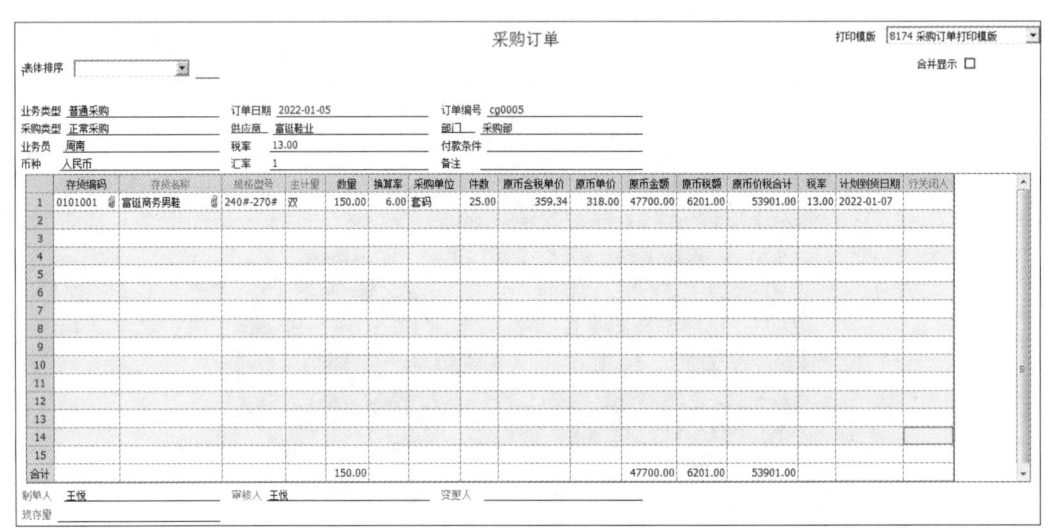

图3-1-67 【采购订单】窗口

2. 填制付款单

（1）2022年1月5日，财务部林静在企业应用平台中执行【业务工作】/【财务会计】/【应付款管理】/【付款单据处理】/【付款单据录入】命令，打开【付款单据录入】窗口。

（2）单击【增加】按钮，在表头中，选择"供应商"为"富铤鞋业"，选择"结算方式"为"电汇"，录入金额为"23850.00"；在表体中，选择"款项类型"为"预付款"，单击【保存】按钮，如图3-1-68所示。

3. 付款单审核与制单

（1）2022年1月5日，财务部张晓娴在企业应用平台中执行【业务工作】/【财务会计】/【应付款管理】/【付款单据处理】/【付款单据审核】命令，打开【付款单查询条件】窗口，如图3-1-69所示。

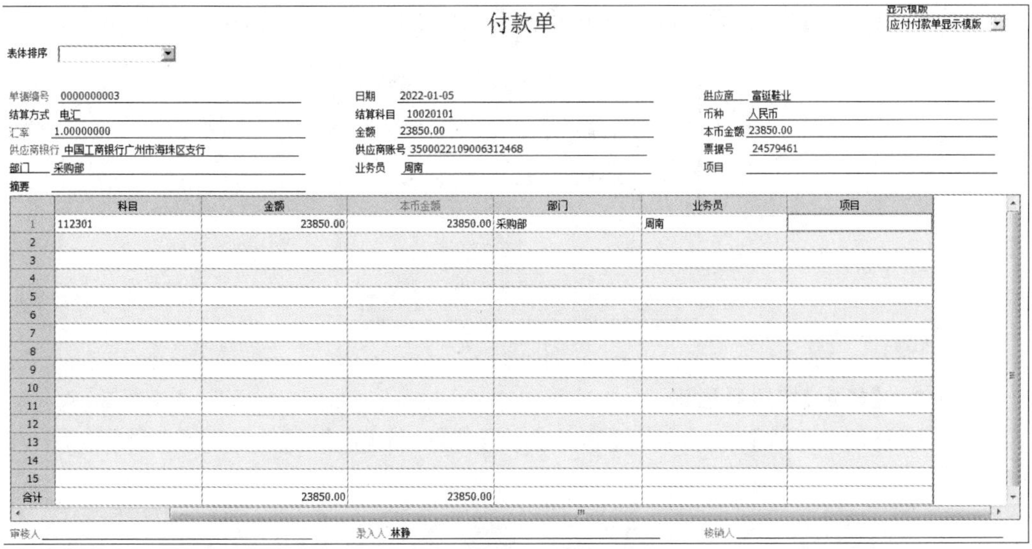

图 3-1-68 【付款单据录入】窗口

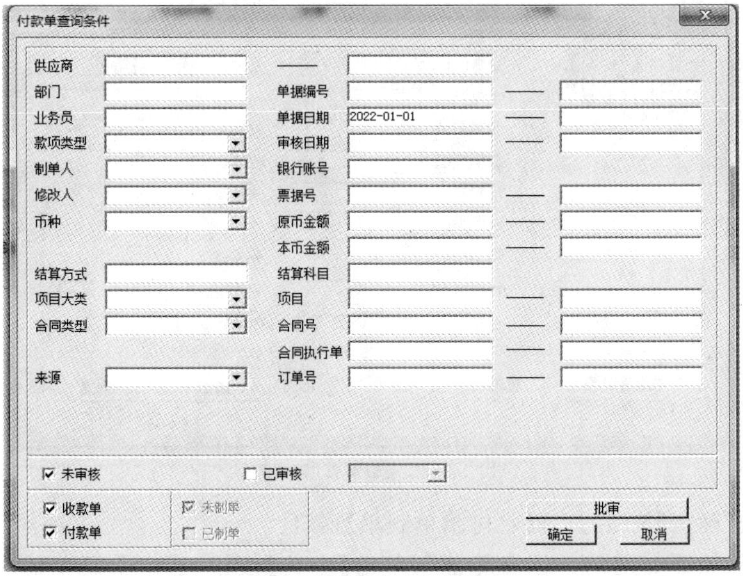

图 3-1-69 【付款单查询条件】窗口

(2)单击【确定】按钮，系统弹出【收付款单列表】窗口，再单击【全选】按钮，如图 3-1-70 所示。

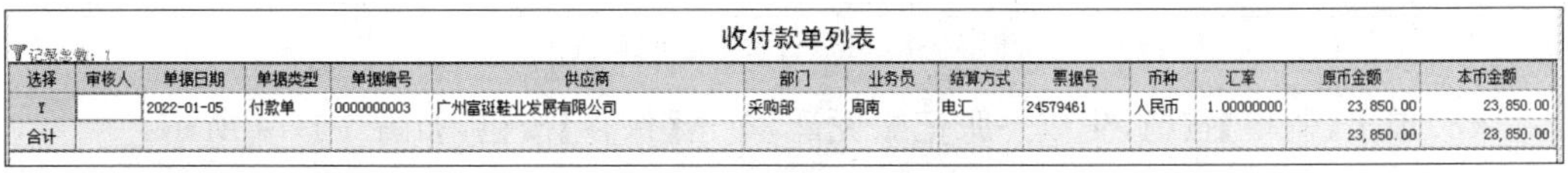

选择	审核人	单据日期	单据类型	单据编号	供应商	部门	业务员	结算方式	票据号	币种	汇率	原币金额	本币金额
Y		2022-01-05	付款单	0000000003	广州富诞鞋业发展有限公司	采购部	周南	电汇	24579461	人民币	1.00000000	23,850.00	23,850.00
合计												23,850.00	23,850.00

图 3-1-70 【收付款单列表】窗口

(3)单击【审核】按钮,系统进行审核并在完成后给出审核报告,如图 3-1-71 所示。

图 3-1-71 付款单审核

(4)单击【确定】按钮后退出。

(5)执行【制单处理】命令,打开【制单查询】窗口,选择"收付款单制单",如图 3-1-72 所示。

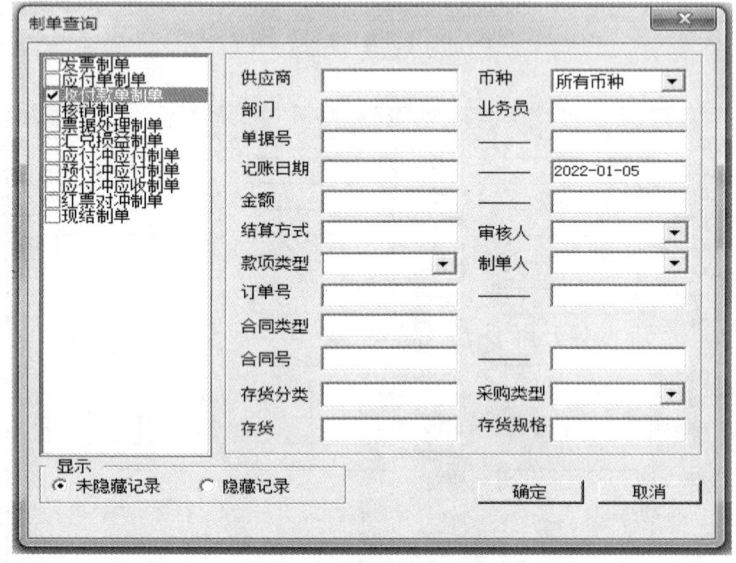

图 3-1-72 【制单查询】窗口

(6)单击【确定】按钮,打开【收付款单制单】窗口。

(7)选择"凭证类别"为"记账凭证",单击【全选】按钮,选中要制单的"付款单",如图 3-1-73 所示。

图 3-1-73 【收付款单制单】窗口

(8)单击【制单】按钮,生成一张记账凭证,单击【保存】按钮,如图 3-1-74 所示。

图 3-1-74 【记账凭证】窗口

业务六　到货短缺业务(非合理损耗)

【业务描述】 2022年1月6日,收到温州市鼎豪鞋业发展有限公司发来的企业1月4日购入的鼎豪平跟休闲女鞋、鼎豪高跟流行女鞋和发票。验收发货短缺2双鼎豪平跟休闲女鞋,属于运输部门的责任,已承诺赔偿。取得与该业务相关的凭证如图3-1-75、图3-1-76所示。

图 3-1-75 "业务六——增值税专用发票"凭证

【业务分析】 本笔业务是采购到货、验收入库时有非合理损耗,收到采购专用发票的业务。

【岗位说明】 采购部王悦填制采购到货单(审核)、采购专用发票并进行采购结算;仓储部艾英杰填制采购入库单(审核);财务部张晓娴审核发票、单据记账并制单。

采 购 入 库 单

交货单位： 温州市鼎豪鞋业发展有限公司
仓库： 女鞋库　　　　　　　　2022年1月6日　　　　　　　入库编号：20220104

编号	名称	单位	实收数量		单位成本（元）	总成本（元）	备注
			实收数量	应收数量			
0102006	鼎豪平跟休闲女鞋	双	298	300			cg0004
0102007	鼎豪高跟流行女鞋	双	300	300			cg0004
	合　计：		598	600			

验收员：艾英杰　　　　　　　采购员：略　　　　　　　　部门负责人：略

图 3-1-76 "业务六——入库单"凭证

【操作步骤】

1.生成采购到货单

（1）2022年1月6日,采购部王悦在企业应用平台中执行【业务工作】/【供应链】/【采购管理】/【采购到货】/【到货单】命令,打开【到货单】窗口。

（2）单击【增加】按钮,选择【生单】/【采购订单】命令,打开【查询条件选择-采购订单列表过滤】窗口,单击【确定】按钮。

到货短缺业务

（3）系统弹出【拷贝并执行】窗口,选中所要拷贝的采购订单,单击【确定】按钮,系统自动生成到货单,单击【保存】按钮。

（4）单击【审核】按钮,审核根据采购订单生成的到货单,如图3-1-77所示。

图 3-1-77 【到货单】窗口

（5）单击【退出】按钮。

2.生成采购入库单

（1）2022年1月6日,仓储部艾英杰在企业应用平台中执行【业务工作】/【供应链】/【库存管理】/【入库业务】/【采购入库单】命令,打开【采购入库单】窗口。

（2）选择【生单】/【采购到货单(蓝字)】命令,打开【查询条件选择-采购到货单列表】窗口,单击【确定】按钮。

（3）打开【到货单生单列表】窗口,选择相应的"到货单生单表头",单击【确定】按钮,系统自动生成采购入库单,选择仓库为"女鞋库",单击【保存】按钮。

(4)单击【审核】按钮,如图3-1-78所示。之后单击【确定】按钮,关闭信息提示框。

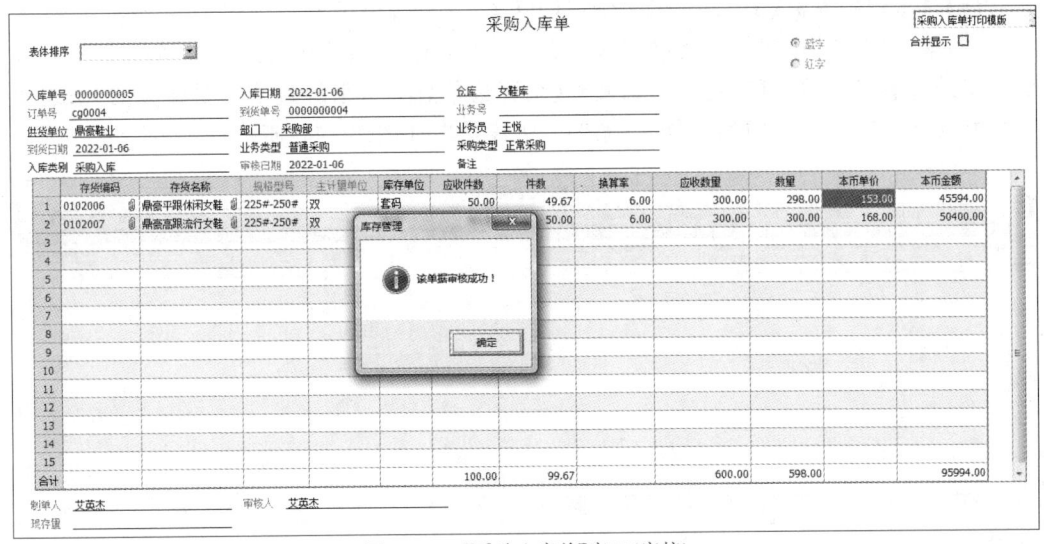

图3-1-78 【采购入库单】窗口(审核)

3.填制采购发票

(1)2022年1月6日,采购部王悦在企业应用平台中执行【业务工作】/【供应链】/【采购管理】/【采购发票】/【专用采购发票】命令,打开【采购专用发票】窗口。

(2)单击【增加】按钮,选择【生单】/【采购订单】命令,打开【查询条件选择-采购订单列表过滤】窗口,单击【确定】按钮。

(3)系统弹出【拷贝并执行】窗口,选中所要拷贝的采购订单,单击【确定】按钮,系统自动生成采购专用发票,输入"发票号"为"25796431",如图3-1-79所示,单击【保存】按钮。

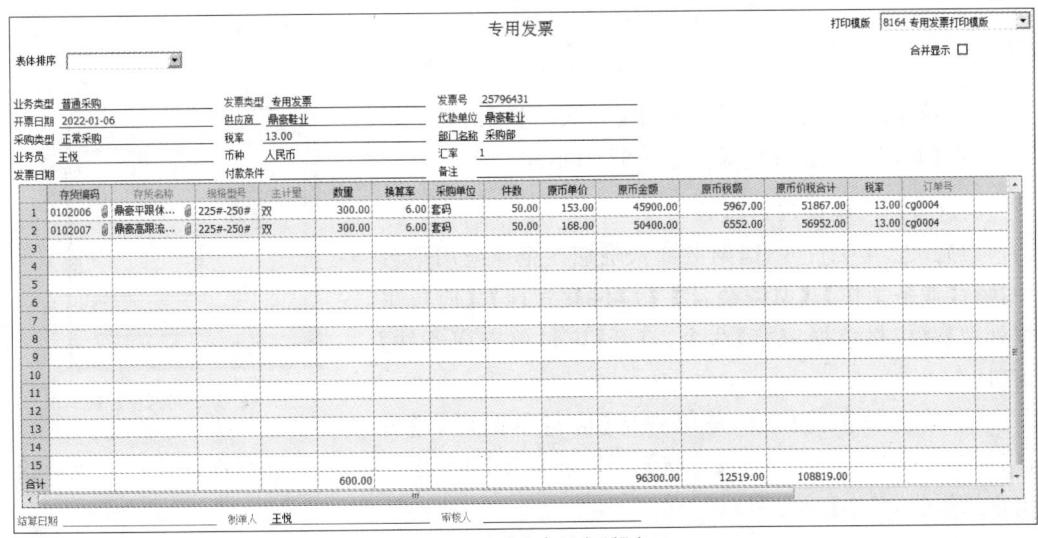

图3-1-79 【采购专用发票】窗口

4. 采购结算(手工结算)

(1)2022年1月6日,采购部王悦在企业应用平台中执行【业务工作】/【供应链】/【采购管理】/【采购结算】/【手工结算】命令,打开【手工结算】窗口。

(2)单击【选单】按钮,打开【结算选单】窗口,单击【查询】按钮,打开【查询条件选择-采购手工结算】窗口,单击【确定】按钮,回到【结算选单】窗口,系统过滤需要结算的"采购发票"和"入库单",选择相应的"采购发票"和"入库单",如图3-1-80所示。

图3-1-80 【结算选单】窗口

(3)单击【确定】按钮,系统回到【手工结算】窗口,输入"非合理损耗数量"为"2","非合理损耗金额"为"306.00",选择"非合理损耗类型"为"01",如图3-1-81所示。

图3-1-81 【手工结算】窗口

(4)单击【结算】按钮,系统弹出【完成结算】信息提示框,单击【确定】按钮退出,如图3-1-82所示。

5. 财务部门确认应付账款

(1)2022年1月6日,财务部张晓娴在企业应用平台中执行【业务工作】/【财务会计】/【应付款管理】/【应付单据处理】/【应付单据审核】命令,打开【应付单查询条件】窗口。

图3-1-82 【完成结算】信息提示框

(2)单击【确定】按钮,系统弹出【应付单据列表】窗口,如图3-1-83所示。单击【全选】按钮,再单击【审核】按钮,系统进行审核并在完成后给出审核报告,单击【确定】按钮。

应付单据列表											
选择	审核人	单据日期	单据类型	单据号	供应商名称	部门	业务员	制单人	币种	汇率	原币金额	本币金额	备注
Y		2022-01-06	采购专用发票	25796431	温州市鼎鑫鞋业发展有限公司	采购部	王悦	王悦	人民币	1.00000000	108,819.00	108,819.00	
合计											108,819.00	108,819.00	

图 3-1-83 【应付单据列表】窗口

(3)执行【制单处理】命令,打开【制单查询】窗口,选择"发票制单"。

(4)单击【确定】按钮,打开【采购发票制单】窗口。

(5)选择"凭证类别"为"记账凭证",再单击【全选】按钮,选中要制单的"采购专用发票"。

(6)单击【制单】按钮,生成一张记账凭证,单击【保存】按钮,如图 3-1-84 所示。

记 账 凭 证			
已生成			附单据数:1
记 字 0006	制单日期:2022.01.06	审核日期:	
摘 要	科目名称	借方金额	贷方金额
采购专用发票	在途物资	96300000	
采购专用发票	应交税费/应交增值税/进项税额	12519000	
采购专用发票	应付账款/一般应付款		108819000
	合 计	108819000	108819000

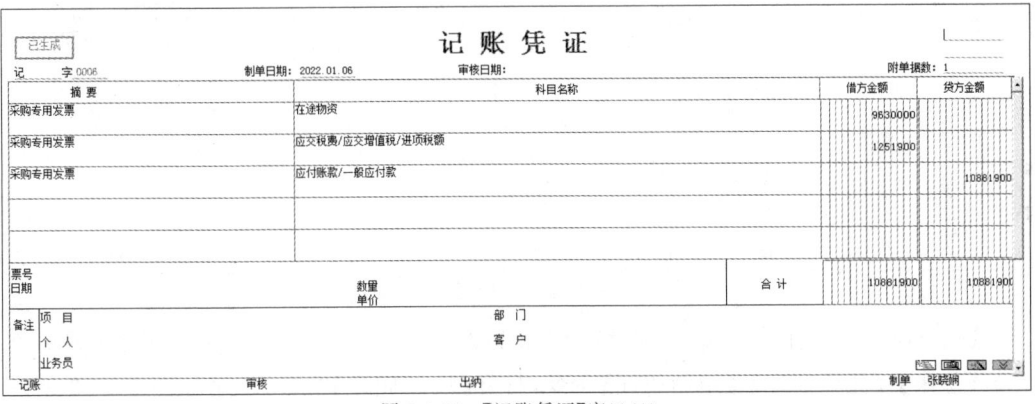

图 3-1-84 【记账凭证】窗口(1)

6.采购成本核算

(1)2022 年 1 月 6 日,财务部张晓娴在企业应用平台中执行【业务工作】/【供应链】/【存货核算】/【业务核算】/【正常单据记账】命令,打开【查询条件选择】窗口。

(2)单击【确定】按钮,打开【正常单据记账列表】窗口。

(3)选中需要记账的单据,如图 3-1-85 所示。

正常单据记账列表										
选择	日期	单据号	存货编码	存货名称	规格型号	存货代码	单据类型	仓库名称	收发类别	数量	单价	金额
	2022-01-02	0000000003	0101002	富诚休闲男鞋	240#-270#		采购入库单	男鞋库	采购入库	150.00	236.00	35,400.00
Y	2022-01-06	0000000005	0102006	鼎格平跟休闲	225#-250#		采购入库单	女鞋库	采购入库	298.00	153.00	45,594.00
Y	2022-01-06	0000000005	0102007	鼎格翻跟流行	225#-250#		采购入库单	女鞋库	采购入库	300.00	168.00	50,400.00
小计										748.00		131,394.00

图 3-1-85 【正常单据记账列表】窗口

(4)单击【记账】按钮,将采购入库单记账,系统弹出【记账成功】信息提示框。

(5)单击【确定】按钮。

(6)执行【财务核算】/【生成凭证】命令,打开【查询条件】窗口。

(7)单击【确定】按钮,打开【未生成凭证单据一览表】窗口。

(8)单击【选择】栏,或单击【全选】按钮,选中待生成凭证的单据,单击【确定】按钮。

(9)选择"凭证类别"为"记 记账凭证",如图 3-1-86 所示。

凭证类别	记账凭证														
选择	单据类型	单据号	摘要	科目类型	科目编码	科目名称	借方金额	贷方金额	借方数量	贷方数量	科目方向	存货编码	存货名称	存货代码	规格型号	部门编码	部门名称	业务员编码	业务
1	采购入库单	0000000005	采购入	存货	1405	库存商品	45,594.00		298.00		1	0102006	鼎鑫平		225#-250#	3	采购部	301	王悦
				对方	1402	在途物资		45,594.00		298.00	2	0102006	鼎鑫平		225#-250#	3	采购部	301	王悦
				存货	1405	库存商品	50,400.00		300.00		1	0102007	鼎鑫高		225#-250#	3	采购部	301	王悦
				对方	1402	在途物资		50,400.00		300.00	2	0102007	鼎鑫高		225#-250#	3	采购部	301	王悦
合计							95,994.00	95,994.00											

图 3-1-86　【生成凭证】窗口

(10) 单击【生成】按钮,生成一张记账凭证,单击【保存】按钮,如图 3-1-87 所示。

图 3-1-87　【记账凭证】窗口(2)

(11) 2022 年 1 月 6 日,财务部张晓娴在企业应用平台中执行【业务工作】/【财务会计】/【总账】/【凭证处理】/【填制凭证】命令,打开【填制凭证】窗口,填制如图 3-1-88 所示的凭证,单击【保存】按钮。

图 3-1-88　【记账凭证】窗口(3)

业务七　预付款结算业务

【业务描述】　2022 年 1 月 7 日,收到广州富铤鞋业发展有限公司发来的富铤商务男鞋和发票,全部验收合格入库。取得与该业务相关的凭证如图 3-1-89～图 3-1-91 所示。

广东增值税专用发票

发票联　　No 35672145
1100600080　　　　　　　　　　　1100600080
　　　　　　　　　　　　　　　　　35672145

开票日期：2022年01月07日

购买方	名称：黑龙江富铤商贸有限公司 纳税人识别号：230102676956780 地址、电话：哈尔滨市道里区爱建路113号 0451-84678976 开户行及账号：中国农业银行哈尔滨中山支行 08059201040012189	密码区	033+*7-*73*>2170608870>2/>09- 7/3/+/86<9<>990498/72132*7+ <>931329*894++897/8>+570*5- >6<589/47*019>/306>26+006<89

货物或应税劳务、服务名称	规格型号	单位	数量	单价	金额	税率	税额
富铤商务男鞋	240#-270#	双	150	318.00	47700.00	13%	6201.00
合　计					￥47700.00	13%	￥6201.00

价税合计（大写）　⊗伍万叁仟玖佰零壹圆整　　（小写）￥53901.00

销售方	名称：广州富铤鞋业发展有限公司 纳税人识别号：441322682485678 地址、电话：广东省广州市海珠区江南北路60号 020-36497151 开户行及账号：中国工商银行广州市海珠区支行 3500022109006312468

收款人：王悦　　复核：　　开票人：　　销售方：（章）

图3-1-89 "业务七———增值税专用发票"凭证

银行承兑汇票

地HH 00661122
名01 24579332

出票日期（大写）：贰零贰贰 年 零壹 月 零柒 日

出票人全称	黑龙江富铤商贸有限公司	收款人	全称	广州富铤鞋业发展有限公司
出票人账号	08059201040012189		账号	3500022109006312468
付款行全称	中国农业银行哈尔滨中山支行		开户银行	中国工商银行广州市海珠区支行
汇票金额	人民币（大写）叁万零伍拾壹元整			仟佰十万仟佰十元角分 ￥3 0 0 5 1 0 0
汇票到期日（大写）	贰零贰贰年零肆月零柒日	付款行	行号	6230000951357
承兑协议编号			地址	哈尔滨市道里区爱建路113号

本汇票请你承兑，到期无条件付票款。

本汇票已经承兑，到期日由本行付款

承兑行签章
承兑日期 2022年4月7日

复核：
记账：

图3-1-90 "业务七———银行承兑汇票"凭证

采购入库单

交货单位：广州富铤鞋业发展有限公司　　2022年1月7日　　入库编号：20220105
仓库：男鞋库

编号	名称	单位	实收数量	应收数量	单位成本（元）	总成本（元）	备注
0101001	富铤商务男鞋	双	150	150			cg0005
	合　计		150	150			

验收员：艾英杰　　采购员：略　　部门负责人：略

图3-1-91 "业务七———入库单"凭证

【业务分析】 本笔业务是采购到货、验收入库时有合理损耗,收到采购专用发票同时支付货款的业务。

【岗位说明】 采购部王悦填制采购到货单(审核)、采购专用发票并进行采购结算;仓储部艾英杰填制采购入库单(审核);财务部林静填制银行承兑汇票;财务部张晓娴审核发票、付款单、单据记账并制单。

【操作步骤】

1.生成采购到货单

(1)2022年1月7日,采购部王悦在企业应用平台中执行【业务工作】/【供应链】/【采购管理】/【采购到货】/【到货单】命令,打开【到货单】窗口。

(2)单击【增加】按钮,选择【生单】/【采购订单】命令,打开【查询条件选择-采购订单列表过滤】窗口,单击【确定】按钮。

(3)系统弹出【拷贝并执行】窗口,选中所要拷贝的采购订单,单击【确定】按钮,系统自动生成到货单,单击【保存】按钮。

(4)单击【审核】按钮,审核根据采购订单生成的到货单,如图3-1-92所示。

(5)单击【退出】按钮。

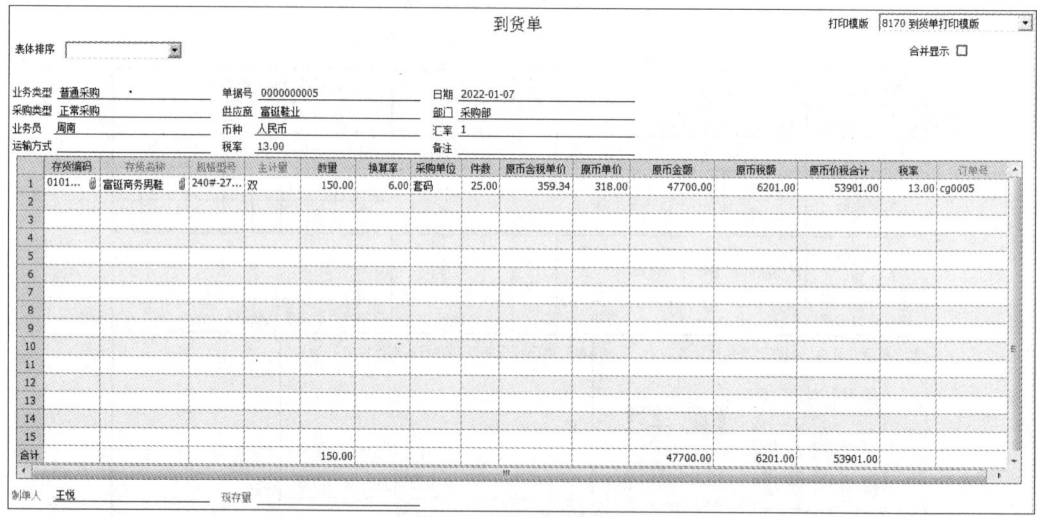

图3-1-92 【到货单】窗口

2.生成采购入库单

(1)2022年1月7日,仓储部艾英杰在企业应用平台中执行【业务工作】/【供应链】/【库存管理】/【入库业务】/【采购入库单】命令,打开【采购入库单】窗口。

(2)选择【生单】/【采购到货单(蓝字)】命令,打开【查询条件选择-采购到货单列表】窗口,单击【确定】按钮。

(3)打开【到货单生单列表】窗口,选择相应的"到货单生单表头",单击【确定】按钮,系统自动生成采购入库单,选择"仓库"为"男鞋库",单击【保存】按钮。

(4)单击【审核】按钮,如图3-1-93所示。之后单击【确定】按钮,关闭信息提示框。

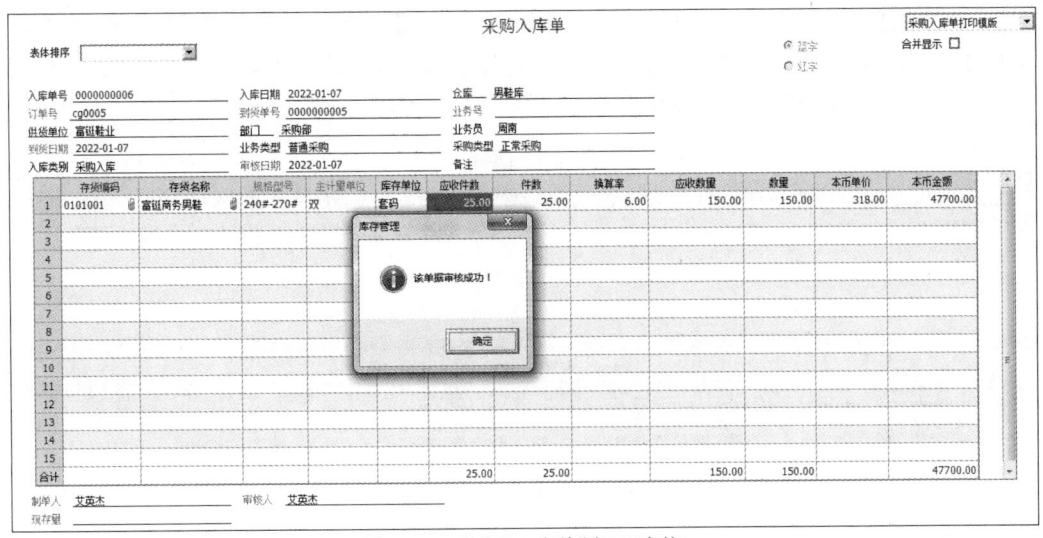

图 3-1-93 【采购入库单】窗口(审核)

3.填制采购发票

(1)2022 年 1 月 7 日,采购部王悦在企业应用平台中执行【业务工作】/【供应链】/【采购管理】/【采购发票】/【专用采购发票】命令,打开【采购专用发票】窗口。

(2)单击【增加】按钮,选择【生单】/【采购订单】命令,打开【查询条件选择-采购订单列表过滤】窗口,单击【确定】按钮。

(3)系统弹出【拷贝并执行】窗口,选中所要拷贝的采购订单,单击【确定】按钮,系统自动生成采购专用发票,输入"发票号"为"35672145",如图 3-1-94 所示,单击【保存】按钮。

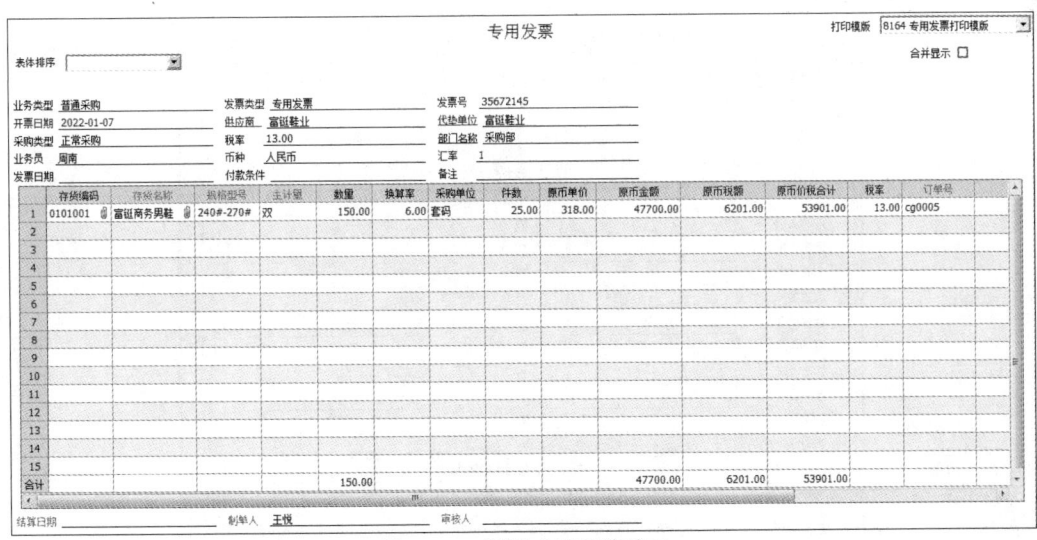

图 3-1-94 【采购专用发票】窗口

4.采购结算(手工结算)

(1)2022 年 1 月 7 日,采购部王悦在企业应用平台中执行【业务工作】/【供应链】/【采购管理】/【采购结算】/【手工结算】命令,打开【手工结算】窗口。

(2)单击【选单】按钮,打开【结算选单】窗口。单击【查询】按钮,打开【查询条件选择-采购手工结算】窗口。单击【确定】按钮,回到【结算选单】窗口,系统过滤需要结算的"发票"和"入库单",选择相应的"采购发票"和"入库单",如图3-1-95所示。

图 3-1-95 【结算选单】窗口

(3)单击【确定】按钮,系统回到【手工结算】窗口,如图3-1-96所示。

图 3-1-96 【手工结算】窗口

(4)单击【结算】按钮,系统提示"完成结算",单击【确定】按钮。

5.付款

(1)2022年1月7日,财务部林静在企业应用平台中执行【业务工作】/【财务会计】/【应付款管理】/【票据管理】命令,打开【查询条件选择】窗口,如图3-1-97所示。

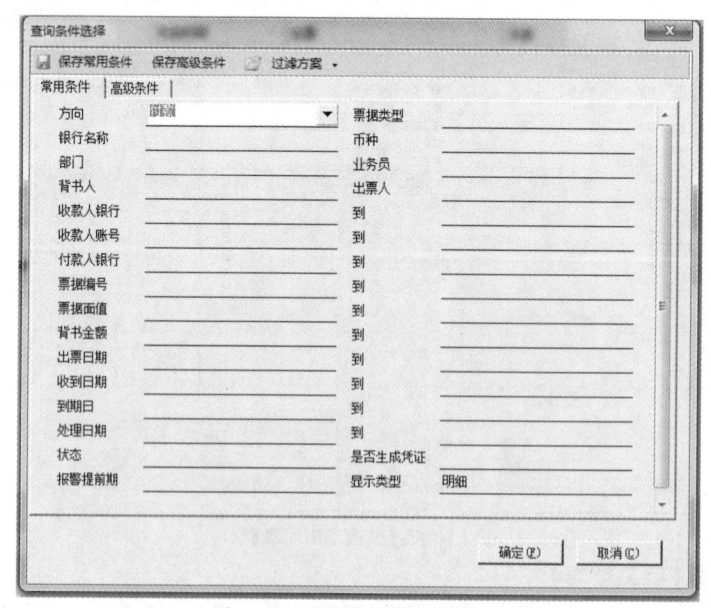

图 3-1-97 【查询条件选择】窗口

(2)单击【确定】按钮,打开【商业汇票】窗口,录入银行承兑汇票信息,单击【保存】按钮,如图 3-1-98 所示。

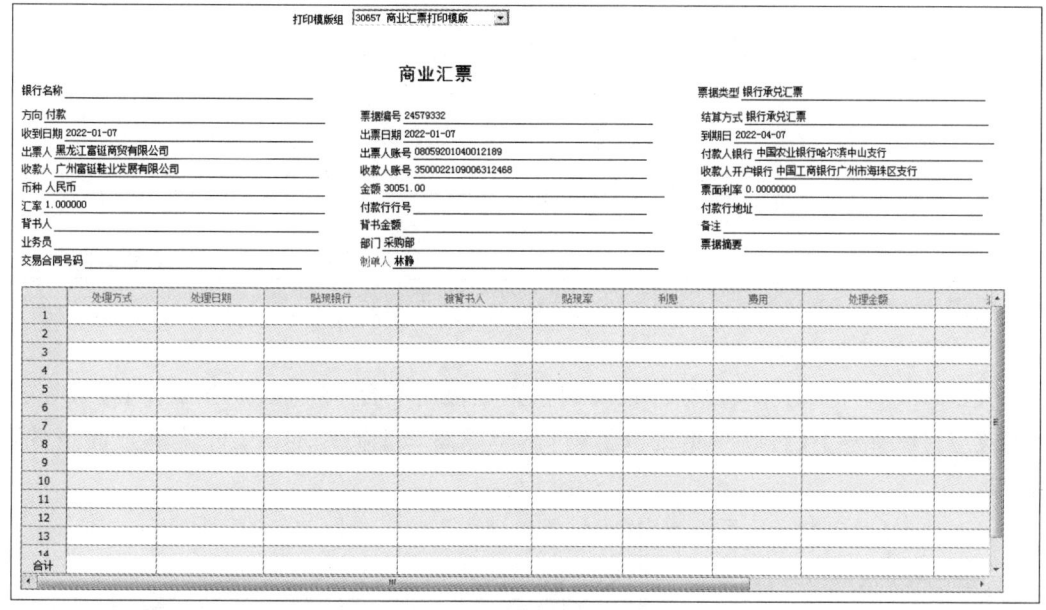

图 3-1-98 【商业汇票】窗口

6.应付单据审核与制单

(1)2022 年 1 月 7 日,财务部张晓娴在企业应用平台中执行【业务工作】/【财务会计】/【应付款管理】/【应付单据处理】/【应付单据审核】命令,打开【应付单查询条件】窗口。

(2)单击【确定】按钮,系统弹出【应付单据列表】窗口,如图 3-1-99 所示。

图 3-1-99 【应付单据列表】窗口

(3)双击【选择】栏,或单击【全选】按钮,再单击【审核】按钮,系统进行审核并在完成后给出审核报告。

(4)单击【确定】按钮后退出。

(5)执行【制单处理】命令,打开【制单查询】窗口,选择"发票制单"。

(6)单击【确定】按钮,打开【采购发票制单】窗口。

(7)选择"凭证类别"为"记账凭证",再单击【全选】按钮,选中要制单的"采购专用发票"。

(8)单击【制单】按钮,生成一张记账凭证,单击【保存】按钮,如图 3-1-100 所示。

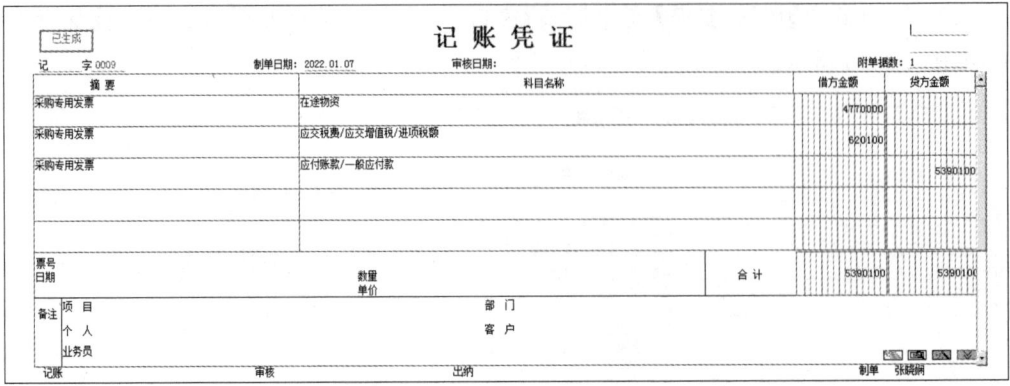

图 3-1-100 【记账凭证】窗口(1)

7.付款单据审核与制单

(1)2022年1月7日,财务部张晓娴在企业应用平台中执行【业务工作】/【财务会计】/【应付款管理】/【付款单据处理】/【付款单据审核】命令,打开【付款单查询条件】窗口。

(2)单击【确定】按钮,系统弹出【收付款单列表】窗口,如图3-1-101所示。

图 3-1-101 【收付款单列表】窗口

(3)双击【选择】栏,或单击【全选】按钮,再单击【审核】按钮,系统进行审核并在完成后给出审核报告。

(4)单击【确定】按钮后退出。

(5)执行【制单处理】命令,打开【制单查询】窗口,选择"收付款单制单"。

(6)单击【确定】按钮,打开【收付款单制单】窗口。

(7)选择"凭证类别"为"记账凭证",再单击【全选】按钮,选中要制单的"付款单"。

(8)单击【制单】按钮,生成一张记账凭证,再单击【保存】按钮,如图3-1-102所示。

图 3-1-102 【记账凭证】窗口(2)

8.预付冲应付

(1)2022年1月7日,财务部张晓娴在企业应用平台中执行【业务工作】/【财务会计】/【应付款管理】/【转账】/【预付冲应付】命令,打开【预付冲应付】窗口,在【预付款】选项卡中选择"供应商"为"01-广州富铤鞋业发展有限公司"选择【款项类型】为"预付款"的数据,输入"转账金额"为"23850.00"如图3-1-103所示。

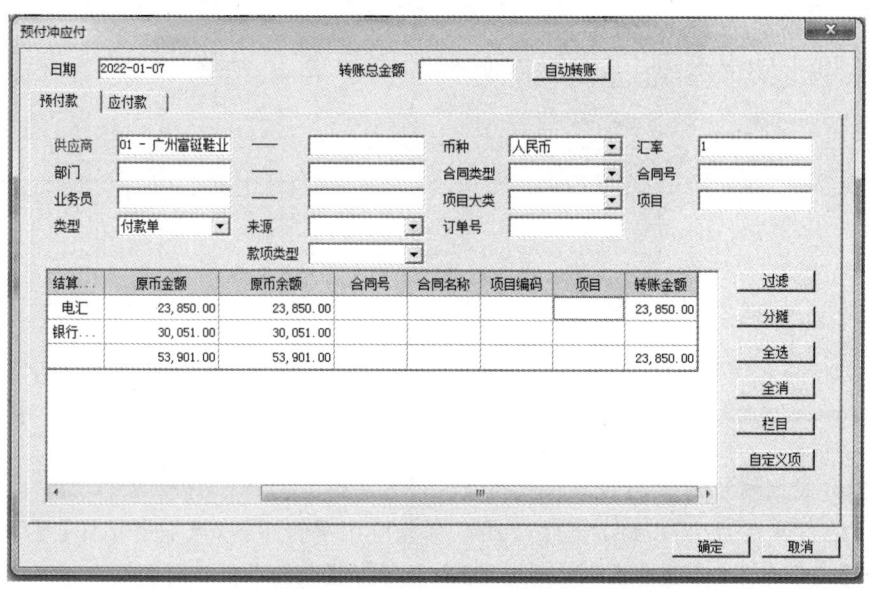

图 3-1-103 【预付冲应付】窗口(1)

(2)在【应付款】选项卡中选择"供应商"为"01-广州富铤鞋业发展有限公司",选择【单据编号】为"35612145"数据,输入"转账金额"分别为"23850.00"并点击【确定】,如图3-1-104所示。

图 3-1-104 【预付冲应付】窗口(2)

(3)系统提示"是否立即制单",单击【是】按钮,生成一张记账凭证,再单击【保存】按钮,如图3-1-105所示。

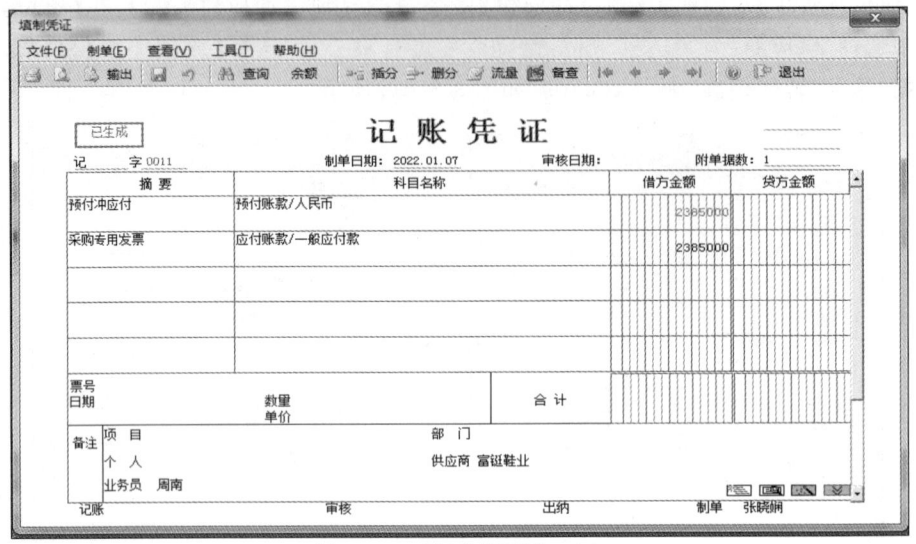

图3-1-105 【记账凭证】窗口(3)

9. 采购成本核算

(1)2022年1月7日,财务部张晓娴在企业应用平台中执行【业务工作】/【供应链】/【存货核算】/【业务核算】/【正常单据记账】命令,打开【查询条件选择】窗口。

(2)单击【确定】按钮,打开【正常单据记账列表】窗口。

(3)单击选择第2笔业务,如图3-1-106所示。

图3-1-106 【正常单据记账列表】窗口

(4)单击【记账】按钮,将采购入库单记账,系统提示"记账成功"。

(5)单击【确定】按钮。

(6)执行【财务核算】/【生成凭证】命令,打开【查询条件】窗口。

(7)单击【确定】按钮,打开【未生成凭证单据一览表】窗口。

(8)单击【选择】栏,或单击【全选】按钮,选中待生成凭证的单据,单击【确定】按钮。

(9)选择"凭证类别"为"记 记账凭证",如图3-1-107所示。

图3-1-107 【生成凭证】窗口

(10)单击【生成】按钮,生成一张记账凭证,再单击【保存】按钮,如图 3-1-108 所示。

记账凭证			
已生成			
记 字 0012	制单日期:2022.01.07 审核日期:		附单据数:1
摘要	科目名称	借方金额	贷方金额
采购入库单	库存商品	4770000	
采购入库单	在途物资		4770000
	合计	4770000	4770000
票号	数量	部门	
日期	单价	客户	
备注 项目			
个人			
业务员			
记账 审核	出纳	制单 张晓娴	

图 3-1-108 【记账凭证】窗口(4)

业务八　现金折扣结算业务

【业务描述】 2022 年 1 月 13 日,支付采购鼎豪平跟休闲女鞋和鼎豪高跟流行女鞋的货款。取得与该业务相关的凭证如图 3-1-109 所示。

中国农业银行 电汇凭证(回单) 1
AGRICULTURAL BANK OF CHINA

√普通　加急　委托日期　2022年1月13日

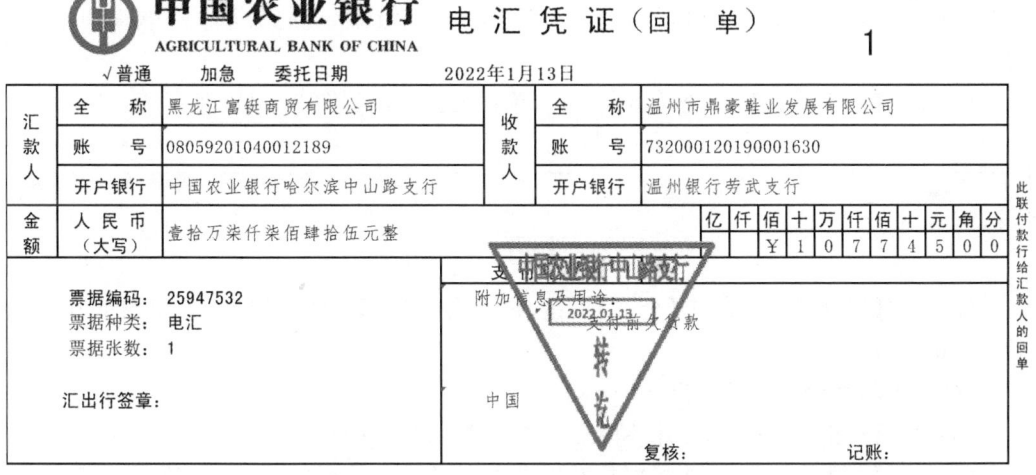

汇款人	全称	黑龙江富铤商贸有限公司	收款人	全称	温州市鼎豪鞋业发展有限公司
	账号	08059201040012189		账号	732000120190001630
	开户银行	中国农业银行哈尔滨中山路支行		开户银行	温州银行劳武支行
金额	人民币(大写)	壹拾万柒仟柒佰肆拾伍元整			亿仟佰十万仟佰十元角分 ¥ 1 0 7 7 4 5 0 0
票据编码:25947532					
票据种类:电汇		附加信息及用途: 支付前欠货款			
票据张数:1					
汇出行签章:					

图 3-1-109 "业务八——银行电汇凭单"凭证

【业务分析】 本笔业务是有现金折扣的采购付款业务。
【岗位说明】 财务部林静填制付款单;财务部张晓娴审核付款单、核销并制单。
【操作步骤】

1.付款单录入

2022 年 1 月 13 日,财务部林静在企业应用平台中执行【业务工作】/【财务会计】/【应付款管理】/【付款单据处理】/【付款单据录入】命令,打开【付款单据录入】窗口,录入电汇单的相关信息,单击【保存】按钮,如图 3-1-110 所示。

现金折扣结算业务

图 3-1-110 【付款单据录入】窗口

2. 付款单据审核与制单

(1)2022年1月13日,财务部张晓娴在企业应用平台中执行【业务工作】/【财务会计】/【应付款管理】/【付款单据处理】/【付款单据审核】命令,打开【付款单查询条件】窗口。

(2)单击【确定】按钮,系统弹出【收付款单列表】窗口,如图 3-1-111 所示。

图 3-1-111 【收付款单列表】窗口

(3)双击【选择】栏,或单击【全选】按钮,再单击【审核】按钮,系统进行审核并在完成后给出审核报告。

(4)单击【确定】按钮后退出。

(5)执行【核销处理】/【手工核销】命令,打开【核销条件】窗口。

(6)打开【通用】选项卡,选择"供应商"为"04-温州市鼎豪鞋业发展有限公司",单击【确定】按钮,如图 3-1-112 所示。

图 3-1-112 【核销条件】窗口

(7)打开【手工核销】窗口,输入本次结算金额"107745.00"和折扣金额"1074.00",如图 3-1-113 所示,单击【保存】按钮。

单据日期	单据类型	单据编号	供应商	款项…	结算方式	币种	汇率	原币金额	原币余额	本次结算	订单号
2022-01-13	付款单	0000000005	鼎豪鞋业	应付款	电汇	人民币	1.00000000	107,745.00	107,745.00	107,745.00	
合计									107,745.00	107,745.00	107,745.00

单据日期	单据类型	单据编号	到期日	供应商	币种	原币金额	原币余额	可享受折扣	本次折扣	本次结算	订单号	凭证号
2022-01-06	采购专…	25796431	2022-02-05	鼎豪鞋业	人民币	108,819.00	108,819.00	2,176.38	1,074.00	107,745.00	cg0004	记-0006
2022-01-01	采购专…	31357986	2022-01-01	鼎豪鞋业	人民币	62,715.00	62,715.00	0.00			cg0001	记-0001
合计						171,534.00	171,534.00	2,176.38	1,074.00	107,745.00		

图 3-1-113 【手工核销】窗口

(8)执行【制单处理】命令,打开【制单查询】窗口,选择"收付款单制单"和"核销制单",如图 3-1-114 所示。

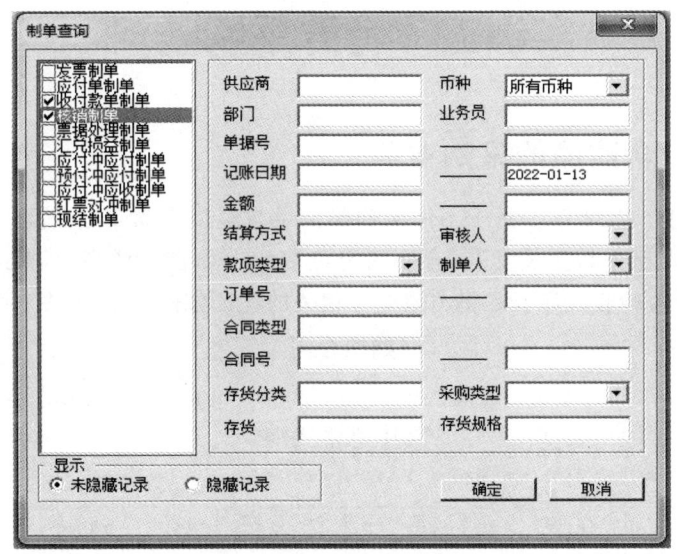

图 3-1-114 【制单查询】窗口

(9)单击【确定】按钮,打开【应付制单】窗口。

(10)选择"凭证类别"为"记账凭证",单击【全选】按钮,选中要制单的"付款单"和"核销",再单击【合并】按钮,如图 3-1-115 所示。

	应付制单								
凭证类别	记账凭证			制单日期	2022-01-13				共 2 条
选择标志	凭证类别	单据类型	单据号	日期	供应商编码	供应商名称	部门	业务员	金额
1	记账凭证	付款单	0000000005	2022-01-13	04	温州市鼎豪鞋业发展有限公司	采购部		107,745.00
1	记账凭证	核销	ZKAP000000...	2022-01-13	04	温州市鼎豪鞋业发展有限公司	采购部	王悦	108,819.00

图 3-1-115 【应付制单】窗口

(11)单击【制单】按钮,生成一张记账凭证,修改"财务费用"的方向为"借方",单击【保存】按钮,如图 3-1-116 所示。

图 3-1-116 【记账凭证】窗口

实训二 特殊采购业务

业务一 含赠品的采购业务

【业务描述】 2022 年 1 月 11 日，采购部王悦与温州市鼎豪鞋业发展有限公司签订采购合同，采购鼎豪平跟正装女鞋，合同约定免费赠送鼎豪内增高女鞋 60 双，不含税单价 185.00 元，货已验收入库。取得与该业务相关的凭证如图 3-2-1～图 3-2-4 所示。

购销合同

合同编号：cg0006
签订日期：2022年1月11日

供方（以下简称甲方）： 温州市鼎豪鞋业发展有限公司
需方（以下简称乙方）： 黑龙江富铤商贸有限公司

供需双方平等互利，协商一致的原则，签订本合同，双方信守执行。

一、产品型号、数量、金额

序号	产品名称	规格型号	单位	数量	单价（无税）	金额（无税）	税率	价税合计
1	鼎豪平跟正装女鞋	225#-250#	双	300	185.00	55500.00	13%	62715.00
	合计金额（无税）					55500.00		-
合计金额（大写）		陆万贰仟柒佰壹拾伍元整				￥62715.00		
其他								

二、包装：由甲方按国家标准进行包装。任何因包装不善所致之损失均由甲方负责。
三、交货日期：2022年1月11日
四、交货地点及交货方式：卖方配送，并承担运费。
五、付款方式：签订当日以电汇形式支付全部货款。
六、合同生效及其他
 1、本合同应在双方授权代表签字、单位盖章、预付款到达乙方指定账户生效。
 2、本合同正本一式贰份，双方各持两份，具有同等法律效力。
七、本合同一式贰份，甲乙双方各执一份。

甲方单位名称： 温州市鼎豪鞋业发展有限公司   乙方单位名称： 黑龙江富铤商贸有限公司
法人代表：   法人代表： 王
日 期： 2022年1月11日   日 期： 2022年1月11日
签 章： 合同专用章   签 章： 合同专用章

图 3-2-1 业务一——购销合同凭证

浙江增值税专用发票

No 26473251
5600400080
26473251

开票日期：2022年01月11日

购买方	名称：	黑龙江富铤商贸有限公司	密码区	033+*7-*73*>2170608870>2/>09-7/3/+/86<9<>990498/72132*7+<>931329*894++897/8>+570*5->>6<589/47*019>/306>26+006<89
	纳税人识别号：	230102676956780		
	地址、电话：	哈尔滨市道里区爱建路113号 0451-84678976		
	开户行及账号：	中国农业银行哈尔滨中山支行 08059201040012189		

货物或应税劳务、服务名称	规格型号	单位	数量	单价	金额	税率	税额
鼎豪平跟正装女鞋	225#-250#	双	300	185.00	55500.00	13%	7215.00
合 计					¥55500.00	13%	¥7215.00
价税合计（大写）		⊗陆万贰仟柒佰壹拾伍圆整					¥62715.00

销售方	名称：	温州市鼎豪鞋业发展有限公司
	纳税人识别号：	330302715426662
	地址、电话：	温州市鹿城工业区秦力路37号(1-2层) 0577-88788753
	开户行及账号：	温州银行劳武支行 732000120190001630

收款人：王悦　　复核：　　开票人：　　销售方：（章）

图 3-2-2 "业务————增值税专用发票"凭证

采购入库单

交货单位：温州市鼎豪鞋业发展有限公司
仓库：女鞋库　　2022年1月11日　　入库编号：20220106

编号	名称	单位	实收数量	应收数量	单位成本（元）	总成本（元）	备注
0102005	鼎豪平跟正装女鞋	双	300	300			cg0006
	合 计：		300	300			

验收员：艾英杰　　采购员：略　　部门负责人：略

图 3-2-3 "业务————入库单"凭证(1)

采购入库单

交货单位：温州市鼎豪鞋业发展有限公司
仓库：赠品仓库　　2022年1月11日　　入库编号：20220107

编号	名称	单位	实收数量	应收数量	单位成本（元）	总成本（元）	备注
0102010	鼎豪内增高女鞋	双	60	60			cg0006赠品
	合 计：		60	60			

验收员：艾英杰　　采购员：略　　部门负责人：略

图 3-2-4 "业务————入库单"凭证(2)

【业务分析】 本笔业务是签订采购赠品合同、采购到货、入库、收到采购专用发票的业务。

【岗位说明】 采购部王悦填制采购订单（审核）、采购到货单（审核）、采购专用发票并进行采购结算；仓储部艾英杰填制采购入库单（审核）、其他入库单（审核）；财务部张晓娴审核发票、单据记账并制单。

【操作步骤】

1. 填制采购订单

（1）2022年1月11日，采购部王悦在企业应用平台中执行【业务工作】/【供应链】/【采购管理】/【采购订货】/【采购订单】命令，打开【采购订单】窗口。

（2）单击【增加】按钮，在表头中，修改"订单编号"为"cg0006"，选择"采购类型"为"正常采购"，选择"供应商"为"鼎豪鞋业"，选择"部门"为"采购部"，选择"业务员"为"王悦"；在表体中，选择"存货编码"为"0102005（鼎豪平跟正装女鞋）"，输入"数量"为"300"，"原币含税单价"为"209.05"，修改"计划到货日期"为"2022-01-11"，其他信息由系统自动带出，单击【保存】按钮。

（3）单击【审核】按钮，如图3-2-5所示。

图3-2-5 【采购订单】窗口

2. 生成采购到货单

（1）2022年1月11日，采购部王悦在企业应用平台中执行【业务工作】/【供应链】/【采购管理】/【采购到货】/【到货单】命令，打开【到货单】窗口。

（2）单击【增加】按钮，选择【生单】/【采购订单】命令，打开【查询条件选择-采购订单列表过滤】窗口，单击【确定】按钮。

（3）系统弹出【拷贝并执行】窗口，选中所要拷贝的采购订单，单击【确定】按钮，系统自动生成到货单，单击【保存】按钮。

（4）单击【审核】按钮，审核根据采购订单生成的到货单，如图3-2-6所示。

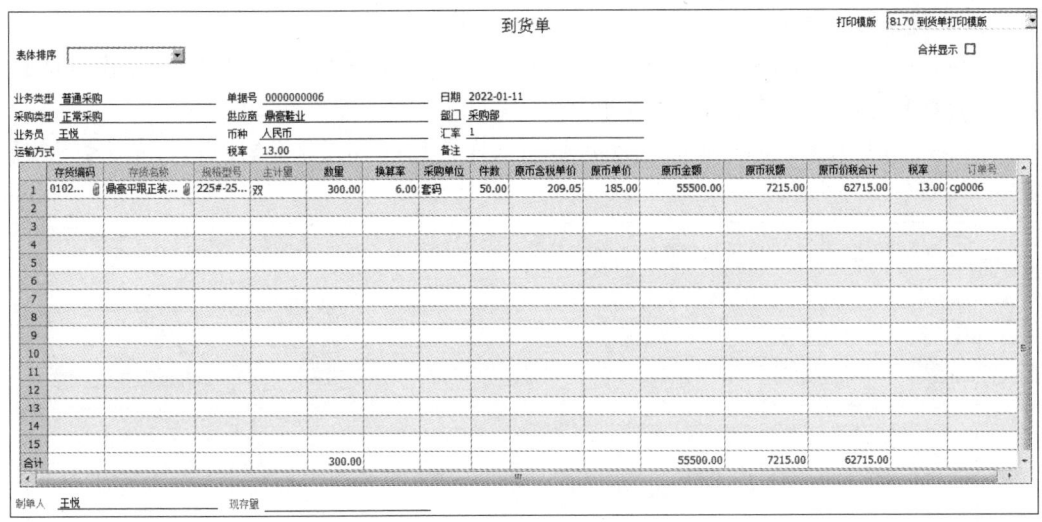

图 3-2-6 【到货单】窗口

(5)单击【退出】按钮。

3.生成采购入库单

(1)2022 年 1 月 11 日,仓储部艾英杰在企业应用平台中执行【业务工作】/【供应链】/【库存管理】/【入库业务】/【采购入库单】命令,打开【采购入库单】窗口。

(2)选择【生单】/【采购到货单(蓝字)】命令,打开【查询条件选择-采购到货单列表】窗口,单击【确定】按钮。

(3)打开【到货单生单列表】窗口,选择相应的"到货单生单表头",单击【确定】按钮,系统自动生成采购入库单,选择"仓库"为"女鞋库",单击【保存】按钮。

(4)单击【审核】按钮,如图 3-2-7 所示。之后单击【确定】按钮,关闭信息提示框。

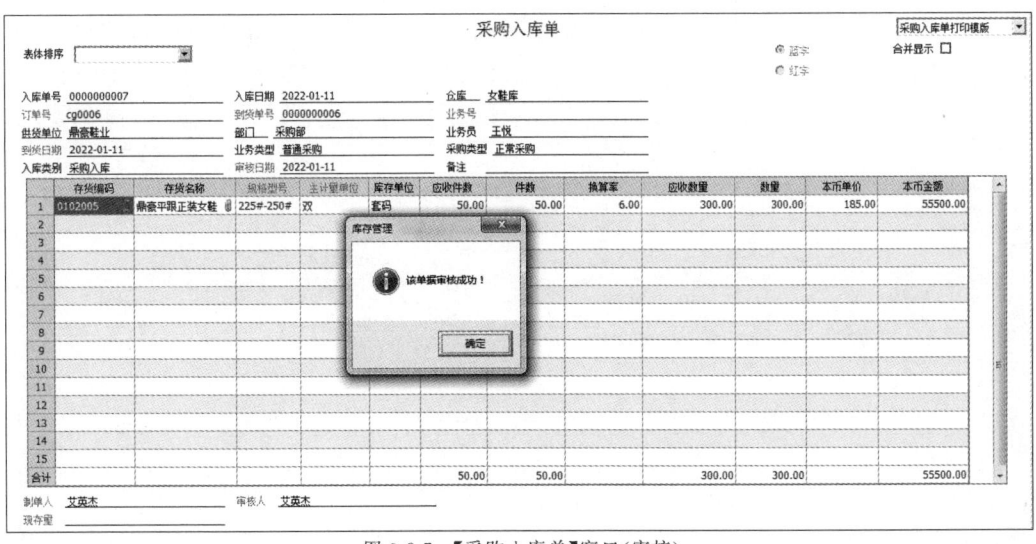

图 3-2-7 【采购入库单】窗口(审核)

4.填制其他入库单

(1)2022年1月11日,仓储部艾英杰在企业应用平台中执行【业务工作】/【供应链】/【库存管理】/【入库业务】/【其他入库单】命令,打开【其他入库单】窗口。

(2)单击【增加】按钮,按照合同录入赠品入库信息,单击【保存】按钮,再单击【审核】按钮,如图3-2-8所示。

图3-2-8 【其他入库单】窗口

5.填制采购专用发票

(1)2022年1月11日,采购部王悦在企业应用平台中执行【业务工作】/【供应链】/【采购管理】/【采购发票】/【专用采购发票】命令,打开【采购专用发票】窗口。

(2)单击【增加】按钮,选择【生单】/【入库单】命令,打开【查询条件选择-采购入库单列表过滤】窗口,单击【确定】按钮。

(3)系统弹出【拷贝并执行】窗口,选中所要拷贝的采购入库单,单击【确定】按钮,系统自动生成采购专用发票,输入"发票号"为"26473251",如图3-2-9所示,单击【保存】按钮。

图3-2-9 【采购专用发票】窗口

6.采购结算(手工结算)

(1)2022 年 1 月 11 日,采购部王悦在企业应用平台中执行【业务工作】/【供应链】/【采购管理】/【采购结算】/【手工结算】命令,打开【手工结算】窗口。

(2)单击【选单】按钮,打开【结算选单】窗口。

(3)单击【查询】按钮,打开【查询条件选择-采购手工结算】窗口。

(4)单击【确定】按钮,回到【结算选单】窗口,选择相应的“采购发票”和“入库单”,如图 3-2-10 所示,单击【确定】按钮。

结算选发票列表　☑ 扣税类别不同时给出提示

选择	供应商简称	存货名称	制单人	发票号	供应商编号	供应商名称	开票日期	存货编码	规格型号	币种	数量	计量单位	单价	金额
Y	鼎豪鞋业	鼎豪平跟正装…	王悦	26473251	04	温州市鼎豪鞋…	2022-01-11	0102005	225#-250#	人民币	300.00	双	185.00	55,500.00
合计														

结算选入库单列表

选择	供应商简称	存货名称	仓库名称	入库单号	供货商编码	供应商名称	入库日期	仓库编码	制单人	币种	存货编码	规格型号	入库数量	计量单位
	富诞鞋业	富诞运动男鞋	男鞋库	0000000001	01	广州富诞鞋业…	2021-12-31	01	宋文哲	人民币	0101003	240#-270#	24.00	双
	富诞鞋业	富诞休闲男鞋	男鞋库	0000000003	01	广州富诞鞋业…	2022-01-02	01	艾英杰	人民币	0101002	240#-270#	150.00	双
Y	鼎豪鞋业	鼎豪平跟正装…	女鞋库	0000000007	04	温州市鼎豪鞋…	2022-01-11	02	艾英杰	人民币	0102005	225#-250#	300.00	双
合计						温州市鼎豪鞋业发展有限公司								

图 3-2-10 【结算选单】窗口

(5)系统回到【手工结算】窗口,如图 3-2-11 所示,单击【结算】按钮,系统提示“完成结算”,单击【确定】按钮退出。

结算汇总

单据类型	存货编号	存货名称	单据号	结算数量	发票数量	合理损耗数量	非合理损耗数量	非合理损耗金额	分摊费用
采购发票	0102005	鼎豪平跟正装女鞋	26473251		300.00				
采购入库单			0000000007	300.00					
		合计		300.00	300.00	0.00	0.00	0.00	

图 3-2-11 【手工结算】窗口

7.应付单据审核与制单

(1)2022 年 1 月 11 日,财务部张晓娴在企业应用平台中执行【业务工作】/【财务会计】/【应付款管理】/【应付单据处理】/【应付单据审核】命令,打开【应付单查询条件】窗口。

(2)单击【确定】按钮,系统弹出【应付单据列表】窗口,如图 3-2-12 所示。

应付单据列表

选择	审核人	单据日期	单据类型	单据号	供应商名称	部门	业务员	制单人	币种	汇率	原币金额	本币金额	备注
Y		2022-01-11	采购专用发票	26473251	温州市鼎豪鞋业发展有限公司	采购部	王悦	王悦	人民币	1.00000000	62,715.00	62,715.00	
合计											62,715.00	62,715.00	

图 3-2-12 【应付单据列表】窗口

(3)双击【选择】栏,或单击【全选】按钮,再单击【审核】按钮,系统进行审核并在完成后给出审核报告。

(4)单击【确定】按钮后退出。

(5)执行【制单处理】命令,打开“制单查询”窗口,选择“发票制单”。

(6)单击【确定】按钮,打开【采购发票制单】窗口。

(7)选择“凭证类别”为“记账凭证”,单击【全选】按钮,选中要制单的“采购专用发票”。

(8)单击【制单】按钮,生成一张记账凭证,单击【保存】按钮,如图 3-2-13 所示。

图 3-2-13 【记账凭证】窗口

8.确认采购成本

(1)2022 年 1 月 11 日,财务部张晓娴在企业应用平台中执行【业务工作】/【供应链】/【存货核算】/【业务核算】/【正常单据记账】命令,打开【查询条件选择】窗口。

(2)单击【确定】按钮,打开【正常单据记账列表】窗口。

(3)选中需要记账的单据,如图 3-2-14 所示。

图 3-2-14 【正常单据记账列表】窗口

(4)单击【记账】按钮,将采购入库单和其他入库单记账,系统提示"记账成功"。

(5)单击【确定】按钮。

(6)执行【财务核算】/【生成凭证】命令,打开【查询条件】窗口。

(7)单击【确定】按钮,打开【未生成凭证单据一览表】窗口。

(8)单击【选择】栏,或单击【全选】按钮,选中待生成凭证的单据,单击【确定】按钮。

(9)选择"凭证类别"为"记 记账凭证",输入其他入库单的对方科目为"6301 营业外收入",如图 3-2-15 所示。

图 3-2-15 【生成凭证】窗口

(10)单击【生成】按钮,生成两张记账凭证,再单击【保存】按钮,如图 3-2-16、图 3-2-17 所示。

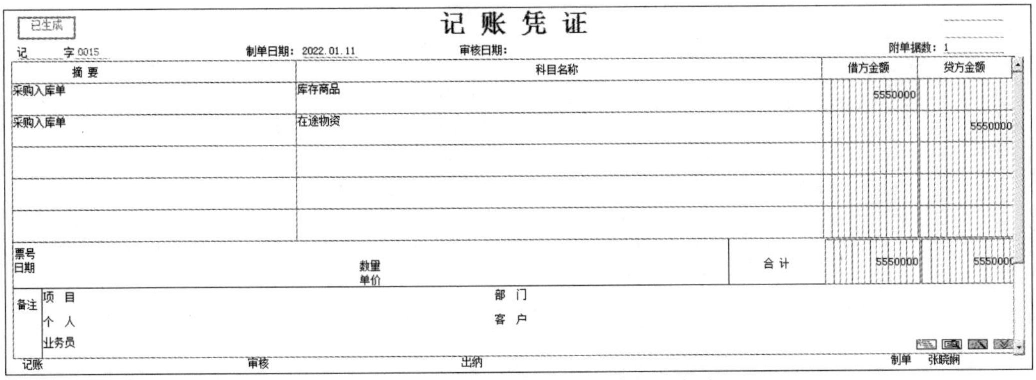

图 3-2-16 【记账凭证】窗口——采购入库单

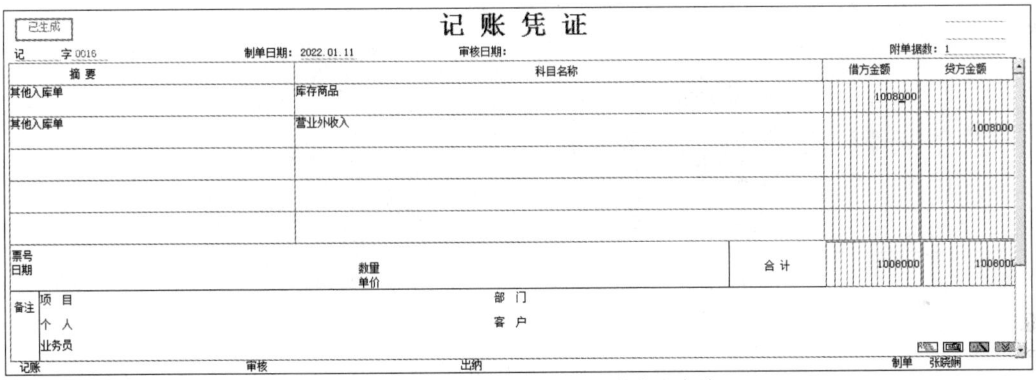

图 3-2-17 【记账凭证】窗口——其他入库单

业务二 商业汇票结算业务

【业务描述】 2022 年 1 月 13 日,采购部周南与广州富铤鞋业发展有限公司签订采购合同,采购富铤运动男鞋,货已验收入库。取得与该业务相关的凭证如图 3-2-18~图 3-2-21 所示。

购销合同

合同编号： cg0007
签订日期： 2022年1月13日

供方（以下简称甲方）： 广州富链鞋业发展有限公司
需方（以下简称乙方）： 黑龙江富链商贸有限公司

供需双方平等互利，协商一致的原则，签订本合同，双方信守执行。

一、产品型号、数量、金额

序号	产品名称	规格型号	单位	数量	单价（无税）	金额（无税）	税率	价税合计
1	富链运动男鞋	240#-270#	双	24	256.00	6144.00	13%	6942.72
	合计金额（无税）					6144.00		
合计金额（大写）	陆仟玖佰肆拾贰元柒角贰分							¥6942.72
其他								

二、包装：由甲方按国家标准进行包装。任何因包装不善所致之损失均由甲方负责。
三、交货日期： 2022年1月13日
四、交货地点及交货方式：卖方配送，并承担运费。
五、付款方式：银行承兑汇票，当日支付全部货款
六、合同生效及其他
　　1、本合同应在双方授权代表签字、单位盖章、预付款到达乙方指定账户生效。
　　2、本合同正本一式四份，双方各持两份，具有同等法律效力。
七、本合同一式西份，双方各执一份。

甲方单位名称： 广州富链鞋业发展有限公司	乙方单位名称： 黑龙江富链商贸有限公司
法人代表： 贾欣然	法人代表： 王悦
日期： 2022年1月13日	日期： 2022年1月13日
签章	签章

图 3-2-18 "业务二———购销合同"凭证

广东增值税专用发票

1100600080　　　　　　　　　　　　　　　　　№ 26754389
　　　　　　　　　　　　　　　　　　　　　　1100600080
　　　　　　　　　　　　　　　　　　　　　　26754389

开票日期：2022年01月13日

购买方	名　称： 黑龙江富链商贸有限公司	密码区	033+*7-*73*>2170608870>2/>09-7/3/+/86<9<>990498/72132*7+<>931329*894++897/8>+570*5->>6<589/47*019>/306>26+006<89
	纳税人识别号： 230102676956780		
	地址、电话： 哈尔滨市道里区爱建路113号 0451-84678976		
	开户行及账号： 中国农业银行哈尔滨中山支行 08059201040012189		

货物或应税劳务、服务名称	规格型号	单位	数量	单价	金额	税率	税额
富链运动男鞋	240#-270#	双	24	256.00	6144.00	13%	798.72
合　计					¥6144.00	13%	¥798.72

价税合计（大写）　⊗ 陆仟玖佰肆拾贰元柒角贰分　　　　　　　（小写）¥6942.72

销售方	名　称： 广州富链鞋业发展有限公司
	纳税人识别号： 441322682485678
	地址、电话： 广东省广州市海珠区江南路60号 020-36497151
	开户行及账号： 中国工商银行广州市海珠区支行 3500022190906312468

收款人：王悦　　　复核：　　　开票人：　　　销售方：（章）

图 3-2-19 "业务二———增值税专用发票"凭证

银行承兑汇票

地HH 00661122
名01 35477223

出票日期（大写）：贰零贰贰 年 零壹 月 零捌 日

出票人全称	大商集团大庆新东风购物广场有限公司	收款人	全 称	黑龙江富铤商贸有限公司
出票人账号	23001665051059666666		账 号	08059201040012189
付款行全称	中国建设银行大庆市分行营业部		开户银行	中国农业银行哈尔滨中山支行
汇票金额	人民币（大写）陆仟玖佰肆拾贰元柒角贰分		仟佰十万仟佰十元角分 ￥6 9 4 2 7 2	
汇票到期日（大写）	贰零贰贰年零贰月零柒日	付款行	行号	1052650000019
承兑协议编号			地址	大庆市萨尔图区建行路10号

本汇票请你承兑，到期无条件付票款。

本汇票已经承兑，到期日由本行付款

出票人签章（大庆新东风购物广场有限公司 财务专用章）（周宇 印）

承兑行签章
承兑日期 2022年2月7日

复核：
记账：

图 3-2-20 "业务二——银行承兑汇票"凭证

采 购 入 库 单

交货单位：广州富铤鞋业发展有限公司
仓库：男鞋库　　　2022年1月13日　　　入库编号：20220108

编号	名称	单位	实收数量	应收数量	单位成本（元）	总成本（元）	备注
0101003	富铤运动男鞋	双	24	24			cg0007
	合　计：		24	24			

验收员：艾英杰　　　采购员：略　　　部门负责人：略

图 3-2-21 "业务二——入库单"凭证

【业务分析】 本笔业务是签订采购合同、采购到货、入库、收到采购专用发票并以银行承兑汇票背书形式支付货款的业务。

【岗位说明】 采购部王悦填制采购订单（审核）、采购到货单（审核）、采购专用发票并进行采购结算；仓储部艾英杰填制采购入库单（审核）；财务部林静背书银行承兑汇票；财务部张晓娴转账（应付冲应收）、核销、审核发票、单据记账并制单。

【操作步骤】

1.填制采购订单

(1)2022 年 1 月 13 日，采购部王悦在企业应用平台中执行【业务工作】/【供应链】/【采购管理】/【采购订货】/【采购订单】命令，打开【采购订单】窗口。

商业汇票结算业务

(2)单击【增加】按钮，在表头中，修改"订单编号"为"cg0007"，选择"采购类型"为"正常采购"，选择"供应商"为"富铤鞋业"，选择"部门"为"采购部"，选择"业务员"为"周南"；在表体中，选择"存货编码"为"0101003（富铤运动男鞋）"，输入"数量"为

"24","原币含税单价"为"289.28",修改"计划到货日期"为"2022-01-13",其他信息由系统自动带出,单击【保存】按钮。

(3)单击【审核】按钮,如图3-2-22所示。

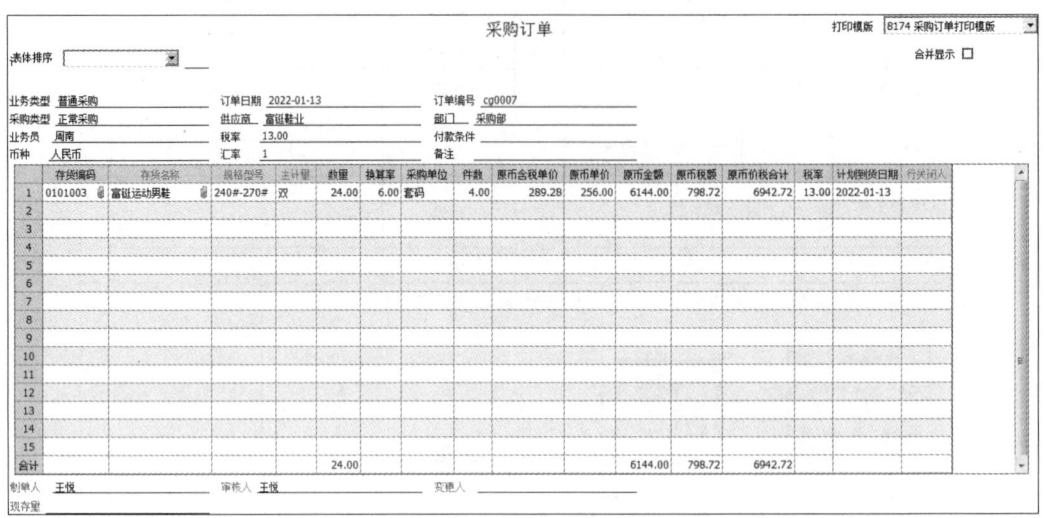

图3-2-22 【采购订单】窗口

2.生成采购到货单

(1)2022年1月13日,采购部王悦在企业应用平台中执行【业务工作】/【供应链】/【采购管理】/【采购到货】/【到货单】命令,打开【到货单】窗口。

(2)单击【增加】按钮,选择【生单】/【采购订单】命令,打开【查询条件选择-采购订单列表过滤】窗口,单击【确定】按钮。

(3)系统弹出【拷贝并执行】窗口,选中所要拷贝的采购订单,单击【确定】按钮,系统自动生成到货单,单击【保存】按钮。

(4)单击【审核】按钮,审核根据采购订单生成的到货单,如图3-2-23所示。

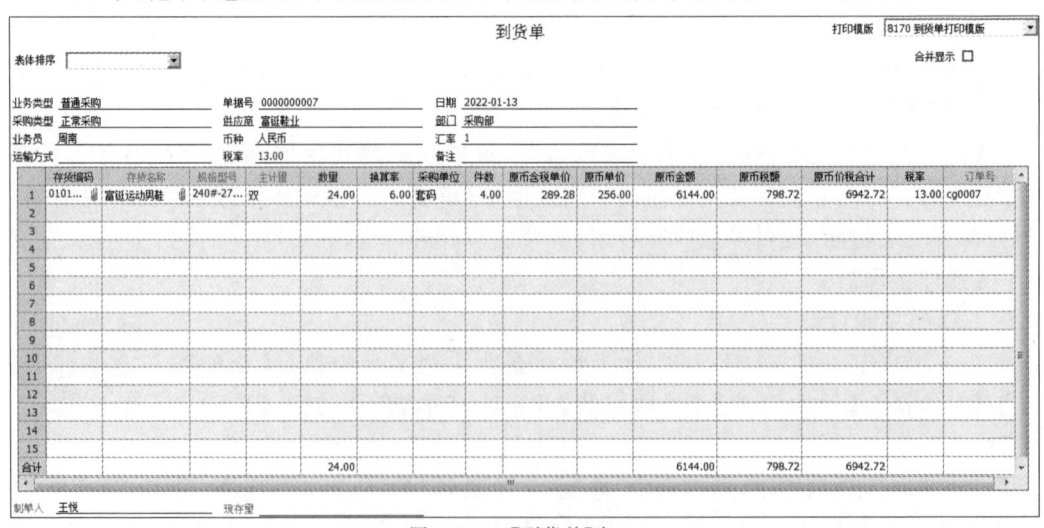

图3-2-23 【到货单】窗口

(5)单击【退出】按钮。

3.填制采购入库单

(1)2022年1月13日,仓储部艾英杰在企业应用平台中执行【业务工作】/【供应链】/【库存管理】/【入库业务】/【采购入库单】命令,打开【采购入库单】窗口。

(2)选择【生单】/【采购到货单(蓝字)】命令,打开【查询条件选择-采购到货单列表】窗口,单击【确定】按钮。

(3)打开【到货单生单列表】窗口,选择相应的"到货单生单表头",单击【确定】按钮,系统自动生成采购入库单,选择"仓库"为"男鞋库",单击【保存】按钮。

(4)单击【审核】按钮,如图3-2-24所示。之后单击【确定】按钮,关闭信息提示框。

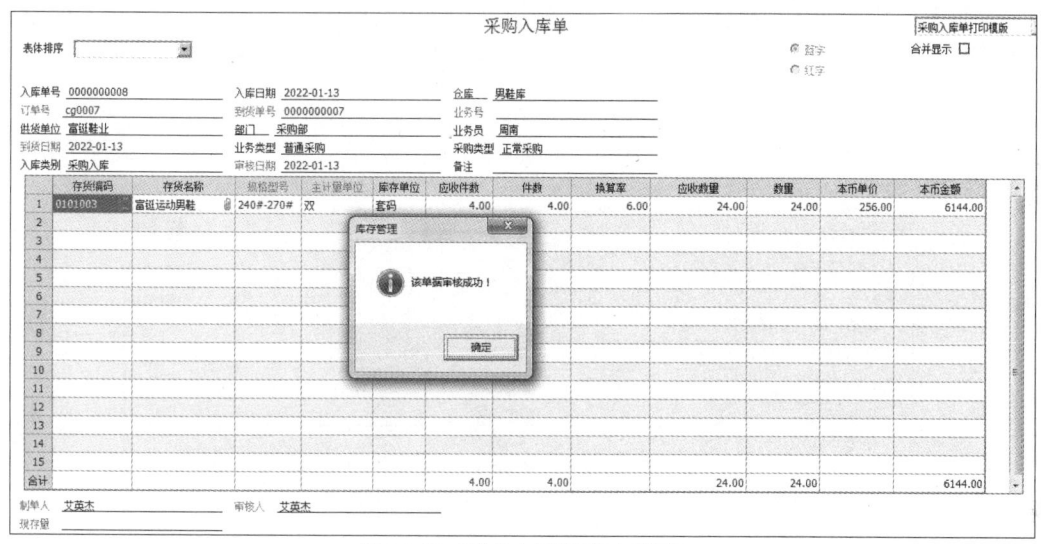

图3-2-24 【采购入库单】窗口(审核)

4.填制采购专用发票

(1)2022年1月13日,采购部王悦在企业应用平台中执行【业务工作】/【供应链】/【采购管理】/【采购发票】/【专用采购发票】命令,打开【采购专用发票】窗口。

(2)单击【增加】按钮,选择【生单】/【入库单】命令,打开【查询条件选择-采购入库单列表过滤】窗口,单击【确定】按钮。

(3)系统弹出【拷贝并执行】窗口,选中所要拷贝的采购入库单,单击【确定】按钮,系统自动生成采购专用发票,修改发票号为"26754389",如图3-2-25所示,单击【保存】按钮。

5.采购结算(自动结算)

(1)2022年1月13日,采购部王悦在企业应用平台中执行【业务工作】/【供应链】/【采购管理】/【采购结算】/【自动结算】命令,打开【查询条件选择-采购自动结算】窗口,选择"结算模式"为"入库单和发票",如图3-2-26所示。

图 3-2-25 【采购专用发票】窗口

图 3-2-26 【查询条件选择-采购自动结算】窗口

（2）单击【确定】按钮，系统弹出【结算成功】信息提示框，单击【确定】按钮，如图 3-2-27 所示。

图 3-2-27 【结算成功】信息提示框

6.应付单据审核与制单

(1)2022 年 1 月 13 日,财务部张晓娴在企业应用平台中执行【业务工作】/【财务会计】/【应付款管理】/【应付单据处理】/【应付单据审核】命令,打开【应付单查询条件】窗口。

(2)单击【确定】按钮,系统弹出【应付单据列表】窗口,如图 3-2-28 所示。

应付单据列表

记录总数：1

选择	审核人	单据日期	单据类型	单据号	供应商名称	部门	业务员	制单人	币种	汇率	原币金额	本币金额	备注
Y		2022-01-13	采购专用发票	26754389	广州富诞鞋业发展有限公司	采购部	周南	王悦	人民币	1.00000000	6,942.72	6,942.72	
合计											6,942.72	6,942.72	

图 3-2-28 【应付单据列表】窗口

(3)双击【选择】栏,或单击【全选】按钮,再单击【审核】按钮,系统进行审核并在完成后给出审核报告。

(4)单击【确定】按钮后退出。

(5)执行【制单处理】命令,打开【制单查询】窗口,选择“发票制单”。

(6)单击【确定】按钮,打开【采购发票制单】窗口。

(7)选择“凭证类别”为“记账凭证”,单击【全选】按钮,选中要制单的“采购专用发票”。

(8)单击【制单】按钮,生成一张记账凭证,单击【保存】按钮,如图 3-2-29 所示。

已生成

记账凭证

记 字 0017 制单日期：2022.01.13 审核日期： 附单据数：1

摘要	科目名称	借方金额	贷方金额
采购专用发票	在途物资	614400	
采购专用发票	应交税费/应交增值税/进项税额	79872	
采购专用发票	应付账款/一般应付款		694272
票号 日期	数量 单价 合计	694272	694272

备注 项目 部门

个人 客户

业务员

记账 审核 出纳 制单 张晓娴

图 3-2-29 【记账凭证】窗口(1)

7.票据处理

(1)2022 年 1 月 13 日,财务部林静在企业应用平台中执行【业务工作】/【财务会计】/【应收款管理】/【票据管理】命令,打开【查询条件选择】窗口,单击【确定】按钮,打开【票据管理】窗口,选择需要背书的票据,如图 3-2-30 所示。

票据管理

票据总数：1

记录总数：1

选择	序号	方向	票据类型	收到日期	票据编号	银行名称	票据摘要	币种	出票日期	结算方式	背书人	背书金额	金额	汇率	票面利率	票面余额	出票人
Y	1	收款	银行承...	2021-11-12	35477223			人民币	2021-11-12			0.00	6,942.72		6	6,942.72	大商集团...
合计												0.00	6,942.72			6,942.72	

图 3-2-30 【票据管理】窗口

> **提示**
>
> - 在执行票据背书业务前先以 A01 身份在【系统服务】/【数据权限】中取消勾选"用户"权限,同时在【系统管理】中授权 W03 具有"应收冲应付"权限。

(2)单击【背书】按钮,系统弹出【票据背书】窗口,选择"被背书人"为"01",如图3-2-31所示,同时在【冲销应付账款】窗口中录入"转账金额"为"6942.72",如图 3-2-32 所示。

图 3-2-31 【票据背书】窗口

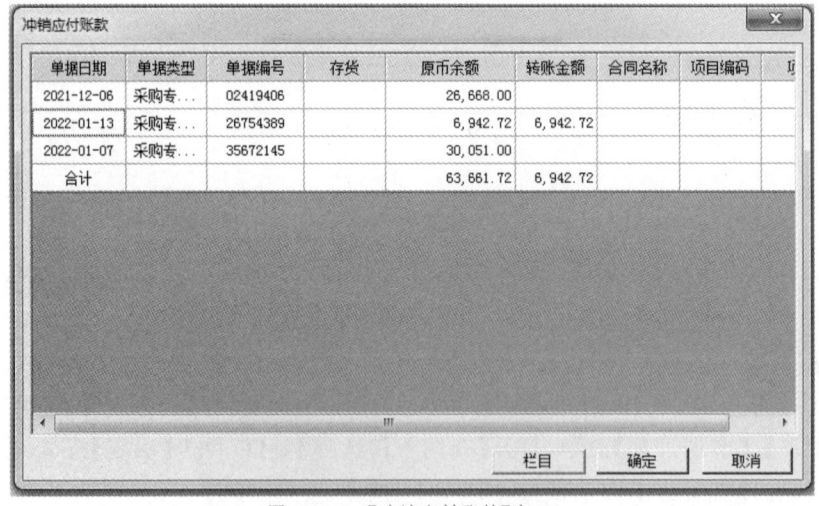

图 3-2-32 【冲销应付账款】窗口

(3)单击【确定】按钮,系统提示"是否立即制单",单击【否】按钮,以财务部张晓娴身份重新注册并生成凭证,如图3-2-33 所示。

图 3-2-33 【记账凭证】窗口(2)

8.确认采购成本

(1)2022 年 1 月 13 日,财务部张晓娴在企业应用平台中执行【业务工作】/【供应链】/【存货核算】/【业务核算】/【正常单据记账】命令,打开【查询条件选择】窗口。

(2)单击【确定】按钮,打开【正常单据记账列表】窗口。

(3)选中本次记录所在行,如图 3-2-34 所示。

图 3-2-34 【正常单据记账列表】窗口

(4)单击【记账】按钮,将采购入库单记账,系统提示"记账成功"。

(5)单击【确定】按钮。

(6)执行【财务核算】/【生成凭证】命令,打开【查询条件】窗口。

(7)单击【确定】按钮,打开【未生成凭证单据一览表】窗口。

(8)单击【选择】栏,或单击【全选】按钮,选中待生成凭证的单据,单击【确定】按钮。

(9)选择"凭证类别"为"记 记账凭证",如图 3-2-35 所示。

图 3-2-35 【生成凭证】窗口

(10)单击【生成】按钮,生成一张记账凭证,单击【保存】按钮,如图 3-2-36 所示。

图 3-2-36 【记账凭证】窗口(3)

实训三 受托代销业务

业务一 收取手续费方式代销商品入库业务

【业务描述】 2022年1月13日,采购部王悦与永嘉细平鞋业有限公司签订委托代销合同,收到受托代销商品细平短筒靴和细平中筒靴。取得与该业务相关的凭证如图3-3-1和图3-3-2所示。

购销合同

合同编号: wt0001
签订日期: 2022年1月13日

供方(以下简称甲方): 永嘉细平鞋业有限公司
需方(以下简称乙方): 黑龙江富铤商贸有限公司

供需双方平等互利,协商一致的原则,签订本合同,双方信守执行。

一、产品型号、数量、金额

序号	产品名称	规格型号	单位	数量	单价(无税)	金额(无税)	税率	价税合计
1	细平短筒靴	225#-250#	双	300	296.00	88800.00	13%	100344.00
2	细平中筒靴	225#-250#	双	300	324.00	97200.00		109836.00
	合计金额(无税)					186000.00		
	合计金额(大写)	贰拾壹万零壹佰捌拾元整					¥210,180.00	
	其他							

二、包装: 由甲方按国家标准进行包装。任何因包装不善所致之损失均由甲方负责。
三、交货日期: 2022年1月13日
四、交货地点及交货方式: 卖方配送,并承担运费。
五、付款方式: 每月15日由乙方开具代销清单,与甲方结算货款。
六、合同生效及其他
  1、本合同应在双方授权代表签字、单位盖章、预付款到达乙方指定账户生效。
  2、本合同正本四份,双方各持两份,具有同等法律效力。
七、本合同一式两份,双方各执一份。

甲方单位名称: 永嘉细平鞋业有限公司 乙方单位名称: 黑龙江富铤商贸有限公司
法人代表: 杨悦   法人代表: 王
日期: 2022年1月13日   日期: 2022年1月13日
签章: 签章:

图3-3-1 "业务一————购销合同"凭证

采购入库单

交货单位: 永嘉细平鞋业有限公司   2022年1月13日   入库编号: 20220109
仓库: 受托代销库

编号	名称	单位	实收数量	应收数量	单位成本(元)	总成本(元)	备注
0102011	细平短筒靴	双	300	300			wt0001
0102012	细平中筒靴	双	300	300			
	合计		600	600			

验收员: 艾英杰   采购员: 略   部门负责人: 略

图3-3-2 "业务一————入库单"凭证

【业务分析】 本笔业务是签订收取手续费方式的委托代销合同、代销商品到货、入库的业务。

【岗位说明】 采购部王悦填制采购订单（审核）、采购到货单（审核）；仓储部艾英杰填制采购入库单（审核）；财务部张晓娴进行单据记账并制单。

【操作步骤】

1.填制采购订单

（1）2022年1月13日，采购部王悦在企业应用平台中执行【业务工作】/【供应链】/【采购管理】/【采购订货】/【采购订单】命令，打开【采购订单】窗口。

代销商品入库业务

（2）单击【增加】按钮，在表头中，修改"订单编号"为"wt0001"，选择"业务类型"为"受托代销"，选择"采购类型"为"受托采购"，选择"供应商"为"细平鞋业"，选择"部门"为"采购部"，选择"业务员"为"王悦"；在表体中，选择"存货编码"分别为"0102011（细平短筒靴）"和"0102012（细平中筒靴）"，输入"数量"均为"300"，"原币含税单价"分别为"334.48"和"366.12"，修改"计划到货日期"均为"2022-01-13"，其他信息由系统自动带出，单击【保存】按钮。

（3）单击【审核】按钮，审核填制的采购订单，如图3-3-3所示。

图3-3-3 【采购订单】窗口

2.生成采购到货单

（1）2022年1月13日，采购部王悦在企业应用平台中执行【业务工作】/【供应链】/【采购管理】/【采购到货】/【到货单】命令，打开【到货单】窗口。

（2）单击【增加】按钮，选择【生单】/【采购订单】命令，打开【查询条件选择-采购订单列表过滤】窗口，单击【确定】按钮。

（3）系统弹出【拷贝并执行】窗口，选中所要拷贝的采购订单，单击【确定】按钮，系统自动生成到货单，单击【保存】按钮。

（4）单击【审核】按钮，审核根据采购订单生成的到货单，如图3-3-4所示。

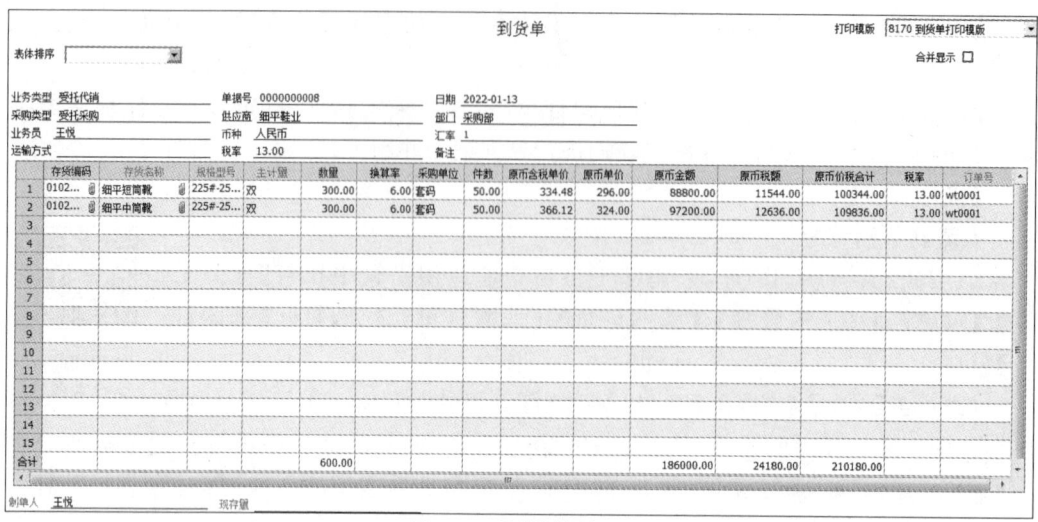

图 3-3-4 【到货单】窗口

(5)单击【退出】按钮。

3. 填制采购入库单

(1)2022年1月13日,仓储部艾英杰在企业应用平台中执行【业务工作】/【供应链】/【库存管理】/【入库业务】/【采购入库单】命令,打开【采购入库单】窗口。

(2)选择【生单】/【采购到货单(蓝字)】命令,打开【查询条件选择-采购到货单列表】窗口,单击【确定】按钮。

(3)打开【到货单生单列表】窗口,选择相应的"到货单生单表头",单击【确定】按钮,系统自动生成采购入库单,选择"仓库"为"受托代销库",单击【保存】按钮。

(4)单击【审核】按钮,如图 3-3-5 所示。之后单击【确定】按钮,关闭信息提示框。

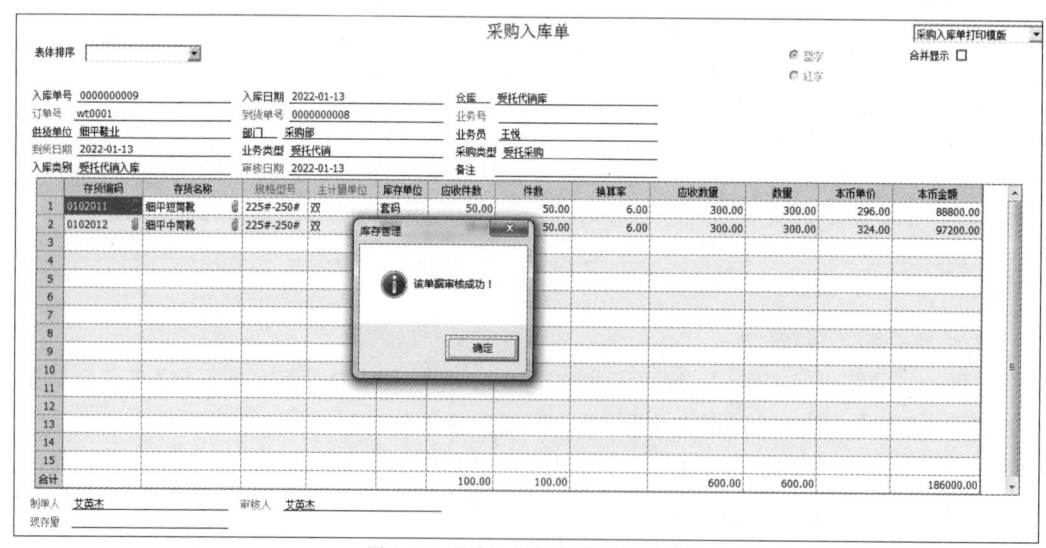

图 3-3-5 【采购入库单】窗口(审核)

4.存货核算

(1)2022年1月13日,财务部张晓娴在企业应用平台中执行【业务工作】/【供应链】/【存货核算】/【业务核算】/【正常单据记账】命令,打开【查询条件选择】窗口。

(2)单击【确定】按钮,打开【正常单据记账列表】窗口。

(3)选中本次记账项目所在行,如图3-3-6所示。

选择	日期	单据号	存货编码	存货名称	规格型号	存货代码	单据类型	仓库名称	收发类别	数量	单价	金额
	2022-01-02	0000000003	0101002	富谊休闲男鞋	240#-270#		采购入库单	男鞋库	采购入库	150.00	236.00	35,400.00
Y	2022-01-13	0000000009	0102011	细平短筒靴	225#-250#		采购入库单	受托代销库	受托代销入库	300.00	296.00	88,800.00
Y	2022-01-13	0000000009	0102012	细平中筒靴	225#-250#		采购入库单	受托代销库	受托代销入库	300.00	324.00	97,200.00
小计										750.00		221,400.00

图3-3-6 【正常单据记账列表】窗口

(4)单击【记账】按钮,将采购入库单记账,系统提示"记账成功"。

(5)单击【确定】按钮。

(6)执行【财务核算】/【生成凭证】命令,打开【查询条件】窗口。

(7)单击【确定】按钮,打开【未生成凭证单据一览表】窗口。

(8)单击【选择】栏,或单击【全选】按钮,选中待生成凭证的单据,单击【确定】按钮。

(9)选择"凭证类别"为"记 记账凭证",如图3-3-7所示。

凭证类别	记 记账凭证														
选择	单据类型	单据号	摘要	科目类型	科目编码	科目名称	借方金额	贷方金额	借方数量	贷方数量	科目方向	存货编码	存货名称	规格型号	部门编码	部门名称	业务员编码
1	采购入库单	0000000009		存货	1321	受托代销商品	88,800.00		300.00		1	0102011	细平短	225#-250# 3		采购部	301
				应付暂估	2314	受托代销商品款		88,800.00		300.00	2	0102011	细平短	225#-250# 3		采购部	301
	采购入库单	0000000009		存货	1321	受托代销商品	97,200.00		300.00		1	0102012	细平中	225#-250# 3		采购部	301
				应付暂估	2314	受托代销商品款		97,200.00		300.00	2	0102012	细平中	225#-250# 3		采购部	301
合计							186,00...	186,00...								

图3-3-7 【生成凭证】窗口

(10)单击【生成】按钮,生成一张记账凭证,单击【保存】按钮,如图3-3-8所示。

已生成			记 账 凭 证			
记 字 0020		制单日期: 2022.01.13	审核日期:		附单据数: 1	
摘要			科目名称		借方金额	贷方金额
采购入库单			受托代销商品		18600000	
采购入库单			受托代销商品款			18600000
票号日期		数量单价		合 计	18600000	18600000
备注	项目 个人 业务员		部门 客户			
记账		审核	出纳		制单 张娴娴	

图3-3-8 【记账凭证】窗口

业务二 视同买断方式代销商品入库业务

【业务描述】 2022年1月13日,采购部周南与永嘉细平鞋业有限公司签订委托代销合同,收到以视同买断方式代销的细平高筒靴。取得与该业务相关的凭证如图3-3-9和图3-3-10所示。

购销合同

合同编号：wt0002
签订日期：2022年1月13日

供方（以下简称甲方）：永嘉细平鞋业有限公司
需方（以下简称乙方）：黑龙江富铤商贸有限公司

供需双方平等互利，协商一致的原则，签订本合同，双方信守执行。

一、产品型号、数量、金额

序号	产品名称	规格型号	单位	数量	单价（无税）	金额（无税）	税率	价税合计
1	细平高筒靴	225#-250#	双	300	325.00	97500.00	13%	110175.00
	合计金额（无税）					97500.00		-
	合计金额（大写）	壹拾壹万零壹佰柒拾伍元整						￥110175.00
	其他							

二、包装：由甲方按国家标准进行包装。任何因包装不善所致之损失均由甲方负责。
三、交货日期：2022年1月13日
四、交货地点及交货方式：卖方配送，并承担运费。
五、付款方式：每月15日由乙方开具代销清单，与甲方结算货款。
六、合同生效及其他
  1、本合同应在双方授权代表签字、单位盖章、预付款到达乙方指定账户生效。
  2、本合同正本一式四份，双方各持两份，具有同等法律效力。
七、本合同一式两份，双方各持一份。

甲方单位名称：永嘉细平鞋业有限公司　　乙方单位名称：黑龙江富铤商贸有限公司
法人代表：杨悦　　　　　　　　　　　法人代表：王悦
日期：2022年1月13日　　　　　　　　日期：2022年1月13日
签章　　　　　　　　　　　　　　　签章

图 3-3-9 "业务二——购销合同"凭证

采 购 入 库 单

交货单位：永嘉细平鞋业有限公司
仓库：受托代销库　　　　2022年1月13日　　　　入库编号：20220110

编号	名称	单位	实收数量	应收数量	单位成本（元）	总成本（元）	备注
0102013	细平高筒靴	双	300	300			wt0002
	合　计：		300	300			

验收员：艾英杰　　　　采购员：略　　　　部门负责人：略

图 3-3-10 "业务二——入库单"凭证

【业务分析】　本笔业务是签订视同买断方式(有退货权)的委托代销合同、代销商品到货、入库的业务。

【岗位说明】　采购部王悦填制采购订单(审核)、采购到货单(审核)；仓储部艾英杰填制采购入库单(审核)；财务部张晓娴进行单据记账并制单。

【操作步骤】

1.填制采购订单

(1)2022年1月13日,采购部王悦在企业应用平台中执行【业务工作】/【供应链】/【采购管理】/【采购订货】/【采购订单】命令,打开【采购订单】窗口。

138

(2)单击【增加】按钮,在表头中,修改"订单编号"为"wt0002",选择"业务类型"为"受托代销",选择"采购类型"为"受托采购",选择"供应商"为"细平鞋业",选择"部门"为"采购部",选择"业务员"为"周南";在表体中,选择"存货编码"为"0102013(细平高筒靴)",输入"数量"为"300","原币含税单价"为"367.25",修改"计划到货日期"为"2022-01-13",其他信息由系统自动带出,单击【保存】按钮。

(3)单击【审核】按钮,审核填制的采购订单,如图 3-3-11 所示。

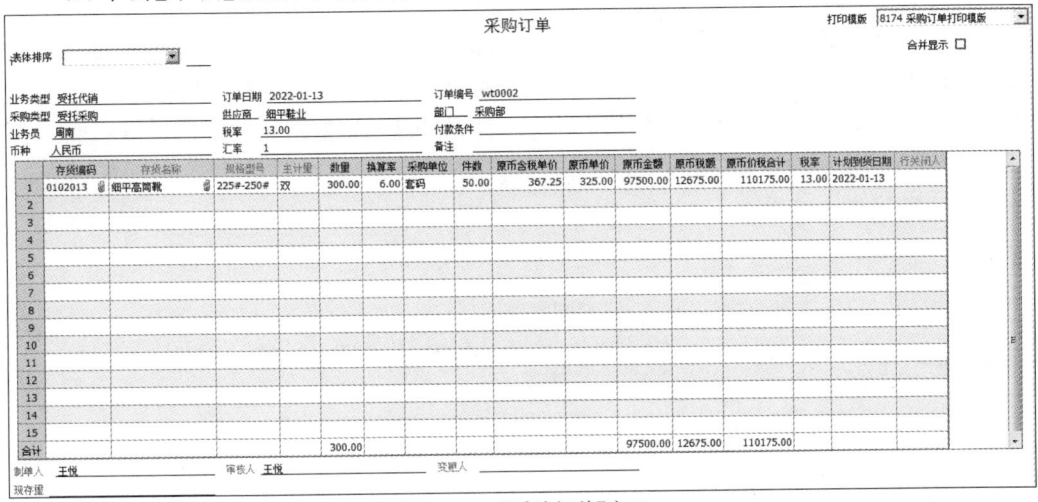

图 3-3-11 【采购订单】窗口

2.生成采购到货单

(1)2022 年 1 月 13 日,采购部王悦在企业应用平台中执行【业务工作】/【供应链】/【采购管理】/【采购到货】/【到货单】命令,打开【到货单】窗口。

(2)单击【增加】按钮,选择【生单】/【采购订单】命令,打开【查询条件选择-采购订单列表过滤】窗口,单击【确定】按钮。

(3)系统弹出【拷贝并执行】窗口,选中所要拷贝的采购订单,单击【确定】按钮,系统自动生成到货单,单击【保存】按钮。

(4)单击【审核】按钮,审核根据采购订单生成的到货单,如图 3-3-12 所示。

图 3-3-12 【到货单】窗口

(5)单击【退出】按钮。

3. 生成采购入库单

(1)2022年1月13日,仓储部艾英杰在企业应用平台中执行【业务工作】/【供应链】/【库存管理】/【入库业务】/【采购入库单】命令,打开【采购入库单】窗口。

(2)选择【生单】/【采购到货单(蓝字)】命令,打开【查询条件选择-采购到货单列表】窗口,单击【确定】按钮。

(3)打开【到货单生单列表】窗口,选择相应的"到货单生单表头",单击【确定】按钮,系统自动生成采购入库单,选择"仓库"为"受托代销库",单击【保存】按钮。

(4)单击【审核】按钮,如图3-3-13所示。之后单击【确定】按钮,关闭信息提示框。

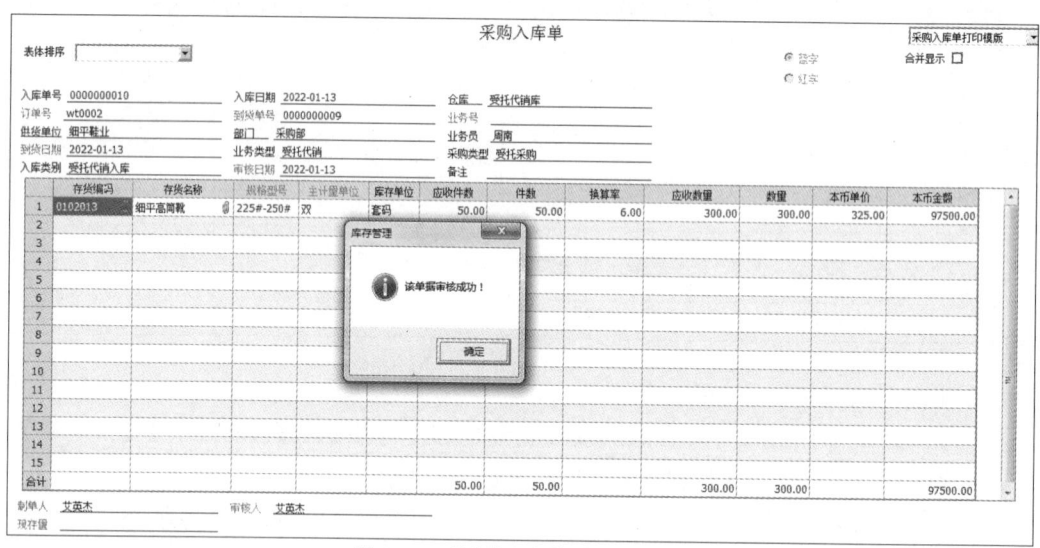

图3-3-13 【采购入库单】窗口(审核)

4. 存货核算

(1)2022年1月13日,财务部张晓娴在企业应用平台中执行【业务工作】/【供应链】/【存货核算】/【业务核算】/【正常单据记账】命令,打开【查询条件选择】窗口。

(2)单击【确定】按钮,打开【正常单据记账列表】窗口。

(3)选中需要记账的单据,如图3-3-14所示。

图3-3-14 【正常单据记账列表】窗口

(4)单击【记账】按钮,将采购入库单记账,系统提示"记账成功"。

(5)单击【确定】按钮。

(6)执行【财务核算】/【生成凭证】命令,打开【查询条件】窗口。

(7)单击【确定】按钮,打开【未生成凭证单据一览表】窗口。

(8)单击【选择】栏,或单击【全选】按钮,选中待生成凭证的单据,单击【确定】按钮。

(9)选择"凭证类别"为"记 记账凭证",如图3-3-15所示。

凭证类别 记 记账凭证

选择	单据类型	单据号	摘要	科目类型	科目编码	科目名称	借方金额	贷方金额	借方数量	贷方数量	科目方向	存货编码	存货名称	存货代码	规格型号	部门编码	部门名称	业务员编码
1	采购入库单	0000000010	采购入…	存货	1321	受托代销商品	97,500.00		300.00		1	0102013	细平高…		225#-250#	3	采购部	302
				应付暂估	2314	受托代销商品款		97,500.00		300.00	2	0102013	细平高…		225#-250#	3	采购部	302
合计							97,500.00	97,500.00										

图 3-3-15 【生成凭证】窗口

(10)单击【生成】按钮，生成一张记账凭证，单击【保存】按钮，如图 3-3-16 所示。

已生成

记 账 凭 证

记 字 0021　　制单日期：2022.01.13　　审核日期：　　附单据数：1

摘要	科目名称	借方金额	贷方金额
采购入库单	受托代销商品	9750000	
采购入库单	受托代销商品款		9750000
票号 日期	数量 单价 合计	9750000	9750000

备注 项 目　　部 门

个 人　　客 户

业务员

记账　审核　出纳　制单 张晓俐

图 3-3-16 【记账凭证】窗口

业务三 收取手续费方式销售业务

【业务描述】 2022 年 1 月 14 日，销售部刘军与哈尔滨哈西万达百货签订销售合同，销售细平短筒靴和细平中筒靴，取得与该业务相关的凭证如图 3-3-17～图 3-3-20 所示。

购销合同

合同编号：　xs0001

签订日期：　2022年1月14日

供方（以下简称甲方）：　黑龙江富铤商贸有限公司

需方（以下简称乙方）：　哈尔滨哈西万达百货

供需双方平等互利，协商一致的原则，签订本合同，双方信守执行。

一、产品型号、数量、金额

序号	产品名称	规格型号	单位	数量	单价（无税）	金额（无税）	税率	价税合计
1	细平短筒靴	225#-250#	双	200	296.00	59200.00	13%	66896.00
2	细平中筒靴	225#-250#	双	100	324.00	32400.00		36612.00
合计金额（无税）				91600.00				-
合计金额（大写）	壹拾万叁仟伍佰零捌元整				￥103,508.00			
其他								

二、包装：由甲方按国家标准进行包装。任何因包装不善所致之损失均由甲方负责。

三、交货日期：　2022年1月14日

四、交货地点及交货方式：卖方配送，并承担运费。

五、付款方式：转账支票，签订合同当日支付全部货款

六、合同生效及其他

1、本合同应在双方授权代表签字、单位盖章、预付款到达乙方指定账户生效。

2、本合同正本一式四份，双方各持两份，具有同等法律效力。

七、本合同一式两份，双方各执一份。

甲方单位名称：	黑龙江富铤商贸有限公司	乙方单位名称：	哈尔滨哈西万达百货
法 人 代 表：	刘军	法 人 代 表：	方永浩
日　　期：	2022年1月14日	日　　期：	2022年1月14日
签　　章：		签　　章：	

图 3-3-17 “业务三——购销合同”凭证

黑龙江增值税专用发票

230022080 No 00678332

230022080
00678332

此联不作报销凭证使用

开票日期：2022年01月14日

购买方	名　称：哈尔滨哈西万达百货 纳税人识别号：230103056334886 地址、电话：哈尔滨市中兴大道166号 0451-87717212 开户行及账号：中国建设银行哈尔滨香坊支行 23001865651050519864				密码区	033+*7-*73*>2170608870>2/>09- 7/3/+/86<9<>990498/72132*7+ <>931329*894++897/8>+570*5-> >6<589/47*019>/306>26+006<89		
货物或应税劳务、服务名称	规格型号	单位	数量	单价	金额		税率	税额
细平短筒靴	225#-250#	双	200	296.00	59200.00		13%	7696.00
细平中筒靴	225#-250#	双	100	324.00	32400.00		13%	4212.00
合　计					￥91600.00		13%	￥11908.00
价税合计（大写）	⊗ 壹拾万叁仟伍佰零捌圆整					（小写）￥103508.00		
销售方	名　称：黑龙江富铤商贸有限公司 纳税人识别号：230102676956780 地址、电话：哈尔滨市道里区爱建路113号 0451-84678976 开户行及账号：中国农业银行哈尔滨中山支行 08059201040012189							

收款人：　　　复核：　　　开票人：刘军　　　销售方：（章）

图 3-3-18 "业务三——增值税专用发票"凭证

中国农业银行 AGRICULTURAL BANK OF CHINA

进账单（收账通知）

√普通　加急　委托日期 2022年1月14日

汇款人	全称	哈尔滨哈西万达百货	收款人	全称	黑龙江富铤商贸有限公司
	账号	23001865651050519864		账号	08059201040012189
	开户银行	中国建设银行哈尔滨香坊支行		开户银行	中国农业银行哈尔滨中山路支行
金额	人民币（大写）	壹拾万叁仟伍佰零捌元整		亿仟佰十万仟佰十元角分 ￥ 1 0 3 5 0 8 0 0	
票据编码：37284659 票据种类：转账支票 票据张数：1			附加信息及用途 2022.01.14 支付前欠货款		
汇出行签章：			中国		
			复核：	记账：	

图 3-3-19 "业务三——银行进账单"凭证

销售出库单

出货单位：黑龙江富铤商贸有限公司

仓库：受托代销库　　　2022年1月14日　　　出库编号：20220101

编号	名称	单位	实收数量	应收数量	单位成本（元）	总成本（元）	备注
0102011	细平短筒靴	双	200	200			wt0001
0102012	细平中筒靴	双	100	100			
	合　计		300	300			

仓库管理员：艾英杰　　　采购员：略　　　部门负责人：略

图 3-3-20 "业务三——出库单"凭证

142

【业务分析】 本笔业务是签订销售合同、销售受托代销商品的业务。

【岗位说明】 销售部刘军填制销售订单(审核)、销售专用发票;仓储部艾英杰填制销售出库单(审核);财务部张晓娴审核发票、单据,记账并制单。

【操作步骤】

1.填制销售订单

(1)2022年1月14日,销售部刘军在企业应用平台中执行【业务工作】/【供应链】/【销售管理】/【销售订货】/【销售订单】命令,打开【销售订单】窗口。

(2)单击【增加】按钮,在表头中,修改"订单号"为"xs0001",选择"销售类型"为"正常销售",选择"客户简称"为"万达百货",选择"销售部门"为"销售部",选择"业务员"为"刘军";在表体中,选择"存货编码"分别为"0102011(细平短筒靴)"和"0102012(细平中筒靴)",输入"数量"分别为"200"和"100","原币含税单价"分别为"334.48"和"366.12",其他信息由系统自动带出,单击【保存】按钮。

(3)单击【审核】按钮,审核填制的销售订单,如图3-3-21所示。

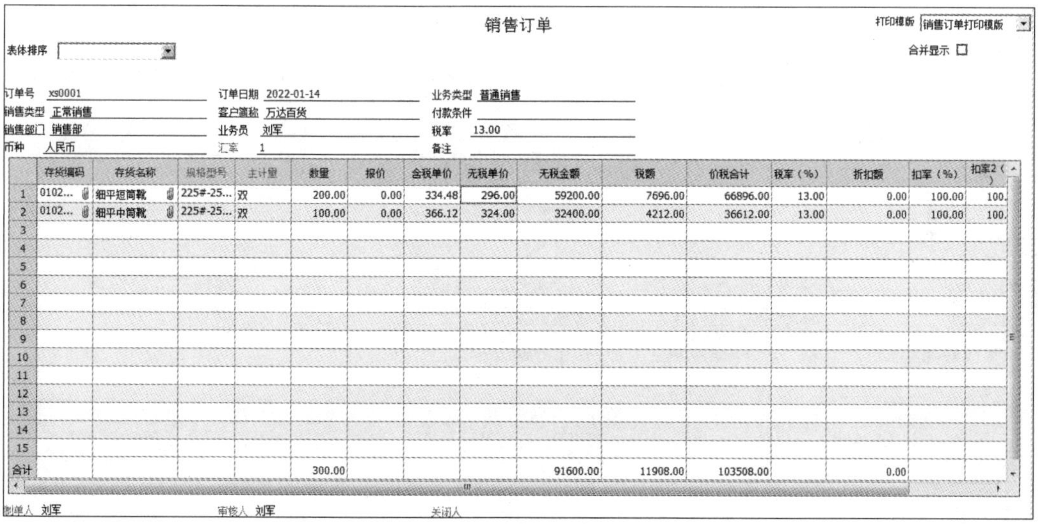

图3-3-21 【销售订单】窗口

2.生成销售专用发票

(1)2022年1月14日,销售部刘军在企业应用平台中执行【业务工作】/【供应链】/【销售管理】/【销售开票】/【销售专用发票】命令,打开【销售专用发票】窗口。

(2)单击【增加】按钮,执行【生单】/【参照订单】命令,打开【查询条件选择-参照订单】窗口,如图3-3-22所示。

(3)单击【确定】按钮,打开【参照生单】窗口,选择相应的订单,如图3-3-23所示。

(4)单击【确定】按钮,系统生成一张销售专用发票,修改"发票号"为"00678332",如图3-3-24所示。

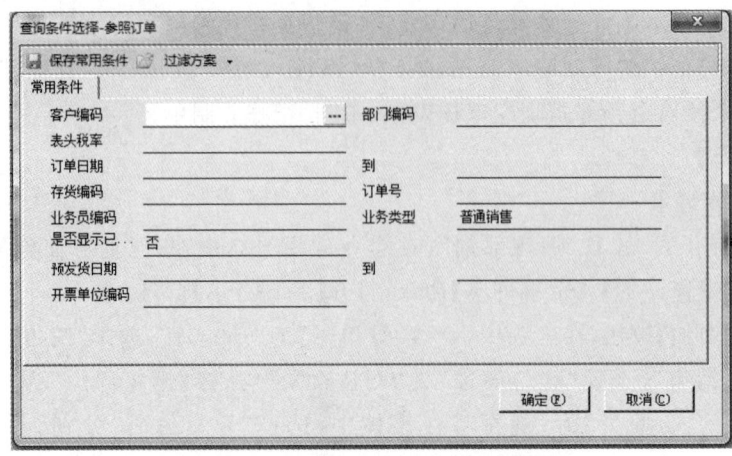

图 3-3-22 【查询条件选择-参照订单】窗口

图 3-3-23 【参照生单】窗口

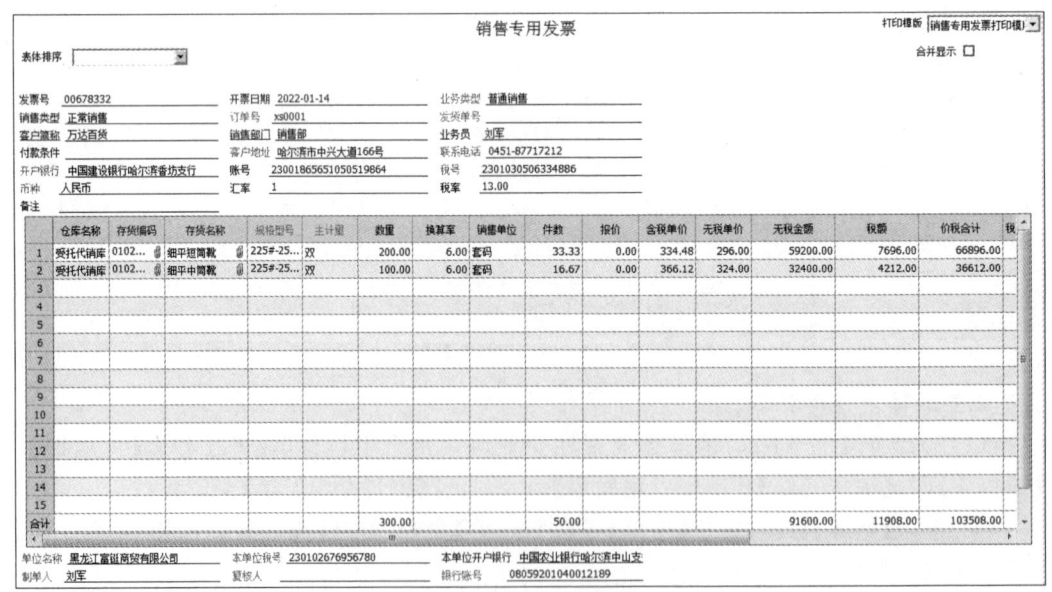

图 3-3-24 【销售专用发票】窗口

(5)单击【现结】按钮,打开【现结】窗口,选择"结算方式"为"202-转账支票",输入"金额"为"103508.00",输入"票据号"为"37284659",单击【确定】按钮,如图 3-3-25 所示。

(6)单击【复核】按钮,复核销售专用发票,如图 3-3-26 所示。

图 3-3-25 【现结】窗口

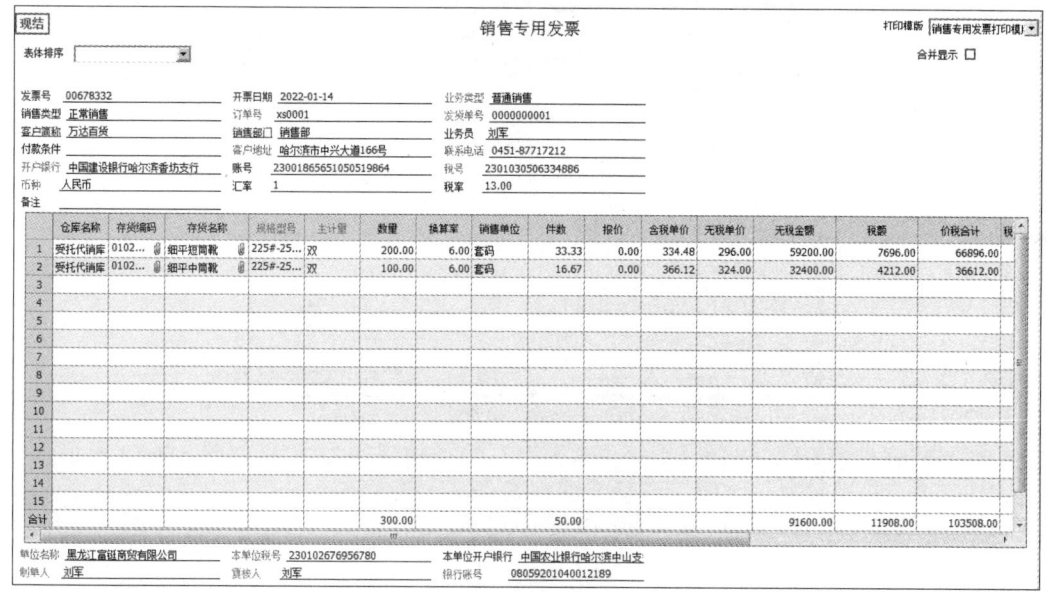

图 3-3-26 【销售专用发票】窗口(已复核)

(7)执行【业务工作】/【供应链】/【销售管理】/【销售发货】/【发货单】命令,打开【发货单】窗口,单击【浏览】按钮,可以查看已生成并审核的发货单,如图 3-3-27 所示。

图 3-3-27 【发货单】窗口

3.生成销售出库单

(1)2022年1月14日,仓储部艾英杰在企业应用平台中执行【业务工作】/【供应链】/【库存管理】/【出库业务】/【销售出库单】命令,打开【销售出库单】窗口。

(2)单击【增加】按钮,执行【生单】/【销售生单】命令,打开【查询条件选择-销售发货单列表】窗口,如图3-3-28所示。

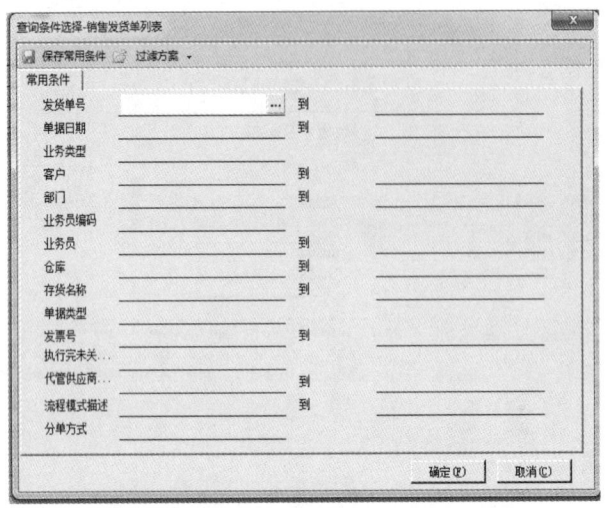

图3-3-28 【查询条件选择-销售发货单列表】窗口

(3)单击【确定】按钮,打开【销售生单】窗口,选择相应的发货单,如图3-3-29所示。

图3-3-29 【销售生单】窗口

(4)单击【确定】按钮,系统生成一张销售出库单,单击【审核】按钮,如图3-3-30所示。

图3-3-30 【销售出库单】窗口

4.应收单据审核与制单

(1)2022年1月14日,财务部张晓娴在企业应用平台中执行【业务工作】/【财务会计】/【应收款管理】/【应收单据处理】/【应收单据审核】命令,打开【应收单查询条件】窗口,勾选"包含已现结发票",如图3-3-31所示。

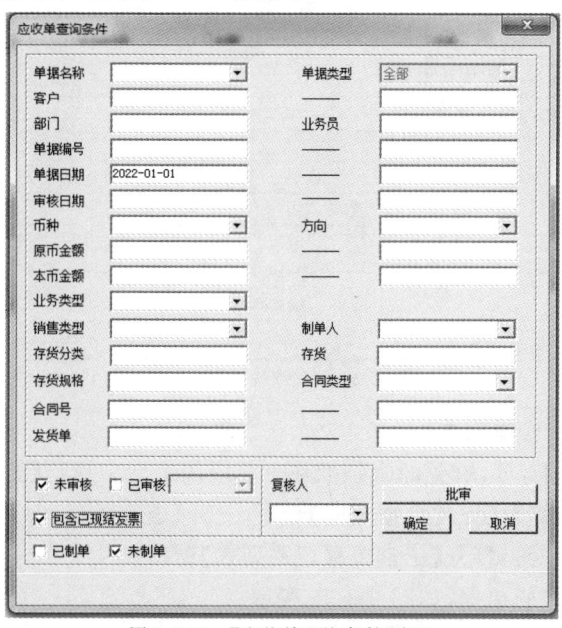

图3-3-31　【应收单查询条件】窗口

(2)单击【确定】按钮,系统弹出【应收单据列表】窗口,如图3-3-32所示。双击【选择】栏,或单击【全选】按钮,再单击【审核】按钮,系统进行审核并在完成后给出审核报告。

图3-3-32　【应收单据列表】窗口

(3)执行【制单处理】命令,打开"制单查询"窗口,选择"现结制单",如图3-3-33所示。

图3-3-33　【制单查询】窗口

(4)单击【确定】按钮,打开【现结制单】窗口。

(5)选择"凭证类别"为"记账凭证",单击【全选】按钮,选中要制单的"现结发票"。

(6)单击【制单】按钮,生成一张记账凭证,单击【保存】按钮,如图3-3-34所示。

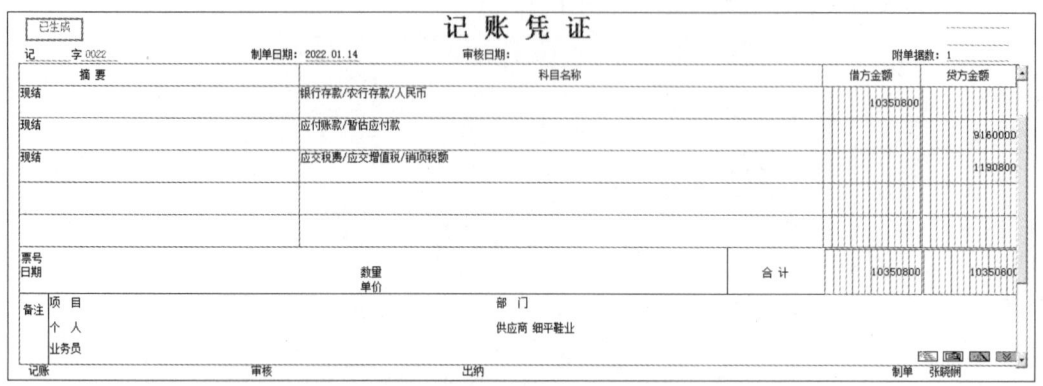

图3-3-34 【记账凭证】窗口(1)

5.存货核算(结转代销成本)

(1)2022年1月14日,财务部张晓娴在企业应用平台中执行【业务工作】/【供应链】/【存货核算】/【业务核算】/【正常单据记账】命令,打开【查询条件选择】窗口。

(2)单击【确定】按钮,打开【正常单据记账列表】窗口。

(3)选择需要记账的单据,如图3-3-35所示。

图3-3-35 【正常单据记账列表】窗口

(4)单击【记账】按钮,将销售专用发票记账,系统提示"记账成功"。

(5)单击【确定】按钮。

(6)执行【财务核算】/【生成凭证】命令,打开【查询条件】窗口。

(7)单击【确定】按钮,打开【未生成凭证单据一览表】窗口。

(8)单击【选择】栏,或单击【全选】按钮,选中待生成凭证的单据,单击【确定】按钮。

(9)选择"凭证类别"为"记 记账凭证",如图3-3-36所示。

图3-3-36 【生成凭证】窗口

(10)单击【生成】按钮,生成一张记账凭证,单击【保存】按钮,如图3-3-37所示。

记账凭证

记 字0023　制单日期：2022.01.14　审核日期：　　　　　　　附单据数：1

摘要	科目名称	借方金额	贷方金额
专用发票	受托代销商品款	91600.00	
专用发票	受托代销商品		91600.00
	合计	91600.00	91600.00

图 3-3-37 【记账凭证】窗口（2）

业务四　视同买断方式销售业务

【业务描述】 2022年1月14日，销售部董勇浩与哈尔滨中央红集团股份有限公司签订销售合同，销售细平鞋业细平高筒靴。取得与该业务相关的凭证如图3-3-38～图3-3-41所示。

购销合同

合同编号：　xs0002
签订日期：　2022年1月14日

供方（以下简称甲方）：　黑龙江富铤商贸有限公司
需方（以下简称乙方）：　哈尔滨中央红集团股份有限公司

供需双方平等互利，协商一致的原则，签订本合同，双方信守执行。
一、产品型号、数量、金额

序号	产品名称	规格型号	单位	数量	单价（无税）	金额（无税）	税率	价税合计
1	细平高筒靴	225#-250#	双	240	390.00	93600.00	13%	105768.00
	合计金额（无税）					93600.00		-
	合计金额（大写）	壹拾万伍仟柒佰陆拾捌元整						￥105,768.00
	其他							

二、包装：由甲方按国家标准进行包装。任何因包装不善所致之损失均由甲方负责。
三、交货日期：2022年1月14日
四、交货地点及交货方式：卖方配送，并承担运费。
五、付款方式：转账支票，签订合同当日支付全部货款
六、合同生效及其他
　1、本合同应在双方授权代表签字、单位盖章、预付款到达乙方指定账户生效。
　2、本合同正本一式四份，双方各持两份，具有同等法律效力。
七、本合同一式两份，双方各执一份

甲方单位名称：黑龙江富铤商贸有限公司　　乙方单位名称：哈尔滨中央红集团股份有限公司
法 人 代 表：刘军　　　　　　　　　　　法 人 代 表：黄伟
日　　　　期：2022年1月14日　　　　　　日　　　　期：2022年1月14日
签　　　　章：　　　　　　　　　　　　　签　　　　章：

图 3-3-38 "业务四——购销合同"凭证

【业务分析】 本笔业务是签订销售合同、销售受托代销商品的业务。

【岗位说明】 销售部刘军填制销售订单(审核)、销售专用发票;仓储部艾英杰填制销售出库单(审核);财务部张晓娴审核发票、单据记账并制单。

黑龙江增值税专用发票 № 00678333

代码: 230022080
开票日期: 2022年01月14日

购买方
名称: 哈尔滨中央红集团股份有限公司
纳税人识别号: 230102127581296
地址、电话: 哈尔滨市中央大街100号 0451-84555119
开户行及账号: 中国农业银行哈尔滨道里支行 040201040003986

密码区: 033+*7-*73*>2170608870>2/>09-7/3/+/86<9<>990498/72132*7+<>931329*894++897/8>+570*5->>6<589/47*019>/306>26+006<89

货物或应税劳务、服务名称	规格型号	单位	数量	单价	金额	税率	税额
细平高筒靴	225#-250#	双	240	390.00	93600.00	13%	12168.00
合 计					¥93600.00	13%	¥12168.00

价税合计(大写): ⊗ 壹拾万伍仟柒佰陆拾捌圆整　(小写) ¥105768.00

销售方
名称: 黑龙江富铤商贸有限公司
纳税人识别号: 230102676956780
地址、电话: 哈尔滨市道里区爱建路113号 0451-84678976
开户行及账号: 中国农业银行哈尔滨中山支行 08059201040012189

收款人: 　复核: 　开票人: 刘军　销售方: (章)

图 3-3-39 "业务四——增值税专用发票"凭证

中国农业银行 进账单(收账通知)

委托日期: 2022年1月14日

汇款人
全称: 哈尔滨中央红集团股份有限公司
账号: 040201040003986
开户银行: 中国农业银行哈尔滨道里支行

收款人
全称: 黑龙江富铤商贸有限公司
账号: 08059201040012189
开户银行: 中国农业银行哈尔滨中山路支行

金额 人民币(大写): 壹拾万伍仟柒佰陆拾捌元整　¥105768.00

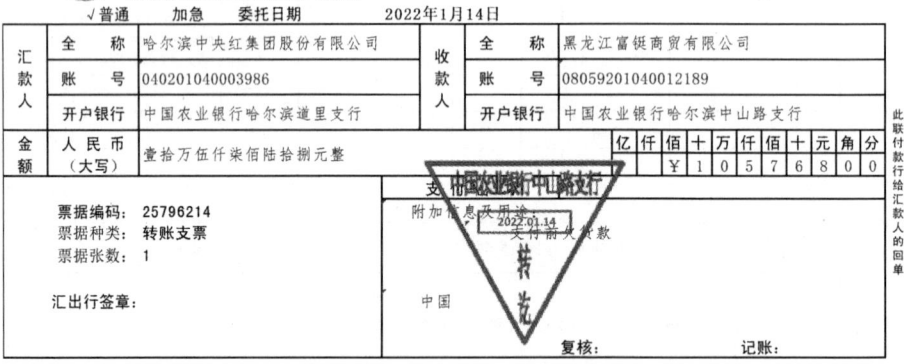

票据编码: 25796214
票据种类: 转账支票
票据张数: 1

图 3-3-40 "业务四——银行进账单"凭证

销售出库单

出货单位: 黑龙江富铤商贸有限公司
仓库: 受托代销库　2022年1月14日　出库编号: 20220102

编号	名称	单位	实收数量	应收数量	单位成本(元)	总成本(元)	备注
0102013	细平高筒靴	双	240	240			wt0002
	合 计		240	240			

仓库管理员: 艾英杰　采购员: 略　部门负责人: 略

图 3-3-41 "业务四——出库单"凭证

【操作步骤】

1. 填制销售订单

(1) 2022年1月14日,销售部刘军在企业应用平台中执行【业务工作】/【供应链】/【销售管理】/【销售订货】/【销售订单】命令,打开【销售订单】窗口。

(2) 单击【增加】按钮,在表头中,修改"订单号"为"xs0002",选择"销售类型"为"正常销售",选择"客户简称"为"中央红",选择"销售部门"为"销售部",选择"业务员"为"董勇浩";在表体中,选择"存货编码"为"0102013(细平高筒靴)",输入"数量"为"240","原币含税单价"为"440.70",其他信息由系统自动带出,单击【保存】按钮。

(3) 单击【审核】按钮,审核填制的销售订单,如图 3-3-42 所示。

图 3-3-42 【销售订单】窗口

2. 生成销售专用发票

(1) 2022年1月14日,销售部刘军在企业应用平台中执行【业务工作】/【供应链】/【销售管理】/【销售开票】/【销售专用发票】命令,打开【销售专用发票】窗口。

(2) 单击【增加】按钮,执行【生单】/【参照订单】命令,打开【查询条件选择-参照订单】窗口。

(3) 单击【确定】按钮,打开【参照生单】窗口,选择相应的订单。

(4) 单击【确定】按钮,系统生成一张销售专用发票,修改"发票号"为"00678333",单击【保存】按钮。

(5) 单击【现结】按钮,打开【现结】窗口,选择"结算方式"为"202-转账支票",输入"金额"为"105 768.00",输入"票据号"为"25796214",单击【确定】按钮。

(6) 单击【复核】按钮,复核销售专用发票,如图 3-3-43 所示。

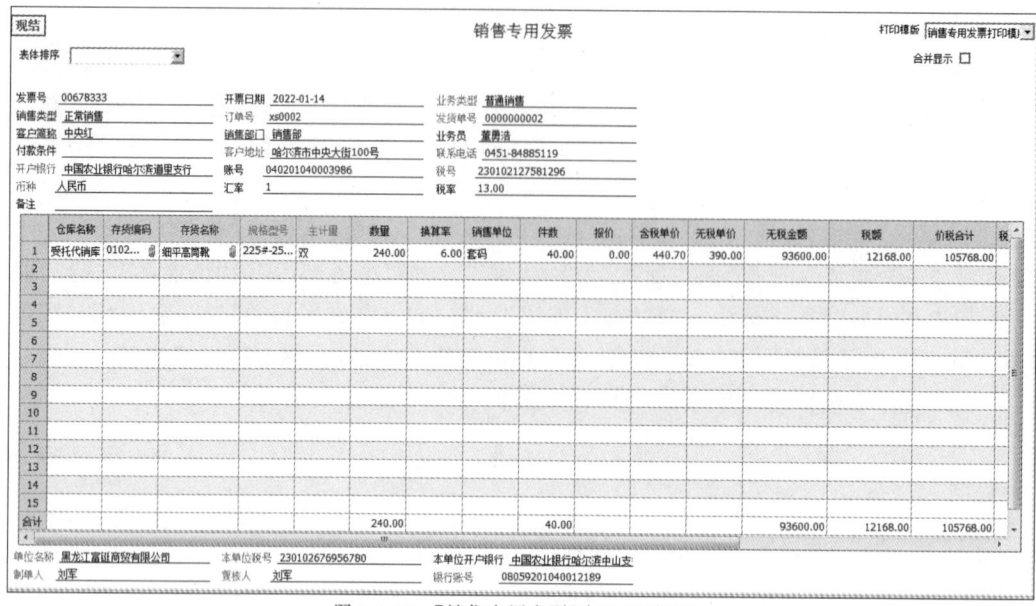

图 3-3-43　【销售专用发票】窗口(已复核)

(7)执行【业务工作】/【供应链】/【销售管理】/【销售发货】/【发货单】命令,打开【发货单】窗口,单击【浏览】按钮,可以查看已生成并审核的发货单,如图 3-3-44 所示。

图 3-3-44　【发货单】窗口

3.生成销售出库单

(1)2022 年 1 月 14 日,仓储部艾英杰在企业应用平台中执行【业务工作】/【供应链】/【库存管理】/【出库业务】/【销售出库单】命令,打开【销售出库单】窗口。

(2)单击【增加】按钮,执行【生单】/【销售生单】命令,打开【查询条件选择-销售发货单列表】窗口。

(3)单击【确定】按钮,打开【销售生单】窗口,选择相应的发货单。

(4)单击【确定】按钮,系统生成一张销售出库单,单击【审核】按钮,如图 3-3-45 所示。

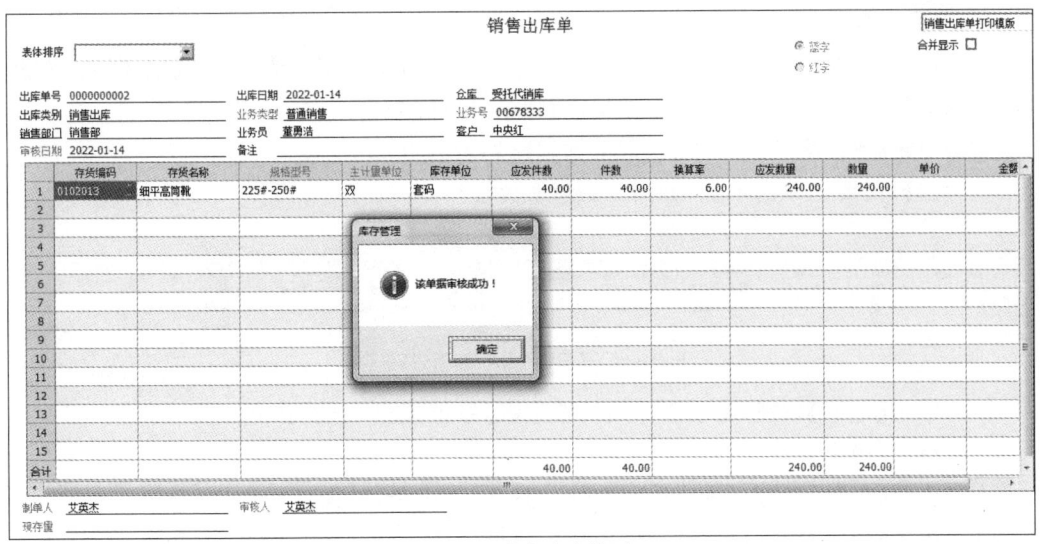

图 3-3-45 【销售出库单】窗口

4.应收单据审核与制单

(1)2022 年 1 月 14 日,财务部张晓娴在企业应用平台中执行【业务工作】/【财务会计】/【应收款管理】/【应收单据处理】/【应收单据审核】命令,打开【应收单查询条件】窗口,勾选"包含已现结发票"。

(2)单击【确定】按钮,系统弹出【应收单据列表】窗口,如图 3-3-46 所示。双击【选择】栏,或单击【全选】按钮,再单击【审核】按钮,系统进行审核并在完成后给出审核报告,单击【确定】按钮后退出。

图 3-3-46 【应收单据列表】窗口

(3)执行【制单处理】命令,打开【制单查询】窗口,选择"现结制单"。

(4)单击【确定】按钮,打开【现结制单】窗口。

(5)选择"凭证类别"为"记账凭证",再单击【全选】按钮,选中要制单的"现结发票"。

(6)单击【制单】按钮,生成一张记账凭证,单击【保存】按钮,如图 3-3-47 所示。

图 3-3-47 【记账凭证】窗口(1)

5.存货核算

(1)2022年1月14日,财务部张晓娴在企业应用平台中执行【业务工作】/【供应链】/【存货核算】/【业务核算】/【正常单据记账】命令,打开【查询条件选择】窗口。

(2)单击【确定】按钮,打开【正常单据记账列表】窗口。

(3)选择需要记账的单据,如图3-3-48所示。

选择	日期	单据号	存货编码	存货名称	规格型号	存货代码	单据类型	仓库名称	收发类别	数量	单价	金额
	2022-01-02	0000000003	0101002	富运休闲男鞋	240#-270#		采购入库单	男鞋库	采购入库	150.00	236.00	35,400.00
Y	2022-01-14	00678333	0102013	细平高筒靴	225#-250#		专用发票	受托代销库	销售出库	240.00		
小计										390.00		35,400.00

图3-3-48 【正常单据记账列表】窗口

(4)单击【记账】按钮,将销售专用发票记账,系统提示"记账成功"。

(5)单击【确定】按钮。

(6)执行【财务核算】/【生成凭证】命令,打开【查询条件】窗口。

(7)单击【确定】按钮,打开【未生成凭证单据一览表】窗口。

(8)单击【选择】栏,或单击【全选】按钮,选中待生成凭证的单据,单击【确定】按钮。

(9)选择"凭证类别"为"记 记账凭证",如图3-3-49所示。

凭证类别	记账凭证													
选择	单据类型	单据号	摘要	科目类型	科目编码	科目名称	借方金额	贷方金额	借方数量	贷方数量	科目方向	存货编码	存货名称	规格型号	部门编码	部门名称	业务员编码
1	专用发票	00678333	专用发票	对方	6401	主营业务成本	29,250.00			90.00		1	0102013	细平高…	225#-250#	4	销售部	402
				存货	1321	受托代销商品		29,250.00	90.00			2	0102013	细平高…	225#-250#	4	销售部	402
				对方	6401	主营业务成本	48,750.00			150.00		1	0102013	细平高…	225#-250#	4	销售部	402
				存货	1321	受托代销商品		48,750.00	150.00			2	0102013	细平高…	225#-250#	4	销售部	402
合计							78,000.00	78,000.00									

图3-3-49 【生成凭证】窗口

(10)单击【生成】按钮,生成一张记账凭证,单击【保存】按钮,如图3-3-50所示。

图3-3-50 【记账凭证】窗口(2)

业务五 手续费方式结算业务

【业务描述】 2022年1月15日,开出代销清单,并收到永嘉细平鞋有限公司开具的发票。取得与该业务相关的凭证如图3-3-51~图3-3-54所示。

商品代销清单

2022年1月15日　　　　　　　　　NO.1649873

委托方	永嘉细平鞋业有限公司	委托方	黑龙江富铤商贸有限公司
账号	704000120190010820	账号	08059201040012189
开户行	温州银行永嘉支行	开户行	中国农业银行哈尔滨中山支行

代销货物	代销货物名称	规格型号	计量单位	数量	单价（不含税）	金额（不含税）	税率	价税合计
	细平短筒靴	225#-250#	双	300.00	296.00	88800.00	13%	100344.00
	系统中筒靴	225#-250#	双	300.00	324.00	97200.00	13%	109836.00

代销方式	按销售货款（不含税）的10%收取手续费
代销款结算时间	根据代销货物销售情况，于每月15日结算货款
代销款结算方式	电汇

本月代销货物销售情况	货物名称	规格型号	计量单位	数量	单价（不含税）	金额（不含税）	税率	价税合计
	细平短筒靴	225#-250#	双	200.00	296.00	59200.00	13%	66896.00
	系统中筒靴	225#-250#	双	100.00	324.00	32400.00	13%	36612.00
	价税合计	大写：	壹拾万叁仟伍佰零捌元整			小写：¥103,508.00		
本月代销款结算金额	大写：	叁万陆仟陆佰壹拾贰元整			小写：¥103,508.00			

主管：　　　　审核：　　　　制单：　　　　受托方盖章：

图 3-3-51 "业务五——商品代销清单"凭证

浙江增值税专用发票

5600400080　　№ 27469823　　5600400080　27469823

开票日期：2022年01月15日

购买方	名称：黑龙江富铤商贸有限公司
	纳税人识别号：230102676956780
	地址、电话：哈尔滨市道里区爱建路113号 0451-84678976
	开户行及账号：中国农业银行哈尔滨中山支行 08059201040012189

密码区：033+*7-*73*>2170608870>2/>09-7/3/+/86<9><>990498/72132*7+<>931329*894++897/8>+570*5->>6<589/47*019>/306>26+006<89

货物或应税劳务、服务名称	规格型号	单位	数量	单价	金额	税率	税额
细平短筒靴	225#-250#	双	200	296.00	59200.00	13%	7696.00
细平中筒靴	225#-250#	双	100	324.00	32400.00	13%	4212.00
合计					¥91600.00	13%	¥11908.00

价税合计（大写）：⊗ 壹拾万叁仟伍佰零捌圆整　　（小写）¥103508.00

销售方	名称：永嘉细平鞋业有限公司
	纳税人识别号：330302715426786
	地址、电话：浙江省温州市永嘉镇塘路26号 0577-67569256
	开户行及账号：温州银行永嘉支行 704000120190010820

收款人：王悦　　复核：　　开票人：　　销售方：（章）

图 3-3-52 "业务五——增值税专用发票"凭证

ERP供应链管理系统应用教程

黑龙江增值税专用发票 № 78492759

230022080

开票日期：2022年01月15日

购买方	名　称：永嘉细平鞋业有限公司 纳税人识别号：330302715426786 地　址、电　话：浙江省温州市永嘉镇塘路26号 0577-67569256 开户行及账号：温州银行永嘉支行 7040001201900108200	密码区	033+*7-*73*>2170608870>2/>09- 7/3/+/86<9><>990498/72132*7+ <>931329*894++897/8>+570*5-> >6<589/47*019>/306>26+006<89

货物或应税劳务、服务名称	规格型号	单位	数量	单价	金额	税率	税额
代销手续费				390.00	8641.51	6%	518.49
合　计					¥8641.51	6%	¥518.49

价税合计（大写）：⊗玖仟壹佰陆拾圆整　　　　（小写）¥9160.00

销售方	名　称：黑龙江富铤商贸有限公司 纳税人识别号：230102676956780 地　址、电　话：哈尔滨市道里区爱建路113号 0451-84678976 开户行及账号：中国农业银行哈尔滨中山支行 08059201040012189

收款人：　　　　复核：　　　　开票人：刘军　　　　销售方：（章）

图 3-3-53 "业务五——商业企业专用发票"凭证

中国农业银行 AGRICULTURAL BANK OF CHINA
电汇凭证（回　单）

√普通　　加急　　委托日期 2022年1月15日

汇款人	全　称：黑龙江富铤商贸有限公司 账　号：08059201040012189 开户银行：中国农业银行哈尔滨中山路支行	收款人	全　称：永嘉细平鞋业有限公司 账　号：704000120190010820 开户银行：温州银行永嘉支行

金额	人民币（大写）	玖万肆仟叁佰肆拾捌元整	¥ 9 4 3 4 8 0 0

票据编码：26378923
票据种类：电汇
票据张数：1

汇出行签章：　　　　附加信息及用途：　　　　复核：　　　　记账：

图 3-3-54 "业务五——银行电汇凭单"凭证

【业务分析】本笔业务是开具代销清单、收取代销手续费、与委托方结算的业务。

【岗位说明】采购部王悦填制受托代销结算单；财务部林静填制付款单；财务部张晓娴审核采购专用发票、填制红字应付单、红票对冲、审核发票及付款单、结算成本处理并制单。

【操作步骤】
1.受托代销结算

(1)2022年1月15日,采购部王悦在企业应用平台中执行【业务工作】/【供应链】/【采购管理】/【采购结算】/【受托代销结算】命令,打开【受托代销结算】窗口,输入发票号为"27469823",按照开具的商品代销清单输入结算数量,如图3-3-55所示。

图3-3-55 【受托代销结算】窗口

(2)单击【结算】按钮,系统提示"结算完成",单击【确定】按钮,如图3-3-56所示。

图3-3-56 【结算完成】信息提示框

(3)执行【采购发票】/【专用采购发票】命令,打开【采购专用发票】窗口,单击【浏览】按钮,即可看到已结算的采购专用发票,如图3-3-57所示。

图3-3-57 【采购专用发票】窗口

2.应付单据审核与制单

(1)2022年1月15日,财务部张晓娴在企业应用平台中执行【业务工作】/【财务会计】/【应付款管理】/【应付单据处理】/【应付单据审核】命令,打开【应付单查询条件】窗口。

(2)单击【确定】按钮,系统弹出【应付单据列表】窗口。

(3)双击【选择】栏,或单击【全选】按钮,再单击【审核】按钮,系统进行审核并在完成后给出审核报告,如图3-3-58所示,单击【确定】按钮后退出。

图3-3-58 【应付单据列表】窗口

(4)执行【制单处理】命令,打开【制单查询】窗口,选择"发票制单"。

(5)单击【确定】按钮,打开【采购发票制单】窗口。

(6)选择"凭证类别"为"记账凭证",再单击【全选】按钮,选中要制单的"采购专用发票"。

(7)单击【制单】按钮,生成一张记账凭证,单击【保存】按钮,如图3-3-59所示。

图3-3-59 【记账凭证】窗口(1)

3.填制红字应付单并制单

(1)2022年1月15日,财务部张晓娴在企业应用平台中执行【业务工作】/【财务会计】/【应付款管理】/【应付单据处理】/【应付单据录入】命令,打开【单据类别】窗口,选择"方向"为"负向",系统打开【应付单据录入】窗口,单击【增加】按钮,在表头中,选择"供应商"为"细平鞋业",输入金额为"9160.00";在表体中,选择"方向"为"贷",输入"科目"为"6051(其他业务收入)",其他信息由系统自动带出,单击【保存】按钮,如图3-3-60所示。

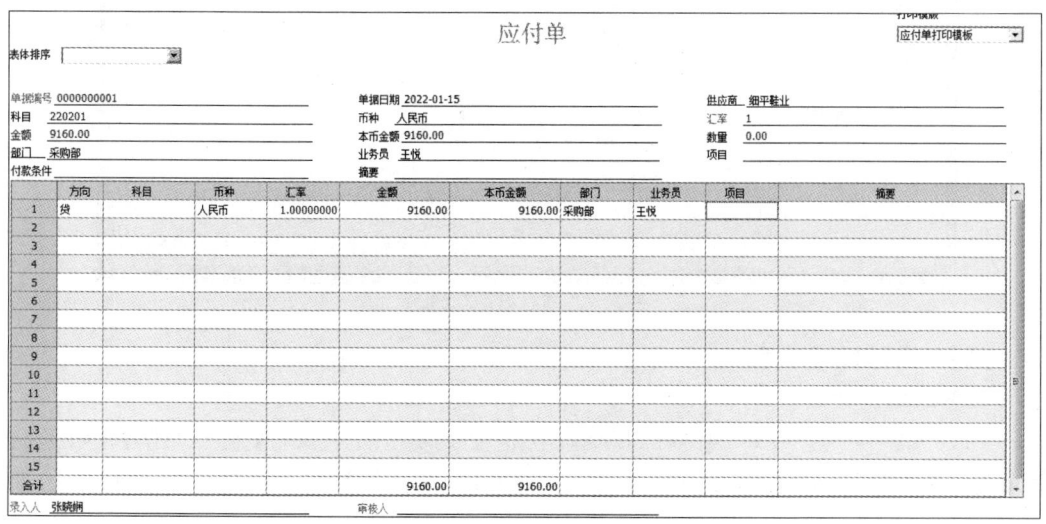

图3-3-60 【应付单据录入】窗口(红字)

(2)执行【应付款管理】/【制单处理】命令,打开【制单查询】窗口,选择"应付单制单",单击【确定】按钮。系统弹出【应付单制单】窗口,选中需要制单的记录,再选择"凭证类别"为"记账凭证",单击【制单】按钮,系统生成一张记账凭证,如图3-3-61所示,单击【保存】按钮。

图3-3-61 【记账凭证】窗口(2)

4.红票对冲

(1)2022年1月15日,财务部张晓娴在企业应用平台中执行【业务工作】/【财务会计】/【应付款管理】/【转账】/【红票对冲】/【手工对冲】命令,打开【红票对冲条件】窗口,选择"供应商"为"细平鞋业",单击【确定】按钮,打开【红票对冲】窗口,输入"对冲金额"为"9160.00",如图3-3-62所示。

图 3-3-62 【红票对冲】窗口

(2)单击【保存】按钮。

5.总账填制凭证

(1)2022年1月15日,财务部张晓娴在企业应用平台中执行【业务工作】/【财务会计】/【总账】/【凭证处理】/【填制凭证】命令,打开【填制凭证】窗口,填制一张记账凭证,如图 3-3-63 所示。

图 3-3-63 【记账凭证】窗口(3)

(2)单击【保存】按钮。

6.填制付款单

2022年1月15日,财务部林静在企业应用平台中执行【业务工作】/【财务会计】/【应付款管理】/【付款单据处理】/【付款单据录入】命令,打开【付款单据录入】窗口,按照汇票的信息填写付款单,单击【保存】按钮,如图 3-3-64 所示。

7.付款单审核并制单

(1)2022年1月15日,财务部张晓娴在企业应用平台中执行【业务工作】/【财务会计】/【应付款管理】/【付款单据处理】/【付款单据审核】命令,打开【付款单查询条件】窗口,单击【确定】按钮,打开【收付款单列表】窗口。单击【全选】按钮,再单击【审核】按钮,系统进行审核并在完成后给出审核报告,如图 3-3-65 所示。

(2)执行【制单处理】命令,打开【制单查询】窗口,选择"收付款单制单",单击【确定】按钮,打开【收付款单制单】窗口,选择"凭证类别"为"记账凭证",再选择要制单的记录,单击【制单】按钮,系统生成一张记账凭证,单击【保存】按钮,如图 3-3-66 所示。

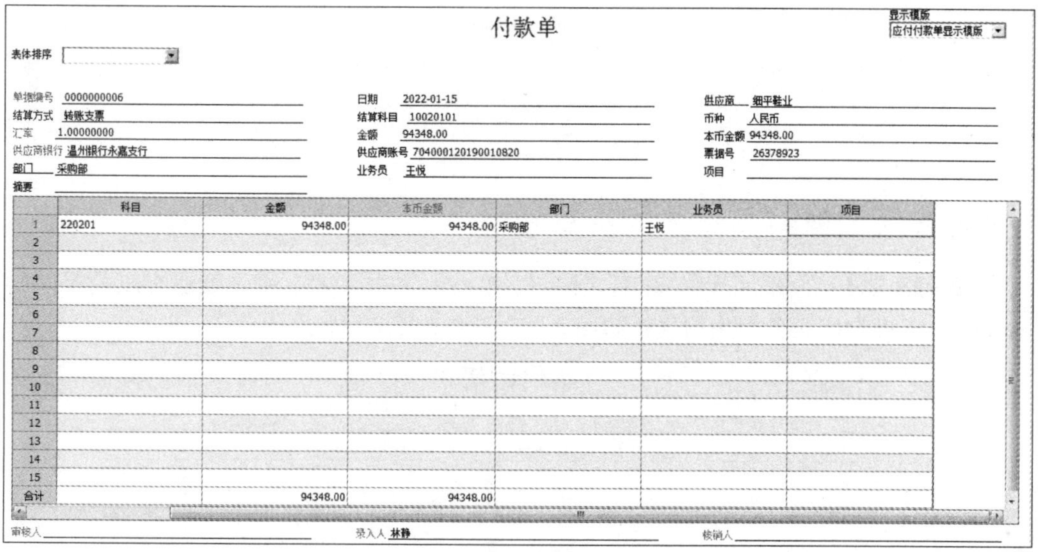

图 3-3-64 【付款单据录入】窗口

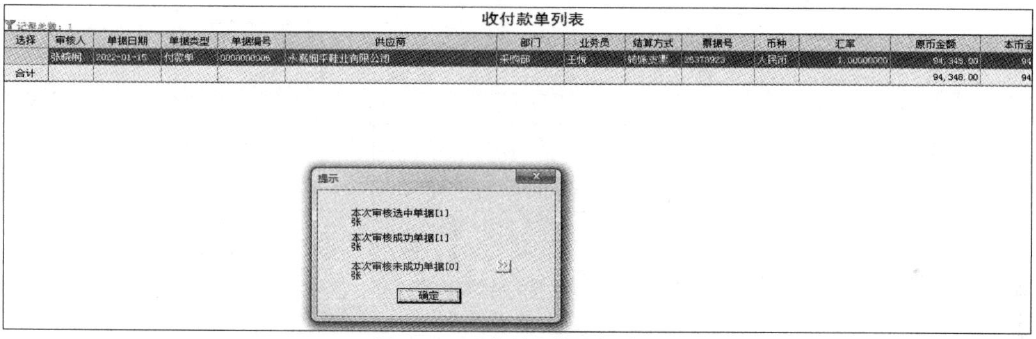

图 3-3-65 【收付款单列表】窗口

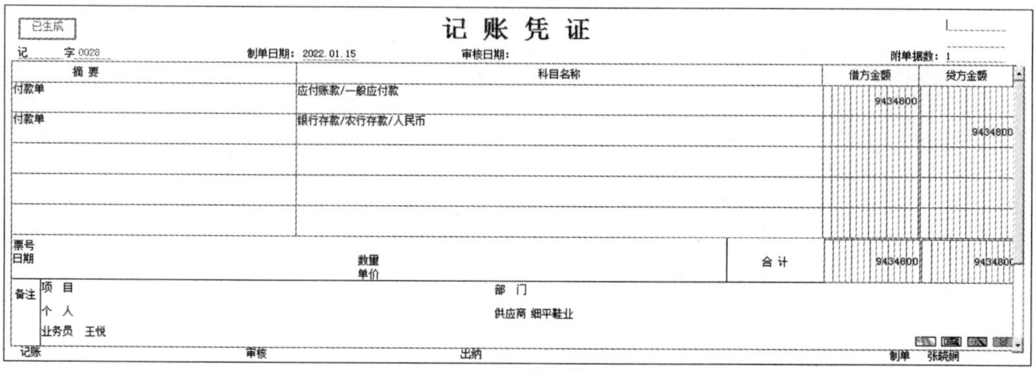

图 3-3-66 【记账凭证】窗口(4)

8.结算成本处理

2022 年 1 月 15 日,财务部张晓娴在企业应用平台中执行【业务工作】/【供应链】/【存货核算】/【业务核算】/【结算成本处理】命令,打开【暂估处理查询】窗口,选择"受托代销库",单击【确定】按钮,打开【结算成本处理】窗口,分别选中各条目,单击【暂估】按钮,如图 3-3-67 所示。

选项	结算单号	仓库编码	仓库名称	入库单号	入库日期	存货编码	存货名称	计量单位	数量	暂估单价	暂估金额	结算数量	结算单价	结算金额	收发类	材料费	加工费
Y	000000000...	04	受托代销库	0000000009	2022-01-13	0102011	细平短筒靴	双	200.00	296.00	59,200.00	200.00	296.00	59,200.00	受托代		
	000000000...	04	受托代销库	0000000009	2022-01-13	0102012	细平中筒靴	双	100.00	324.00	32,400.00	100.00	324.00	32,400.00	受托代		
合计									300.00		91,600.00	300.00		91,600.00			

图 3-3-67 【结算成本处理】窗口

业务六 视同买断方式结算业务

【业务描述】 2022年1月15日，开出代销清单，并收到永嘉细平鞋业有限公司开具的发票。取得与该业务相关的凭证如图 3-3-68～图 3-3-70 所示。

商品代销清单

2022年1月15日　　NO.1649875

委托方	永嘉细平鞋业有限公司	受托方	黑龙江富铤商贸有限公司
账号	704000120190010820	账号	08059201040012189
开户行	温州银行永嘉支行	开户行	中国农业银行哈尔滨中山支行

代销货物	代销货物名称	规格型号	计量单位	数量	单价（不含税）	金额（不含税）	税率	价税合计
	细平高筒靴	225#-250#	双	300.00	325.00	97500.00	13%	110175.00

代销方式	视同买断方式代销
代销款结算时间	根据代销货物销售情况，于每月15日结算货款
代销款结算方式	电汇

本月代销货物销售情况	货物名称	规格型号	计量单位	数量	单价（不含税）	金额（不含税）	税率	价税合计
	细平高筒靴	225#-250#	双	240.00	325.00	78000.00	13%	88140.00
	价税合计	大写：	捌万捌仟壹佰肆拾元整			小写：		￥88,140.00
	本月代销款结算金额	大写：	捌万捌仟壹佰肆拾元整			小写：		￥88,140.00

主管：　　　审核：　　　制单：　　　受托方盖章：

图 3-3-68 "业务六——商品代销清单"凭证

浙江增值税专用发票

5600400080　　No 27463567　　5600400080 27463567

开票日期：2022年01月15日

购买方	名　称	黑龙江富铤商贸有限公司	密码区	033+*7-*73*>2170608870>2/>09-7/3/+/86<9><>990498/72132*7+<>931329*894++897/8>+570*5->6<589/47*019>/306>26+006<89
	纳税人识别号	230102676956780		
	地址、电话	哈尔滨市道里区爱建路113号 0451-84678976		
	开户行及账号	中国农业银行哈尔滨中山支行 08059201040012189		

货物或应税劳务、服务名称	规格型号	单位	数量	单价	金额	税率	税额
细平高筒靴	225#-250#	双	240	325.00	78000.00	13%	10140.00
合　计					￥78000.00	13%	￥10140.00
价税合计（大写）	⊗捌万捌仟壹佰肆拾圆整				（小写）￥88140.00		

销售方	名　称	永嘉细平鞋业有限公司
	纳税人识别号	330302715426786
	地址、电话	浙江省温州市永嘉镇塘路26号 0577-67569256
	开户行及账号	温州银行永嘉支行 704000120190010820

收款人：王悦　　复核：　　开票人：

图 3-3-69 "业务六——增值税专用发票"凭证

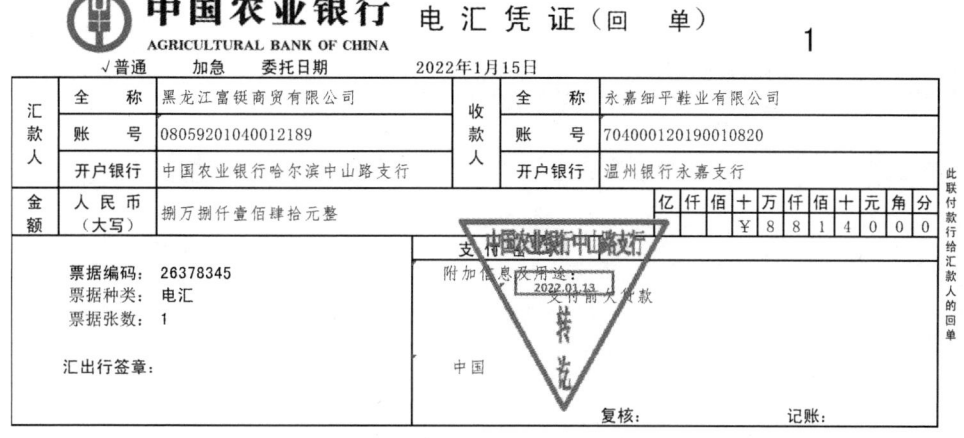

图 3-3-70 "业务六——银行电汇凭单"凭证

【业务分析】 本笔业务是开具代销清单、与委托方结算的业务。

【岗位说明】 采购部王悦填制受托代销结算单；财务部林静填制付款单；财务部张晓娴审核采购专用发票、审核发票及付款单、结算成本处理并制单。

【操作步骤】

1.受托代销结算

(1)2022 年 1 月 15 日，采购部王悦在企业应用平台中执行【业务工作】/【供应链】/【采购管理】/【采购结算】/【受托代销结算】命令，打开【受托代销结算】窗口，输入发票号为"27463567"，按照开具的商品代销清单输入结算数量，如图 3-3-71 所示。

视同买断方式结算业务

图 3-3-71 【受托代销结算】窗口

(2)单击【结算】按钮，系统提示"结算完成"，单击【确定】按钮。

(3)执行【采购发票】/【专用采购发票】命令，打开【采购专用发票】窗口，单击【浏览】按钮，即可看到已结算的采购专用发票，如图 3-3-72 所示。

图 3-3-72 【采购专用发票】窗口

2. 应付单据审核与制单

(1)2022 年 1 月 15 日,财务部张晓娴在企业应用平台中执行【业务工作】/【财务会计】/【应付款管理】/【应付单据处理】/【应付单据审核】命令,打开【应付单查询条件】窗口。

(2)单击【确定】按钮,系统弹出【应付单据列表】窗口。

(3)双击【选择】栏,或单击【全选】按钮,再单击【审核】按钮,系统进行审核并在完成后给出审核报告,如图 3-3-73 所示,单击【确定】按钮后退出。

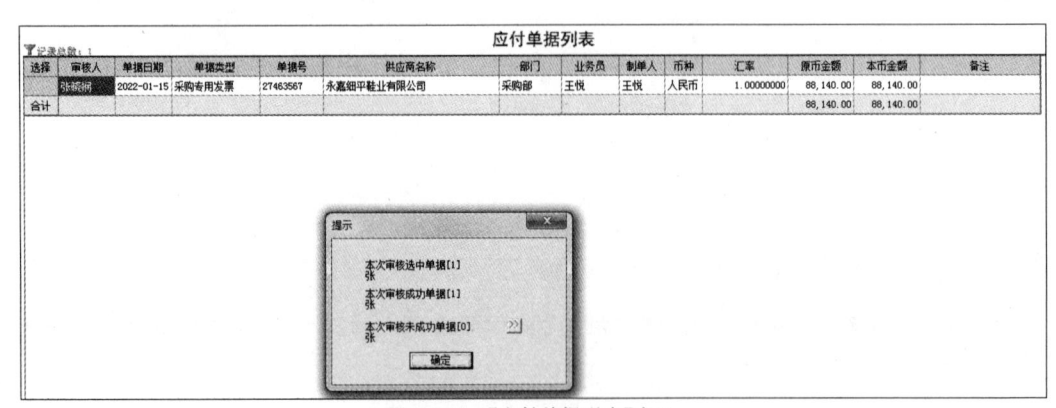

图 3-3-73 【应付单据列表】窗口

(4)执行【制单处理】命令,打开【制单查询】窗口,选择"发票制单"。

(5)单击【确定】按钮,打开【采购发票制单】窗口。

(6)选择"凭证类别"为"记账凭证",再单击【全选】按钮,选中要制单的"采购专用发票"。

(7)单击【制单】按钮,生成一张记账凭证,单击【保存】按钮,如图 3-3-74 所示。

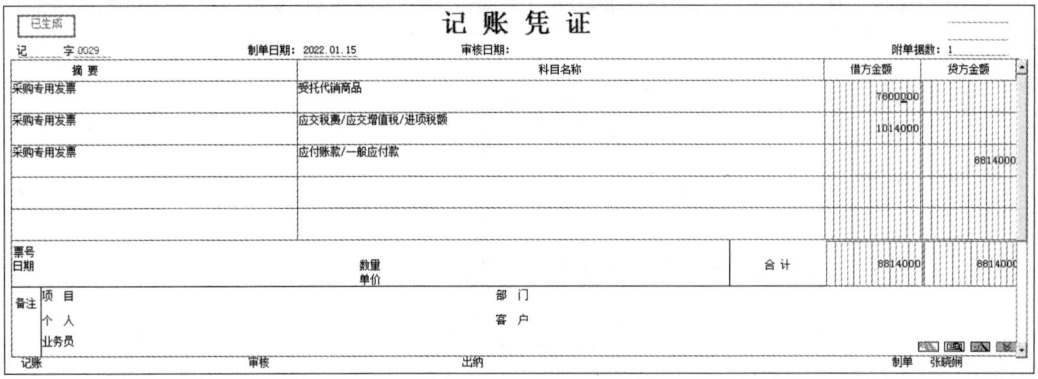

图 3-3-74 【记账凭证】窗口(1)

3.填制付款单

2022 年 1 月 15 日,财务部林静在企业应用平台中执行【业务工作】/【财务会计】/【应付款管理】/【付款单据处理】/【付款单据录入】命令,打开【付款单据录入】窗口,按照汇票的信息填写付款单票据号"26378345",单击【保存】按钮,如图 3-3-75 所示。

4.付款单审核并制单

(1)2022 年 1 月 15 日,财务部张晓娴在企业应用平台中执行【业务工作】/【财务会计】/【应付款管理】/【付款单据处理】/【付款单据审核】命令,打开【付款单查询条件】窗口,单击【确定】按钮,打开【收付款单列表】窗口,如图 3-3-76 所示。单击【全选】按钮,再单击【审核】按钮,系统进行审核并在完成后给出审核报告,单击【确定】按钮后退出。

图 3-3-75 【付款单据录入】窗口

(2)执行【制单处理】命令,打开【制单查询】窗口,选择"收付款单制单",单击【确定】按钮,打开【收付款单制单】窗口,选择"凭证类别"为"记账凭证",再选择需要制单的记录,单击【制单】按钮,系统生成一张记账凭证,单击【保存】按钮,如图 3-3-77 所示。

图 3-3-76 【付款单列表】窗口

图 3-3-77 【记账凭证】窗口（2）

5. 结算成本处理

2022 年 1 月 15 日，财务部张晓娴在企业应用平台中执行【业务工作】/【供应链】/【存货核算】/【业务核算】/【结算成本处理】命令，打开【暂估处理查询】窗口，选择"受托代销库"，单击【确定】按钮，打开【结算成本处理】窗口，选中要暂估结算的结算单，单击【暂估】按钮，如图 3-3-78 所示。

图 3-3-78 【结算成本处理】窗口

实训四 采购退货业务

业务一 采购退货

【业务描述】 2022 年 1 月 15 日，由于 2022 年 1 月 4 日从温州市鼎豪鞋业发展有限公司采购的鼎豪高跟流行女鞋 9 双有质量问题，已协商退货。取得与该业务相关的凭证如图 3-4-1、图 3-4-2、图 3-4-3 所示。

浙江增值税专用发票

发票号码：№ 16498757
代码：5600400080
16498757
开票日期：2022年01月15日

密码区：033+*7-*73*>2170608870>2/>09-7/3/+/86<9<>990498/72132*7+<>931329*894++897/8>+570*5->>6<589/47*019>/306>26+006<89

购买方
名　　称：黑龙江富铤商贸有限公司
纳税人识别号：230102676956780
地址、电话：哈尔滨市道里区爱建路113号 0451-84678976
开户行及账号：中国农业银行哈尔滨中山支行 08059201040012189

货物或应税劳务、服务名称	规格型号	单位	数量	单价	金额	税率	税额
鼎豪高跟流行女鞋	225#-250#	双	-9	168.00	-1512.00	13%	-196.56
合　计					¥-1512.00	13%	¥-196.56

价税合计（大写）：⊗ 壹仟柒佰零捌元伍角陆分　（小写）¥-1708.56

销售方
名　　称：温州市鼎豪鞋业发展有限公司
纳税人识别号：330302715426662
地址、电话：温州市鹿城工业区秦力路37号(1-2层) 0577-88788753
开户行及账号：温州银行劳武支行 732000120190001630

收款人：王悦　　复核：　　开票人：　　销售方：（章）

图 3-4-1 "业务———开具红字增值税专用发票通知单"凭证

中国农业银行 AGRICULTURAL BANK OF CHINA
进账单（收账通知） 3

√普通　加急　委托日期 2022年1月15日

汇款人	全称	温州市鼎豪鞋业发展有限公司	收款人	全称	黑龙江富铤商贸有限公司
	账号	732000120190001630		账号	08059201040012189
	开户银行	温州银行劳武支行		开户银行	中国农业银行哈尔滨中山路支行

金额	人民币（大写）	壹仟柒佰零捌元伍角陆分	亿 千 百 十 万 千 百 十 元 角 分
			¥　　　　　1 7 0 8 5 6

票据编码：25879532
票据种类：电汇
票据张数：1

汇出行签章：　　附加信息及用途：货款　　复核：　　记账：

图 3-4-2 "业务———银行进账单"凭证

采 购 入 库 单

交货单位：温州市鼎豪鞋业发展有限公司
仓库：女鞋库　　　　2022年1月15日　　　　入库编号：20220111

编号	名称	单位	实收数量	应收数量	单位成本（元）	总成本（元）	备注
0102007	鼎豪高跟流行女鞋	双	-9	-9			wt0002
合　计			-9	-9			

验收员：艾英杰　　采购员：略　　部门负责人：略

图 3-4-3 "业务———入库单"凭证

【业务分析】 本笔业务是已结算的采购退货、退款业务。

【岗位说明】 采购部王悦填制采购退货单(审核)、红字采购专用发票并进行采购结算;仓储部艾英杰填制红字采购入库单(审核);财务部林静填制红字收款单;财务部张晓娴审核发票、收款单、核销、单据记账并制单。

【操作步骤】

1.生成采购退货单

(1)2022年1月15日,采购部王悦在企业应用平台中执行【业务工作】/【供应链】/【采购管理】/【采购到货】/【采购退货单】命令,打开【采购退货单】窗口。

(2)单击【增加】按钮,选择【生单】/【采购订单】命令,打开【查询条件选择-采购订单列表过滤】窗口,单击【确定】按钮。

(3)系统弹出【拷贝并执行】窗口,选中所要拷贝的采购订单,单击【确定】按钮,系统自动生成采购退货单,修改退货数量为"-9",单击【保存】按钮。

(4)单击【审核】按钮,审核根据采购订单生成的采购退货单,如图3-4-4所示。

图3-4-4 【采购退货单】窗口

2.生成红字采购入库单

(1)2022年1月15日,仓储部艾英杰在企业应用平台中执行【业务工作】/【供应链】/【库存管理】/【入库业务】/【采购入库单】命令,打开【采购入库单】窗口。

(2)单击【生单】/【采购到货单(红字)】命令,打开【查询条件选择-采购到货单列表】窗口。

(3)单击【确定】按钮,在相应的到货单表头单击【选择】栏,出现"Y"标志。

(4)单击【确定】按钮,系统生成一张红字采购入库单,修改"仓库"为"女鞋库",单击【保存】按钮,再单击【审核】按钮,如图3-4-5所示。之后单击【确定】按钮,关闭信息提示框。

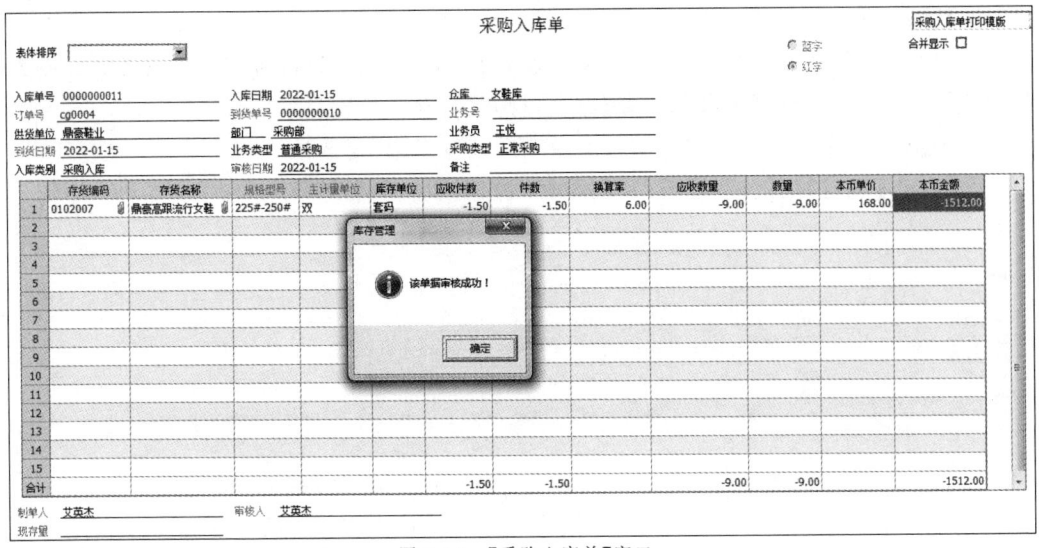

图 3-4-5 【采购入库单】窗口

3.生成红字专用采购发票

(1)2022 年 1 月 15 日,采购部王悦在企业应用平台中执行【业务工作】/【供应链】/【采购管理】/【采购发票】/【红字专用采购发票】命令,打开【红字采购专用发票】窗口。

(2)单击【增加】按钮,单击【生单】/【入库单】命令,打开【查询条件选择-采购入库单列表过滤】窗口,单击【确定】按钮,打开【拷贝并执行-发票拷贝入库单列表】窗口,选中对应采购入库单。

(3)单击【确定】按钮,生成红字采购专用发票,修改发票号为"16498757",单击【保存】按钮,如图 3-4-6 所示。

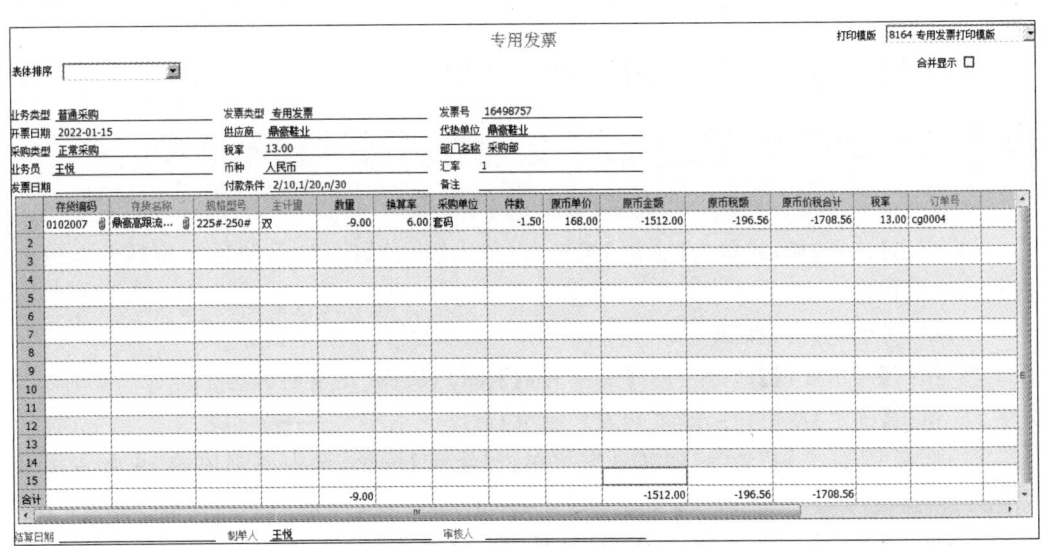

图 3-4-6 【红字采购专用发票】窗口

4.采购结算

(1)2022年1月15日,采购部王悦在企业应用平台中执行【业务工作】/【供应链】/【采购管理】/【采购结算】/【自动结算】命令,打开【自动结算】窗口。

(2)选择"入库单和发票""红蓝入库单"和"红蓝发票"复选框。

(3)单击【确定】按钮,系统提示"已结算",如图3-4-7所示。

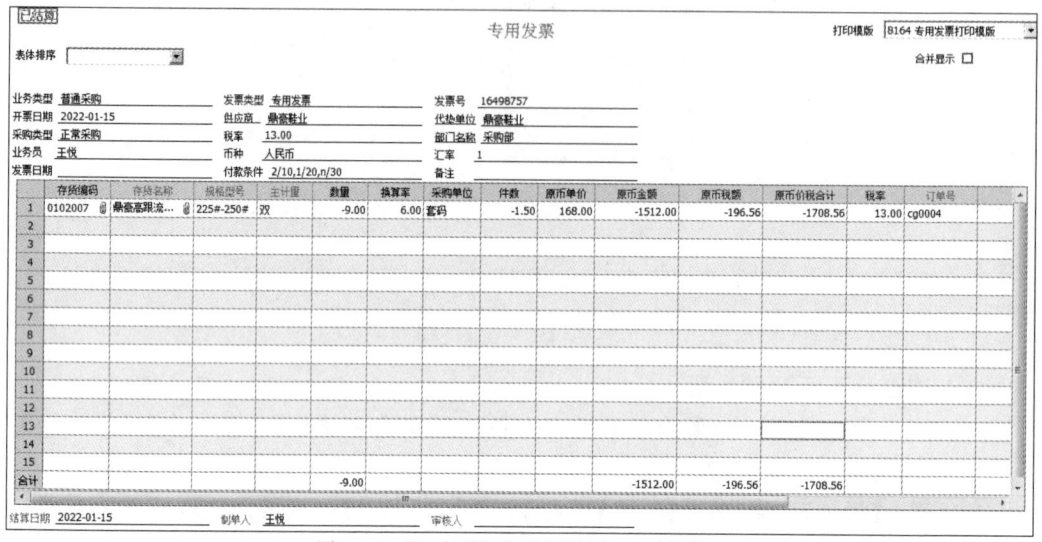

图3-4-7 【红字采购专用发票】窗口(已结算)

5.应付单审核并制单

(1)2022年1月15日,财务部张晓娴在企业应用平台中执行【业务工作】/【财务会计】/【应付款管理】/【应付单据处理】/【应付单据审核】命令,打开【应付单查询条件】窗口。

(2)单击【确定】按钮,系统弹出【应付单据列表】窗口,如图3-4-8所示。

图3-4-8 【应付单据列表】窗口

(3)双击【选择】栏,或单击【全选】按钮,再单击【审核】按钮,系统进行审核并在完成后给出审核报告。

(4)单击【确定】按钮后退出。

(5)执行【制单处理】命令,打开【制单查询】窗口,选择"发票制单"。

(6)单击【确定】按钮,打开【采购发票制单】窗口。

(7)选择"凭证类别"为"记账凭证",再单击【全选】按钮,选中要制单的"采购专用发票"。

(8)单击【制单】按钮,生成一张记账凭证,单击【保存】按钮,如图3-4-9所示。

图 3-4-9 【记账凭证】窗口(1)

6.填制红字收款单

2022年1月15日,财务部林静在企业应用平台中执行【业务工作】/【财务会计】/【应付款管理】/【付款单据处理】/【付款单据录入】命令,打开【付款单据录入】窗口,单击【切换】按钮,按照进账单的信息填写红字收款单,单击【保存】按钮,如图3-4-10所示。

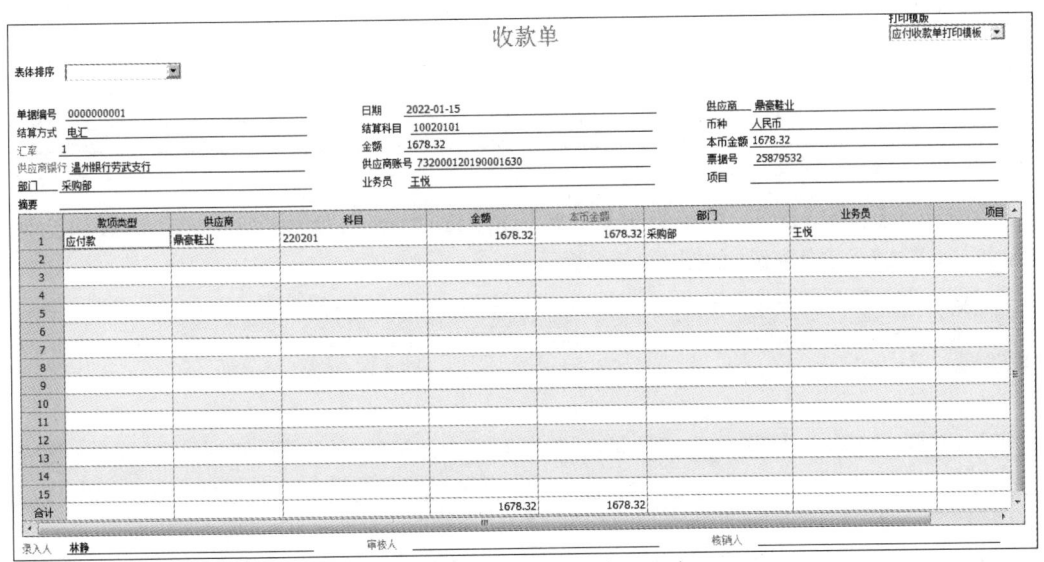

图 3-4-10 【收款单据录入】窗口(红字)

7.收款单审核

2022年1月15日,财务部张晓娴在企业应用平台中执行【业务工作】/【财务会计】/【应付款管理】/【付款单据处理】/【付款单据审核】命令,打开【付款单查询条件】窗口,单击【确定】按钮,打开【收付款单列表】窗口,如图3-4-11所示。单击【全选】按钮,再单击【审核】按钮,系统进行审核并在完成后给出审核报告,单击【确定】按钮后退出。

图 3-4-11 【收付款单列表】窗口

8. 核销

(1) 2022年1月15日，财务部张晓娴在企业应用平台中执行【业务工作】/【财务会计】/【应付款管理】/【核销】/【手工核销】命令，打开【核销条件】窗口。

(2) 选择【通用】选项卡下"供应商"为"04-温州市鼎豪鞋业发展有限公司"，同时选择【收付款单】选项卡下"单据类型"为"收款单"，如图3-4-12、图3-4-13所示。

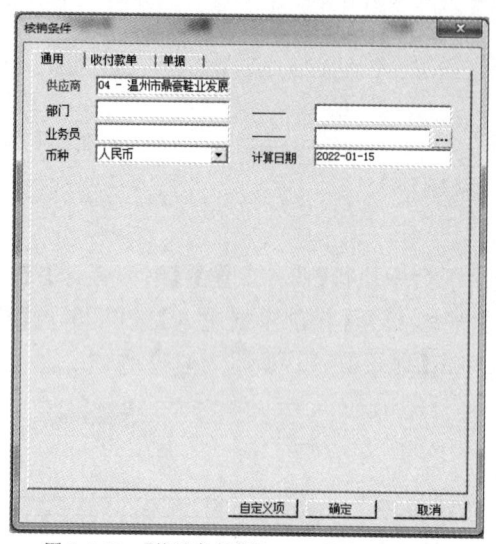

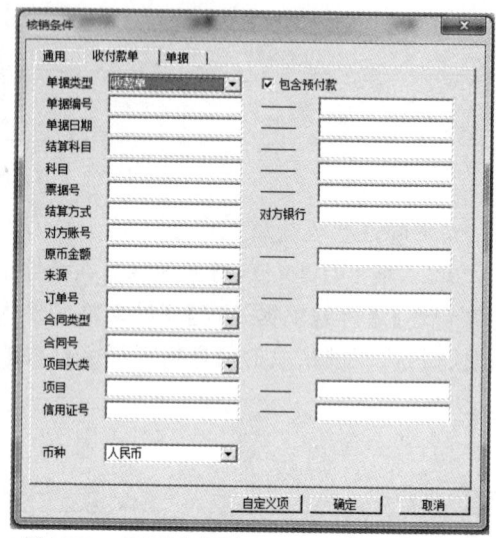

图3-4-12 【核销条件】窗口——【通用】选项卡

图3-4-13 【核销条件】窗口——【收付款单】选项卡

(3) 单击【确定】按钮，系统打开【单据核销】窗口，输入金额"1678.32"和折扣金额"30.24"，单击【保存】按钮，如图3-4-14所示。

单据日期	单据类型	单据编号	供应商	款项	结算方式	币种	汇率	原币金额	原币余额	本次结算	订单号
2022-01-15	收款单	0000000001	鼎豪鞋业	应付款	电汇	人民币	1.00000000	1,678.32	1,678.32	1,678.32	
合计									1,678.32	1,678.32	1,678.32

单据日期	单据类型	单据编号	到期日	供应商	币种	原币金额	原币余额	可享受折扣	本次折扣	本次结算	订单号	凭证号
2022-01-15	采购专	16498757	2022-02-14	鼎豪鞋业	人民币	1,708.56	1,708.56	34.17	30.24	1,678.32	cg0004	记-0031
合计						1,708.56	1,708.56	34.17	30.24	1,678.32		

图3-4-14 【单据核销】窗口

9. 收款单、核销合并制单

(1) 2022年1月15日，财务部张晓娴在企业应用平台中执行【业务工作】/【财务会计】/【应付款管理】/【制单处理】命令，打开【制单查询】窗口，选择"收付款单制单"和"核销制单"，如图3-4-15所示。

(2) 单击【确定】按钮，系统弹出【应付制单】窗口，单击【全选】按钮，再单击【合并】按钮，如图3-4-16所示。

(3) 单击【制单】按钮，系统自动生成一张记账凭证，调整"财务费用"科目的方向为"借"，单击【保存】按钮，如图3-4-17所示。

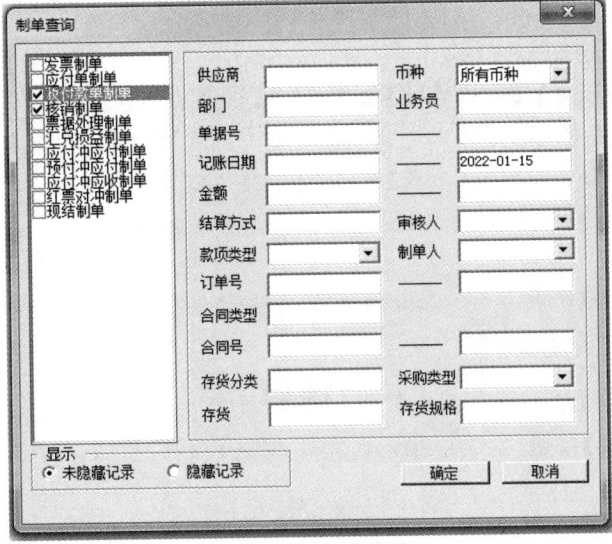

图 3-4-15 【制单查询】窗口

图 3-4-16 【应付制单】窗口

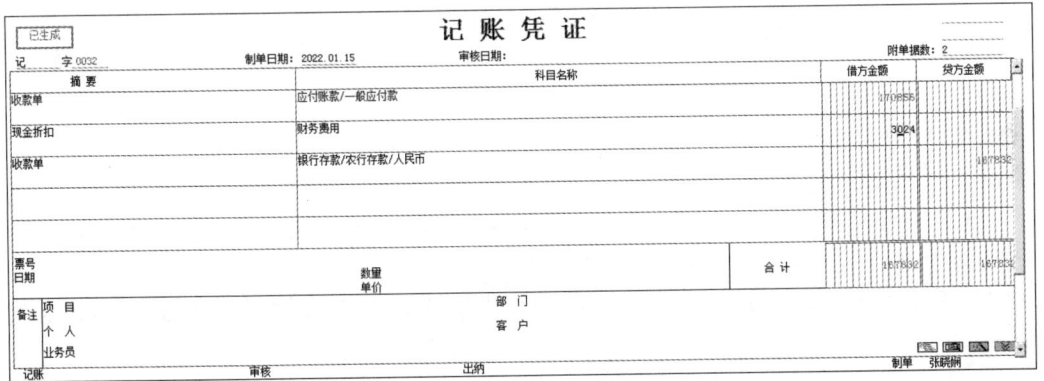

图 3-4-17 【记账凭证】窗口(2)

10.存货核算

(1)2022 年 1 月 15 日,财务部张晓娴在企业应用平台中执行【业务工作】/【供应链】/【存货核算】/【业务核算】/【正常单据记账】命令,打开【查询条件选择】窗口。

(2)单击【确定】按钮,打开【正常单据记账列表】窗口。

(3)单击相应行【选择】栏,如图 3-4-18 所示。

图 3-4-18 【正常单据记账列表】窗口

(4)单击【记账】按钮,将采购入库单记账,系统提示"记账成功"。

(5)单击【确定】按钮。

(6)执行【财务核算】/【生成凭证】命令,打开【查询条件】窗口。

(7)单击【确定】按钮,打开【未生成凭证单据一览表】窗口。

(8)单击【选择】栏,或单击【全选】按钮,选中待生成凭证的单据,单击【确定】按钮。

(9)选择"凭证类别"为"记 记账凭证",如图3-4-19所示。

选择	凭证类别	记 记账凭证														
	单据类型	单据号	摘要	科目类别	科目编码	科目名称	借方金额	贷方金额	借方数量	贷方数量	科目方向	存货编码	存货名称	存货代码	规格型号	部门编码	部门名称	业务员编码
1	采购入库单据类型	00000011	采购入	存货	1405	库存商品	-1,512.00		-9.00		1	0102007	鼎鼎高		225#-250#	3	采购部	301
				对方	1402	在途物资		-1,512.00		-9.00	2	0102007	鼎鼎高		225#-250#	3	采购部	301
合计							-1,512.00	-1,512.00									

图3-4-19 【生成凭证】窗口

(10)单击【生成】按钮,生成一张记账凭证,单击【保存】按钮,如图3-4-20所示。

图3-4-20 【记账凭证】窗口(3)

提示

- 结算前的退货业务如果只是录入到货单,则只需开具到货退回单,不用进行采购结算,按照实际入库数量录入采购入库单。

- 如果退货时已经录入采购入库单,但还没有收到发票,则只需要根据退货数量录入红字采购入库单,对红、蓝字采购入库单进行自动结算。

- 如果已经录入采购入库单,同时退货时已经收到采购发票,则需要根据退货数量录入红字采购入库单,并录入采购发票,其中发票上的数量=原采购入库单数量—红字采购入库单数量。这时需要采用手工结算方式将红字采购入库单与原采购入库单、采购发票进行采购结算,以冲减原入库数量。

- 如果采购结算后发生退货业务,需开具到货退回单,录入红字采购入库单、红字专用采购发票,并进行采购结算。

实训五　采购暂估业务

业务一　上期暂估业务

【业务描述】 2022年1月15日，收到2021年12月31日入库的富铤运动男鞋的发票。取得与该业务相关的凭证如图3-5-1所示。

图3-5-1 "业务一——增值税专用发票"凭证

【业务分析】 本笔业务是上期入库、本期收到采购专用发票的暂估处理业务。

【岗位说明】 采购部王悦填制采购专用发票并进行采购结算；财务部张晓娴审核发票、结算成本处理并制单。

【操作步骤】

1.生成采购专用发票

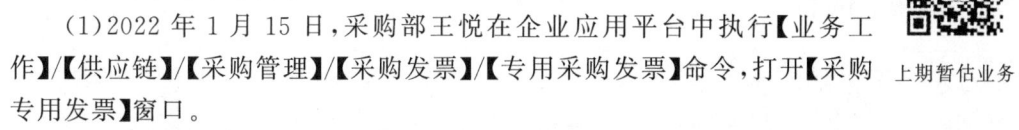

（1）2022年1月15日，采购部王悦在企业应用平台中执行【业务工作】/【供应链】/【采购管理】/【采购发票】/【专用采购发票】命令，打开【采购专用发票】窗口。

（2）单击【增加】按钮，选择【生单】/【入库单】命令，打开【查询条件选择-采购入库单列表过滤】窗口，单击【确定】按钮。

（3）系统弹出【拷贝并执行】窗口，选中所要拷贝的采购入库单，单击【确定】按钮，系统自动生成采购专用发票，修改发票号为"38642596"，单击【保存】按钮，如图3-5-2所示。

图 3-5-2 【采购专用发票】窗口

2. 采购结算

(1) 2022 年 1 月 15 日,采购部王悦在企业应用平台中执行【业务工作】/【供应链】/【采购管理】/【采购结算】/【手工结算】命令,打开【手工结算】窗口。

(2) 单击【选单】按钮,打开【结算选单】窗口。

(3) 单击【查询】按钮,打开【查询条件选择-采购手工结算】窗口。

(4) 单击【确定】按钮,回到【结算选单】窗口。

(5) 选择相应的"采购发票"和"入库单",如图 3-5-3 所示,单击【确定】按钮。

图 3-5-3 【结算选单】窗口

(6) 系统回到【手工结算】窗口,单击【结算】按钮,如图 3-5-4 所示,系统提示"完成结算",单击【确定】按钮。

图 3-5-4 【手工结算】窗口

提示

• 对于上月末的暂估业务,执行采购结算后,还需要在存货核算系统进行暂估处理,以便根据采购发票价格改写账簿资料,确认采购成本。

- 采购溢缺处理需要分清溢缺原因和类型,并分别进行处理。
- 采购溢缺的结算只能采用手工结算。
- 只有"发票数量＝结算数量＋合理损耗数量＋非合理损耗数量",该条入库单记录与发票记录才能进行采购结算。
- 本月对上月暂估业务执行采购结算后,还需要在存货核算系统记账,并执行结算成本处理。

3. 应付单据的审核与制单

(1)2022 年 1 月 15 日,财务部张晓娴在企业应用平台中执行【业务工作】/【财务会计】/【应付款管理】/【应付单处理】/【应付单据审核】命令,打开【应付单查询条件】窗口。

(2)单击【确定】按钮,系统弹出【应付单据列表】窗口,如图 3-5-5 所示。

图 3-5-5 【应付单据列表】窗口

(3)双击【选择】栏,或单击【全选】按钮,再单击【审核】按钮,系统进行审核并在完成后给出审核报告。

(4)单击【确定】按钮后退出。

(5)执行【制单处理】命令,打开【制单查询】窗口,选择"发票制单"。

(6)单击【确定】按钮,打开【采购发票制单】窗口。

(7)选择"凭证类别"为"记账凭证",再单击【全选】按钮,选中要制单的"采购专用发票"。

(8)单击【制单】按钮,生成一张记账凭证,单击【保存】按钮,如图 3-5-6 所示。

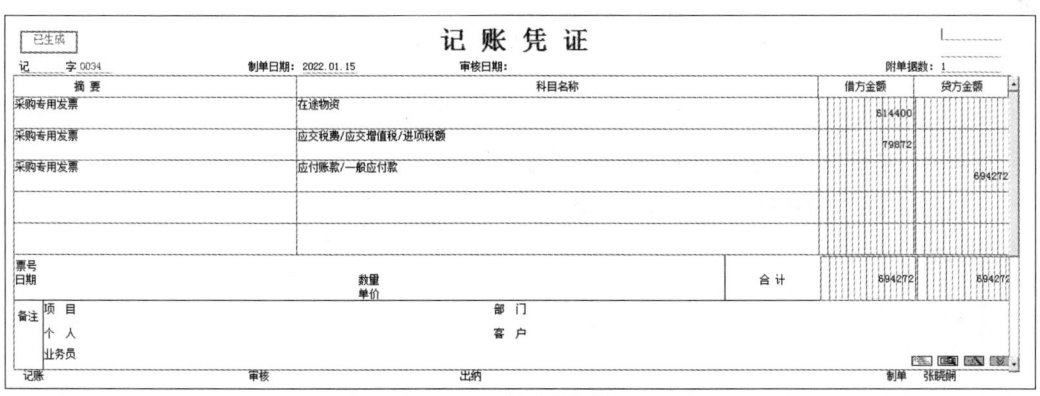

图 3-5-6 【记账凭证】窗口

4. 结算成本处理

(1)2022 年 1 月 15 日,财务部张晓娴在企业应用平台中执行【业务工作】/【供应链】/【存货核算】/【业务核算】/【结算成本处理】命令,打开【暂估处理查询】窗口。

(2)选中"男鞋库",再选中"未全部结算完的单据是否显示"。

(3)单击【确定】按钮,打开【结算成本处理】窗口。

(4)单击【选择】栏,或单击【全选】按钮,选中要暂估结算的结算单,如图 3-5-7 所示,再单击【暂估】按钮。

图 3-5-7 【结算成本处理】窗口

5.生成红蓝回冲单凭证

(1)2022 年 1 月 15 日,财务部张晓娴在企业应用平台中执行【业务工作】/【供应链】/【存货核算】/【财务核算】/【生成凭证】命令,打开【查询条件】窗口。

(2)选中"红字回冲单"和"蓝字回冲单"。

(3)单击【确定】按钮,打开【未生成凭证单据一览表】窗口。

(4)单击【选择】栏,选择要生成凭证的单据,如图 3-5-8 所示。

图 3-5-8 【未生成凭证单据一览表】窗口

(5)单击【确定】按钮,打开【生成凭证】窗口。

(6)选择"凭证类别"为"记 记账凭证"。

(7)选择相应条目,如图 3-5-9 所示。

图 3-5-9 【生成凭证】窗口

(8)单击【生成】按钮,生成两张记账凭证。

(9)单击【保存】按钮,如图 3-5-10、图 3-5-11 所示。

图 3-5-10 记账凭证——红字回冲单

图 3-5-11　记账凭证——蓝字回冲单

业务二　本期暂估业务

【业务描述】　2022年1月31日,采购部向广州富铤鞋业发展有限公司采购富铤休闲男鞋150双,单价236元/双,货已验收入库,发票仍未收到。

【业务分析】　本笔业务是货已验收入库、发票未收到的采购入库暂估记账业务。存货核算要求序时进行,因此应于销售业务完成后进行暂估处理。

【岗位说明】　财务部张晓娴录入暂估记账成本,记账并制单。

【操作步骤】

1.暂估成本录入

(1)2022年1月31日,财务部张晓娴在企业应用平台中执行【业务工作】/【供应链】/【存货核算】/【业务核算】/【暂估成本录入】命令,打开【查询条件选择】窗口。

(2)选中"男鞋库",单击【确定】按钮,打开【暂估成本录入】窗口,在"单价"中输入"236.00",如图3-5-12所示。

图 3-5-12　【暂估成本录入】窗口

(3)单击【保存】按钮,再单击【退出】按钮,退出【暂估成本录入】窗口。

2.正常单据记账

(1)2022年1月31日,财务部张晓娴在企业应用平台中执行【业务工作】/【供应链】/【存货核算】/【业务核算】/【正常单据记账】命令,打开【查询条件选择】窗口。

(2)单击【确定】按钮,打开【正常单据记账列表】窗口,如图3-5-13所示。

图 3-5-13　【正常单据记账列表】窗口

(3)单击【全选】按钮,再单击【记账】按钮,系统提示"记账成功",单击【确定】按钮。

3.生成暂估凭证

(1)2022年1月31日,财务部张晓娴在企业应用平台中执行【业务工作】/【供应链】/【存货核算】/【财务核算】/【生成凭证】命令,打开【查询条件】窗口。

(2)选择"采购入库单(暂估记账)"。

(3)单击【确定】按钮,打开【选择单据】窗口。

(4)单击【全选】按钮,再单击【确定】按钮,打开【生成凭证】窗口,如图3-5-14所示。

凭证类别	记账凭证														
选择	单据类型	单据号	摘要	科目类型	科目编码	科目名称	借方金额	贷方金额	借方数量	贷方数量	科目方向	存货编码	存货名称	规格型号	部门编码	部门名称	业务员编码	业务员
1	采购入库单	0000000003	采购入	存货 应付暂估	1405 220202	库存商品 暂估应付款	35,400.00	35,400.00	150.00	150.00	1 2	0101002 0101002	富诞休闲男鞋 富诞休闲男鞋	240#-270# 240#-270#	3 3	采购部 采购部		
合计							35,400.00	35,400.00										

图3-5-14 【生成凭证】窗口

(5)单击【生成】按钮,生成暂估凭证,单击【保存】按钮,凭证显示【已生成】,如图3-5-15所示。

图3-5-15 【记账凭证】窗口

拓展训练三

请根据拓展训练一、二完成的任务数据,对黑龙江鼎鑫商贸有限公司2022年1月份业务进行处理:

1.2022年1月1日采购部王悦与三元乳业签订采购合同,购买三元250 mL巧克力牛奶500箱,每箱不含税单价48元,价款24 000元,价税合计27 120元(原始单据详扫二维码资源)。

采购管理

2.2022年1月4日收到从三元乳业采购的三元250 mL巧克力牛奶500箱(发票、入库单详扫二维码资源)。

3.2022年1月10日采购部王悦与伊利乳业签订采购合同,购买伊利250 mL AD钙奶400箱,每箱不含税单价84元,价款33 600元,价税合计37 968元,商品已入库并取得相关发票(合同、发票、入库单详扫二维码资源)。

4.2022年1月13日,伊利250 mL AD钙奶10箱有质量问题,办理退货(发票、入库单详扫二维码资源)。

5.2022年1月17日,收到2016年12月18日入库的蒙牛250 mL早餐奶的发票(发票详扫二维码资源)。

6.2022年1月22日,采购部王悦与三元乳业签订采购合同,采购三元250 mL特品纯牛奶200箱,不含税单价84元(合同详扫二维码资源)。

7.2022年1月25日,采购部王悦与蒙牛乳业签订采购合同,采购蒙牛250 mL纯牛奶200箱,不含税单价48元,价款9 600元,价税合计10 848元,商品已入库(合同、入库单详扫二维码资源)。

8.2022年1月28日,收到从三元乳业采购的三元250 mL特品纯牛奶,经验收损坏1箱,属于合理损耗(发票、入库单详扫二维码资源)。

9.2022年1月31日,支付当月4日向三元乳业购货款27 120元(电汇付款凭证详扫二维码)。

项目四

销售管理

销售管理

知识链接

销售是企业生产经营实现的过程,销售部门主要职能是为客户提供产品及服务,从而实现企业的资金周转并获取利润。销售管理系统主要提供对企业销售业务全流程的管理。销售管理系统支持以销售订单为核心的业务模式,支持普通批发销售业务、直运销售业务、零售日报业务、委托代销业务、特殊销售业务和销售退货业务等多种类型的销售业务,以满足不同用户需求。用户可以根据实际情况构建自己的销售管理平台。

销售管理系统的主要功能包括有效管理客户,根据市场需求进行销售预测,编制销售计划,进行销售订单管理、销售物流管理、销售资金流管理、销售计划管理和信用管理,制定价格政策,及时进行销售结算和销售执行情况分析等。

运用销售管理系统对各类销售业务进行处理,以便及时确认销售收入、应收款项等。能够与应收款管理系统、总账系统集成使用,以便及时处理销售款项,并对销售业务进行相应的账务处理。

能力塑造

- 能够掌握销售管理系统各项业务流程
- 能够运用销售管理系统进行各项业务处理
- 能够运用销售管理系统及时进行收入核算
- 能够灵活运用销售管理系统与其他各子系统进行数据传递

素质培养

- 培养学生遵守税收法律规定的法律意识
- 培养学生遵守合同约定的诚信意识
- 培养学生正确审核业务单据能力
- 培养学生专业灵活的职业判断能力

业务流程

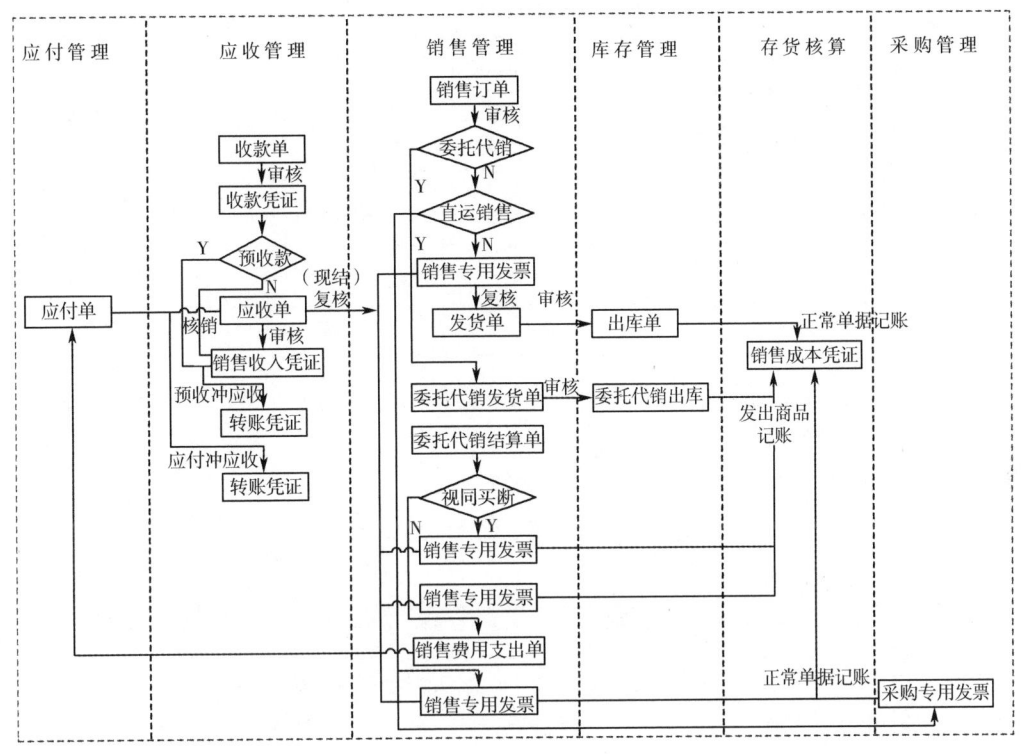

图 4-0-1 销售管理业务流程图

实训一　普通销售业务

业务一　现销业务

【业务描述】 2022年1月15日,销售部刘军与哈尔滨中央红集团股份有限公司签订富铤休闲男鞋的销售合同,货已发出,取得原始凭证如图 4-1-1~图 4-1-4 所示。

【业务解析】 本业务是签订销售合同、开具增值税专用发票和出库单、发货并收到货款。

【岗位说明】 销售部刘军填制销售订单(审核)、销售专用发票(现结、复核);仓储部艾英杰填制销售出库单(审核);财务部张晓娴审核发票、单据,记账并制单。

购销合同

合同编号： xs0003
签订日期： 2022年1月15日

供方（以下简称甲方）： 黑龙江富铤商贸有限公司
需方（以下简称乙方）： 哈尔滨中央红集团股份有限公司

供需双方平等互利，协商一致的原则，签订本合同，双方信守执行。

一、产品型号、数量、金额

序号	产品名称	规格型号	单位	数量	单价（无税）	金额（无税）	税率	价税合计
1	富铤休闲男鞋	240#-270#	双	200	330.00	66000.00	13%	74580.00
	合计金额（无税）					66000.00		—
合计金额（大写）	柒万肆仟伍佰捌拾元整						￥74580.00	
其他								

二、包装：由甲方按国家标准进行包装。任何因包装不善所致之损失均由甲方负责。
三、交货日期： 2022年1月15日
四、交货地点及交货方式：卖方配送，并承担运费。
五、付款方式：转账支票，签订合同当日支付全部货款
六、合同生效及其他
　　1、本合同应在双方授权代表签字、单位盖章、预付款到达乙方指定账户生效。
　　2、本合同正本一式两份，双方各持两份，具有同等法律效力。
七、本合同一式两份，双方各持一份。

甲方单位名称：	黑龙江富铤商贸有限公司	乙方单位名称：	哈尔滨中央红集团股份有限公司
法人代表：	刘军	法人代表：	
日期：	2022年1月15日	日期：	2022年1月15日
签章：		签章：	

图 4-1-1 "业务————购销合同"凭证

黑龙江增值税专用发票

2300855500　　　　　No 10935911　　2300855500
　　　　　　　　　　　　　　　　　　　　10935911
此联不作报销、抵扣凭证使用　　开票日期： 2022年01月15日

购买方	名　称： 哈尔滨中央红集团股份有限公司	密码区	033+*7-*73*>2170608870>2/>09-7/3/+/86<9<>990498/72132*7+<>931329*894++897/8>+570*5->>6<589/47*019>/306>26+006<89
	纳税人识别号： 230102127581296		
	地址、电话： 哈尔滨市中央大街100号 0451-84555119		
	开户行及账号： 中国农业银行哈尔滨道里支行 040201040003986		

货物或应税劳务、服务名称	规格型号	单位	数量	单价	金额	税率	税额
富铤休闲男鞋	240#-270#	双	200	330.00	66000.00	13%	8580.00
合　计					￥66000.00	13%	￥8580.00
价税合计（大写）	⊗ 柒万肆仟伍佰捌拾圆整					（小写） ￥74580.00	

销售方	名　称： 黑龙江富铤商贸有限公司
	纳税人识别号： 230102676956780
	地址、电话： 哈尔滨市道里区爱建路113号 0451-84678976
	开户行及账号： 中国农业银行哈尔滨中山支行 08059201040012189

收款人：　　　　复核：　　　　开票人： 刘军　　　　销售方：（章）

第一联：记账联 销售方记账凭证

图 4-1-2 "业务————增值税专用发票"凭证

中国农业银行 进账单（收账通知）

2022年1月15日　　3

汇款人	全称	哈尔滨中央红集团股份有限公司	收款人	全称	黑龙江富铤商贸有限公司
	账号	040201040003986		账号	08059201040012189
	开户银行	中国农业银行哈尔滨道里支行		开户银行	中国农业银行哈尔滨中山路支行

金额	人民币（大写）	柒万肆仟伍佰捌拾元整	亿 仟 佰 十 万 仟 佰 十 元 角 分
			￥7 4 5 8 0 0 0

票据编码：10204321
票据种类：转账支票
票据张数：1

附加信息：2022.1.15　支付前欠货款

汇出行签章：　　　　　　　　　　　　　复核：　　　记账：

此联付款行给汇款人的回单

图4-1-3　"业务一——银行进账单"凭证

销售出库单

出货单位：黑龙江富铤商贸有限公司
仓库：男鞋库　　　　2022年1月15日　　　出库编号：20220103

编号	名称	单位	实收数量	应收数量	单位成本（元）	总成本（元）	备注
0101002	富铤休闲男鞋	双	200	200			xs0003
	合计		200	200			

仓库管理员：艾英杰　　　采购员：略　　　部门负责人：略

图4-1-4　"业务一——出库单"凭证

【操作步骤】

1.填制销售订单

（1）2022年1月15日，销售部刘军在企业应用平台中执行【业务工作】/【供应链】/【销售管理】/【销售订货】/【销售订单】命令，打开【销售订单】窗口。

（2）单击【增加】按钮，修改"订单号"为"xs0003"，选择"销售类型"为"正常销售"，按照销售合同录入订单信息，单击【保存】按钮。

（3）单击【审核】按钮，审核填制的销售订单，如图4-1-5所示。

2.生成销售专用发票

（1）2017年1月15日，销售部刘军在企业应用平台中执行【业务工作】/【供应链】/【销售管理】/【销售开票】/【销售专用发票】命令，打开【销售专用发票】窗口。

（2）单击【增加】按钮，系统弹出【查询条件选择-参照订单】窗口，单击【确定】按钮，选择相应的订单，单击【确定】按钮，系统生成一张销售专用发票，修改"发票号"为"10935911"，按照发票信息完成"销售专用发票"的录入，单击【保存】按钮。

现销业务

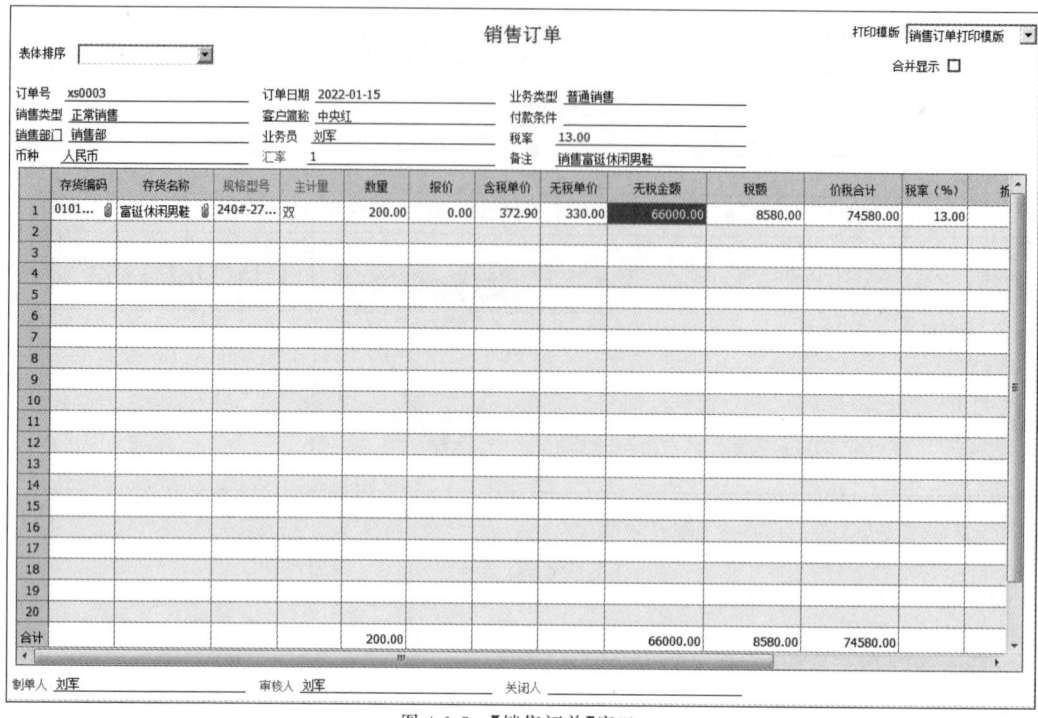

图 4-1-5 【销售订单】窗口

💠 提示

• 销售专用发票可以参照发货单自动生成,也可以手工输入。

• 如果需要手工输入销售专用发票,则必须将销售管理系统选项中的"普通销售必有订单"取消,否则,只能参照生成,不能手工输入。

(3)单击【现结】按钮,打开【现结】窗口,按照"银行进账单"信息录入,如图 4-1-6 所示。

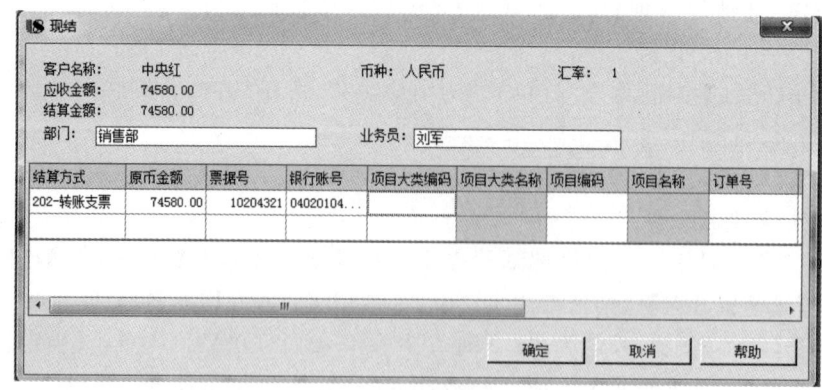

图 4-1-6 【现结】窗口

(4)单击【确定】按钮,系统提示"发票已现结",之后单击【确定】按钮。

(5)单击【复核】按钮,复核已现结的发票,如图 4-1-7 所示。

图 4-1-7 【销售专用发票】窗口(已现结)

> **提示**
>
> - 系统自动生成发票后,如果直接单击【复核】按钮,则不能进行现结处理,只能确认为应收账款。
> - 如果需要现结处理,需要在自动生成发票时先单击【现结】按钮,进行现结处理,再单击【复核】按钮。
> - 已经现结或复核的发票不能直接修改。如果需要修改,可以先单击【弃结】或【弃复】按钮,然后单击【修改】按钮,修改确认后单击【保存】按钮。
> - 已经现结或复核的发票不能直接删除。如果需要删除,需要先单击【弃结】或【弃复】按钮。

3.生成并审核发货单

(1)2022 年 1 月 15 日,销售部刘军在企业应用平台中执行【业务工作】/【供应链】/【销售管理】/【销售发货】/【发货单】命令,打开【发货单】窗口。

(2)单击【浏览】按钮,可以查看系统根据销售专用发票自动生成的发货单,如图 4-1-8 所示。

4.生成销售出库单

(1)2022 年 1 月 15 日,仓储部艾英杰在企业应用平台中执行【业务工作】/【供应链】/【库存管理】/【出库业务】/【销售出库单】命令,打开【销售出库单】窗口。

(2)选择【生单】/【销售生单】命令,打开【查询条件选择-销售发货单列表】窗口,单击【确定】按钮。

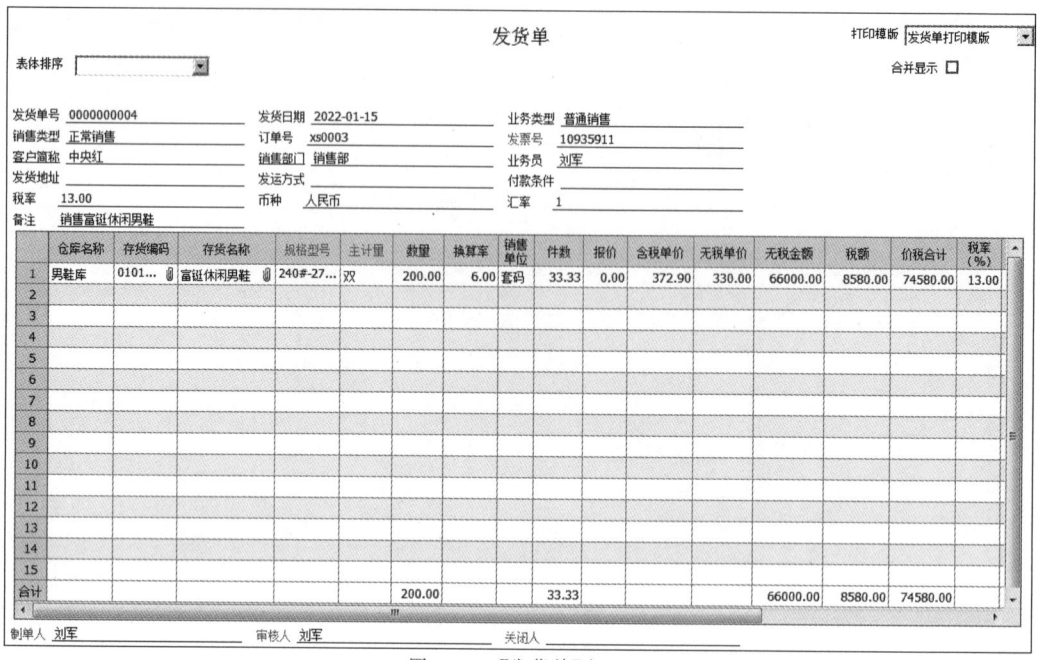

图 4-1-8 【发货单】窗口

(3)打开【销售生单】窗口,选择相应的发货单,单击【确定】按钮,系统自动生成销售出库单。

(4)单击【审核】按钮,如图 4-1-9 所示。

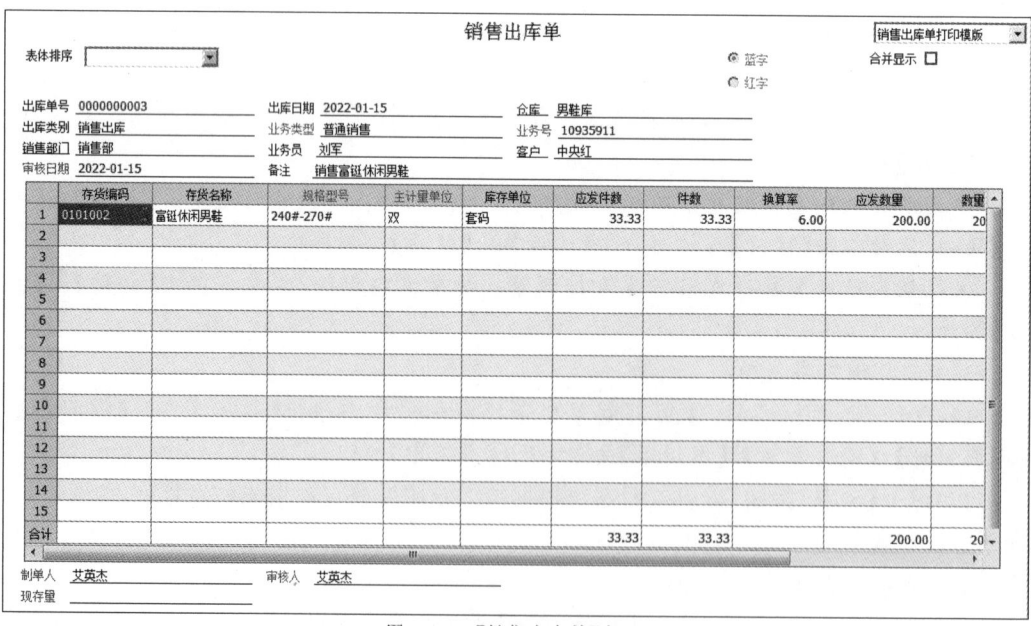

图 4-1-9 【销售出库单】窗口

5. 应收单审核与制单

（1）2022年1月15日，财务部张晓娴在企业应用平台中执行【业务工作】/【财务会计】/【应收款管理】/【应收单据处理】/【应收单据审核】命令，打开【应收单查询条件】窗口，勾选"包含已现结发票"，单击【确定】按钮，打开【应收单据列表】窗口。单击【全选】按钮，再单击【审核】按钮，如图4-1-10所示。

图4-1-10 【应收单据列表】窗口

（2）执行【制单处理】命令，打开【制单查询】窗口。选择"现结制单"，单击【确定】按钮，打开【现结制单】窗口。选择需要制单的记录，选择"凭证类别"为"记账凭证"，单击【制单】按钮，系统生成相关凭证，再单击【保存】按钮，如图4-1-11所示。

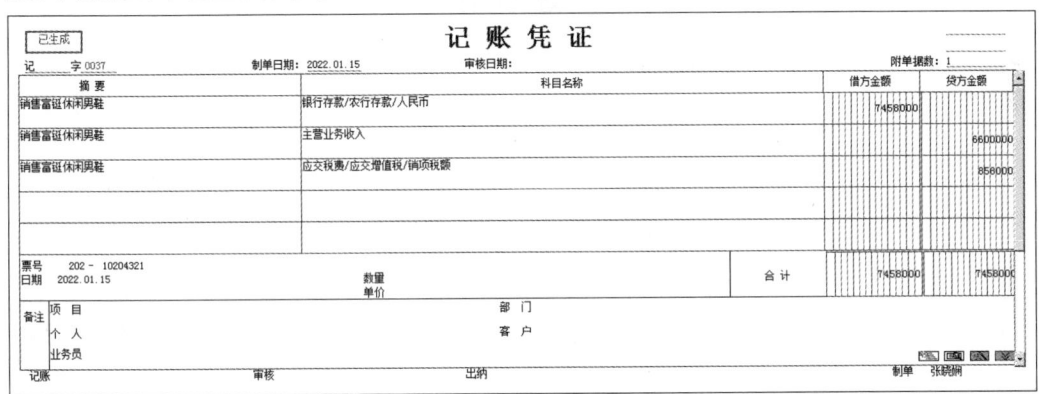

图4-1-11 【记账凭证】窗口

提示

- 应收单需要在应收款管理系统中审核确认，才能形成应收款项。
- 只有审核后的应收单或收款单才能制单。
- 如果需要删除已经生成凭证的单据或发票，必须先删除凭证，然后在已审核的【应收单】窗口中取消审核，执行【应收单据审核】/【应收单据列表】命令，在【应收单据列表】窗口中删除。

6. 结转销售成本

（1）2022年1月15日，财务部张晓娴在企业应用平台中执行【业务工作】/【供应链】/【存货核算】/【业务核算】/【正常单据记账】命令，打开【查询条件选择】窗口。

（2）单击【确定】按钮，打开【正常单据记账列表】窗口。

（3）单击【全选】按钮，如图4-1-12所示。

图4-1-12 【正常单据记账列表】窗口

(4)单击【记账】按钮,将销售专用发票记账,系统提示"记账成功",单击【确定】按钮。

(5)执行【财务核算】/【生成凭证】命令,打开【查询条件】窗口。

(6)单击【确定】按钮,打开【未生成凭证单据一览表】窗口。

(7)单击【选择】栏,或单击【全选】按钮,选中待生成凭证的单据,单击【确定】按钮。

(8)选择"凭证类别"为"记 记账凭证",如图 4-1-13 所示。

凭证类别	记 记账凭证															
选择	单据类型	单据号	摘要	科目类型	科目编码	科目名称	借方金额	贷方金额	借方数量	贷方数量	科	存	存货名称	规格型号	部门编码	部门名称	业务员编码	业务员名称	供应商
1	专用发票	10935911	销售富	对方	6401	主营业务成本	14,160.00			60.00		1	010...	富诅休	240#-270#	4	销售部	401	刘军
				存货	1405	库存商品		14,160.00	60.00			2	010...	富诅休	240#-270#	4	销售部	401	刘军
				对方	6401	主营业务成本	33,040.00			140.00		1	010...	富诅休	240#-270#	4	销售部	401	刘军
				存货	1405	库存商品		33,040.00	140.00			2	010...	富诅休	240#-270#	4	销售部	401	刘军
合计							47,200.00	47,200.00										

图 4-1-13 【生成凭证】窗口

(9)单击【生成】按钮,生成一张记账凭证,单击【保存】按钮,如图 4-1-14 所示。

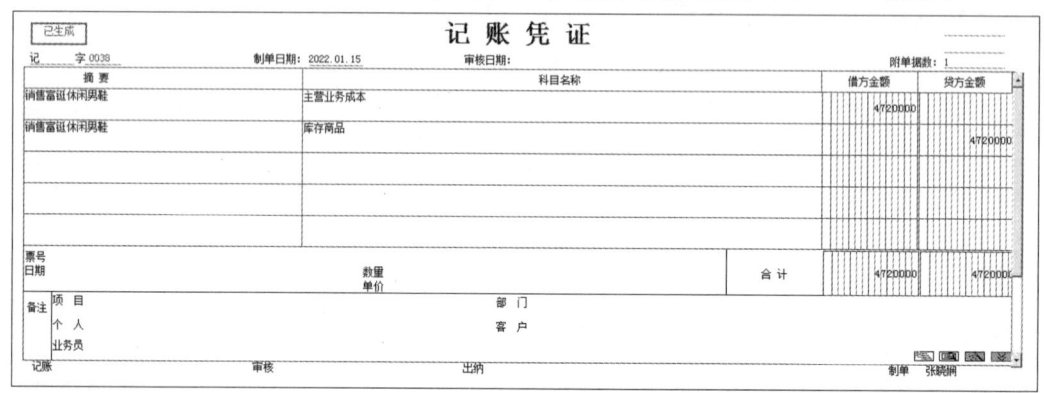

图 4-1-14 【记账凭证】窗口

提示

• 存货核算系统必须执行正常单据记账后,才能确认销售出库商品的成本,并生成结转销售成本凭证。

• 正常单据记账后,可以执行取消记账操作,恢复到记账前状态。

业务二 现金折扣业务

【业务描述】 2022 年 1 月 16 日,销售部刘军与哈尔滨秋林集团股份有限公司签订鼎豪平跟正装女鞋和鼎豪平跟休闲女鞋的销售合同,货已发,相关原始凭证如图 4-1-15、图4-1-16和图 4-1-17 所示。

现金折扣业务

【业务解析】 本笔业务是签订销售合同、开票发货、有付款条件但尚未收到货款的业务。

【岗位说明】 销售部刘军填制销售订单(审核)、销售专用发票(复核);仓储部艾英杰填制销售出库单(审核);财务部张晓娴审核发票、单据,记账并制单。

购销合同

合同编号： xs0004
签订日期： 2022年1月16日

供方（以下简称甲方）： 黑龙江富铤商贸有限公司
需方（以下简称乙方）： 哈尔滨秋林集团股份有限公司

供需双方平等互利，协商一致的原则，签订本合同，双方信守执行。

一、产品型号、数量、金额

序号	产品名称	规格型号	单位	数量	单价（无税）	金额（无税）	税率	价税合计
1	鼎豪平跟正装女鞋	225#-250#	双	90	200.00	18000.00	13%	20340.00
2	鼎豪平跟休闲女鞋	225#-250#	双	60	95.00	5700.00		6441.00
合计金额（无税）					23700.00	-		
合计金额（大写）	贰万陆仟柒佰捌拾壹元整					￥26781.00		
其他								

二、包装：由甲方按国家标准进行包装。任何因包装不善所致之损失均由甲方负责。
三、交货日期： 2022年1月16日
四、交货地点及交货方式：卖方配送，并承担运费。
五、付款方式：转账支票，有付款条件：2/10 1/20 n/30
六、合同生效及其他
    1、本合同应在双方授权代表签字、单位盖章、预付款到达乙方指定账户生效。
    2、本合同正本一式四份，双方各持两份，具有同等法律效力。
七、本合同一式四份，双方各执一份

甲方单位名称：	黑龙江富铤商贸有限公司	乙方单位名称：	哈尔滨秋林集团股份有限公司
法 人 代 表：	刘军	法 人 代 表：	张之福
日 期：	2022年1月16日	日 期：	2022年1月16日
签 章：		签 章：	

图 4-1-15 "业务二——购销合同"凭证

黑龙江增值税专用发票

230022080
No 10935912
开票日期：2022年01月16日
此联不作报税凭证使用

购买方	名称：哈尔滨秋林集团股份有限公司 纳税人识别号：230103127041995 地址、电话：哈尔滨市东大直街319号 0451-58938034 开户行及账号：中国工商银行东大直支行 3500022109006012499	密码区	033+*7-*73*>2170608870>2/>09- 7/3/+/86<9<>990498/72132*7+ <>931329*894++897/8>+570*5-> >6<589/47*019>/306>26+006<89

货物或应税劳务、服务名称	规格型号	单位	数量	单价	金额	税率	税额
鼎豪平跟正装女鞋	225#-250#	双	90	200.00	18000.00	13%	2340.00
鼎豪平跟休闲女鞋	225#-250#	双	60	95.00	5700.00	13%	741.00
合 计					￥23700.00	13%	￥3081.00
价税合计（大写）	⊗ 贰万陆仟柒佰捌拾壹圆整				（小写）￥26781.00		

销售方	名称：黑龙江富铤商贸有限公司 纳税人识别号：230102676956780 地址、电话：哈尔滨市道里区爱建路113号 0451-84678976 开户行及账号：中国农业银行哈尔滨中山支行 08059201040012189	备注	

收款人： 复核： 开票人：刘军 销售方：（章）

图 4-1-16 "业务二——增值税专用发票"凭证

销 售 出 库 单

出货单位： 黑龙江富铤商贸有限公司
仓库： 女鞋库　　　　　　　2022年1月16日　　　　　　　出库编号：20220104

编号	名称	单位	实收数量		单位成本（元）	总成本（元）	备注
			实收数量	应收数量			
0102005	鼎豪平跟正装女鞋	双	90	90			xs0004
0102006	鼎豪平跟休闲女鞋	双	60	60			
	合　计：		150	150			

仓库管理员：艾英杰　　　　　　　采购员：略　　　　　　　　部门负责人：略

图 4-1-17 "业务二——出库单"凭证

【操作步骤】

1. 填制销售订单

（1）2022 年 1 月 16 日，销售部刘军在企业应用平台中执行【业务工作】/【供应链】/【销售管理】/【销售订货】/【销售订单】命令，打开【销售订单】窗口。

（2）单击【增加】按钮，修改"订单号"为"xs0004"，选择"销售类型"为"正常销售"，按照销售合同录入订单信息，单击【保存】按钮。

（3）单击【审核】按钮，如图 4-1-18 所示。

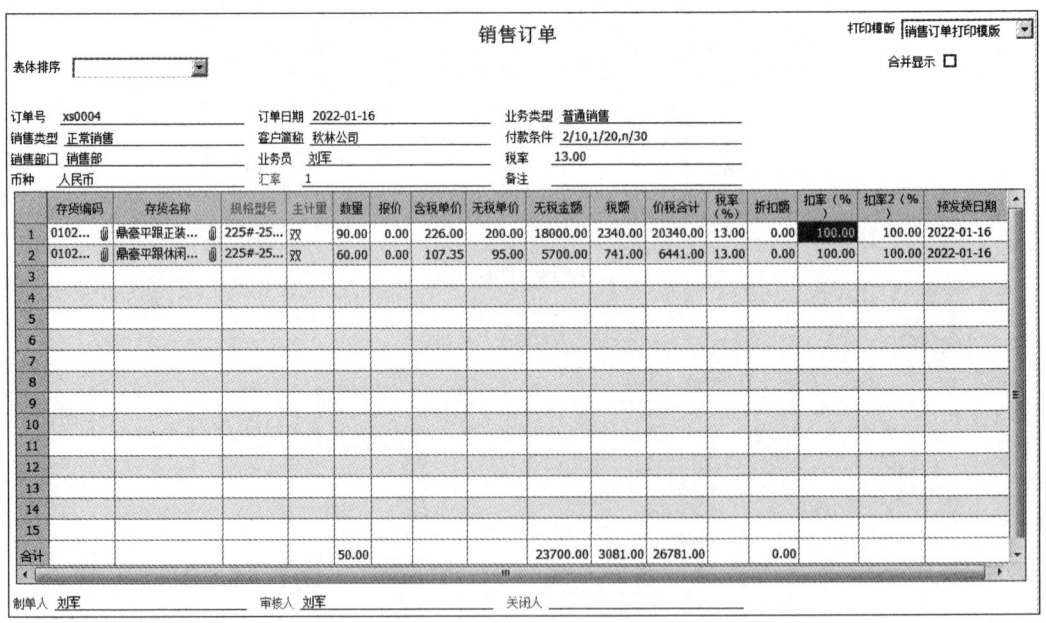

图 4-1-18 【销售订单】窗口

2. 生成销售专用发票

（1）2022 年 1 月 16 日，销售部刘军在企业应用平台中执行【业务工作】/【供应链】/【销售管理】/【销售开票】/【销售专用发票】命令，打开【销售专用发票】窗口。

（2）单击【增加】按钮，系统弹出【查询条件选择-参照订单】窗口，单击【确定】按钮，选择相应的订单，单击【确定】按钮，系统生成一张销售专用发票，修改"发票号"为

"10935912",参照发票信息完成录入,单击【保存】按钮,再单击【复核】按钮,复核销售专用发票,如图 4-1-19 所示。

图 4-1-19 【销售专用发票】窗口

提示

- 尚未复核的发票可以直接修改。
- 已经复核的发票不能直接修改或删除。
- 经复核的发票取消复核后,可以修改。单击【弃复】按钮,弃复成功后,单击【修改】按钮,修改信息确认后单击【保存】按钮。如果需要删除,取消复核成功后可以直接删除。

3. 生成并审核发货单

(1) 2022 年 1 月 16 日,销售部刘军在企业应用平台中执行【业务工作】/【供应链】/【销售管理】/【销售发货】/【发货单】命令,打开【发货单】窗口。

(2) 单击【浏览】按钮,可以查看系统根据销售专用发票自动生成的发货单,如图 4-1-20 所示。

4. 生成销售出库单

(1) 2022 年 1 月 16 日,仓储部艾英杰在企业应用平台中执行【业务工作】/【供应链】/【库存管理】/【出库业务】/【销售出库单】命令,打开【销售出库单】窗口。

(2) 选择【生单】/【销售生单】命令,打开【查询条件选择-销售发货单列表】窗口,单击【确定】按钮。

(3) 打开【销售生单】窗口,选择相应的发货单,单击【确定】按钮,系统自动生成销售出库单。

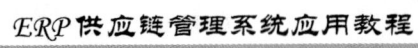

(4)单击【审核】按钮,如图 4-1-21 所示。

	发货单										打印模版	发货单打印模版
表体排序											合并显示 □	

发货单号 0000000006　　发货日期 2022-01-16　　业务类型 普通销售
销售类型 正常销售　　订单号 xs0004　　发票号 10935912
客户简称 秋林公司　　销售部门 销售部　　业务员 刘军
发货地址　　发运方式　　付款条件 2/10,1/20,n/30
税率 13.00　　币种 人民币　　汇率 1
备注

	仓库名称	存货编码	存货名称	规格型号	主计量	数量	换算率	销售单位	件数	报价	含税单价	无税单价	无税金额	税额	价税合计
1	女鞋库	0102...	鼎豪平跟正...	225#-25...	双	90.00	6.00	套码	15.00	0.00	226.00	200.00	18000.00	2340.00	20340.00
2	女鞋库	0102...	鼎豪平跟休...	225#-25...	双	60.00	6.00	套码	10.00	0.00	107.35	95.00	5700.00	741.00	6441.00
3															
...															
合计						150.00			25.00				23700.00	3081.00	26781.00

制单人 刘军　　审核人 刘军　　关闭人

图 4-1-20　【发货单】窗口

	销售出库单										销售出库单打印模版
表体排序							● 蓝字				合并显示 □
							○ 红字				

出库单号 0000000004　　出库日期 2022-01-16　　仓库 女鞋库
出库类别 销售出库　　业务类型 普通销售　　业务号 10935912
销售部门 销售部　　业务员 刘军　　客户 秋林公司
审核日期 2022-01-16　　备注

	存货编码	存货名称	规格型号	主计量单位	库存单位	应发件数	件数	换算率	应发数量	数量	单价	金额
1	0102005	鼎豪平跟正装女鞋	225#-250#	双	套码	15.00	15.00	6.00	90.00	90.00		
2	0102006	鼎豪平跟休闲女鞋	225#-250#	双	套码	10.00	10.00	6.00	60.00	60.00		
合计						25.00	25.00		150.00	150.00		

制单人 艾英杰　　审核人 艾英杰
现存量

图 4-1-21　【销售出库单】窗口

5.应收单审核与制单

(1)2022年1月16日,财务部张晓娴在企业应用平台中执行【业务工作】/【财务会计】/【应收款管理】/【应收单据处理】/【应收单据审核】命令,打开【应收单查询条件】窗口,单击【确定】按钮,打开【应收单据列表】窗口,单击【全选】按钮,再单击【审核】按钮,如图4-1-22所示。

记录总数:1											
选择	审核人	单据日期	单据类型	单据号	客户名称	部门	业务员	制单人	币种	汇率	原币金额	本币金额	备注
	张晓娴	2022-01-16	销售	10935912	哈尔滨秋林集团股份有限公司	销售部	刘军	刘军	人民币	1.00000000	26,781.00	26,781.00	
合计											26,781.00	26,781.00	

图 4-1-22 【应收单据列表】窗口

(2)执行【制单处理】命令,打开【制单查询】窗口。选择"发票制单",单击【确定】按钮,打开【销售发票制单】窗口。选择需要制单的记录,选择"凭证类别"为"记账凭证",单击【制单】按钮,系统生成相关凭证,再单击【保存】按钮,如图4-1-23所示。

已生成		记 账 凭 证			
记 字 0039		制单日期:2022.01.16	审核日期:		附单据数:1
摘要		科目名称		借方金额	贷方金额
销售专用发票		应收账款/人民币		2678100	
销售专用发票		主营业务收入			2370000
销售专用发票		应交税费/应交增值税/销项税额			308100
票号 日期	数量 单价		合计	2678100	2678100
备注 项目 个 人 业务员 刘军		部门 客 户 秋林公司			
记账	审核	出纳		制单	张晓娴

图 4-1-23 【记账凭证】窗口

提示

• 如果制单日期不序时,系统拒绝保存不序时的凭证。

• 如果要取消制单的序时控制,则启动总账系统,需要在其初始设置中取消"制单序时控制"选项。

6.结转销售成本

(1)2022年1月16日,财务部张晓娴在企业应用平台中执行【业务工作】/【供应链】/【存货核算】/【业务核算】/【正常单据记账】命令,打开【查询条件选择】窗口。

(2)单击【确定】按钮,打开【正常单据记账列表】窗口。

(3)单击【全选】按钮,如图4-1-24所示。

记录总数:2										
选择	日期	单据号	存货编码	存货名称	规格型号	存货代码	单据类型	仓库名称	收发类别	数量	单价	金额
✓	2022-01-16	10935912	0102005	鼎鑫牌跟正装	225#-250#		专用发票	女鞋库	销售出库	90.00		
✓	2022-01-16	10935912	0102006	鼎鑫牌跟休闲	225#-250#		专用发票	女鞋库	销售出库	60.00		
小计										150.00		

图 4-1-24 【正常单据记账列表】窗口

(4)单击【记账】按钮,将销售专用发票记账,系统提示"记账成功",单击【确定】按钮。

(5)执行【财务核算】/【生成凭证】命令,打开【查询条件】窗口。

(6)单击【确定】按钮,打开【未生成凭证单据一览表】窗口。

(7)单击【选择】栏,或单击【全选】按钮,选中待生成凭证的单据,单击【生成】按钮。

(8)选择"凭证类别"为"记 记账凭证",凭证合并处理,如图4-1-25所示。

凭证类别	记 记账凭证															
选择	单据类型	单据号	摘要	科目类型	科目编码	科目名称	借方金额	贷方金额	借方数量	贷方数量	料	存储编码	存货名称	规格型号	部门编码	部门名称	业务员编码	业务员名称
	专用发票	10935912	专用发票	对方	6401	主营业务成本	11,100.00			60.00	1	0102005	鼎豪平跟正装女鞋	225#-250#	4	销售部	401	刘军
				存货	1405	库存商品		11,100.00	60.00		2	0102005	鼎豪平跟正装女鞋	225#-250#	4	销售部	401	刘军
				对方	6401	主营业务成本	5,550.00			30.00	1	0102006	鼎豪平跟正装女鞋	225#-250#	4	销售部	401	刘军
				存货	1405	库存商品		5,550.00	30.00		2	0102006	鼎豪平跟正装女鞋	225#-250#	4	销售部	401	刘军
				对方	6401	主营业务成本	9,180.00			60.00	1	0102006	鼎豪平跟休闲女鞋	225#-250#	4	销售部	401	刘军
				存货	1405	库存商品		9,180.00	60.00		2	0102006	鼎豪平跟休闲女鞋	225#-250#	4	销售部	401	刘军
合计							25,830.00	25,830.00									

图 4-1-25 【生成凭证】窗口

(9)单击【生成】按钮,生成一张记账凭证,单击【保存】按钮,如图4-1-26所示。

已生成		记 账 凭 证				
记 字 0040		制单日期:2022.01.16	审核日期:		附单据数:1	
摘要		科目名称			借方金额	贷方金额
专用发票		主营业务成本			2583000	
专用发票		库存商品				2583000
票号 日期		数量 单价	部门 客户		合计	2583000 2583000
备注	项 目 个 人 业务员					
记账	审核		出纳		制单 张晓娴	

图 4-1-26 【记账凭证】窗口

业务三 预收款业务

【业务描述】 2022年1月17日销售部刘军与哈尔滨家得乐超市有限公司签订销售合同,销售富铤商务男鞋。取得与该业务相关的凭证如图4-1-27、图4-1-28所示。

【业务解析】 本笔业务是签订销售合同、预收部分货款的业务。

【岗位说明】 销售部刘军填制销售订单(审核);财务部林静填制收款单;财务部张晓娴审核收款单并制单。

【操作步骤】

1.填制销售订单

(1)2022年1月17日,销售部刘军在企业应用平台中执行【业务工作】/【供应链】/【销售管理】/【销售订货】/【销售订单】命令,打开【销售订单】窗口。

预收款业务

(2)单击【增加】按钮,修改"订单号"为"xs0005",选择"销售类型"为"正常销售",参照销售合同信息完成录入,单击【保存】按钮。

(3)单击【审核】按钮,审核填制的销售订单,如图4-1-29所示。

购销合同

合同编号： xs0005

签订日期： 2022年1月17日

供方（以下简称甲方）： 黑龙江富铤商贸有限公司

需方（以下简称乙方）： 哈尔滨家得乐超市有限公司

供需双方平等互利，协商一致的原则，签订本合同，双方信守执行。

一、产品型号、数量、金额

序号	产品名称	规格型号	单位	数量	单价（无税）	金额（无税）	税率	价税合计
1	富铤商务男鞋	240#-270#	双	100	445.00	44500.00	13%	50285.00
合计金额（无税）				44500.00			-	
合计金额（大写）	伍万零贰佰捌拾伍 元整					￥50285.00		
其他								

二、包装：由甲方按国家标准进行包装。任何因包装不善所致之损失均由甲方负责。

三、交货日期： 2022年1月20日

四、交货地点及交货方式：卖方配送，并承担运费。

五、付款方式：转账支票，合同当日支付定金人民币壹万元整（￥10000.00）

剩余货款人民币肆万零贰佰捌拾伍元（￥40285.00）验收后支付

六、合同生效及其他

1、本合同应在双方授权代表签字、单位盖章、预付款到达乙方指定账户生效。

2、本合同正本一式四份，双方各持两份，具有同等法律效力。

七、本合同一式两份，双方各执一份。

甲方单位名称：黑龙江富铤商贸有限公司	乙方单位名称：哈尔滨家得乐超市有限公司
法人代表：宋文	法人代表：曹方
日期：2022年1月17日	日期：2022年1月17日
签章：	签章：

图 4-1-27 业务三——“购销合同”凭证

中国农业银行 AGRICULTURAL BANK OF CHINA 进 账 单（收账通知） 3

√普通 加急 委托日期 2022年1月17日

汇款人	全称	哈尔滨家得乐超市有限公司	收款人	全称	黑龙江富铤商贸有限公司
	账号	040201040003635		账号	08059201040012189
	开户银行	中国农业银行哈尔滨宣西支行		开户银行	中国农业银行哈尔滨中山路支行
金额	人民币（大写）	壹万元整		亿仟佰十万仟佰十元角分	￥1000000

票据编码： 10204323

票据种类： 转账支票

票据张数： 1

汇出行签章：

附加信息及用途： 支付前期货款

中国农业银行中山路支行 2022.01.17 转讫

复核： 记账：

此联付款行给汇款人的回单

图 4-1-28 “业务三——银行进账单”凭证

图 4-1-29 【销售订单】窗口

提示

• 已经保存的销售订单可以在订单列表中查询。没有被下游参照的订单可以在打开单据后执行弃审、修改、删除等操作。

• 已经审核的销售订单可以修改。在订单列表中打开该销售订单，单击【弃审】按钮，可以进行修改。

• 如果销售订单、发货单等单据已经被下游单据参照，则不能直接修改、删除。如果需要修改或删除，则必须先删除下游单据，然后取消审核，再修改或删除。

2. 填制收款单

2022年1月17日，财务部林静在企业应用平台中执行【业务工作】/【财务会计】/【应收款管理】/【收款单据处理】/【收款单据录入】命令，打开【收款单据录入】窗口，单击【增加】按钮，表头按照进账单的信息录入，在表体中选择"款项类型"为"预收款"，单击【保存】按钮，如图4-1-30所示。

3. 收款单据审核与制单

（1）2022年1月17日，财务部张晓娴在企业应用平台中执行【业务工作】/【财务会计】/【应收款管理】/【收款单据处理】/【收款单据审核】命令，打开【收付款单列表】窗口。单击【全选】按钮，再单击【审核】按钮，如图4-1-31所示。

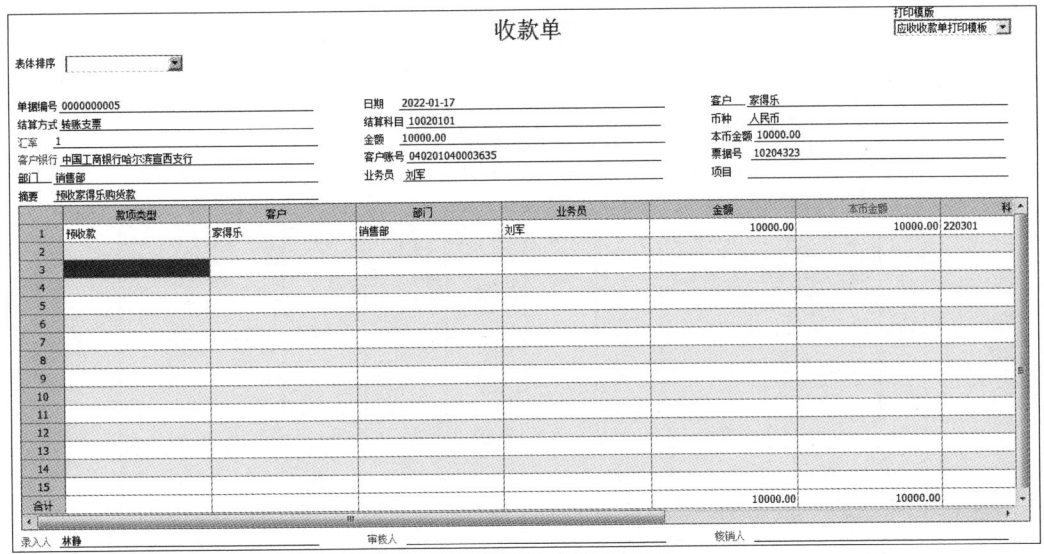

图 4-1-30 【收款单据录入】窗口

图 4-1-31 【收付款单列表】窗口

(2) 执行【制单处理】命令，打开【制单查询】窗口，选择"收付款单制单"，单击【确定】按钮，打开【收付款单制单】窗口。选择需要制单的记录，选择"凭证类别"为"记账凭证"，单击【制单】按钮，系统生成相关凭证，单击【保存】按钮，如图 4-1-32 所示。

图 4-1-32 【记账凭证】窗口

业务四　出口销售业务

【业务描述】　2022 年 1 月 18 日，销售部刘军与哈尔滨岳华进出口有限公司签订销售合同，销售鼎豪平跟正装女鞋，当日汇率 6.0，货已发出，取得与该业务相关的凭证如图 4-1-33、图4-1-34 和图 4-1-35 所示。

购销合同

合同编号： xs0006
签订日期： 2022年1月18日

供方（以下简称甲方）： 黑龙江富铤商贸有限公司
需方（以下简称乙方）： 哈尔滨岳华进出口有限公司

供需双方平等互利，协商一致的原则，签订本合同，双方信守执行。

一、产品型号、数量、金额

序号	产品名称	规格型号	单位	数量	单价（无税）	金额（无税）	税率	价税合计
1	鼎豪平跟休闲女鞋	225#-250#	双	200	$44.00	$8800.00	13%	$9944.00
合计金额（无税）					$8,800.00			—
合计金额（大写)	玖仟玖佰肆拾肆元整							$9944.00
其他								

二、包装：由甲方按国家标准进行包装。任何因包装不善所致之损失均由甲方负责。
三、交货日期：2022年1月18日
四、交货地点及交货方式：卖方配送，并承担运费。
五、付款方式：转账支票，2022年1月20支付全部货款，当日汇率为6.0。
六、合同生效及其他
　　1、本合同应在双方授权代表签字、单位盖章、预付款到达乙方指定账户生效。
　　2、本合同正本一式贰份，双方各持两份，具有同等法律效力。
七、本合同一式两份，双方各执一份。

甲方单位名称： 黑龙江富铤商贸有限公司	乙方单位名称： 哈尔滨岳华进出口有限公司
法 人 代 表： 宋文哲	法 人 代 表： 黄琳
日　　　期： 2022年1月18日	日　　　期： 2022年1月18日
签　　　章：	签　　　章：

图 4-1-33 "业务四——购销合同"凭证

黑龙江增值税专用发票

2300855500　　　№ 10935968　　2300855500
　　　　　此联不作报税抵扣凭证使用　　　　　10935968
　　　　　　　　　　　　　　　开票日期： 2022年01月18日

购买方	名　　称： 哈尔滨岳华进出口有限公司 纳税人识别号： 230190696812670 地址、电话： 哈尔滨市平房区新疆大街103号 0451-63297865 开户行及账号： 中国工商银行哈尔滨平房支行 350002210900601235	密码区	033+*7-*73*>2170608870>2/>09-7/3/+/86<9<>990498/72132*7+<>931329*894++897/8>+570*5->>6<589/47*019>/306>26+006<89

货物或应税劳务、服务名称	规格型号	单位	数量	单价	金额	税率	税额
鼎豪平跟正装女鞋	225#-250#	双	200	264.00	52800.00	13%	6864.00
合　　计					￥52800.00	13%	￥6864.00

价税合计（大写）　⊗伍万玖仟陆佰陆拾肆圆整　　　（小写）￥59664.00

销售方	名　　称： 黑龙江富铤商贸有限公司 纳税人识别号： 230102676956780 地址、电话： 哈尔滨市道里区爱建路113号 0451-84678976 开户行及账号： 中国农业银行哈尔滨中山支行 08059201040012189	备注	

收款人：　　　复核：　　　开票人：刘军　　　销售方：（章）

图 4-1-34 "业务四——出口销售发票"凭证

销售出库单

出货单位： 黑龙江富铤商贸有限公司

仓库： 女鞋库　　2022年1月18日　　出库编号： 20220105

编号	名称	单位	实收数量		单位成本（元）	总成本（元）	备注
			实收数量	应收数量			
0102005	鼎豪平跟正装女鞋	双	200	200			xs0006
合　计:			200	200			

仓库管理员： 艾英杰　　采购员： 略　　部门负责人： 略

图 4-1-35 “业务四——出库单”凭证

【业务解析】 本笔业务是签订销售合同、开票发货的外币销售业务。

【岗位说明】 销售部刘军填制销售订单(审核)、销售专用发票(复核);仓储部艾英杰填制销售出库单(审核);财务部张晓娴审核发票、单据,记账并制单。

【操作步骤】

出口销售业务

1.填制销售订单

(1)2022 年 1 月 18 日,销售部刘军在企业应用平台中执行【业务工作】/【供应链】/【销售管理】/【销售订货】/【销售订单】命令,打开【销售订单】窗口。

(2)单击【增加】按钮,修改“订单号”为“xs0006”,选择“销售类型”为“正常销售”,参照销售合同录入订单信息,单击【保存】按钮。

(3)单击【审核】按钮,审核填制的销售订单,如图 4-1-36 所示。

销售订单

打印模版 销售订单打印模版

表体排序

合并显示 □

订单号 xs0006　　订单日期 2022-01-18　　业务类型 普通销售

销售类型 正常销售　　客户简称 岳华　　付款条件

销售部门 销售部　　业务员 刘军　　税率 13.00

币种 美元　　汇率 6.00000　　备注 销售鼎豪平跟正装女鞋

	存货编码	存货名称	规格型号	主计量	数量	报价	含税单价	无税单价	无税金额	税额	价税合计	税率(%)	折扣额	扣率(%)	扣率2(...	预发货日期
1	0102...	鼎豪平跟正装女鞋	225#-25...	双	200.00	0.00	49.72	44.00	8800.00	1144.00	9944.00	13.00	0.00	100.00	100...	2022-01-18
2																
3																
4																
5																
6																
7																
8																
9																
10																
11																
12																
13																
14																
15																
合计					200.00				8800.00	1144.00	9944.00		0.00			

制单人 刘军　　审核人 刘军　　关闭人

图 4-1-36 【销售订单】窗口

> 💡 **提示**
> - 在销售订单表头需选择币种为"美元",输入汇率为"6.0"。
> - 在表体需输入美元含税单价"49.72"。

2. 生成销售专用发票

(1)2022年1月18日,销售部刘军在企业应用平台中执行【业务工作】/【供应链】/【销售管理】/【销售开票】/【销售专用发票】命令,打开【销售专用发票】窗口。

(2)单击【增加】按钮,系统弹出【查询条件选择-参照订单】窗口。单击【确定】按钮,选择相应的订单,单击【确定】按钮,系统生成一张销售专用发票,修改"发票号"为"JS1702",单击【保存】按钮,再单击【复核】按钮,如图4-1-37所示。

图4-1-37 【销售专用发票】窗口

3. 生成销售出库单

(1)2022年1月18日,仓储部艾英杰在企业应用平台中执行【业务工作】/【供应链】/【库存管理】/【出库业务】/【销售出库单】命令,打开【销售出库单】窗口。

(2)选择【生单】/【销售生单】命令,打开【查询条件选择-销售发货单列表】窗口,单击【确定】按钮。

(3)打开【销售生单】窗口,选择相应的发货单,单击【确定】按钮,系统自动生成销售出库单。

(4)单击【审核】按钮,如图4-1-38所示。

4. 应收单据审核与制单

(1)2022年1月18日,财务部张晓娴在企业应用平台中执行【业务工作】/【财务会计】/【应收款管理】/【应收单据处理】/【应收单据审核】命令,打开【应收单查询条件】窗口,单击【确定】按钮,打开【应收单据列表】窗口。单击【全选】按钮,再单击【审核】按钮,如图 4-1-39 所示。

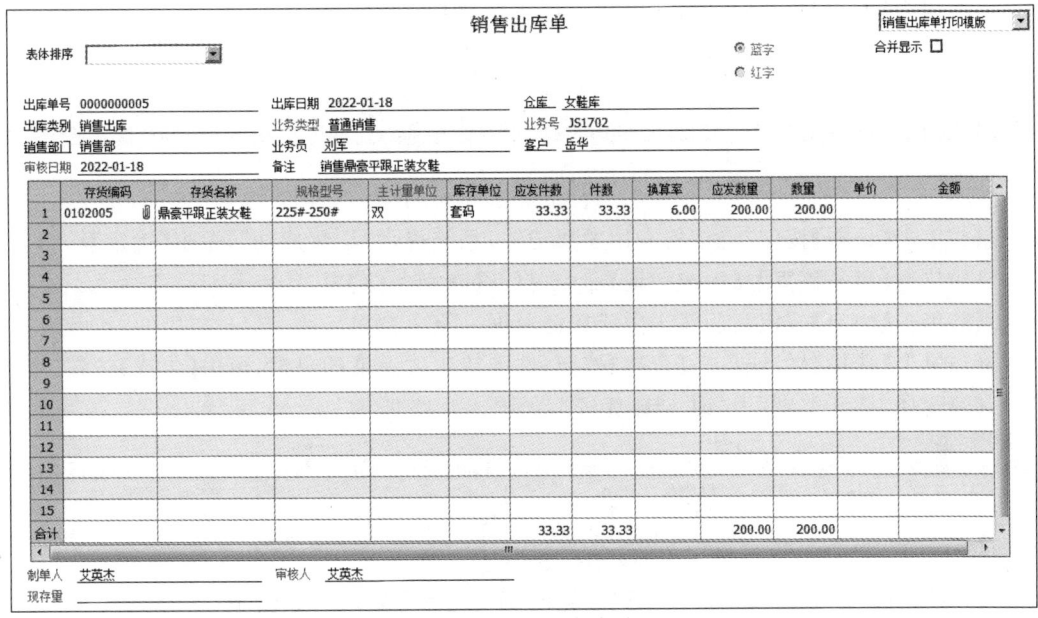

图 4-1-38 【销售出库单】窗口

图 4-1-39 【应收单据列表】窗口

(2)执行【制单处理】命令,打开【制单查询】窗口,选择"发票制单",单击【确定】按钮,在打开的窗口中选择需要制单的记录,选择"凭证类别"为"记账凭证",单击【制单】按钮,系统生成相关凭证,再单击【保存】按钮,如图 4-1-40 所示。

图 4-1-40 【记账凭证】窗口

5.结转销售成本

（1）2022年1月18日，财务部张晓娴在企业应用平台中执行【业务工作】/【供应链】/【存货核算】/【业务核算】/【正常单据记账】命令，打开【查询条件选择】窗口。

（2）单击【确定】按钮，打开【正常单据记账列表】窗口。

（3）单击【全选】按钮，如图4-1-41所示。

图4-1-41 【正常单据记账列表】窗口

（4）单击【记账】按钮，将销售专用发票记账，系统提示"记账成功"，单击【确定】按钮。

（5）执行【财务核算】/【生成凭证】命令，打开【查询条件】窗口。

（6）单击【确定】按钮，打开【未生成凭证单据一览表】窗口。

（7）单击【选择】栏，或单击【全选】按钮，选中待生成凭证的单据，单击【生成】按钮。

（8）选择"凭证类别"为"记 记账凭证"，如图4-1-42所示。

图4-1-42 【生成凭证】窗口

（9）单击【生成】按钮，生成一张记账凭证，单击【保存】按钮，如图4-1-43所示。

图4-1-43 【记账凭证】窗口

业务五 赊销业务

【业务描述】 2022年1月19日，销售部刘军与大商集团大庆新东风购物广场有限公司签订鼎豪平跟休闲女鞋的销售合同，货已发出。取得与该业务相关的凭证如图4-1-44、图4-1-45和图4-1-46所示。

【业务解析】 本笔业务是签订销售合同、开票发货的业务。

【岗位说明】 销售部刘军填制销售订单（审核）、销售专用发票（复核）；仓储部艾英杰填制销售出库单（审核）；财务部张晓娴审核发票、单据，记账并制单。

购销合同

合同编号： xs0007
签订日期： 2022年1月19日

供方（以下简称甲方）： 黑龙江富铤商贸有限公司
需方（以下简称乙方）： 大商集团大庆新东风购物广场有限公司

供需双方平等互利，协商一致的原则，签订本合同，双方信守执行。

一、产品型号、数量、金额

序号	产品名称	规格型号	单位	数量	单价（无税）	金额（无税）	税率	价税合计
1	鼎豪平跟休闲女鞋	225#-250#	双	300	214.00	64200.00	13%	72546.00
	合计金额（无税）				64200.00		—	
合计金额（大写）		柒万贰仟伍佰肆拾陆元整				￥72546.00		
其他								

二、包装：由甲方按国家标准进行包装。任何因包装不善所致之损失均由甲方负责。
三、交货日期： 2022年1月19日
四、交货地点及交货方式：卖方配送，并承担运费。
五、付款方式：转账支票，2022年3月1日支付全部货款
六、合同生效及其他
  1、本合同应在双方授权代表签字、单位盖章、预付款到达乙方指定账户生效。
  2、本合同正本一式四份，双方各持两份，具有同等法律效力。
七、本合同一式两份，双方各执一份。

甲方单位名称	黑龙江富铤商贸有限公司	乙方单位名称	大商集团大庆新东风购物广场有限公司
法人代表	宋文哲	法人代表	潘淑娥
日期	2022年1月19日	日期	2022年1月19日
签章		签章	

图 4-1-44 "业务五——购销合同"凭证

黑龙江增值税专用发票

2300855500　　　　No 10935915　　2300855500
　　　　　　　　　　　　　　　　　　　　10935915
此联不作报扣税凭证使用　　开票日期：2022年01月19日

购买方	名称：大商集团大庆新东风购物广场有限公司 纳税人识别号：230602677450048 地址、电话：大庆市萨尔图区东风新村纬七路13号商场 0459-6621278 开户行及账号：中国建设银行大庆市分行营业部 23001665051059666666	密码	033+*7-*73*>2170608870>2/>09-7/3/+/86<9<>990498/72132*7+<>931329*894++897/8>+570*5->>6<589/47*019>/306>26+006<89

货物或应税劳务、服务名称	规格型号	单位	数量	单价	金额	税率	税额
鼎豪平跟休闲女鞋	225#-250#	双	200	214.00	64200.00	13%	8346.00
合计					￥64200.00	13%	￥8346.00
价税合计（大写）	⊗ 柒万贰仟伍佰肆拾陆圆整				（小写）￥72546.00		

销售方	名称：黑龙江富铤商贸有限公司 纳税人识别号：230102676956780 地址、电话：哈尔滨市道里区爱建路113号 0451-84678976 开户行及账号：中国农业银行哈尔滨中山支行 08059201040012189

收款人：　　　复核：　　　开票人：刘军　　　销售方：（章）

第一联：记账联 销售方记账凭证

图 4-1-45 "业务五——增值税专用发票"凭证

销售出库单

出货单位：黑龙江富链商贸有限公司

仓库：女鞋库　　　　2022年1月19日　　　　出库编号：20220106

编号	名称	单位	实收数量	应收数量	单位成本（元）	总成本（元）	备注
0102006	鼎豪平跟休闲女鞋	双	300	300			xs0006
	合计		300	300			

仓库管理员：艾英杰　　　采购员：略　　　部门负责人：略

图 4-1-46　"业务五——出库单"凭证

【操作步骤】

1. 填制销售订单

（1）2022年1月19日，销售部刘军在企业应用平台中执行【业务工作】/【供应链】/【销售管理】/【销售订货】/【销售订单】命令，打开【销售订单】窗口。

赊销业务

（2）单击【增加】按钮，修改"订单号"为"xs0007"，选择"销售类型"为"正常销售"，参照销售合同录入订单信息，单击【保存】按钮。

（3）单击【审核】按钮，如图 4-1-47 所示。

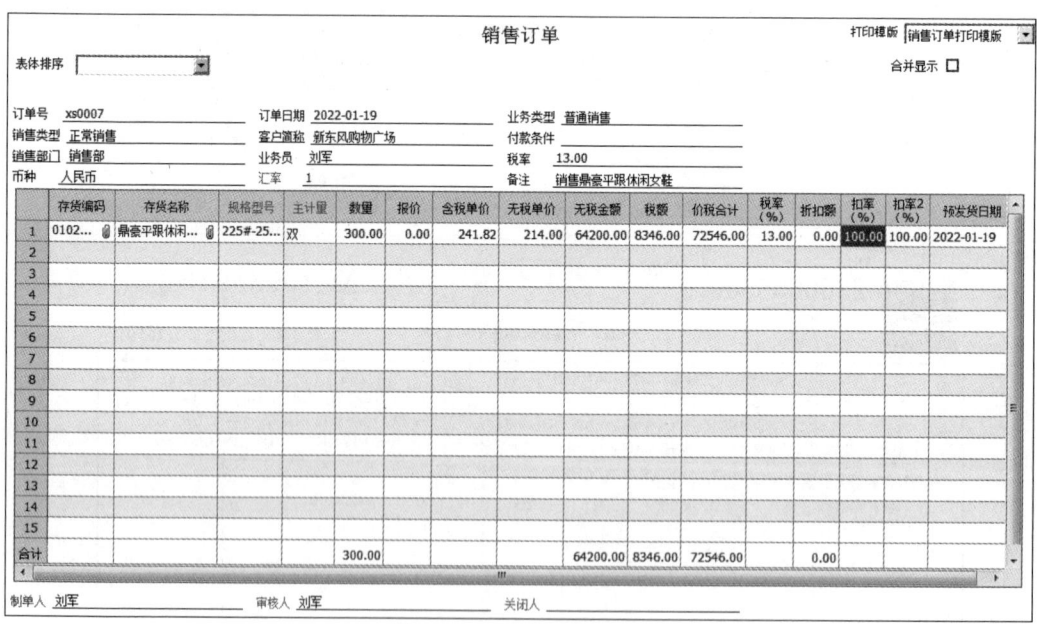

图 4-1-47　【销售订单】窗口

2. 生成销售专用发票

（1）2022年1月19日，销售部刘军在企业应用平台中执行【业务工作】/【供应链】/【销售管理】/【销售开票】/【销售专用发票】命令，打开【销售专用发票】窗口。

（2）单击【增加】按钮，系统弹出【查询条件选择-参照订单】窗口，单击【确定】按钮，选择相应的订单，单击【确定】按钮，系统生成一张销售专用发票，修改“发票号”为“10935915”，参照发票信息完成录入，单击【保存】按钮，再单击【复核】按钮，如图 4-1-48 所示。

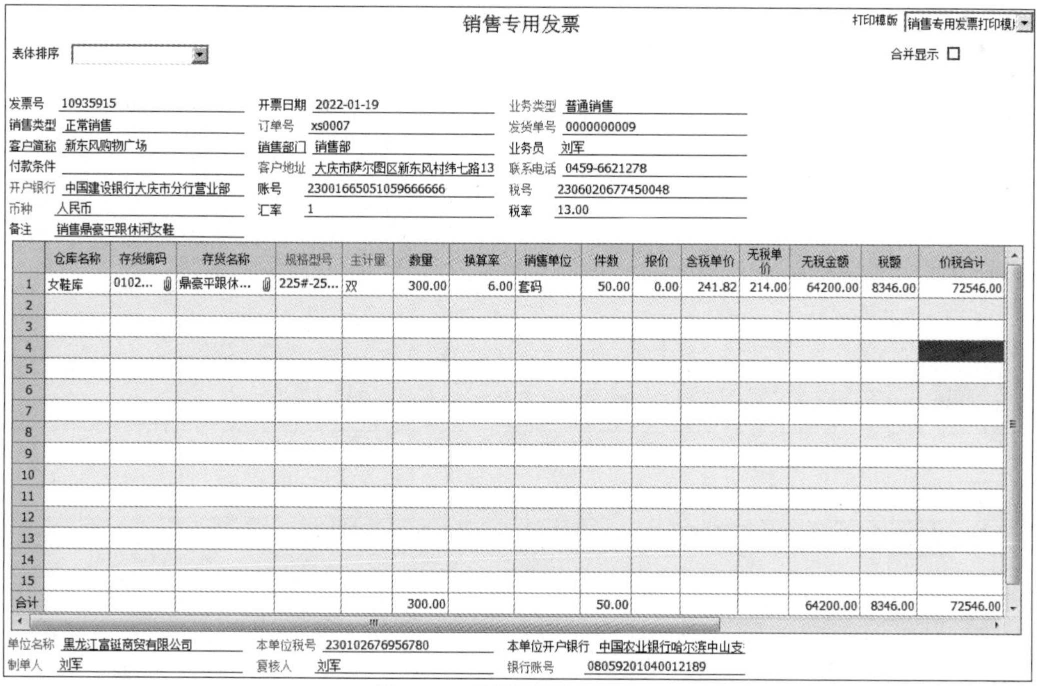
销售专用发票

打印模版 销售专用发票打印模

表体排序

合并显示

发票号 10935915　开票日期 2022-01-19　业务类型 普通销售
销售类型 正常销售　订单号 xs0007　发货单号 0000000009
客户简称 新东风购物广场　销售部门 销售部　业务员 刘军
付款条件　客户地址 大庆市萨尔图区新东风村纬七路13　联系电话 0459-6621278
开户银行 中国建设银行大庆市分行营业部　账号 23001665051059666666　税号 2306020677450048
币种 人民币　汇率 1　税率 13.00
备注 销售鼎豪平跟休闲女鞋

	仓库名称	存货编码	存货名称	规格型号	主计量	数量	换算率	销售单位	件数	报价	含税单价	无税单价	无税金额	税额	价税合计
1	女鞋库	0102...	鼎豪平跟休...	225#-25...	双	300.00	6.00	套码	50.00	0.00	241.82	214.00	64200.00	8346.00	72546.00
2															
3															
4															
5															
6															
7															
8															
9															
10															
11															
12															
13															
14															
15															
合计						300.00			50.00				64200.00	8346.00	72546.00

单位名称 黑龙江富诞商贸有限公司　本单位税号 230102676956780　本单位开户银行 中国农业银行哈尔滨中山支
制单人 刘军　复核人 刘军　银行账号 08059201040012189

图 4-1-48 【销售专用发票】窗口

3.生成销售出库单

（1）2022 年 1 月 19 日，仓储部艾英杰在企业应用平台中执行【业务工作】/【供应链】/【库存管理】/【出库业务】/【销售出库单】命令，打开【销售出库单】窗口。

（2）选择【生单】/【销售生单】命令，打开【查询条件选择-销售发货单列表】窗口，单击【确定】按钮。

（3）打开【销售生单】窗口，选择相应的发货单，单击【确定】按钮，系统自动生成销售出库单。

（4）单击【审核】按钮，如图 4-1-49 所示。

4.应收单据审核与制单

（1）2022 年 1 月 19 日，财务部张晓娴在企业应用平台中执行【业务工作】/【财务会计】/【应收款管理】/【应收单据处理】/【应收单据审核】命令，打开【应收单查询条件】窗口，单击【确定】按钮，打开【应收单据列表】窗口。单击【全选】按钮，再单击【审核】按钮，如图 4-1-50 所示。

（2）执行【制单处理】命令，打开【制单查询】窗口。选择“发票制单”，单击【确定】按钮，在打开的窗口中选择需要制单的记录，选择“凭证类别”为“记账凭证”，单击【制单】按钮，系统生成相关凭证，单击【保存】按钮，如图 4-1-51 所示。

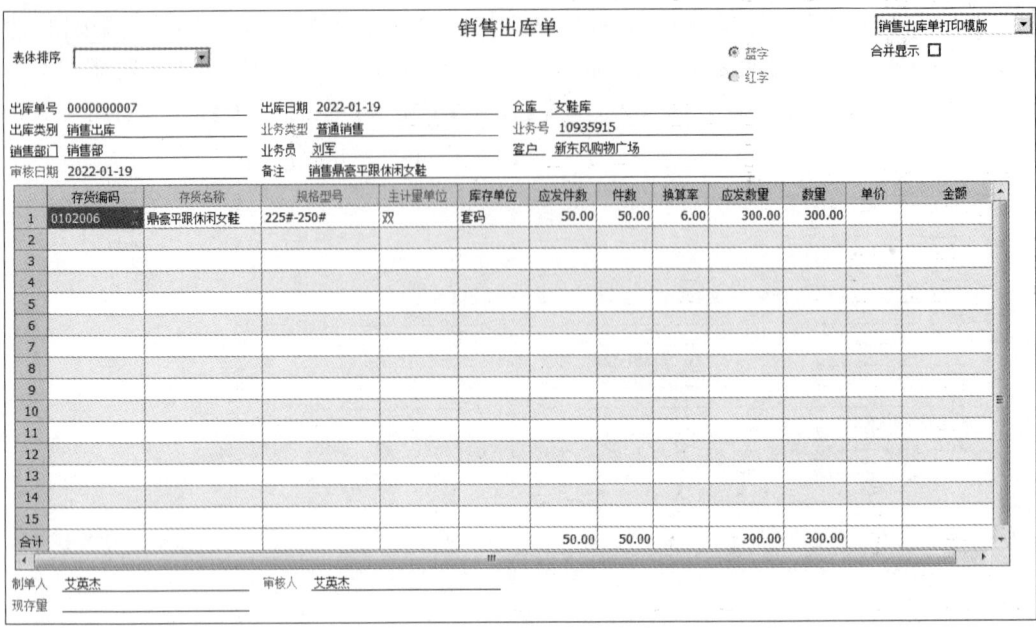

图 4-1-49 【销售出库单】窗口

图 4-1-50 【应收单据列表】窗口

图 4-1-51 【记账凭证】窗口

5.结转销售成本

(1)2022 年 1 月 19 日,财务部张晓娴在企业应用平台中执行【业务工作】/【供应链】/【存货核算】/【业务核算】/【正常单据记账】命令,打开【查询条件选择】窗口。

(2)单击【确定】按钮,打开【正常单据记账列表】窗口。

(3)单击【全选】按钮,如图 4-1-52 所示。

(4)单击【记账】按钮,将销售专用发票记账,系统提示"记账成功",单击【确定】按钮。

(5)执行【财务核算】/【生成凭证】命令,打开【查询条件】窗口。

(6)单击【确定】按钮,打开【未生成凭证单据一览表】窗口。

正常单据记账列表											
记录总数：1											
选择	日期	单据号	存货编码	存货名称	规格型号	存货代码	单据类型	仓库名称	收发类别	数量	单价	金额
Y	2022-01-19	10935915	0102006	鼎鑫平跟休闲	225#-250#		专用发票	女鞋库	销售出库	300.00		
小计										300.00		

图 4-1-52 【正常单据记账列表】窗口

（7）单击【选择】栏，或单击【全选】按钮，选中待生成凭证的单据，单击【确定】按钮。

（8）选择"凭证类别"为"记 记账凭证"，如图 4-1-53 所示。

图 4-1-53 【生成凭证】窗口

（9）单击【生成】按钮，生成一张记账凭证，单击【保存】按钮，如图 4-1-54 所示。

图 4-1-54 【记账凭证】窗口

业务六　预收款结算业务

【业务描述】2022年1月20日，向哈尔滨家得乐超市有限公司发出富铤商务男鞋，同时开票，收回余款。取得与该业务相关的凭证如图 4-1-55、图 4-1-56 和图 4-1-57 所示。

图 4-1-55 "业务六——增值税专用发票"凭证

中国农业银行 进账单（收账通知）

√普通　加急　委托日期　2022年1月20日

汇款人	全称	哈尔滨家得乐超市有限公司	收款人	全称	黑龙江富铤商贸有限公司
	账号	040201040003635		账号	08059201040012189
	开户银行	中国农业银行哈尔滨宣西支行		开户银行	中国农业银行哈尔滨中山路支行

金额　人民币（大写）　肆万零贰佰捌拾伍元整　￥40285.00

票据编码：10204326
票据种类：转账支票
票据张数：1

汇出行签章：

附加信息及用途：
2022.01.20 货款

复核：　　　记账：

图 4-1-56 "业务六——银行进账单"凭证

销售出库单

出货单位：黑龙江富铤商贸有限公司
仓库：男鞋库　　2022年1月20日　　出库编号：20220107

编号	名称	单位	实收数量	应收数量	单位成本（元）	总成本（元）	备注
0101001	富铤商务男鞋	双	100	100			xs0005
合计			100	100			

仓库管理员：艾英杰　　采购员：略　　部门负责人：略

图 4-1-57 "业务六——出库单"凭证

【业务解析】　本笔业务是开票发货、收回余款的销售业务。

【岗位说明】　销售部刘军填制销售专用发票（现结、复核）；仓储部艾英杰填制销售出库单（审核）；财务部林静填制收款单；财务部张晓娴审核发票、收款单、转账、记账并制单。

【操作步骤】

1.生成销售专用发票

（1）2022年1月20日，销售部刘军在企业应用平台中执行【业务工作】/【供应链】/【销售管理】/【销售开票】/【销售专用发票】命令，打开【销售专用发票】窗口。

（2）单击【增加】按钮，系统弹出【查询条件选择-参照订单】窗口，单击【确定】按钮，选择相应的订单，单击【确定】按钮，系统生成一张销售专用发票，修改"发票号"为"10935916"，依照发票信息完成录入，单击【保存】按钮。

预收款结算业务

(3)单击【现结】按钮,打开【现结】窗口,按照银行进账单信息录入,如图4-1-58所示。

图4-1-58 【现结】窗口

(4)单击【确定】按钮,系统提示"发票已现结",之后单击【确定】按钮。

(5)单击【复核】按钮,如图4-1-59所示。

图4-1-59 【销售专用发票】窗口(已现结)

2.生成销售出库单

(1)2022年1月20日,仓储部艾英杰在企业应用平台中执行【业务工作】/【供应链】/【库存管理】/【出库业务】/【销售出库单】命令,打开【销售出库单】窗口。

(2)选择【生单】/【销售生单】命令,打开【查询条件选择-销售发货单列表】窗口,单击【确定】按钮。

(3)打开【销售生单】窗口,选择相应的发货单,单击【确定】按钮,系统自动生成销售出库单。

(4)单击【审核】按钮,如图4-1-60所示。

图4-1-60 【销售出库单】窗口

3. 应收单审核与制单

(1)2022年1月20日,财务部张晓娴在企业应用平台中执行【业务工作】/【财务会计】/【应收款管理】/【应收单据处理】/【应收单据审核】命令,打开【应收单查询条件】窗口,勾选"包含已现结发票",单击【确定】按钮,打开【应收单据列表】窗口。单击【全选】按钮,再单击【审核】按钮,如图4-1-61所示。

图4-1-61 【应收单据列表】窗口

(2)执行【制单处理】命令,打开【制单查询】窗口,选择"现结制单",单击【确定】按钮,打开【现结制单】窗口,选择需要制单的记录,选择"凭证类别"为"记账凭证",单击【制单】按钮,系统生成相关凭证,再单击【保存】按钮,如图4-1-62所示。

4. 转账

(1)2022年1月20日,财务部张晓娴在企业应用平台中执行【业务工作】/【财务会计】/【应收款管理】/【转账】/【预收冲应收】命令,打开【预收冲应收】窗口,选择预收款客户为"哈尔滨家得乐超市有限公司",应收款客户为"哈尔滨家得乐超市有限公司",输入转账金额"10000.00",如图4-1-63所示。

(2)单击【确定】按钮,系统提示"是否立即制单?",单击【是】按钮,系统生成一张记账凭证,如图4-1-64所示。

(3)单击【保存】按钮。

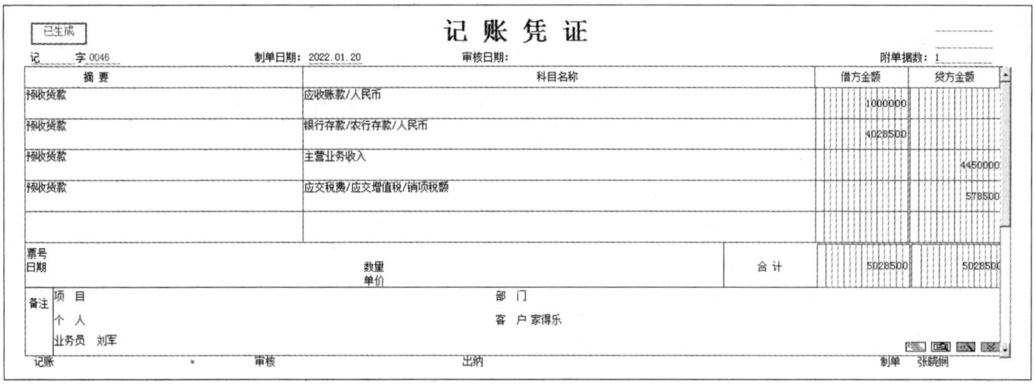

图 4-1-62 【记账凭证】窗口

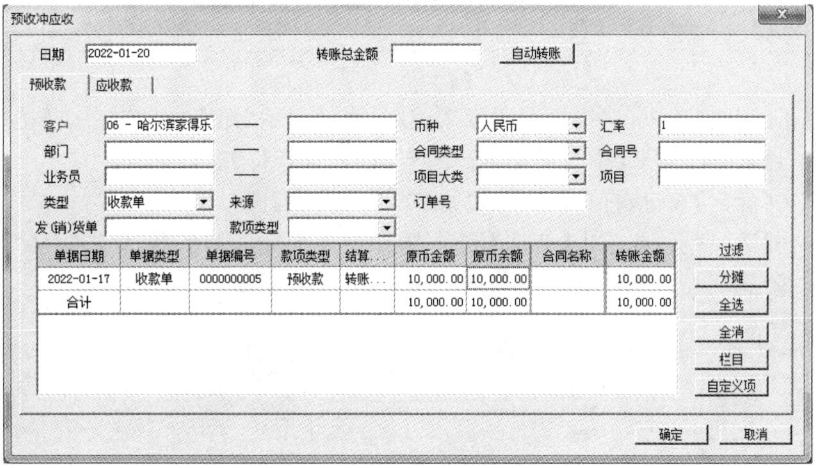

图 4-1-63 【预收冲应收】窗口

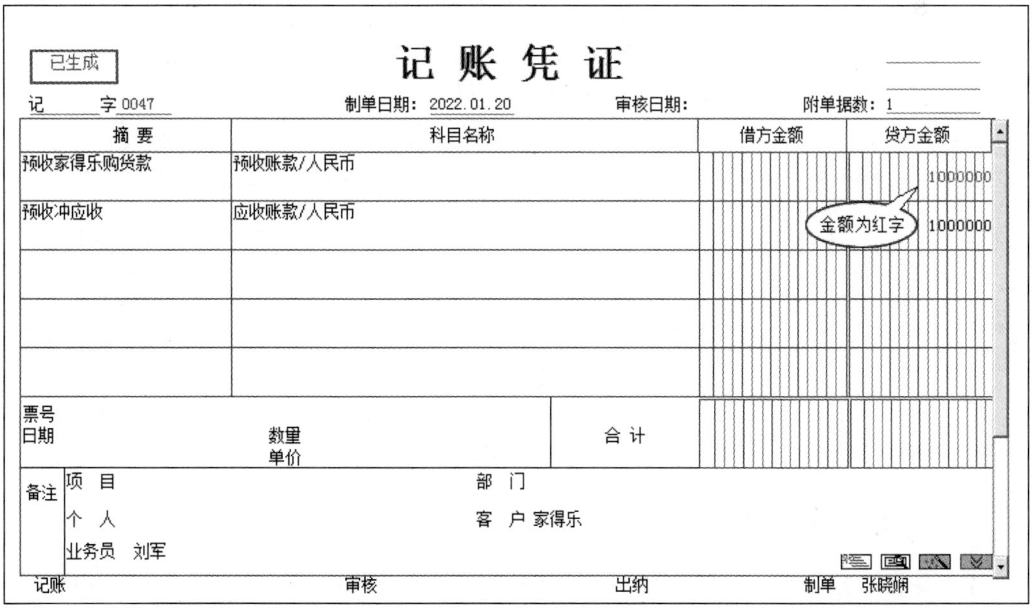

图 4-1-64 【记账凭证】窗口

提示

- 如果在完成"预收冲应收"时,在【预收款】选项卡下未能找到相应单据,需检查"收款单"是否审核;"收款单"表体中"款项类别"是否已选择为"预收款"。

5. 结转销售成本

(1) 2022年1月20日,财务部张晓娴在企业应用平台中执行【业务工作】/【供应链】/【存货核算】/【业务核算】/【正常单据记账】命令,打开【查询条件选择】窗口。

(2) 单击【确定】按钮,打开【正常单据记账列表】窗口。

(3) 单击【全选】按钮,如图4-1-65所示。

正常单据记账列表										
记账总数:1										
选择	日期	单据号	存货编码	存货名称	规格型号	存货代码	单据类型	仓库名称	收发类别	数量	单价	金额
Y	2022-01-20	10935916	0101001	富诞商务男鞋	240#-270#		专用发票	男鞋库	销售出库	100.00		
小计										100.00		

图4-1-65 【正常单据记账列表】窗口

(4) 单击【记账】按钮,将销售专用发票记账,系统提示"记账成功",单击【确定】按钮。

(5) 执行【财务核算】/【生成凭证】命令,打开【查询条件】窗口。

(6) 单击【确定】按钮,打开【未生成凭证单据一览表】窗口。

(7) 单击【选择】栏,或单击【全选】按钮,选中待生成凭证的单据,单击【确定】按钮。

(8) 选择"凭证类别"为"记 记账凭证",如图4-1-66所示。

凭证类别	记 记账凭证														
选择	单据类型	单据号	摘要	科目类型	科目编码	科目名称	借方金额	贷方金额	借方数量	贷方数量	科目方向	存货编码	存货名称	规格型号	部门编码	部门名称	业务员编码	业务员
1	专用发票	10935916	预收货款	对方	6401	主营业务成本	28,620.00		90.00		1	0101001	富诞商务男鞋	240#-270#	4	销售部	401	刘军
				存货	1405	库存商品		28,620.00		90.00	2	0101001	富诞商务男鞋	240#-270#	4	销售部	401	刘军
			预收货款	对方	6401	主营业务成本	3,180.00		10.00		1	0101001	富诞商务男鞋	240#-270#	4	销售部	401	刘军
				存货	1405	库存商品		3,180.00		10.00	2	0101001	富诞商务男鞋	240#-270#	4	销售部	401	刘军
合计							31,800.00	31,800.00										

图4-1-66 【生成凭证】窗口

(9) 单击【生成】按钮,生成一张记账凭证,单击【保存】按钮,如图4-1-67所示。

已生成		记 账 凭 证			
记 字 0048	制单日期:2022.01.20	审核日期:		附单据数:1	
摘要		科目名称		借方金额	贷方金额
预收货款		主营业务成本		3180000	
预收货款		库存商品			3180000
票号 日期	数量 单价		合计	3180000	3180000
备注	项 目 个 人 业务员	部 门 客 户			
记账	审核	出纳		制单 张晓娴	

图4-1-67 【记账凭证】窗口

业务七 商业汇票结算业务

【业务描述】 2022年1月21日,销售部刘军与哈尔滨哈西万达百货签订销售合同,销售鼎豪高跟流行女鞋,货已发出。取得与该业务相关的凭证如图4-1-68~图4-1-71所示。

购销合同

合同编号: xs0008
签订日期: 2022年1月21日

供方（以下简称甲方）： 黑龙江富铤商贸有限公司
需方（以下简称乙方）： 哈尔滨哈西万达百货

供需双方平等互利，协商一致的原则，签订本合同，双方信守执行。

一、产品型号、数量、金额

序号	产品名称	规格型号	单位	数量	单价（无税）	金额（无税）	税率	价税合计
1	鼎豪高跟流行女鞋	225#-250#	双	300	235.00	70500.00	13%	79665.00
合计金额（无税）					70500.00		—	
合计金额（大写）	柒万玖仟陆佰陆拾伍元整					¥79665.00		
其他								

二、包装：由甲方按国家标准进行包装。任何因包装不善所致之损失均由甲方负责。
三、交货日期： 2022年1月21日
四、交货地点及交货方式：卖方配送，并承担运费。
五、付款方式：银行承兑汇票，签订合同当日支付全部货款
六、合同生效及其他
   1、本合同应在双方授权代表签字、单位盖章、预付款到达乙方指定账户生效。
   2、本合同正本一式四份，双方各持两份，具有同等法律效力。
七、本合同一式两份，双方各执一份。

甲方单位名称：	黑龙江富铤商贸有限公司	乙方单位名称：	哈尔滨哈西万达百货
法人代表：	宋文哲	法人代表：	吕东超
日期：	2022年1月21日	日期：	2022年1月21日
签章：		签章：	

图 4-1-68 "业务七——购销合同"凭证

黑龙江增值税专用发票

№ 10935917
2300855500
10935917

此联不作报税抵扣凭证使用

开票日期：2022年01月21日

购买方
名　称： 哈尔滨哈西万达百货
纳税人识别号： 230103056334886
地址、电话： 哈尔滨市中兴大道166号 0451-87717212
开户行及账号： 中国建设银行哈尔滨香坊支行 23001865651050519864

密码区：
033+*7-*73*>2170608870>2/>09-
7/3/+/86<9<>990498/72132*7+
<>931329*894++897/8>+570*5->
>6<589/47*019>/306>26+006<89

货物或应税劳务、服务名称	规格型号	单位	数量	单价	金额	税率	税额
鼎豪高跟流行女鞋	225#-250#	双	300	235.00	70500.00	13%	9165.00
合计					¥70500.00	13%	¥9165.00
价税合计（大写）	⊗ 柒万玖仟陆佰陆拾伍圆整				（小写）¥79665.00		

销售方
名　称： 黑龙江富铤商贸有限公司
纳税人识别号： 230102676956780
地址、电话： 哈尔滨市道里区爱建路113号 0451-84678976
开户行及账号： 中国农业银行哈尔滨中山支行 08059201040012189

收款人： 　　复核： 　　开票人：刘军 　　销售方：（章）

图 4-1-69 "业务七——增值税专用发票"凭证

银行承兑汇票

地HH 00661122
名01 56345612

出票日期（大写）：贰零贰贰 年 零壹 月 贰拾壹 日

出票人全称	哈尔滨哈西万达百货	收款人	全 称	黑龙江富铤商贸有限公司
出票人账号	23001865651050519864		账 号	08059201040012189
付款行全称	中国建设银行哈尔滨香坊支行		开户银行	中国农业银行哈尔滨中山支行
汇票金额	人民币（大写）柒万玖仟陆佰陆拾伍元整		仟佰十万仟佰十元角分 ¥ 7 9 6 6 5 0 0	
汇票到期日（大写）	贰零贰贰年零叁月零柒日	付款行	行号	23001865651050519864
承兑协议编号			地址	中国建设银行哈尔滨香坊支行

本汇票请你承兑，到期无条件付票款。

出票人签章（哈尔滨哈西万达百货财务专用章、超印东）

本汇票已经承兑，到期日由本行付款

承兑行签章
承兑日期 2022年3月7日

复核：
记账：
备注：

图 4-1-70 "业务七———银行承兑汇票"凭证

销 售 出 库 单

出货单位：黑龙江富铤商贸有限公司
仓库：女鞋库
2022年1月21日
出库编号：20220108

编号	名称	单位	实收数量	应收数量	单位成本（元）	总成本（元）	备注
0102007	鼎豪高跟流行女鞋	双	300	300			xs0005
	合 计		300	300			

仓库管理员：艾英杰　　　采购员：略　　　部门负责人：略

图 4-1-71 "业务七———出库单"凭证

【业务解析】 本笔业务是签订销售合同、开票发货、收到银行承兑汇票的销售业务。

【岗位说明】 销售部刘军填制销售订单（审核）、销售专用发票（复核）；仓储部艾英杰填制销售出库单（审核）；财务部林静填制银行承兑汇票；财务部张晓娴审核发票、收款单、单据，记账并制单。

【操作步骤】

1.填制销售订单

（1）2022年1月21日，销售部刘军在企业应用平台中执行【业务工作】/【供应链】/【销售管理】/【销售订货】/【销售订单】命令，打开【销售订单】窗口。

（2）单击【增加】按钮，修改"订单号"为"xs0008"，选择"销售类型"为"正常销售"，参照销售合同录入销售订单信息，单击【保存】按钮。

商业汇票结算业务

(3)单击【审核】按钮,审核填制的销售订单,如图4-1-72所示。

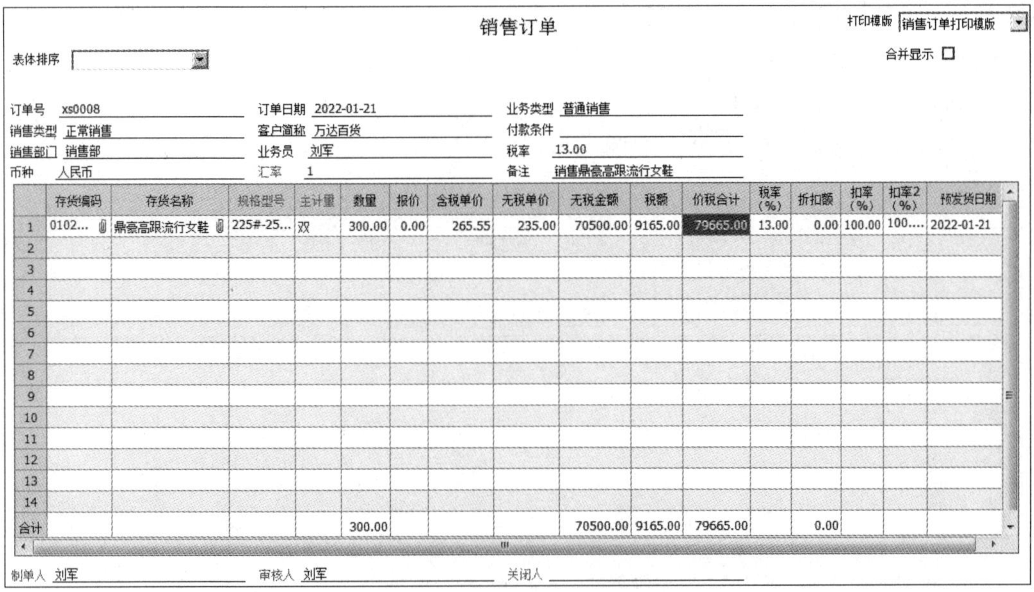

图4-1-72 【销售订单】窗口

2.生成销售专用发票

(1)2022年1月21日,销售部刘军在企业应用平台中执行【业务工作】/【供应链】/【销售管理】/【销售开票】/【销售专用发票】命令,打开【销售专用发票】窗口。

(2)单击【增加】按钮,系统弹出【查询条件选择-参照订单】窗口,单击【确定】按钮,选择相应的订单,单击【确定】按钮,系统生成一张销售专用发票,修改"发票号"为"10935917",依照发票信息完成录入,单击【保存】按钮,再单击【复核】按钮,如图4-1-73所示。

3.生成销售出库单

(1)2022年1月21日,仓储部艾英杰在企业应用平台中执行【业务工作】/【供应链】/【库存管理】/【出库业务】/【销售出库单】命令,打开【销售出库单】窗口。

(2)选择【生单】/【销售生单】命令,打开【查询条件选择-销售发货单列表】窗口,单击【确定】按钮。

(3)打开【销售生单】窗口,选择相应的发货单,单击【确定】按钮,系统自动生成销售出库单。

(4)单击【审核】按钮,如图4-1-74所示。

销售专用发票

发票号	10935917	开票日期	2022-01-21	业务类型	普通销售
销售类型	正常销售	订单号	xs0008	发货单号	0000000011
客户简称	万达百货	销售部门	销售部	业务员	刘军
付款条件		客户地址	哈尔滨市中兴大道166号	联系电话	0451-87717212
开户银行	中国建设银行哈尔滨香坊支行	账号	23001865651050519864	税号	2301030506334886
币种	人民币	汇率	1	税率	13.00
备注	销售鼎豪高跟流行女鞋				

	仓库名称	存货编码	存货名称	规格型号	主计量	数量	换算率	销售单位	件数	报价	含税单价	无税单价	无税金额
1	女鞋库	0102...	鼎豪高跟流...	225#-25...	双	300.00	6.00	套码	50.00	0.00	265.55	235.00	70500.00
合计						300.00			50.00				70500.00

单位名称 黑龙江富铤商贸有限公司　　本单位税号 230102676956780　　本单位开户银行 中国农业银行哈尔滨中山支
制单人 刘军　　复核人 刘军　　银行账号 08059201040012189

图 4-1-73 【销售专用发票】窗口

销售出库单

出库单号	0000000009	出库日期	2022-01-21	仓库	女鞋库
出库类别	销售出库	业务类型	普通销售	业务员	10935917
销售部门	销售部	业务员	刘军	客户	万达百货
审核日期	2022-01-21	备注	销售鼎豪高跟流行女鞋		

	存货编码	存货名称	规格型号	主计量单位	库存单位	应发件数	件数	换算率	应发数量	数量	单价	金额
1	0102007	鼎豪高跟流行女鞋	225#-250#	双	套码	50.00	50.00	6.00	300.00	300.00		
合计						50.00	50.00		300.00	300.00		

制单人 艾英杰　　审核人 艾英杰
现存量

图 4-1-74 【销售出库单】窗口

4.填制银行承兑汇票

2022 年 1 月 21 日,财务部林静在企业应用平台中执行【业务工作】/【财务会计】/【应收款管理】/【票据管理】命令,打开【查询条件选择】窗口,单击【确定】按钮,系统弹出【票据管理】窗口,单击【增加】按钮,系统弹出【商业汇票】窗口。按照银行承兑汇票单据的信息输入,单击【保存】按钮,如图 4-1-75 所示。

图 4-1-75 【商业汇票】窗口

提示

- 商业汇票需由出纳(w03)人员在【票据管理】命令窗口中录入;由会计(w02)人员在【应收单据审核】命令窗口中完成收款单审核。

5.应收单据审核与制单

(1)2022 年 1 月 21 日,财务部张晓娴在企业应用平台中执行【业务工作】/【财务会计】/【应收款管理】/【应收单据处理】/【应收单据审核】命令,打开【应收单查询条件】窗口,单击【确定】按钮,打开【应收单据列表】窗口。单击【全选】按钮,再单击【审核】按钮,如图 4-1-76 所示。

图 4-1-76 【应收单据列表】窗口

(2)执行【制单处理】命令,打开【制单查询】窗口。选择"发票制单",单击【确定】按钮,在打开的窗口中选择需要制单的记录,选择"凭证类别"为"记账凭证",单击【制单】按钮,系统生成相关凭证,再单击【保存】按钮,如图 4-1-77 所示。

[图 4-1-77 记账凭证截图]

图 4-1-77 【记账凭证】窗口

6.收款单据审核与制单

(1)2022年1月21日,财务部张晓娴在企业应用平台中执行【业务工作】/【财务会计】/【应收款管理】/【收款单据处理】/【收款单据审核】命令,打开【收付款单列表】窗口。单击【全选】按钮,再单击【审核】按钮,如图 4-1-78 所示。

[图 4-1-78 收付款单列表截图]

图 4-1-78 【收付款单列表】窗口

(2)执行【制单处理】命令,打开【制单查询】窗口。选择"收付款单制单",单击【确定】按钮,打开【收付款单制单】窗口。选择需要制单的记录,选择"凭证类别"为"记账凭证",单击【制单】按钮,系统生成相关凭证,再单击【保存】按钮,如图 4-1-79 所示。

[图 4-1-79 记账凭证截图]

图 4-1-79 【记账凭证】窗口

7.结转销售成本

(1)2022年1月21日,财务部张晓娴在企业应用平台中执行【业务工作】/【供应链】/【存货核算】/【业务核算】/【正常单据记账】命令,打开【查询条件选择】窗口。

(2)单击【确定】按钮,打开【正常单据记账列表】窗口。

(3)单击【全选】按钮,如图 4-1-80 所示。

正常单据记账列表											
记录总数:1											
选择	日期	单据号	存货编码	存货名称	规格型号	存货代码	单据类型	仓库名称	收发类别	数量	单价	金额
Y	2022-01-21	10935917	0102007	鼎豪高跟流行	225#-250#		专用发票	女鞋库	销售出库	300.00		
小计										300.00		

图 4-1-80 【正常单据记账列表】窗口

(4)单击【记账】按钮,将销售专用发票记账,系统提示"记账成功",单击【确定】按钮。
(5)执行【财务核算】/【生成凭证】命令,打开【查询条件】窗口。
(6)单击【确定】按钮,打开【未生成凭证单据一览表】窗口。
(7)单击【选择】栏,或单击【全选】按钮,选中待生成凭证的单据,单击【生成】按钮。
(8)选择"凭证类别"为"记 记账凭证",如图 4-1-81 所示。

凭证类别	记 记账凭证													
选择	单据类型	单据号	摘要	科目类型	科目编码	科目名称	借方金额	贷方金额	借方数量	贷方数量	科目方向	存货编码	存货名称	规格型号	部门编码	部门名称	业务员编码	业务员
1	专用发票	10935917	销售鼎	对方	6401	主营业务成本	23,688.00		141.00		1	0102007	鼎豪高跟流行女鞋	225#-250#	4	销售部	401	刘军
				存货	1405	库存商品		23,688.00		141.00	2	0102007	鼎豪高跟流行女鞋	225#-250#	4	销售部	401	刘军
				对方	6401	主营业务成本	26,712.00		159.00		1	0102007	鼎豪高跟流行女鞋	225#-250#	4	销售部	401	刘军
				存货	1405	库存商品		26,712.00		159.00	2	0102007	鼎豪高跟流行女鞋	225#-250#	4	销售部	401	刘军
合计							50,400.00	50,400.00										

图 4-1-81 【生成凭证】窗口

(9)单击【生成】按钮,生成一张记账凭证,单击【保存】按钮,如图 4-1-82 所示。

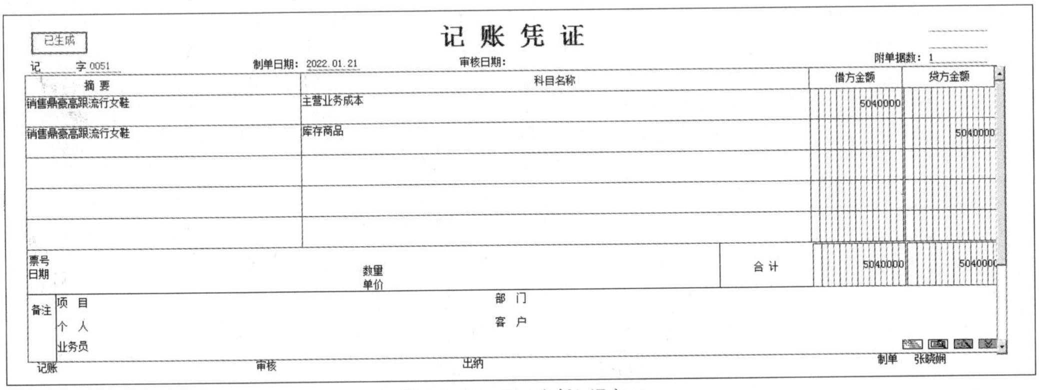

记 账 凭 证			
已生成			附单据数:1
记 字 0051	制单日期:2022.01.21	审核日期:	
摘要	科目名称	借方金额	贷方金额
销售鼎豪高跟流行女鞋	主营业务成本	5040000	
销售鼎豪高跟流行女鞋	库存商品		5040000
票号 日期	数量 单价	合计	5040000 5040000
备注	项目 个人 业务员	部门 客户	
记账	审核	出纳	制单 张晓娴

图 4-1-82 【记账凭证】窗口

业务八 销售折让业务

【业务描述】 2022 年 1 月 22 日,得知本月 19 日销售给大商集团大庆新东风购物广场有限公司的鼎豪平跟休闲女鞋部分商品质量不达标,经协商,我公司给予对方 10%的现金折扣,其余款项于当日收到。取得与该业务相关的凭证如图 4-1-83、图 4-1-84 所示。

【业务解析】 本笔业务是因商品质量问题的销售折让并收取货款的业务。

【岗位说明】 销售部刘军填制红字销售专用发票(复核);财务部林静填制收款单;财务部张晓娴审核发票、收款单,红票对冲、核销并制单。

ERP 供应链管理系统应用教程

2300855500	黑龙江增值税专用发票	№ 10935918	2300855500
	销项负数	此联不作报销凭证使用	10935918
		开票日期：2022年01月22日	

购买方	名　称：	大商集团大庆新东风购物广场有限公司	密码区	033+*7-*73*>2170608870>2/>09-7/3/+/86<9><>990498/72132*7+<>931329*894++897/8>+570*5->6<589/47*019>/306>26+006<89
	纳税人识别号：	230602677450048		
	地址、电话：	大庆市萨尔图区东风新村纬七路13号商场 0459-6621278		
	开户行及账号：	中国建设银行大庆市分行营业部 23001665051059666666		

货物或应税劳务、服务名称	规格型号	单位	数量	单价	金额	税率	税额
鼎豪平跟休闲女鞋					-6420.00	13%	-834.60
合　计					¥-6420.00	13%	¥-834.60
价税合计（大写）	⊗ 柒仟贰佰伍拾肆元陆角				（小写）¥-7254.60		

销售方	名　称：	黑龙江富铤商贸有限公司
	纳税人识别号：	230102676956780
	地址、电话：	哈尔滨市道里区爱建路113号 0451-84678976
	开户行及账号：	中国农业银行哈尔滨中山支行 08059201040012189

收款人：　　　复核：　　　开票人：刘军　　　销售方：（章）

图 4-1-83 "业务八——开具红字增值税专用发票通知单"凭证

中国农业银行 AGRICULTURAL BANK OF CHINA

进　账　单（收账通知）

√普通　　加急　　委托日期 2022年1月22日　　　　3

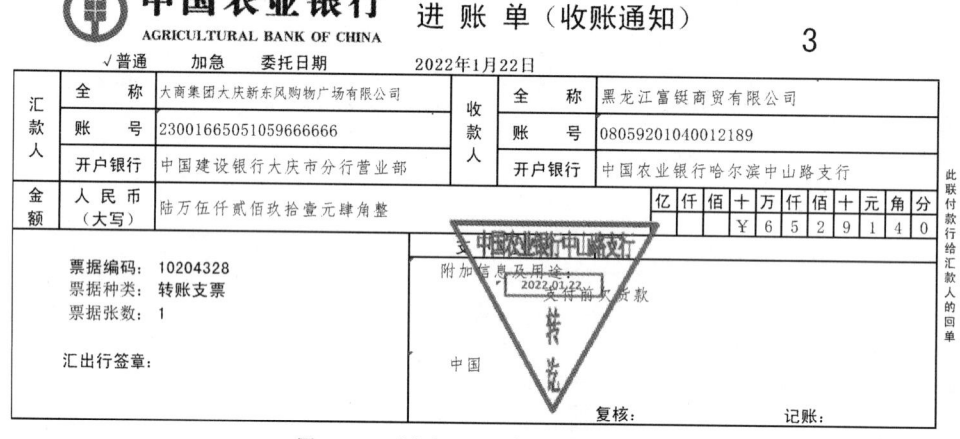

汇款人	全　称	大商集团大庆新东风购物广场有限公司	收款人	全　称	黑龙江富铤商贸有限公司
	账　号	23001665051059666666		账　号	08059201040012189
	开户银行	中国建设银行大庆市分行营业部		开户银行	中国农业银行哈尔滨中山路支行

金额	人民币（大写）	陆万伍仟贰佰玖拾壹元肆角整	亿仟佰十万仟佰十元角分 ¥ 6 5 2 9 1 4 0

票据编码：10204328
票据种类：转账支票
票据张数：1
附加信息及用途：2022.01.22 支付前欠货款

汇出行签章：　　　　中国　　　　复核：　　　记账：

图 4-1-84 "业务八——银行进账单"凭证

【操作步骤】

1.填制红字销售专用发票

（1）2022年1月22日，销售部刘军在企业应用平台中执行【业务工作】/【供应链】/【销售管理】/【销售开票】/【红字专用销售发票】命令，打开【销售专用发票】窗口。

（2）单击【增加】按钮，修改表头"发票号"为"10935918"，按照红字发票信息完成录入，在表体中选择"退补标志"为"退补"，单击【保存】按钮，再单击【复核】按钮，如图 4-1-85 所示。

销售折让业务

提示

- 本笔业务并未退货，因此在录入红字发票时，不需要填写数量。

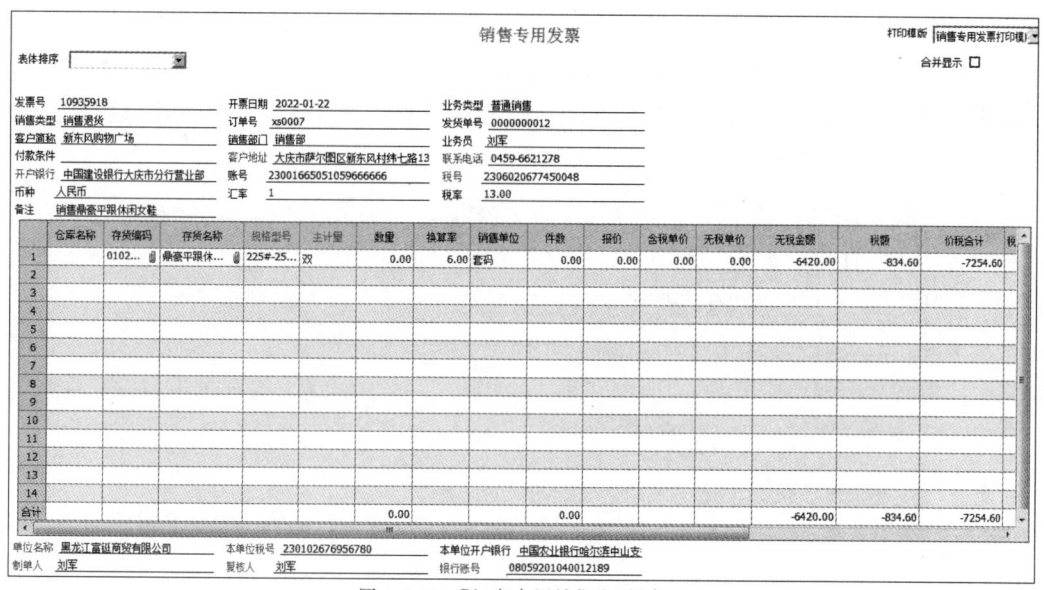

图 4-1-85 【红字专用销售发票】窗口

2. 应收单据审核与制单

（1）2022 年 1 月 22 日，财务部张晓娴在企业应用平台中执行【业务工作】/【财务会计】/【应收款管理】/【应收单据处理】/【应收单据审核】命令，打开【应收单查询条件】窗口，单击【确定】按钮，打开【应收单据列表】窗口。单击【全选】按钮，再单击【审核】按钮，如图 4-1-86 所示。

图 4-1-86 【应收单据列表】窗口

（2）执行【制单处理】命令，打开【制单查询】窗口，选择"发票制单"，单击【确定】按钮，在打开的窗口中选择需要制单的记录，选择"凭证类别"为"记账凭证"，单击【制单】按钮，系统生成相关凭证，再单击【保存】按钮，如图 4-1-87 所示。

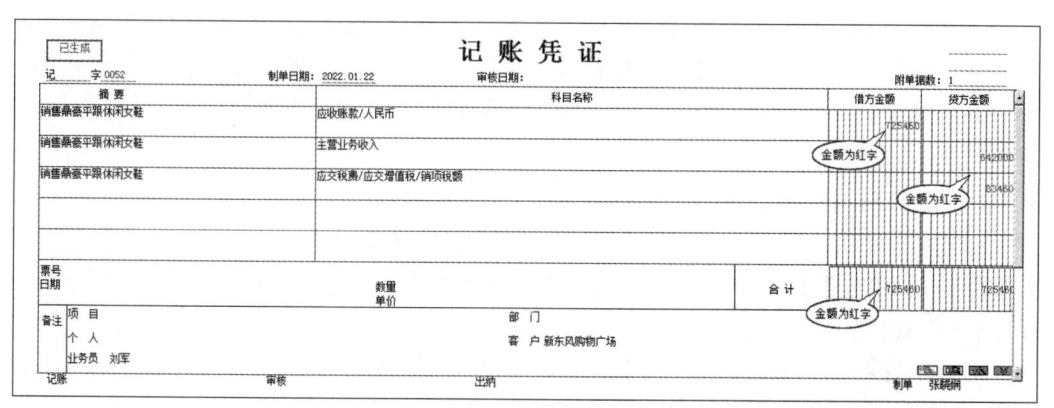

图 4-1-87 【记账凭证】窗口

3.红票对冲

(1)2022年1月22日,财务部张晓娴在企业应用平台中执行【业务工作】/【财务会计】/【应收款管理】/【转账】/【红票对冲】/【手工对冲】命令,打开【红票对冲条件】窗口,选择"客户"为"02",其他按照发票信息补充完整,如图4-1-88所示。

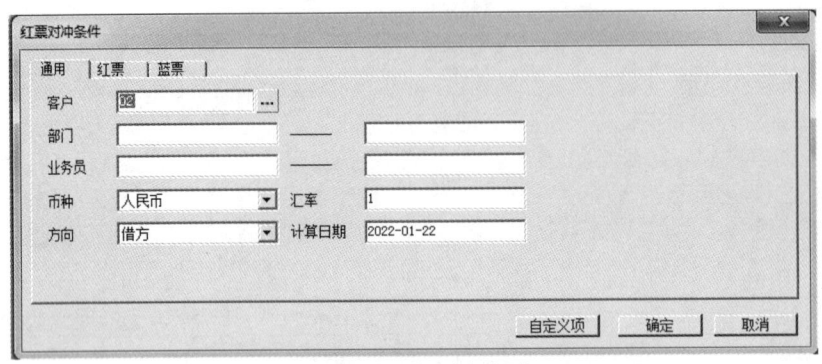

图4-1-88 【红票对冲条件】窗口

(2)单击【确定】按钮,打开【红票对冲】窗口,输入对冲金额为"7254.60",如图4-1-89所示,单击【保存】按钮。

图4-1-89 【红票对冲】窗口

提示

- 对冲金额为销售折让金额。

4.填制收款单

2022年1月22日,财务部林静在企业应用平台中执行【业务工作】/【财务会计】/【应收款管理】/【收款单据处理】/【收款单据录入】命令,打开【收款单据录入】窗口,单击【增加】按钮,按照进账单信息完成录入,在表体中选择"款项类型"为"应收款",单击【保存】按钮,如图4-1-90所示。

5.收款单据审核与制单

(1)2022年1月22日,财务部张晓娴在企业应用平台中执行【业务工作】/【财务会计】/【应收款管理】/【收款单据处理】/【收款单据审核】命令,打开【收付款单列表】窗口。单击【全选】按钮,再单击【审核】按钮,如图4-1-91所示。

(2)执行【制单处理】命令,打开【制单查询】窗口,选择"收付款单制单",单击【确定】按钮,打开【收付款单制单】窗口,选择需要制单的记录,选择"凭证类别"为"记账凭证",单击【制单】按钮,系统生成相关凭证,单击【保存】按钮,如图4-1-92所示。

图 4-1-90 【收款单据录入】窗口

图 4-1-91 【收付款单列表】窗口

图 4-1-92 【记账凭证】窗口

6.核销

(1)2022年1月22日,财务部张晓娴在企业应用平台中执行【业务工作】/【财务会计】/【应收款管理】/【核销处理】/【手工核销】命令,打开【手工核销】窗口,选择"客户"为"新东风购物广场"。

(2)单击【确定】按钮,打开【单据核销】窗口,输入本次结算金额,单击【保存】按钮,如图 4-1-93 所示。

❤ **提示**

• 核销处理是对同一客户的应收单和收款单(应收款和实收款)进行审核,以冲销应收账款。

• 核销应收单与收款单时可以采用手工核销的方法,也可以采用自动核销的方法。

单据日期	单据类型	单据编号	客户	款项类型	结算方式	币种	汇率	原币金额	原币余额	本次结算金额	订单号
2022-01-22	收款单	0000000011	新东风购物广场	应收款	转账支票	人民币	1.00000000	65,291.40	65,291.40	65,291.40	
合计									65,291.40	65,291.40	

单据日期	单据类型	单据编号	到期日	客户	币种	原币金额	原币余额	可享受折扣	本次折扣	本次结算	订单号	凭证号
2022-01-19	销售专	10935915	2022-01-19	新东风购物广场	人民币	72,546.00	65,291.40	0.00	0.00	65,291.40	xs0007	记-0044
合计						72,546.00	65,291.40			65,291.40		

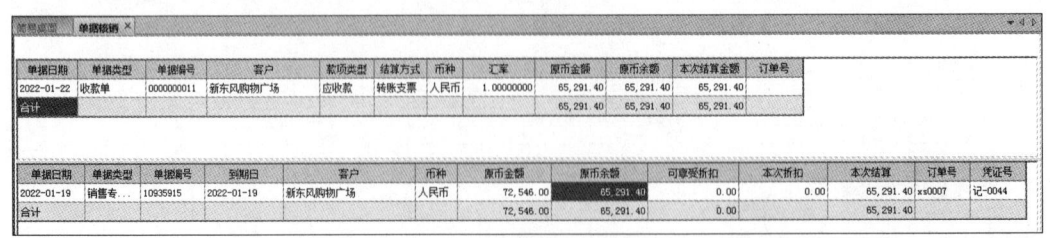

图 4-1-93 【单据核销】窗口

业务九 现金折扣业务

【业务描述】 2022 年 1 月 23 日,收到日前哈尔滨秋林集团股份有限公司鼎豪平跟正装女鞋和鼎豪平跟休闲女鞋的价税款。取得与该业务相关的凭证如图 4-1-94 所示。

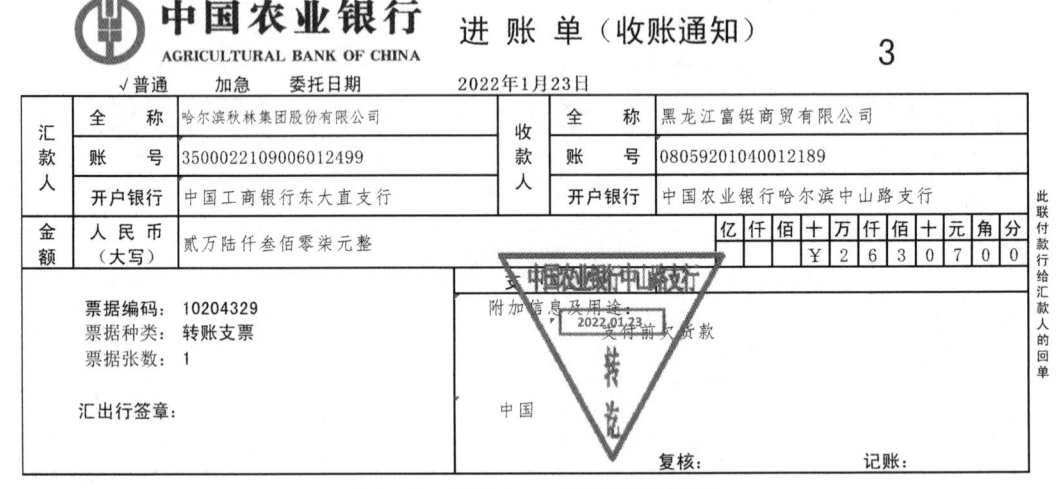

中国农业银行 进 账 单(收账通知) 3
AGRICULTURAL BANK OF CHINA
√普通 加急 委托日期 2022年1月23日

汇款人	全 称	哈尔滨秋林集团股份有限公司	收款人	全 称	黑龙江富铤商贸有限公司
	账 号	3500022109006012499		账 号	08059201040012189
	开户银行	中国工商银行东大直支行		开户银行	中国农业银行哈尔滨中山路支行

金额 人民币(大写) 贰万陆仟叁佰零柒元整   ¥ 2 6 3 0 7 0 0

票据编码: 10204329
票据种类: 转账支票
票据张数: 1

附加信息及用途: 支付前次货款

图 4-1-94 "业务九——银行进账单"凭证

【业务解析】 本笔业务是有现金折扣的销售收款业务。
【岗位说明】 财务部林静填制收款单;财务部张晓娴审核收款单、核销并制单。
【操作步骤】

1. 填制收款单

2022 年 1 月 23 日,财务部林静在企业应用平台中执行【业务工作】/【财务会计】/【应收款管理】/【收款单据处理】/【收款单据录入】命令,打开【收款单据录入】窗口,单击【增加】按钮,表头按照进账单信息录入,在表体中修改"款项类型"为"应收款",单击【保存】按钮,如图 4-1-95 所示。

现金折扣业务

2. 收款单审核

2022 年 1 月 23 日,财务部张晓娴在企业应用平台中执行【业务工作】/【财务会计】/【应收款管理】/【收款单据处理】/【收款单据审核】命令,打开【收付款单列表】窗口,单击【全选】按钮,再单击【审核】按钮,如图 4-1-96 所示。

图 4-1-95 【收款单】窗口

图 4-1-96 【收付款单列表】

3.核销

(1)2022年1月23日,财务部张晓娴在企业应用平台中执行【业务工作】/【财务会计】/【应收款管理】/【核销处理】/【手工核销】命令,打开【手工核销】窗口,选择"客户"为"秋林公司"。

(2)单击【确定】按钮,打开【单据核销】窗口,输入本次结算金额、折扣金额,如图 4-1-97 所示,单击【保存】按钮。

图 4-1-97 【单据核销】窗口

4.收款单、核销合并制单

2022年1月23日,财务部张晓娴在企业应用平台中执行【业务工作】/【财务会计】/【应收款管理】/【制单处理】命令,选择"收付款单制单"和"核销制单",单击【确定】按钮,在打开的窗口中选择需要制单的记录,单击【合并】按钮,选择"凭证类别"为"记账凭证",单击【制单】按钮,系统生成相关凭证,单击【保存】按钮,如图 4-1-98 所示。

提示

- 收款单与核销单需合并制单。

图 4-1-98 【记账凭证】窗口

实训二 直运销售业务

业务一 签订直运销售合同

【业务描述】 2022年1月24日，销售部刘军与哈尔滨中央红集团股份有限公司签订直运销售合同，取得与该业务相关的凭证如图4-2-1所示。

购销合同

合同编号： zy0001
签订日期： 2022年1月24日

供方（以下简称甲方）： 黑龙江富铤商贸有限公司
需方（以下简称乙方）： 哈尔滨中央红集团股份有限公司

供需双方平等互利，协商一致的原则，签订本合同，双方信守执行。

一、产品型号、数量、金额

序号	产品名称	规格型号	单位	数量	单价（无税）	金额（无税）	税率	价税合计
1	宝派婴童套装	0-3岁	套	200	66.00	13200.00	13%	14916.00
2	宝派男童套装	4-6岁	套	200	96.00	19200.00		21696.00
	合计金额（无税）					32400.00		—
合计金额（大写）	叁万陆仟陆佰壹拾贰元整						￥36612.00	
其他								

二、包装：由甲方按国家标准进行包装。任何因包装不善所致之损失均由甲方负责。
三、交货日期：2022年1月25日
四、交货地点及交货方式：卖方配送，并承担运费。
五、付款方式：转账支票，2022年2月25日结算
六、合同生效及其他
　　1．本合同应在双方授权代表签字、单位盖章、预付款到达乙方指定账户生效。
　　2．本合同正本一式四份，双方各持两份，具有同等法律效力。
七、本合同一式四份，双方各执两份。

甲方单位名称： 黑龙江富铤商贸有限公司　　乙方单位名称： 哈尔滨中央红集团股份有限公司
法人代表： 刘军　　　　　　　　　　　　法人代表： 李伟
日　　期：2022年1月24日　　　　　　　日　　期：2022年1月24日
签　　章：　　　　　　　　　　　　　　签　　章：

图 4-2-1 "业务一——购销合同"凭证

【业务解析】 本笔业务是签订直运销售合同的业务。

【岗位说明】 销售部刘军填制销售订单(审核)。

【操作步骤】

填制销售订单

(1)2022年1月24日,销售部刘军在企业应用平台中执行【业务工作】/【供应链】/【销售管理】/【销售订货】/【销售订单】命令,打开【销售订单】窗口。

(2)单击【增加】按钮,修改"订单号"为"zy0001",选择"业务类型"为"直运销售",选择"销售类型"为"正常销售",按照直运销售合同录入订单信息,单击【保存】按钮。

(3)单击【审核】按钮,审核填制的销售订单,如图4-2-2所示。

图4-2-2 【销售订单】窗口

业务二 签订直运采购合同

【业务描述】 2022年1月25日,采购部王悦与宝派少儿服饰(中国)有限公司签订直运采购合同,取得与该业务相关的凭证如图4-2-3所示。

【业务解析】 本笔业务是签订直运采购合同的业务。

【岗位说明】 采购部王悦填制采购订单(审核)。

【操作步骤】

生成采购订单

(1)2022年1月25日,采购部王悦在企业应用平台中执行【业务工作】/【供应链】/【采购管理】/【采购订货】/【采购订单】命令,打开【采购订单】窗口。

购销合同

合同编号: cg0008
签订日期: 2022年1月25日

供方（以下简称甲方）： 宝派少儿服饰（中国）有限公司
需方（以下简称乙方）： 黑龙江富链商贸有限公司

供需双方平等互利，协商一致的原则，签订本合同，双方信守执行。

一、产品型号、数量、金额

序号	产品名称	规格型号	单位	数量	单价（无税）	金额（无税）	税率	价税合计
1	宝派婴童套装	0-3岁	套	200	47.00	9400.00	13%	10622.00
2	宝派男童套装	4-6岁	套	200	68.00	13600.00		15368.00
	合计金额（无税）					23000.00		
	合计金额（大写）		贰万伍仟玖佰玖拾元整				￥25990.00	
	其他							

二、包装：由甲方按国家标准进行包装。任何因包装不善所致之损失均由甲方负责。
三、交货日期：2022年1月25日
四、交货地点及交货方式：卖方配送，并承担运费。
五、付款方式：转账支票，2022年2月25日结算
六、合同生效及其他
　　1、本合同应在双方授权代表签字、单位盖章、预付款到达乙方指定账户生效。
　　2、本合同正本一式四份，双方各持两份，具有同等法律效力。
七、本合同一式两份，双方各执一份。

甲方单位名称：	宝派少儿服饰（中国）有限公司	乙方单位名称：	黑龙江富链商贸有限公司
法人代表：	宋良	法人代表：	吴悦
日期：	2022年1月25日	日期：	2022年1月25日
签章：		签章：	

图 4-2-3　"业务二------购销合同"凭证

(2)单击【增加】按钮，选择"业务类型"为"直运业务"，执行【生单】/【销售订单】命令，打开【查询条件选择-销售订单列表过滤】窗口，单击【确定】按钮，打开【拷贝并执行】窗口，如图 4-2-4 所示。

图 4-2-4　【拷贝并执行】窗口

(3)选择相应的销售订单，单击【确定】按钮，系统生成一张采购订单，单击【保存】按钮，如图 4-2-5 所示。

提示

- 对于直运业务的销售订单、采购订单、采购发票、销售发票，其"采购类型"为"直运采购"，"销售类型"为"直运销售"。

图 4-2-5 【采购订单】窗口

业务三 取得直运采购发票

【业务描述】 2022年1月25日，收到直运采购增值税专用发票，款项未付。取得与该业务相关的凭证如图 4-2-6 所示。

图 4-2-6 "业务三——增值税专用发票"凭证

【业务解析】 本笔业务是收到直运采购发票的业务。
【岗位说明】 采购部王悦填制采购专用发票；财务部张晓娴审核发票。

【操作步骤】

1. 生成采购专用发票

(1) 2022年1月25日,采购部王悦在企业应用平台中执行【业务工作】/【供应链】/【采购管理】/【采购发票】/【专用采购发票】命令,打开【采购专用发票】窗口。

(2) 单击【增加】按钮,选择"业务类型"为"直运采购",执行【生单】/【采购订单】命令,打开【查询条件选择-采购订单列表过滤】窗口,单击【确定】按钮,打开【拷贝并执行】窗口。

(3) 选择相应的采购订单,单击【确定】按钮,系统生成采购专用发票,修改"发票号"为"10935920",单击【保存】按钮,如图4-2-7所示。

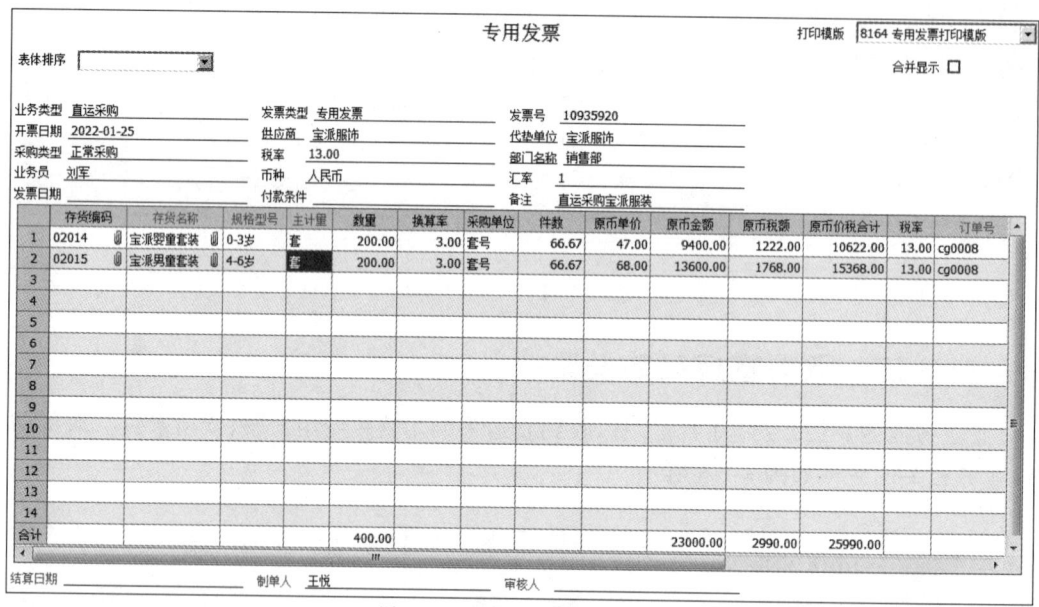

图 4-2-7 【采购专用发票】窗口

> **提示**
>
> • 直运采购发票上不能输入"仓库"。

2. 应付单据审核

2022年1月25日,财务部张晓娴在企业应用平台中执行【业务工作】/【财务会计】/【应付款管理】/【应付单据处理】/【应付单据审核】命令,打开【应付单查询条件】窗口。单击【确定】按钮,打开【应付单据列表】窗口。单击【全选】按钮,再单击【审核】按钮,如图4-2-8所示。

图 4-2-8 【应付单据列表】窗口

业务四 开具直运销售发票

【业务描述】 2022 年 1 月 25 日,开具直运销售增值税专用发票。取得与该业务相关的凭证如图 4-2-9 所示。

图 4-2-9 "业务四——增值税专用发票"凭证

【业务解析】 本笔业务是开出直运销售发票的业务。

【岗位说明】 销售部刘军填制销售专用发票(复核);财务部张晓娴审核发票、单据,记账并制单。

【操作步骤】

1.生成销售专用发票

(1)2022 年 1 月 25 日,销售部刘军在企业应用平台中执行【业务工作】/【供应链】/【销售管理】/【销售开票】/【销售专用发票】命令,打开【销售专用发票】窗口。

(2)单击【增加】按钮,系统弹出【查询条件选择-参照订单】窗口,如图 4-2-10 所示。在表头选择"业务类型"为"直运销售",执行【生单】/【参照订单】命令,选择相应的订单,单击【确定】按钮。

图 4-2-10 【查询条件选择—参照订单】窗口

(3)系统弹出【参照生单】窗口,选择相应的直运销售订单,如图4-2-11所示。

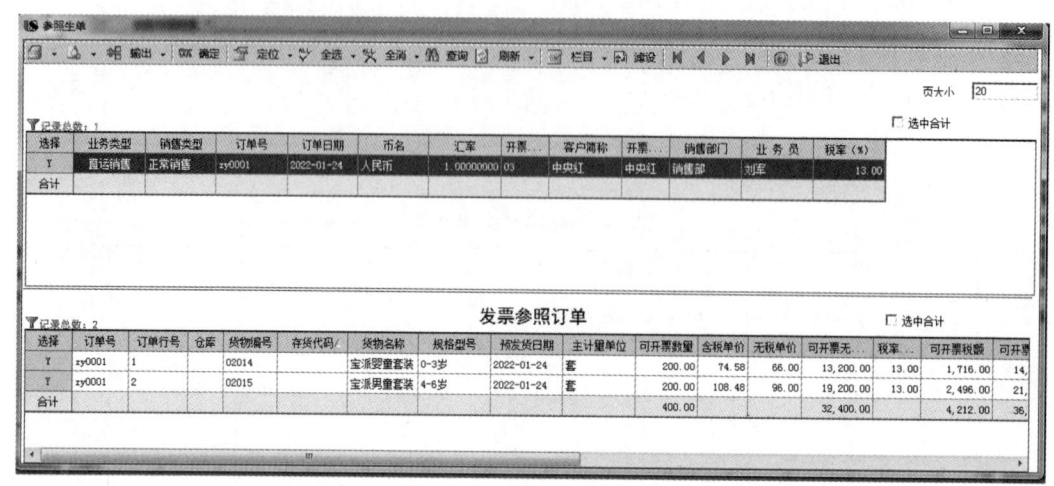

图 4-2-11 【参照生单】窗口

(4)单击【确定】按钮,系统生成一张销售专用发票,修改"发票号"为"10935921",单击【保存】按钮,再单击【复核】按钮,如图4-2-12所示。

图 4-2-12 【销售专用发票】窗口

提示

- 直运销售发票表体中不可录入"仓库名称"。

2. 应收单据审核与制单

(1)2022年1月25日,财务部张晓娴在企业应用平台中执行【业务工作】/【财务会计】/【应收款管理】/【应收单据处理】/【应收单据审核】命令,打开【应收单查询条件】窗口。单击【确定】按钮,打开【应收单据列表】窗口。单击【全选】按钮,再单击【审核】按钮,如图 4-2-13 所示。

选择	审核人	单据日期	单据类型	单据号	客户名称	部门	业务员	制单人	币种	汇率	原币金额	本币金额	备注
	张晓娴	2022-01-25	销售...	10935921	哈尔滨中央红集团股份有限公司	销售部	刘军	刘军	人民币	1.00000000	36,612.00	36,612.00	直运销售宝派服装
合计											36,612.00	36,612.00	

图 4-2-13 【应收单据列表】窗口

(2)执行【制单处理】命令,打开【制单查询】窗口。选择"发票制单",单击【确定】按钮,在打开的窗口中选择需要制单的记录,选择"凭证类别"为"记账凭证",单击【制单】按钮,系统生成相关凭证,再单击【保存】按钮,如图 4-2-14 所示。

记账凭证

摘要	科目名称	借方金额	贷方金额
直运销售宝派服装	应收账款/人民币	3661200	
直运销售宝派服装	主营业务收入		3240000
直运销售宝派服装	应交税费/应交增值税/销项税额		421200
	合计	3661200	3661200

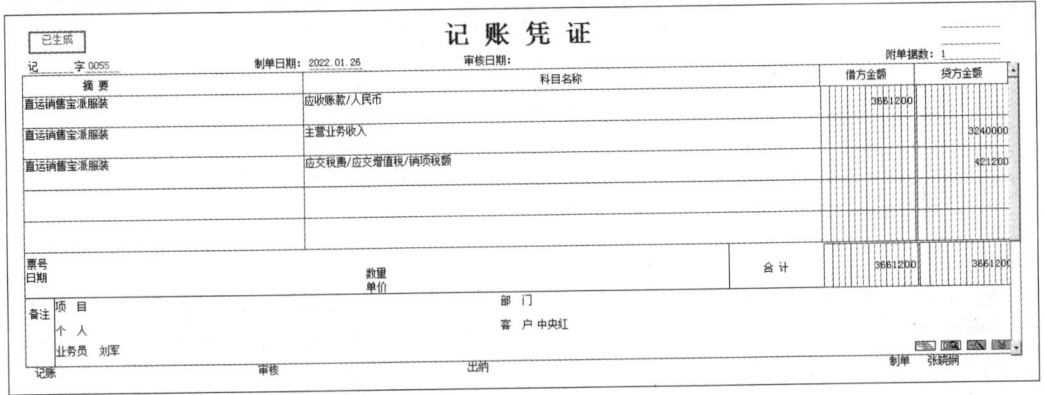

记字 0055 制单日期:2022.01.26 附单据数:1
业务员 刘军 客户 中央红 制单 张晓娴

图 4-2-14 【记账凭证】窗口

3.存货核算确认应付款及直运采购成本

(1)2022 年 1 月 25 日,财务部张晓娴在企业应用平台中执行【业务工作】/【供应链】/【存货核算】/【业务核算】/【直运销售记账】命令,打开【直运采购发票核算查询条件】窗口,如图 4-2-15 所示。

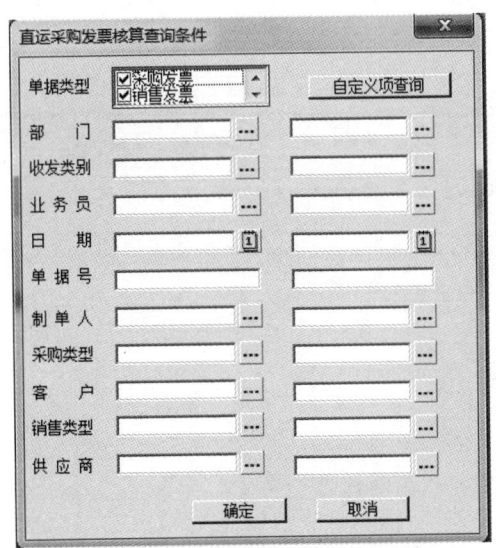

图 4-2-15 【直运采购发票核算查询条件】窗口

提示

- 直运销售业务记账时，需同时对直运采购业务记账。

(2) 单击【确定】按钮，打开【直运销售记账】窗口。

(3) 单击【全选】按钮，如图 4-2-16 所示。

图 4-2-16 【直运销售记账】窗口

(4) 单击【记账】按钮。

(5) 执行【财务核算】/【生成凭证】命令，打开【查询条件】窗口。

(6) 单击【确定】按钮，打开【未生成凭证单据一览表】窗口，如图 4-2-17 所示。

图 4-2-17 【未生成凭证单据一览表】窗口

(7) 单击【选择】栏，选中待生成凭证的单据，单击【确定】按钮。

(8) 选择"凭证类别"为"记 记账凭证"，如图 4-2-18 所示。

图 4-2-18 【生成凭证】窗口

提示

- 输入存货科目为"1402 在途物资"。

(9)单击【生成】按钮,生成两张记账凭证,单击【保存】按钮,如图 4-2-19、图 4-2-20 所示。

图 4-2-19 【记账凭证】窗口(1)

图 4-2-20 【记账凭证】窗口(2)

实训三 零售日报业务

业务一 零售现销业务

【业务描述】 2022 年 1 月 25 日,销售部董永浩接到佳木斯标志服饰经销店的购货电话,同时开具普通销售发票,货款现金收讫(使用现结功能处理),取得相关的原始凭证如图 4-3-1、图 4-3-2 和图 4-3-3 所示。

【业务解析】 本笔业务是零售开票收款的销售业务。

【岗位说明】 销售部刘军填制零售日报(现金复核);仓储部艾英杰填制销售出库单(审核);财务部张晓娴审核发票、单据,记账并制单。

【操作步骤】
1. 填制零售日报

(1)2022 年 1 月 25 日,销售部刘军在企业应用平台中执行【业务工作】/【供应链】/【销售管理】/【零售日报】/【零售日报】命令,打开【零售日报】窗口。

(2)单击【增加】按钮,按照零售业务单据输入信息,单击【保存】按钮,再单击【现结】按钮,打开【现结】窗口,选择"结算方式"为"1-现金","原币金额"为"3861.00",按照收据信息完成录入,如图 4-3-4 所示。

黑龙江增值税普通发票

2300855500　　№ 10935931　2300855500　10935931

此联不作报销、扣税凭证使用　　开票日期：2022年01月25日

购买方	名　称：	佳木斯标志服饰经销店	密码区	033+*7-*73*>2170608870>2/>09-7/3/+/86<9><>990498/72132*7+<>931329*894++897/8>+570*5->6<589/47*019>/306>26+006<89
	纳税人识别号：	230803736911521		
	地址、电话：	佳木斯市中山路458号 0454-8698948		
	开户行及账号：	中国银行佳木斯分行营业部 171453012969		

货物或应税劳务、服务名称	规格型号	单位	数量	单价	金额	税率	税额
宝派婴童套装	0-3岁	套	50	66.00	3300.00	13%	429.00
合　计					¥3300.00	13%	¥429.00

价税合计（大写）　⊗叁仟柒佰贰拾玖圆整　　（小写）¥3729.00

销售方	名　称：	黑龙江富铤商贸有限公司
	纳税人识别号：	2301026769567807
	地址、电话：	哈尔滨市道里区爱建路113号 0451-84678976
	开户行及账号：	中国农业银行哈尔滨中山支行 08059201040012189

收款人：　　复核：　　开票人：刘军　　销售方：（章）

图 4-3-1 "业务————增值税普通发票"凭证

收　据

2022年1月25日　　NO：00490021

今收到　佳木斯标志服饰经销店

交来销售宝派婴童套装货款。　现金收讫

小写 ¥3729.00 元，大写　叁仟柒佰贰拾玖元整

收款单位：　　经收人：

图 4-3-2 "业务————收款收据"凭证

销售出库单

出货单位：黑龙江富铤商贸有限公司
仓库：童装库　　2022年1月25日　　出库编号：20220109

编号	名称	单位	实收数量	应收数量	单位成本（元）	总成本（元）	备注
02014	宝派婴童套装	双	50	50			佳木斯标志
合　计			50	50			

仓库管理员：艾英杰　　采购员：略　　部门负责人：略

图 4-3-3 "业务————出库单"凭证

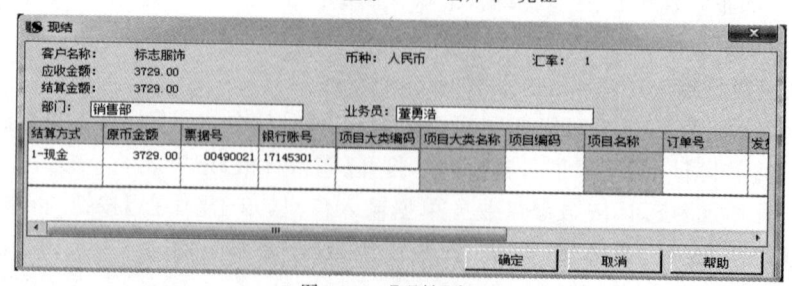

现结窗口

客户名称：标志服饰　　币种：人民币　　汇率：1
应收金额：3729.00
结算金额：3729.00
部门：销售部　　业务员：董勇洁

结算方式	原币金额	票据号	银行账号	项目大类编号	项目大类名称	项目编码	项目名称	订单号
1-现金	3729.00	00490021	17145301...					

图 4-3-4 【现结】窗口

(3)单击【确定】按钮,系统提示"零售日报已现结",单击【确定】按钮,再单击【复核】按钮,如图 4-3-5 所示。

图 4-3-5 【零售日报】窗口(已现结)

2.自动生成并审核发货单

(1)2022 年 1 月 25 日,销售部刘军在企业应用平台中执行【业务工作】/【供应链】/【销售管理】/【销售发货】/【发货单】命令,打开【发货单】窗口。

(2)单击【浏览】按钮,可以查看系统根据销售专用发票自动生成的发货单,如图 4-3-6 所示。

图 4-3-6 【发货单】窗口

3.生成销售出库单

(1) 2022年1月25日,仓储部艾英杰在企业应用平台中执行【业务工作】/【供应链】/【库存管理】/【出库业务】/【销售出库单】命令,打开【销售出库单】窗口。

(2) 选择【生单】/【销售生单】命令,打开【查询条件选择-销售发货单列表】窗口,单击【确定】按钮。

(3) 打开【销售生单】窗口,选择相应的发货单,单击【确定】按钮,系统自动生成销售出库单。

(4) 单击【审核】按钮,如图4-3-7所示。

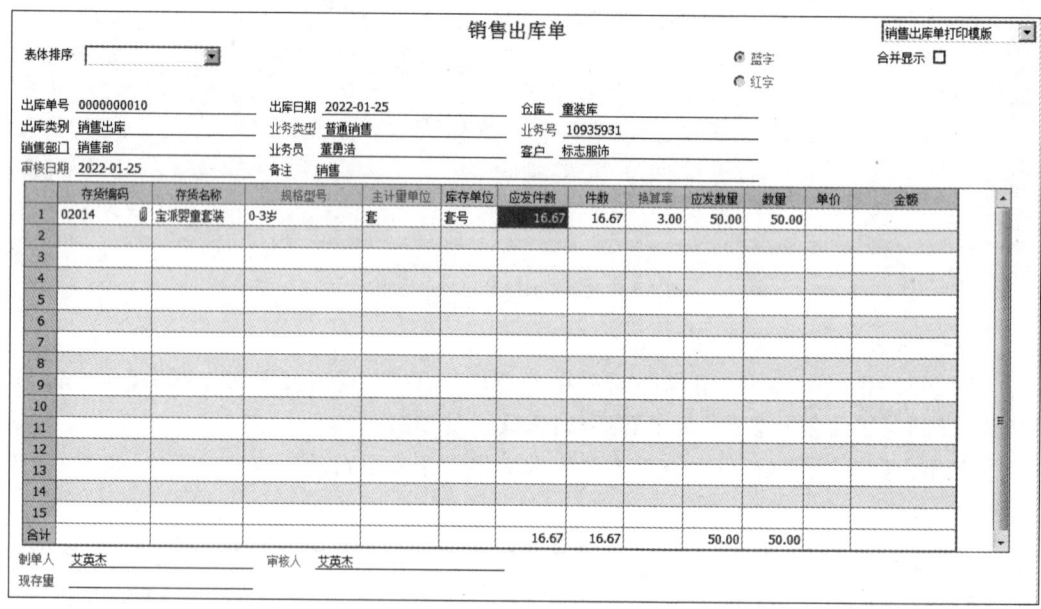

出库单号	0000000010	出库日期	2022-01-25	仓库	童装库
出库类别	销售出库	业务类型	普通销售	业务号	10935931
销售部门	销售部	业务员	董勇浩	客户	标志服饰
审核日期	2022-01-25	备注	销售		

	存货编码	存货名称	规格型号	主计量单位	库存单位	应发件数	件数	换算率	应发数量	数量	单价	金额
1	02014	宝派婴童套装	0-3岁	套	套号	16.67	16.67	3.00	50.00	50.00		
合计						16.67	16.67		50.00	50.00		

制单人 艾英杰　　审核人 艾英杰
现存量

图 4-3-7　【销售出库单】窗口

4.应收单据审核与制单

(1) 2022年1月25日,财务部张晓娴在企业应用平台中执行【业务工作】/【财务会计】/【应收单据处理】/【应收单据审核】命令,打开【应收单查询条件】窗口,勾选"包含已现结发票",单击【确定】按钮,打开【应收单据列表】窗口。单击【全选】按钮,再单击【审核】按钮,如图4-3-8所示。

选择	审核人	单据日期	单据类型	单据号	客户名称	部门	业务员	制单人	币种	汇率	原币金额	本币金额	备注
	张晓娴	2022-01-25	销售	10935931	佳木斯标志服饰经销商店	销售部	董勇浩	刘军	人民币	1.00000000	3,729.00	3,729.00	销售
合计											3,729.00	3,729.00	

图 4-3-8　【应收单据列表】窗口

(2) 执行【制单处理】命令,打开【制单查询】窗口。选择"现结制单",单击【确定】按钮,打开【现结制单】窗口。选择需要制单的记录,选择"凭证类别"为"记账凭证",单击【制单】按钮,系统生成相关凭证,再单击【保存】按钮,如图4-3-9所示。

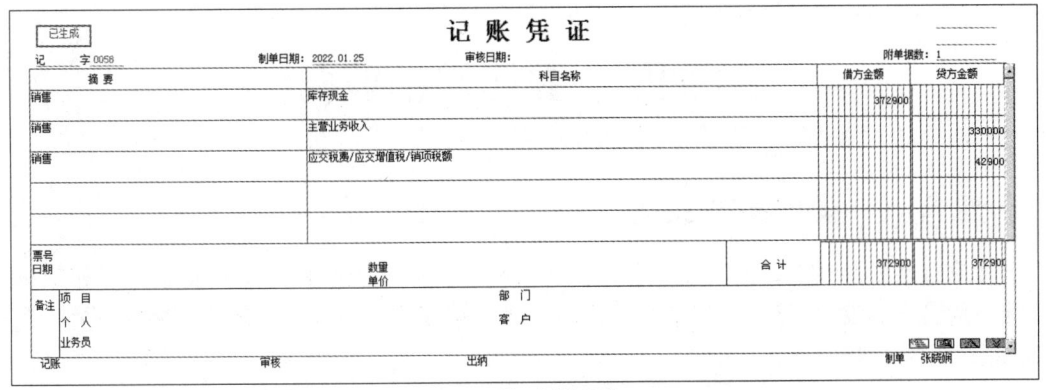

图 4-3-9 【记账凭证】窗口

5.结转销售成本

(1)2022 年 1 月 26 日,财务部张晓娴在企业应用平台中执行【业务工作】/【供应链】/【存货核算】/【业务核算】/【正常单据记账】命令,打开【查询条件选择】窗口。

(2)单击【确定】按钮,打开【正常单据记账列表】窗口。

(3)单击【全选】按钮,如图 4-3-10 所示。

图 4-3-10 【正常单据记账列表】窗口

(4)单击【记账】按钮,将销售日报记账,系统提示"记账成功",单击【确定】按钮。

(5)执行【财务核算】/【生成凭证】命令,打开【查询条件】窗口。

(6)单击【确定】按钮,打开【未生成凭证单据一览表】窗口。

(7)单击【选择】栏,选中待生成凭证的单据,单击【确定】按钮。

(8)选择"凭证类别"为"记 记账凭证"。

(9)单击【生成】按钮,生成一张记账凭证,单击【保存】按钮,如图 4-3-11 所示。

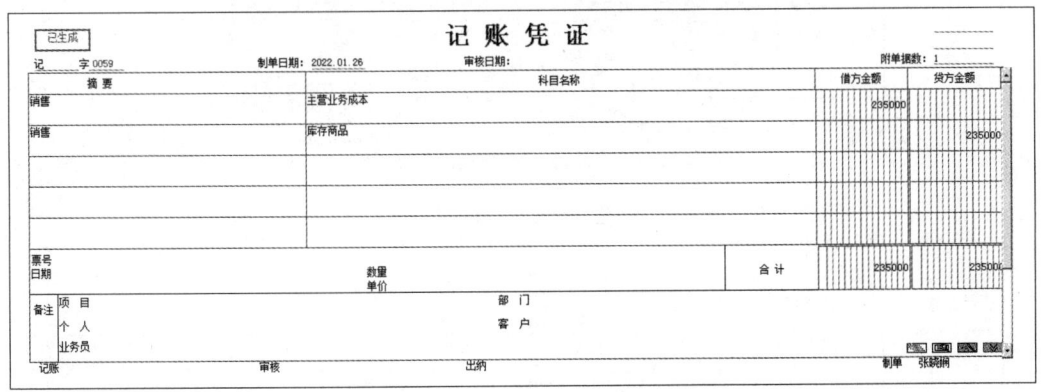

图 4-3-11 【记账凭证】窗口

实训四 委托代销业务

业务一 视同买断业务

【业务描述】 2022年1月26日,销售部刘军与哈尔滨哈西万达百货签订委托代销合同,货已全部发出,每月月底结算一次并开具增值税专用发票,取得与该业务相关的凭证如图4-4-1、图4-4-2所示。

购销合同

合同编号: wt0001
签订日期: 2022年1月26日

供方(以下简称甲方): 黑龙江富铤商贸有限公司
需方(以下简称乙方): 哈尔滨哈西万达百货

供需双方平等互利,协商一致的原则,签订本合同,双方信守执行。

一、产品型号、数量、金额

序号	产品名称	规格型号	单位	数量	单价(无税)	金额(无税)	税率	价税合计
1	富铤运动男鞋	240#-270#	双	100	358.00	35800.00	13%	40454.00
合计金额(无税)					35800.00			—
合计金额(大写)		肆万零肆佰伍拾肆元整					￥40454.00	
其他								

二、包装:由甲方按国家标准进行包装。任何因包装不善所致之损失均由甲方负责。
三、交货日期:2022年1月26日
四、交货地点及交货方式:卖方配送,并承担运费。
五、付款方式:该批货物以视同买断方式委托代销,月底受托方有权将未销售货物退回
六、合同生效及其他
　1、本合同应在双方授权代表签字、单位盖章、预付款到达乙方指定账户生效。
　2、本合同正本一式四份,双方各持两份,具有同等法律效力。
七、本合同一式两份,双方各执一份。

甲方单位名称:	黑龙江富铤商贸有限公司	乙方单位名称:	哈尔滨哈西万达百货
法人代表	宋文哲	法人代表	林林
日期	2022年1月26日	日期	2022年1月26日
签 章		签 章	

图 4-4-1 "业务一——购销合同"凭证

销售出库单

出货单位: 黑龙江富铤商贸有限公司
仓库: 男鞋库　　　　　　　2022年1月15日　　　　　　出库编号: 20220110

编号	名称	单位	实收数量		单位成本(元)	总成本(元)	备注
			实收数量	应收数量			
0101003	富铤运动男鞋	双	100	100			wt0001
	合　计		100	100			

仓库管理员:艾英杰　　　　采购员:略　　　　　　　部门负责人:略

图 4-4-2 "业务一——出库单"凭证

【业务解析】 本笔业务是签订视同销售买断方式委托代销合同、发出代销商品的业务。

【岗位说明】 销售部刘军填制销售订单(审核),仓储部艾英杰填制出库单(审核);财务部张晓娴发出商品记账并制单。

【操作步骤】

1.填制销售订单

(1)2022年1月26日,销售部刘军在企业应用平台中执行【业务工作】/【供应链】/【销售管理】/【销售订货】/【销售订单】命令,打开【销售订单】窗口。

视同买断业务

(2)单击【增加】按钮,修改"订单号"为"wt0001",选择"业务类型"为"委托代销",选择"销售类型"为"委托销售",按照委托代销合同录入订单信息,单击【保存】按钮。

(3)单击【审核】按钮,审核填制的销售订单,如图4-4-3所示。

图4-4-3 【销售订单】窗口

2.生成委托代销发货单

(1)2022年1月26日,销售部刘军在企业应用平台中执行【业务工作】/【供应链】/【销售管理】/【委托代销】/【委托代销发货单】命令,打开【委托代销发货单】窗口。

(2)单击【增加】按钮,关闭系统弹出的【查询条件选择-参照订单】窗口,选择相应的订单,单击【确定】按钮,系统生成一张委托代销发货单,单击【保存】按钮,再单击【审核】按钮,如图4-4-4所示。

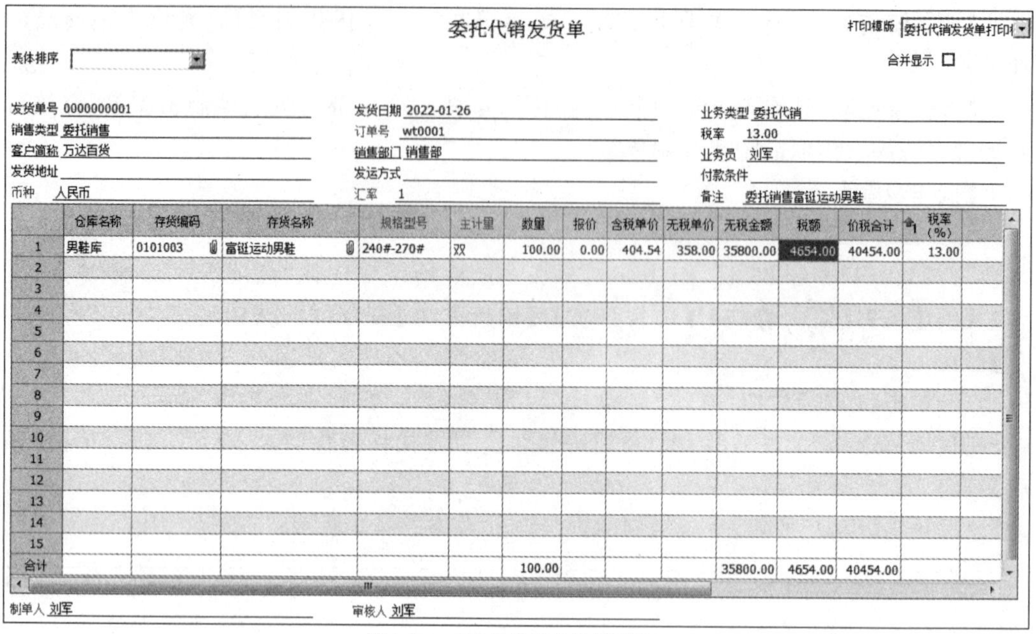

	仓库名称	存货编码	存货名称	规格型号	主计量	数量	报价	含税单价	无税单价	无税金额	税额	价税合计	税率（%）
1	男鞋库	0101003	富钮运动男鞋	240#-270#	双	100.00	0.00	404.54	358.00	35800.00	4654.00	40454.00	13.00
2													
3													
4													
5													
6													
7													
8													
9													
10													
11													
12													
13													
14													
15													
合计						100.00				35800.00	4654.00	40454.00	

图 4-4-4 【委托代销发货单】窗口

3.生成销售出库单

(1)2022 年 1 月 26 日，仓储部艾英杰在企业应用平台中执行【业务工作】/【供应链】/【库存管理】/【出库业务】/【销售出库单】命令，打开【销售出库单】窗口。

(2)选择【生单】/【销售生单】命令，打开【查询条件选择-销售发货单列表】窗口，单击【确定】按钮。

(3)打开【销售生单】窗口，选择相应的发货单，单击【确定】按钮，系统自动生成销售出库单。

(4)单击【审核】按钮，如图 4-4-5 所示。

4.存货核算

(1)2022 年 1 月 26 日，财务部张晓娴在企业应用平台中执行【业务工作】/【供应链】/【存货核算】/【业务核算】/【发出商品记账】命令，打开【查询条件选择】窗口。

(2)单击【确定】按钮，打开【发出商品记账】窗口。

(3)单击【全选】按钮，如图 4-4-6 所示。

(4)单击【记账】按钮，将委托代销发货单记账，系统提示“记账成功”，单击【确定】按钮。

(5)执行【财务核算】/【生成凭证】命令，打开【查询条件】窗口。

(6)单击【确定】按钮，打开【生成凭证】窗口。

(7)单击【选择】栏，或单击【全选】按钮，选中待生成凭证的单据，单击【确定】按钮。

(8)选择【记账凭证】，如图 4-4-7 所示。

销售出库单

销售出库单打印模版

表体排序

◉ 蓝字 ○ 红字

合并显示 □

出库单号 0000000011　出库日期 2022-01-26　仓库 男鞋库

出库类别 委托代销出库　业务类型 委托代销　业务号 0000000001

销售部门 销售部　业务员 刘军　客户 万达百货

审核日期 2022-01-26　备注 委托销售富诞运动男鞋

	存货编码	存货名称	规格型号	主计量单位	库存单位	应发件数	件数	换算率	应发数量	数量	单价	金额
1	0101003	富诞运动男鞋	240#-270#	双	套码	16.67	16.67	6.00	100.00	100.00		
2												
3												
4												
5												
6												
7												
8												
9												
10												
11												
12												
13												
14												
15												
16												
合计						16.67	16.67		100.00	100.00		

制单人 艾英杰　审核人 艾英杰

现存量

图 4-4-5 【销售出库单】窗口

发出商品记账

记录总数：1

选择	日期	单据号	仓库名称	收发类别	存货编码	存货代码	存货名称	规格型号	单据类型	计量单位	数量	单价
Y	2022-01-26	0000000001	男鞋库	委托代销出库	0101003		富诞运动男鞋	240#-270#	委托代销发货单	双	100.00	
小计											100.00	

图 4-4-6 【发出商品记账】窗口

凭证类别 记 记账凭证

选择	单据类型	单据号	摘要	科目类型	科目编码	科目名称	借方金额	贷方金额	借方数量	贷方数量	科目方向	存货编码	存货名称	规格型号	部门编码	部门名称	业务员编码	业务员
1	委托代销...	0000000001	委托代...	发出商品	1406	发出商品	25,600.00		100.00		1	0101003	富诞运动男鞋	240#-270#	4	销售部	401	刘军
				存货	1405	库存商品		25,600.00		100.00	2	0101003	富诞运动男鞋	240#-270#	4	销售部	401	刘军
合计							25,600.00	25,600.00										

图 4-4-7 【生成凭证】窗口

(9)单击【生成】按钮，生成一张记账凭证，再单击【保存】按钮，如图 4-4-8 所示。

记 账 凭 证

已生成

记　字 0060　制单日期：2022.01.26　审核日期：　附单据数：1

摘 要	科目名称	借方金额	贷方金额
委托代销发货单	发出商品	2560000	
委托代销发货单	库存商品		2560000
票号 日期	数量 单价	合 计 2560000	2560000

备注　项 目　部 门

个 人　客 户

业务员

记账　审核　出纳　制单 张晓娴

图 4-4-8 【记账凭证】窗口

业务二　支付手续费业务

【业务描述】 2022年1月26日,销售部刘军与大庆世纪联华超市有限公司签订委托代销合同,商品已于当日发出,取得与该业务相关的原始凭证如图4-4-9、图4-4-10所示。

购销合同

合同编号：wt0002
签订日期：2022年1月26日

供方（以下简称甲方）：黑龙江富铤商贸有限公司
需方（以下简称乙方）：大庆世纪联华超市有限公司

供需双方平等互利,协商一致的原则,签订本合同,双方信守执行。

一、产品型号、数量、金额

序号	产品名称	规格型号	单位	数量	单价（无税）	金额（无税）	税率	价税合计
1	鼎豪平跟正装女鞋	225#-250#	双	200	264.00	52800.00	13%	59664.00
合计金额（无税）					52800.00		-	
合计金额（大写）		伍万玖仟陆佰陆拾肆元整				￥59664.00		
其他								

二、包装：由甲方按国家标准进行包装。任何因包装不善所致之损失均由甲方负责。
三、交货日期：2022年1月26日
四、交货地点及交货方式：卖方配送,并承担运费。
五、付款方式：甲方发出货物后,约定每月底结算,协商手续费为货物价款10%
六、合同生效及其他
　　1、本合同应在双方授权代表签字、单位盖章、预付款到达乙方指定账户生效。
　　2、本合同正本一式四份,双方各持两份,具有同等法律效力。
七、本合同一式两份,双方各执一份

甲方单位名称：黑龙江富铤商贸有限公司　　乙方单位名称：大庆世纪联华超市有限公司
法　人　代　表：宋文哲　　　　　　　　　法　人　代　表：林林
日　　　　　期：2022年1月26日　　　　　　日　　　　　期：2022年1月26日
签　　　　　章：（合同专用章）　　　　　　签　　　　　章：（合同专用章）

图4-4-9　"业务二——购销合同"凭证

销售出库单

出货单位：黑龙江富铤商贸有限公司
仓库：女鞋库　　2022年1月26日　　出库编号：20220111

编号	名称	单位	实收数量	应收数量	单位成本（元）	总成本（元）	备注
0102005	鼎豪平跟正装女鞋	双	200	200			wt0003
合　计			200	200			

仓库管理员：艾英杰　　采购员：略　　部门负责人：略

图4-4-10　"业务二——出库单"凭证

【业务解析】 本笔业务是签订支付代销手续费方式的委托代销合同、发出商品的业务。

【岗位说明】 销售部刘军填制销售订单（审核）；仓储部艾英杰填制销售出库单（审核）；财务部张晓娴发出商品记账并制单。

【操作步骤】

1.填制销售订单

（1）2022年1月26日，销售部刘军在企业应用平台中执行【业务工作】/【供应链】/【销售管理】/【销售订货】/【销售订单】命令，打开【销售订单】窗口。

支付手续费业务

（2）单击【增加】按钮，修改"订单号"为"wt0002"，选择"业务类型"为"委托代销"，选择"销售类型"为"委托销售"，按照委托代销合同录入订单信息，单击【保存】按钮。

（3）单击【审核】按钮，审核填制的销售订单，如图4-4-11所示。

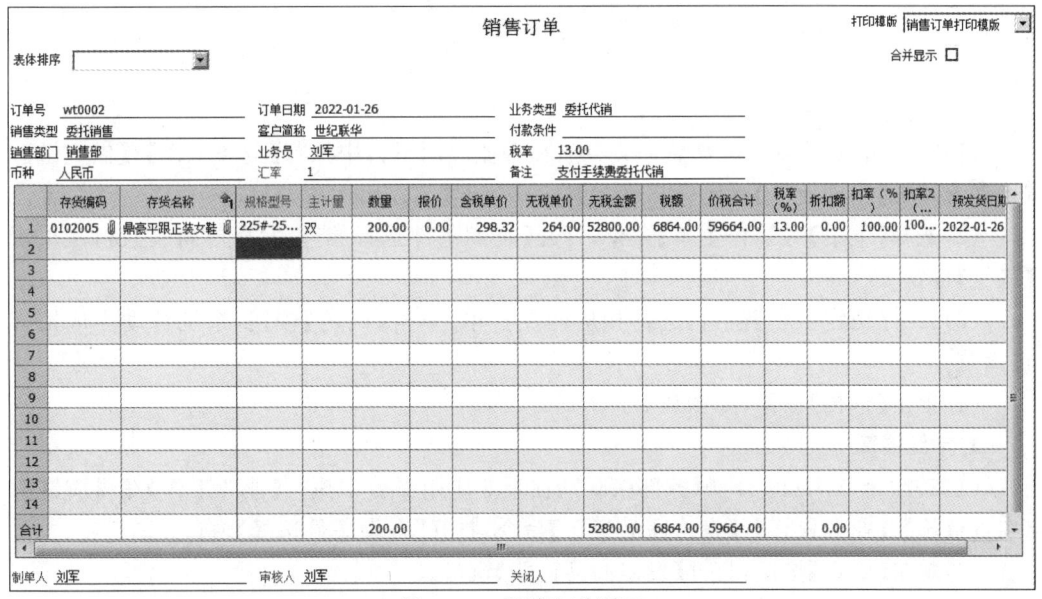

图 4-4-11 【销售订单】窗口

2.生成委托代销发货单

（1）2022年1月26日，销售部刘军在企业应用平台中执行【业务工作】/【供应链】/【销售管理】/【委托代销】/【委托代销发货单】命令，打开【委托代销发货单】窗口。

（2）单击【增加】按钮，关闭系统弹出的【查询条件选择-参照订单】窗口，选择相应的订单，单击【确定】按钮，系统生成一张委托代销发货单，单击【保存】按钮，再单击【审核】按钮，如图4-4-12所示。

	仓库名称	存货编码	存货名称	规格型号	主计量	数量	报价	含税单价	无税单价	无税金额	税额	价税合计	税率(%)
1	女鞋库	0102005	鼎豪平跟正装女鞋	225#-250#	双	200.00	0.00	298.32	264.00	52800.00	6864.00	59664.00	13.00
合计						200.00				52800.00	6864.00	59664.00	

图 4-4-12 【委托代销发货单】窗口

3.生成销售出库单

(1)2022年1月26日,仓储部艾英杰在企业应用平台中执行【业务工作】/【供应链】/【库存管理】/【出库业务】/【销售出库单】命令,打开【销售出库单】窗口。

(2)选择【生单】/【销售生单】命令,打开【查询条件选择-销售发货单列表】窗口,单击【确定】按钮。

(3)打开【销售生单】窗口,选择相应的发货单,单击【确定】按钮,系统自动生成销售出库单。

(4)单击【审核】按钮,如图 4-4-13 所示。

4.存货核算

(1)2022年1月26日,财务部张晓娴在企业应用平台中执行【业务工作】/【供应链】/【存货核算】/【业务核算】/【发出商品记账】命令,打开【查询条件选择】窗口。

(2)单击【确定】按钮,打开【发出商品记账】窗口。

(3)单击【全选】按钮,如图 4-4-14 所示。

(4)单击【记账】按钮,将委托代销发货单记账,系统提示"记账成功",单击【确定】按钮。

(5)执行【财务核算】/【生成凭证】命令,打开【查询条件】窗口。

(6)单击【确定】按钮,打开【生成凭证】窗口。

(7)单击【选择】栏,或单击【全选】按钮,选中待生成凭证的单据,单击【确定】按钮。

(8)选择【记账凭证】,如图 4-4-15 所示。

销售出库单

销售出库单打印模版

表体排序

◉ 蓝字 ○ 红字 合并显示 □

出库单号 0000000012　出库日期 2022-01-26　仓库 女鞋库

出库类别 委托代销出库　业务类型 委托代销　业务号 0000000002

销售部门 销售部　业务员 刘军　客户 世纪联华

审核日期 2022-01-26　备注 支付手续费委托代销

	存货编码	存货名称	规格型号	主计量...	库存单位	应发件数	件数	换算率	应发数量	数量	单价	金额
1	0102005	鼎豪平跟正装女鞋	225#-250#	双	套码	33.33	33.33	6.00	200.00	200.00		
2												
3												
4												
5												
6												
7												
8												
9												
10												
11												
12												
13												
14												
15												
16												
合计						33.33	33.33		200.00	200.00		

制单人 艾英杰　审核人 艾英杰

现存量 170.00

图 4-4-13 【销售出库单】窗口

发出商品记账

记录总数：1

选择	日期	单据号	仓库名称	收发类别	存货编码	存货代码	存货名称	规格型号	单据类型	计量单位	数量	单价
Y	2022-01-26	0000000002	女鞋库	委托代销出库	0102005		鼎豪平跟正装...	225#-250#	委托代销发货单	双	200.00	
小计											200.00	

图 4-4-14 【发出商品记账】窗口

凭证类别 记 记账凭证

选择	单据类型	单据号	摘要	科目类型	科目编码	科目名称	借方金额	贷方金额	借方数量	贷方数量	科目方向	存货编码	存货名称	规格型号	部门编码	部门名称	业务员编码	业务员
1	委托代销...	0000000002	委托代...	发出商品	1406	发出商品	12,950.00		70.00		1	0102005	鼎豪平跟正装女鞋	225#-250#	4	销售部	401	刘军
				存货	1405	库存商品		12,950.00		70.00	2	0102005	鼎豪平跟正装女鞋	225#-250#	4	销售部	401	刘军
				发出商品	1406	发出商品	24,050.00		130.00		1	0102005	鼎豪平跟正装女鞋	225#-250#	4	销售部	401	刘军
				存货	1405	库存商品		24,050.00		130.00	2	0102005	鼎豪平跟正装女鞋	225#-250#	4	销售部	401	刘军
合计							37,000.00	37,000.00										

图 4-4-15 【生成凭证】窗口

(9)单击【生成】按钮，生成一张记账凭证，单击【保存】按钮，如图 4-4-16 所示。

记 账 凭 证

已生成

记 字 0061　制单日期：2022.01.26　审核日期：　附单据数：1

摘要	科目名称	借方金额	贷方金额
委托代销发货单	发出商品	3700000	
委托代销发货单	库存商品		3700000
票号 日期	数量 单价	合 计 3700000	3700000

备注　项 目　部 门

个 人　客 户

业务员

记账　审核　出纳　制单 张晓娟

图 4-4-16 【记账凭证】窗口

业务三　视同买断业务结算

【业务描述】 2022年1月28日，收到哈尔滨哈西万达百货的委托代销清单，另收到转账支票，已向对方开具增值税专用发票，取得原始凭证如图4-4-17、图4-4-18、图4-4-19所示。

商品代销清单

2022年1月28日　　NO.147021

委托方	黑龙江富铤商贸有限公司			委托方	哈尔滨哈西万达百货			
账号	08059201040012189			账号	2300186565105051 9864			
开户行	中国农业银行哈尔滨中山支行			开户行	中国建设银行哈尔滨香坊支行			
代销货物	代销货物名称	规格型号	计量单位	数量	单价（不含税）	金额（不含税）	税率	价税合计
	富铤运动男鞋	240#-270#	双	100.00	358.00	35800.00	13%	40454.00
代销方式	视同买断方式代销							
代销款结算时间	根据代销货物销售情况，于每月月底结算货款							
代销款结算方式	电汇							
本月代销货物销售情况	货物名称	规格型号	计量单位	数量	单价（不含税）	金额（不含税）	税率	价税合计
	富铤运动男鞋	240#-270#	双	50.00	358.00	17900.00	13%	20227.00
	价税合计	大写：		贰万零贰佰贰拾柒元整		小写：	￥20227.00	
本月代销款结算金额		大写：		贰万零贰佰贰拾柒元整		小写：	￥20227.00	

主管：　　　审核：　　　制单：　　　受托方盖章：

图4-4-17　"业务三——商品代销清单"凭证

黑龙江增值税专用发票

2300855500　　№ 10935933　　2300855500　10935933

此联不作报销、抵扣凭证使用　　开票日期：2022年01月28日

购买方	名　称：	哈尔滨哈西万达百货				
	纳税人识别号：	230103056334886			密码区	033+*7-*73*>2170608870>2/>09-7/3/+/86<9<>990498/72132*7+<>931329*894++897/8>+570*5-> >6<589/47*019>/306>26+006<89
	地址、电话：	哈尔滨市中兴大道166号 0451-87717212				
	开户行及账号：	中国建设银行哈尔滨香坊支行 23001865651050519864				
货物或应税劳务、服务名称	规格型号	单位	数量	单价	金额	税率	税额
富铤运动男鞋	240#-270#	双	50	358.00	17900.00	13%	2327.00
合　计					￥17900.00	13%	￥2327.00
价税合计（大写）		⊗ 贰万贰佰贰拾柒圆整			（小写）￥20227.00		
销售方	名　称：	黑龙江富铤商贸有限公司				
	纳税人识别号：	230102676956780				
	地址、电话：	哈尔滨市道里区爱建路53号 0451-84678676				
	开户行及账号：	中国农业银行哈尔滨中山支行 08059201040012189				

收款人：　　　复核：　　　开票人：刘军　　　销售方：（章）

图4-4-18　"业务三——增值税专用发票"凭证

【业务解析】 本笔业务是收到代销清单、开出销售发票的业务。

【岗位说明】 销售部刘军填制委托代销结算单(审核);财务部张晓娴审核发票、发出商品记账并制单。

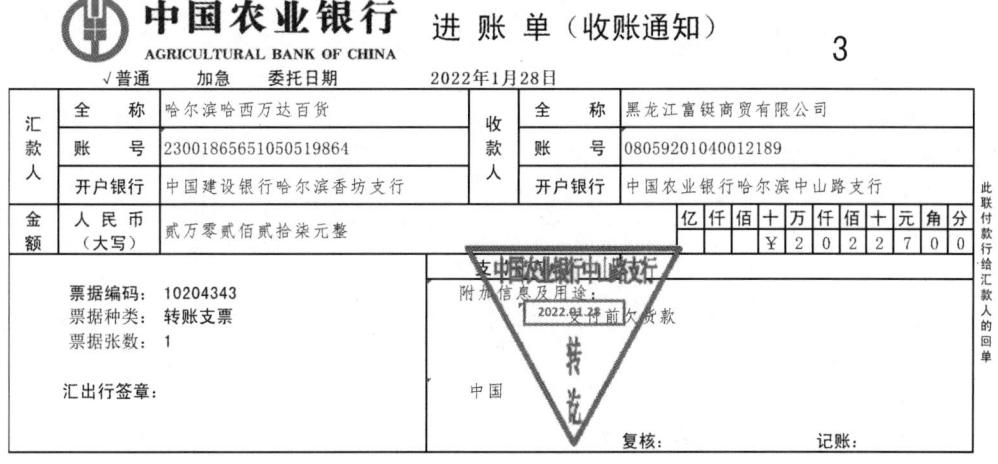

中国农业银行 AGRICULTURAL BANK OF CHINA	进 账 单（收账通知）			3
√普通　加急　委托日期	2022年1月28日			
汇款人	全　称	哈尔滨哈西万达百货	收款人	全　称	黑龙江富铤商贸有限公司
	账　号	23001865651050519864		账　号	08059201040012189
	开户银行	中国建设银行哈尔滨香坊支行		开户银行	中国农业银行哈尔滨中山路支行
金额	人民币（大写）	贰万零贰佰贰拾柒元整			亿仟佰十万仟佰十元角分 ¥ 2 0 2 2 7 0 0
票据编码: 10204343 票据种类: 转账支票 票据张数: 1 汇出行签章:			附加信息及用途: 2022买断前欠货款 中国	复核:	记账:

图 4-4-19 "业务三——银行进账单"凭证

【操作步骤】
1.填制委托代销结算单

(1)2022年1月28日,销售部刘军在企业应用平台中执行【业务工作】/【供应链】/【销售管理】/【委托代销】/【委托代销结算单】命令,打开【委托代销结算单】窗口。

(2)单击【增加】按钮,系统弹出【查询条件选择-委托结算参照发货单】窗口,如图 4-4-20 所示。

视同买断业务结算

图 4-4-20 【查询条件选择-委托结算参照发货单】窗口

(3)单击【确定】按钮,系统弹出【参照生单】窗口,选择相应的发货单,单击【确定】按钮,系统生成一张委托代销结算单,按照商品代销清单修改数量,单击【保存】按钮,如图 4-4-21 所示。

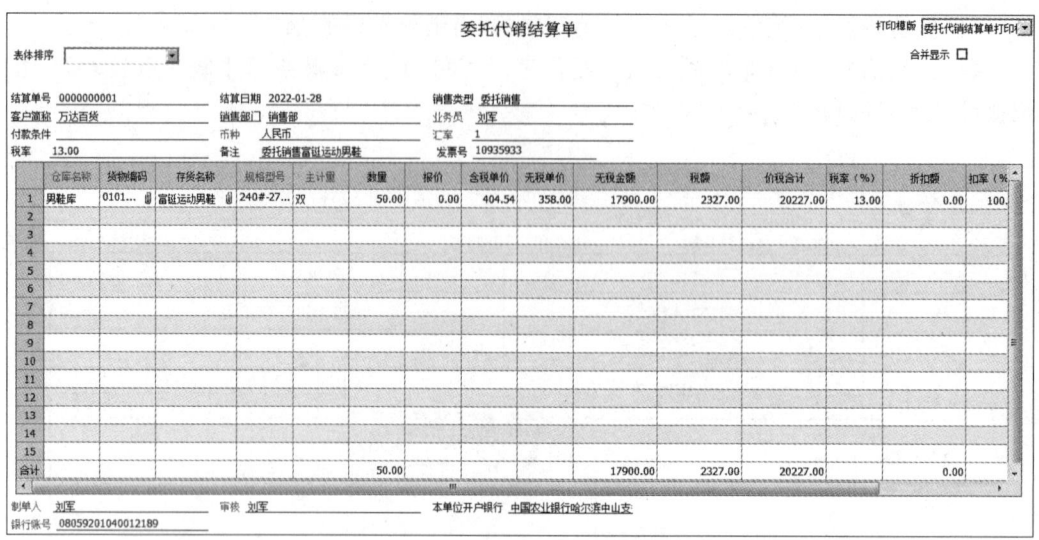

图 4-4-21 【委托代销结算单】窗口

(4)单击【审核】按钮,系统弹出【请选择发票类型】窗口,选择"专用发票"。

(5)单击【确定】按钮,系统生成一张销售专用发票,修改"发票号"为"10935933",单击【保存】按钮。

(6)单击【现结】按钮,打开【现结】窗口,输入进账单信息,如图4-4-22所示。

图 4-4-22 【现结】窗口

(7)单击【复核】按钮,完成销售专用发票录入工作,如图4-4-23所示。

2.应收单据审核与制单

(1)2022年1月28日,财务部张晓娴在企业应用平台中执行【业务工作】/【财务会计】/【应收款管理】/【应收单据处理】/【应收单据审核】命令,打开【应收单查询条件】窗口。勾选"包含已现结发票",单击【确定】按钮,打开【应收单据列表】窗口。单击【全选】按钮,再单击【审核】按钮,如图4-4-24所示。

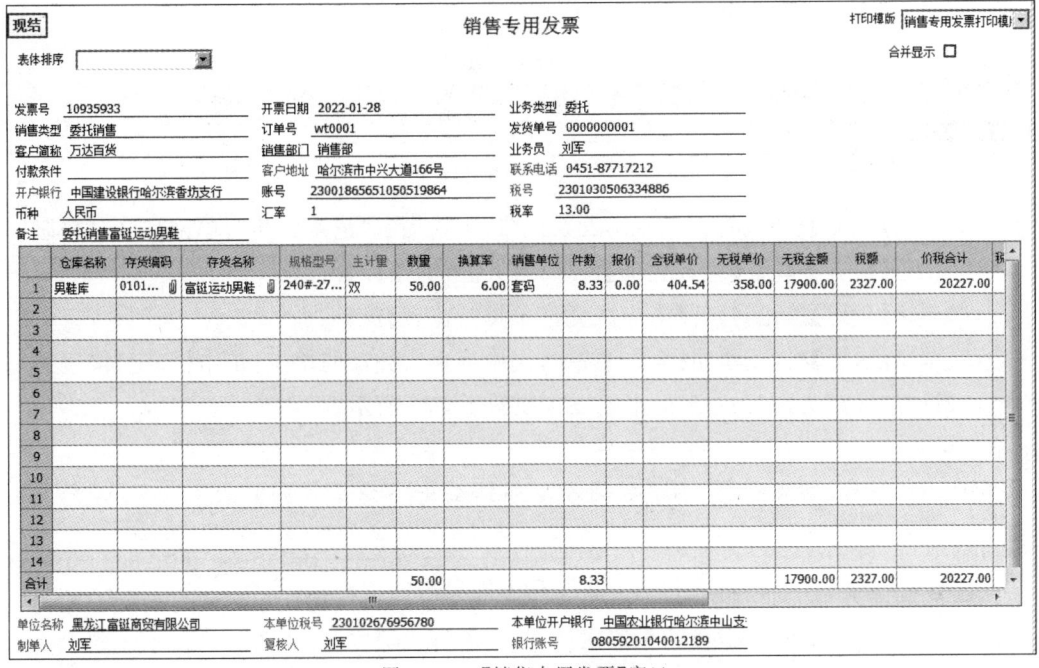

图 4-4-23 【销售专用发票】窗口

图 4-4-24 【应收单据列表】窗口

(2)执行【制单处理】命令,打开【制单查询】窗口。选择"现结制单",单击【确定】按钮,打开【现结制单】窗口。选择需要制单的记录,选择"凭证类别"为"记账凭证",单击【制单】按钮,系统生成相关凭证,再单击【保存】按钮,如图4-4-25所示。

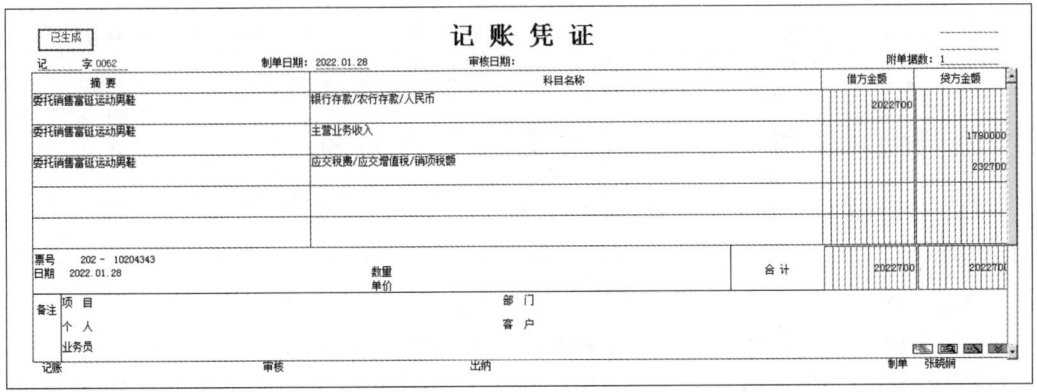

图 4-4-25 【记账凭证】窗口

3.存货核算

(1)2022年1月28日,财务部张晓娴在企业应用平台中执行【业务工作】/【供应链】/【存货核算】/【业务核算】/【发出商品记账】命令,打开【查询条件选择】窗口。

(2)单击【确定】按钮,打开【发出商品记账】窗口。

(3)单击【全选】按钮,如图 4-4-26 所示。

选择	日期	单据号	仓库名称	收发类别	存货编码	存货代码	存货名称	规格型号	单据类型	计量单位	数量	单价
√	2022-01-28	10935933	男鞋库	委托代销出库	0101003		富铤运动男鞋	240#-270#	专用发票	双	50.00	
小计											50.00	

图 4-4-26 【发出商品记账】窗口

(4)单击【记账】按钮,将销售专用发票记账,系统提示"记账成功",单击【确定】按钮。

(5)执行【财务核算】/【生成凭证】命令,打开【查询条件】窗口。

(6)单击【确定】按钮,打开【未生成凭证单据一览表】窗口。

(7)单击【选择】栏,或单击【全选】按钮,选中待生成凭证的单据,单击【确定】按钮。

(8)选择"凭证类别"为"记 记账凭证",如图 4-4-27 所示。

凭证类别	记 记账凭证													
选择	单据类型	单据号	摘要	科目类型	科目编码	科目名称	借方金额	贷方金额	借方数量	贷方数量	科目方向	存货编码	存货名称	规格型号	部门编码	部门名称	业务员编码	业务员
1	专用发票	10935933	委托销…	对方	6401	主营业务成本	12,800.00		50.00		1	0101003	富铤运动男鞋	240#-270#	4	销售部	401	刘军
				发出商品	1406	发出商品		12,800.00		50.00	2	0101003	富铤运动男鞋	240#-270#	4	销售部	401	刘军
合计							12,800.00	12,800.00										

图 4-4-27 【生成凭证】窗口

(9)单击【生成】按钮,生成一张记账凭证,单击【保存】按钮,如图 4-4-28 所示。

图 4-4-28 【记账凭证】窗口

业务四 支付手续费业务结算

【业务描述】 2022 年 1 月 28 日,收到大庆世纪联华超市有限公司交来的委托代销清单和转账支票(已扣除手续费),已开具增值税专用发票(不适用现结功能处理),取得与该业务相关的凭证如图 4-4-29~图 4-4-32 所示。

【业务解析】 本笔业务是收到代销清单、支付代销手续费、开出销售发票的业务。

【岗位说明】 销售部刘军填制委托代销结算单(审核)、销售费用支出单(审核);财务部林静填制收款单;财务部张晓娴审核发票、收款单、应付单、转账、发出商品记账并制单。

商品代销清单

2022年1月28日   NO.245096

委托方	黑龙江富铤商贸有限公司	委托方	大庆世纪联华超市有限公司
账号	08059201040012189	账号	170212358320
开户行	中国农业银行哈尔滨中山支行	开户行	中国银行股份有限公司大庆分行

代销货物	代销货物名称	规格型号	计量单位	数量	单价（不含税）	金额（不含税）	税率	价税合计
	鼎豪平跟正装女鞋	225#-250#	双	200.00	264.00	52800.00	13%	59664.00

代销方式	以代销货款（不含税）的10%收取手续费
代销款结算时间	根据代销货物销售情况，于每月月底结算货款
代销款结算方式	电汇

本月代销货物销售情况	货物名称	规格型号	计量单位	数量	单价（不含税）	金额（不含税）	税率	价税合计
	鼎豪平跟正装女鞋	225#-250#	双	100.00	264.00	26400.00	13%	29832.00
	价税合计	大写	贰万玖仟捌佰叁拾贰元整			小写		￥29832.00
本月代销款结算金额		大写	贰万玖仟捌佰叁拾贰元整			小写		￥29832.00

主管：   审核：   制单：   受托方盖章：

图 4-4-29 "业务四——商品代销清单"凭证

中国农业银行 进账单（收账通知）

√普通   加急   委托日期 2022年1月28日   3

汇款人	全称	大庆世纪联华超市有限公司	收款人	全称	黑龙江富铤商贸有限公司
	账号	170212358320		账号	08059201040012189
	开户银行	中国银行股份有限公司大庆分行		开户银行	中国农业银行哈尔滨中山路支行

金额	人民币（大写）	贰万柒仟壹佰玖拾贰元整	亿仟佰十万仟佰十元角分 ￥ 2 7 1 9 2 0 0

票据编码：10204344
票据种类：转账支票
票据张数：1

附加信息及用途：2022.01.28付前欠货款

汇出行签章：

复核：   记账：

此联付款行给汇款人的回单

图 4-4-30 "业务四——银行进账单"凭证

【操作步骤】

1.填制委托代销结算单

（1）2022年1月28日，销售部刘军在企业应用平台中执行【业务工作】/【供应链】/【销售管理】/【委托代销】/【委托代销结算单】命令，打开【委托代销结算单】窗口。

支付手续费业务结算

黑龙江增值税专用发票

2300855500　　No 10935941

开票日期：2022年01月28日

购买方	名称：大庆世纪联华超市有限公司 纳税人识别号：230602569863787 地址、电话：黑龙江省大庆市萨尔图区东风路15-5号 0459-8223066 开户行及账号：中国银行股份有限公司大庆分行 170212358320	密码区	033+*7-*73*>2170608870>2/>09-7/3/+/86<9<>990498/72132*7+<>931329*894++897/8>+570*5->6<589/47*019>/306>26+006<89

货物或应税劳务、服务名称	规格型号	单位	数量	单价	金额	税率	税额
鼎豪平跟正装女鞋	225#-250#	双	100	264.00	26400.00	13%	3432.00
合　计					￥26400.00	13%	￥3432.00

价税合计（大写）　⊗ 贰万玖仟捌佰叁拾贰圆整　　（小写）￥29832.00

销售方	名称：黑龙江富铤商贸有限公司 纳税人识别号：230102676956780 地址、电话：哈尔滨市道里区爱建路113号 0451-84678976 开户行及账号：中国农业银行哈尔滨中山支行 08059201040012189

收款人：　　复核：　　开票人：刘军　　销售方：（章）

图 4-4-31　"业务四——增值税专用发票"凭证

黑龙江增值税专用发票

2300500090　　No 10935966

开票日期：2022年01月28日

购买方	名称：黑龙江富铤商贸有限公司 纳税人识别号：230102676956780 地址、电话：哈尔滨市道里区爱建路113号 0451-84678976 开户行及账号：中国农业银行哈尔滨中山支行 08059201040012189	密码区	033+*7-*73*>2170608870>2/>09-7/3/+/86<9<>990498/72132*7+<>931329*894++897/8>+570*5->6<589/47*019>/306>26+006<89

货物或应税劳务、服务名称	规格型号	单位	数量	单价	金额	税率	税额
委托代销手续费					2490.57	6%	149.43
合　计					￥2490.57	6%	￥149.43

价税合计（大写）　⊗ 贰仟陆佰肆拾圆整　　（小写）￥2640.00

销售方	名称：大庆世纪联华超市有限公司 纳税人识别号：230602569863787 地址、电话：黑龙江省大庆市萨尔图区东风路15-5号 0459-8223066 开户行及账号：中国银行股份有限公司大庆分行 170212358320

收款人：王悦　　复核：　　开票人：　　销售方：（章）

图 4-4-32　"业务四——增值税普通发票"凭证

（2）单击【增加】按钮，系统弹出【查询条件选择-委托结算参照发货单】窗口，如图 4-4-33 所示。

（3）单击【确定】按钮，系统弹出【参照生单】窗口，选择相应的发货单，单击【确定】按钮，系统生成一张委托代销结算单，按照商品代销清单修改数量，单击【保存】按钮，如图 4-4-34 所示。

（4）单击【审核】按钮，系统弹出【请选择发票类型】窗口，选择"专用发票"。

（5）单击【确定】按钮，系统弹出一张销售专用发票，修改"发票号"为"10935941"，单击【保存】按钮，如图 4-4-35 所示。

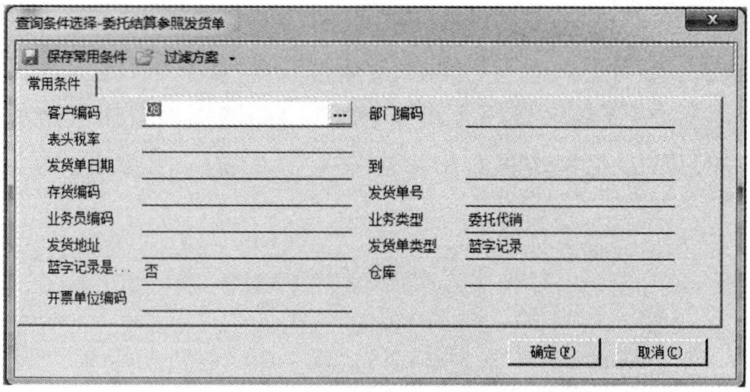

图 4-4-33 【查询条件选择-委托结算参照发货单】窗口

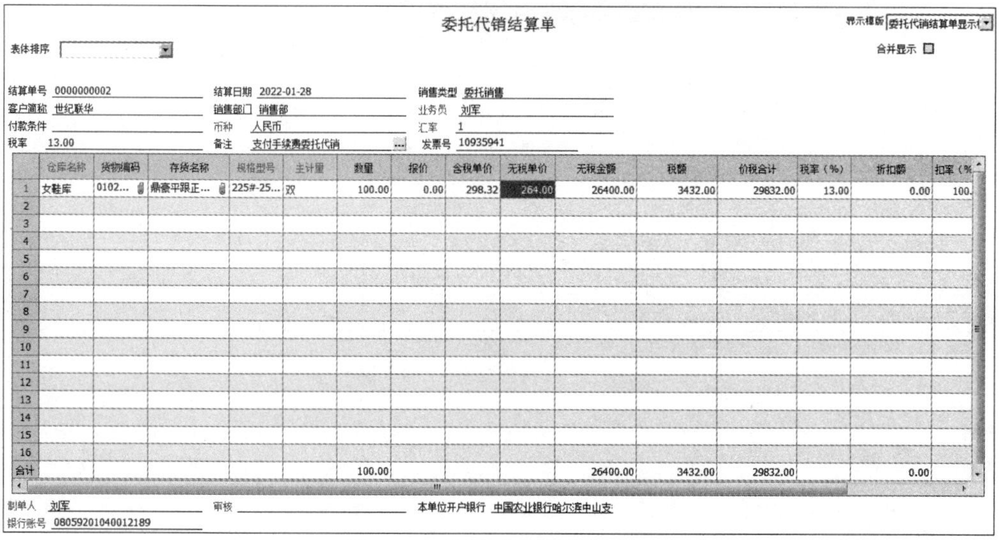

图 4-4-34 【委托代销结算单】窗口

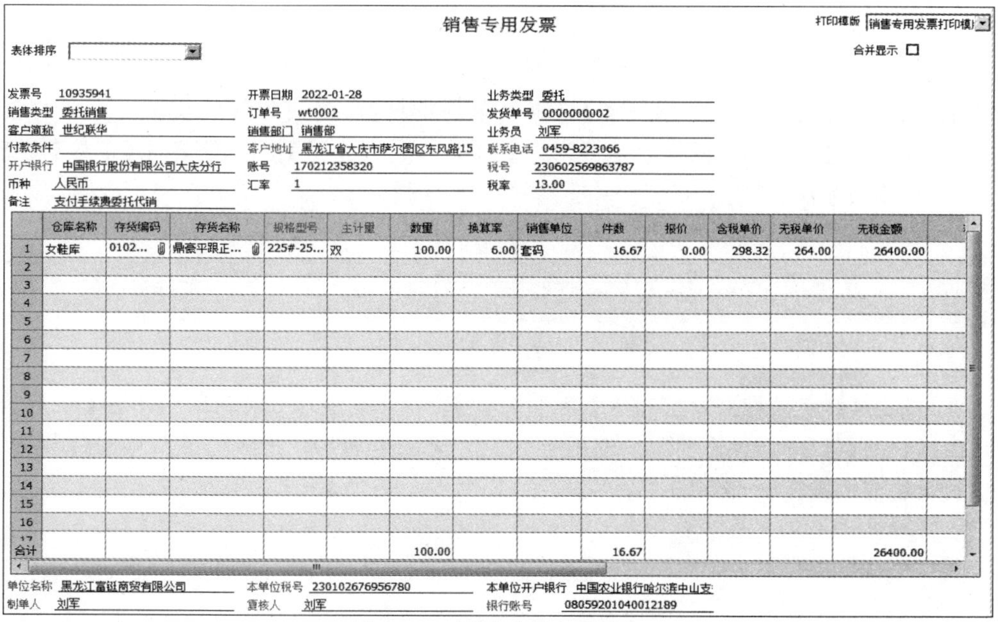

图 4-4-35 【销售专用发票】窗口

2.填制销售费用支出单

(1)2022年1月28日,销售部刘军在企业应用平台中执行【业务工作】/【供应链】/【销售管理】/【费用支出】/【销售费用支出单】命令,打开【销售费用支出单】窗口。

(2)单击【增加】按钮,按照销售费用支出发票信息录入,单击【保存】按钮,再单击【审核】按钮,如图4-4-36所示。

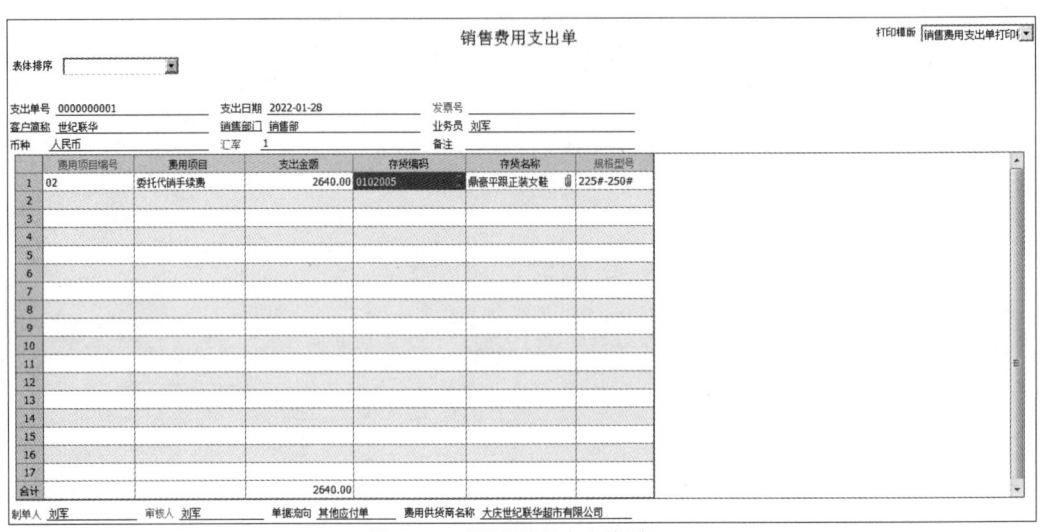

图4-4-36 【销售费用支出单】窗口

提示

• 在生成销售费用支出单前,以"A01"身份在基础单据中重新对该单据格式进行修改,将"单据流向""费用供应商名称"单独列在表尾进行保存!

3.应收单据审核与制单

(1)2022年1月28日,财务部张晓娴在企业应用平台中执行【业务工作】/【财务会计】/【应收款管理】/【应收单据处理】/【应收单据审核】命令,打开【应收单查询条件】窗口。单击【确定】按钮,打开【应收单据列表】窗口。单击【全选】按钮,再单击【审核】按钮,如图4-4-37所示。

图4-4-37 【应收单据列表】窗口

(2)执行【制单处理】命令,打开【制单查询】窗口。选择"发票制单",单击【确定】按钮,在打开的窗口中选择需要制单的记录,选择"凭证类别"为"记账凭证",单击【制单】按钮,系统生成相关凭证,再单击【保存】按钮,如图4-4-38所示。

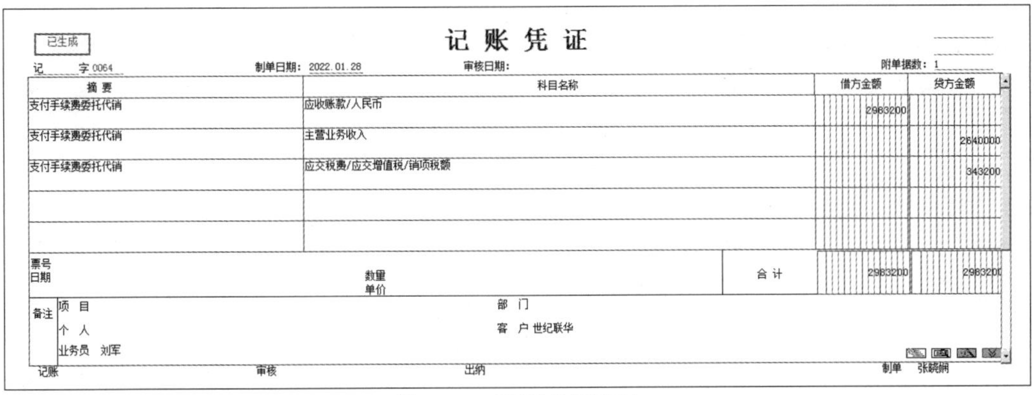

图 4-4-38 【记账凭证】窗口

4. 填制收款单

2022 年 1 月 28 日,财务部林静在企业应用平台中执行【业务工作】/【财务会计】/【应收款管理】/【收款单据处理】/【收款单据录入】命令,打开【收款单据录入】窗口,单击【增加】按钮,表头按照进账单的信息录入,在表体中选择"款项类型"为"应收款",单击【保存】按钮,如图 4-4-39 所示。

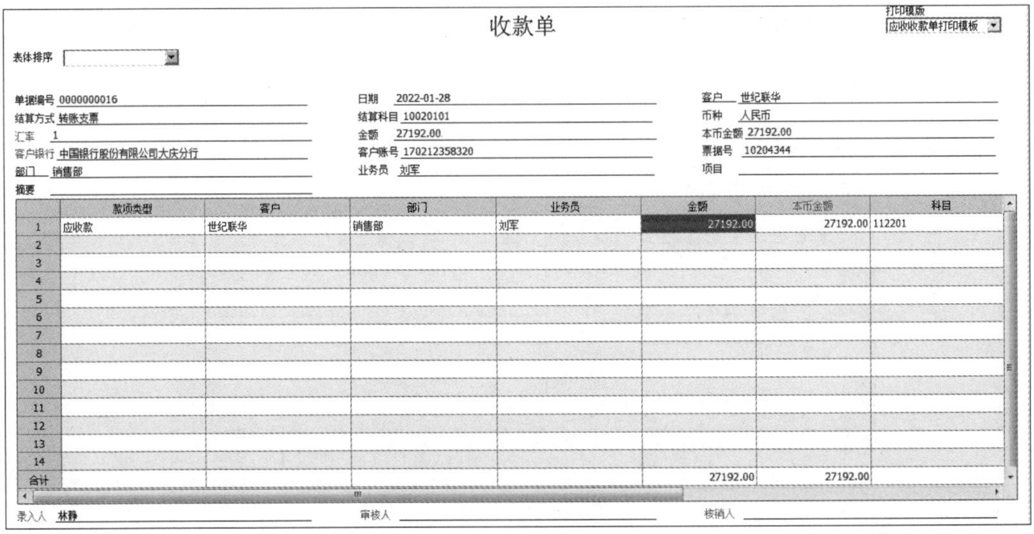

图 4-4-39 【收款单】窗口

5. 应付单据审核并制单

(1)2022 年 1 月 28 日,财务部张晓娴在企业应用平台中执行【业务工作】/【财务会计】/【应付款管理】/【应付单据处理】/【应付单据审核】命令,打开【应付单查询条件】窗口。单击【确定】按钮,打开【应付单据列表】窗口。单击【全选】按钮,再单击【审核】按钮,如图 4-4-40 所示。

(2)执行【制单处理】命令,打开【制单查询】窗口。选择"应付单制单",单击【确定】按钮,打开【应付单制单】窗口。选择需要制单的记录,选择"凭证类别"为"记账凭证",单击【制单】按钮,系统生成相关凭证,单击【保存】按钮,如图 4-4-41 所示。

图 4-4-40 【应付单据列表】窗口

图 4-4-41 【记账凭证】窗口

6.转账(应收冲应付)并制单

(1)2022年1月28日,财务部张晓娴在企业应用平台中执行【业务工作】/【财务会计】/【应收款管理】/【转账】/【应收冲应付】命令,打开【应收冲应付】窗口,选择"客户"为"08-大庆世纪联华超市有限公司",如图 4-4-42 所示。

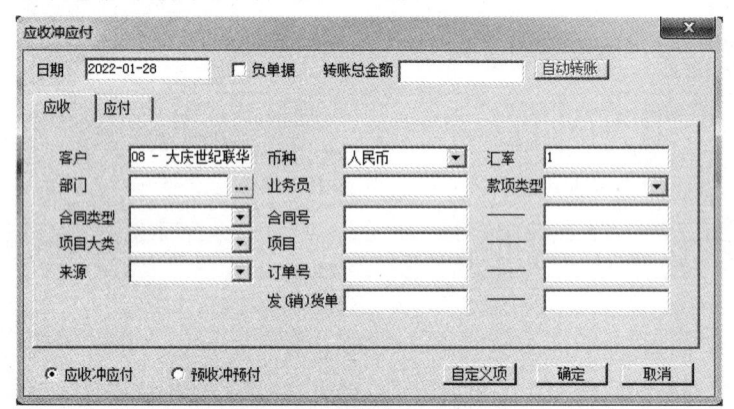

图 4-4-42 【应收冲应付】窗口(1)

(2)单击【确定】按钮,打开【应收冲应付】窗口,输入转账金额,如图 4-4-43 所示,单击【保存】按钮。

图 4-4-43 【应收冲应付】窗口(2)

(3)执行【制单处理】命令,打开【制单查询】窗口。选择"转账制单",单击【确定】按钮,在打开的窗口中选择需要制单的记录,选择"凭证类别"为"记账凭证",单击【制单】按钮,系统生成相关凭证,单击【保存】按钮,如图4-4-44所示。

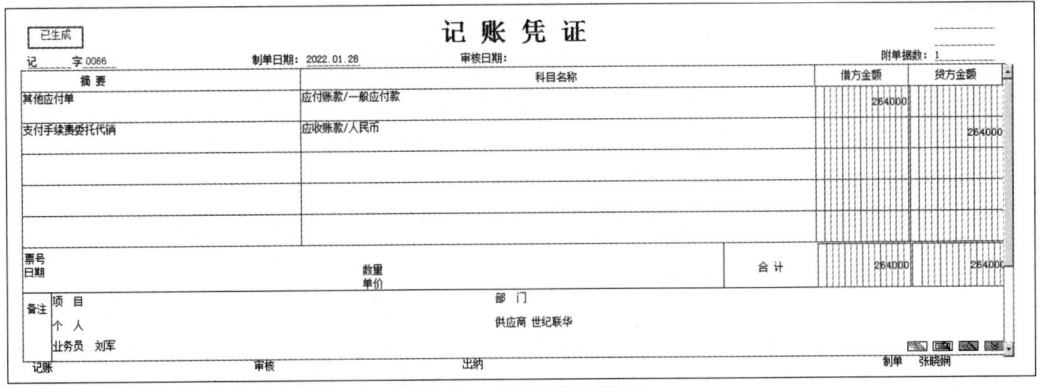

图 4-4-44 【记账凭证】窗口

7.收款单审核并制单

(1)2022年1月28日,财务部张晓娴在企业应用平台中执行【业务工作】/【财务会计】/【应收款管理】/【收款单据处理】/【收款单据审核】命令,打开【收付款单列表】窗口。单击【全选】按钮,再单击【审核】按钮,如图4-4-45所示。

图 4-4-45 【收付款单列表】窗口

(2)执行【制单处理】命令,打开【制单查询】窗口。选择"收付款单制单",单击【确定】按钮,打开【收付款单制单】窗口。选择需要制单的记录,选择"凭证类别"为"记账凭证",单击【制单】按钮,系统生成相关凭证,单击【保存】按钮,如图4-4-46所示。

图 4-4-46 【记账凭证】窗口

8.存货核算

(1)2022年1月28日,财务部张晓娴在企业应用平台中执行【业务工作】/【供应链】/【存货核算】/【业务核算】/【发出商品记账】命令,打开【查询条件选择】窗口。

(2)单击【确定】按钮,打开【发出商品记账】窗口。

(3)单击【全选】按钮,如图 4-4-47 所示。

发出商品记账												
记录总数:1												
选择	日期	单据号	仓库名称	收发类别	存货编码	存货名称	规格型号	单据类型	计量单位	数量	单价
Y	2022-01-28	10935941	女鞋库	委托代销出库	0102005	鼎豪平跟正装	225#-250#	专用发票	双	100.00	
小计										100.00	

图 4-4-47 【发出商品记账】窗口

(4)单击【记账】按钮,将销售专用发票记账,系统提示"记账成功",单击【确定】按钮。

(5)执行【财务核算】/【生成凭证】命令,打开【查询条件】窗口。

(6)单击【确定】按钮,打开【未生成凭证单据一览表】窗口。

(7)单击【选择】栏,或单击【全选】按钮,选中待生成凭证的单据,单击【确定】按钮。

(8)选择"凭证类别"为"记 记账凭证",如图 4-4-48 所示。

凭证类别	记 记账凭证													
选择	单据类型	单据号	摘要	科目类型	科目编码	科目名称	借方金额	贷方金额	借方数量	贷方数量	科目方向	存货编码	存货名称	规格型号	部门编码	部门名称	业务员编码	业务员
1	专用发票	10935941	支付手	对方	6401	主营业务成本	18,500.00		100.00		1	0102005	鼎豪平跟正装女鞋	225#-250#	4	销售部	401	刘军
				发出商品	1406	发出商品		18,500.00		100.00	2	0102005	鼎豪平跟正装女鞋	225#-250#	4	销售部	401	刘军
合计							18,500.00	18,500.00										

图 4-4-48 【生成凭证】窗口

(9)单击【生成】按钮,生成一张记账凭证,单击【保存】按钮,如图 4-4-49 所示。

已生成	记 账 凭 证		
记 字 0068	制单日期:2022.01.28 审核日期:	附单据数:1	
摘要	科目名称	借方金额	贷方金额
支付手续费委托代销	主营业务成本	1850000	
支付手续费委托代销	发出商品		1850000
	合计	1850000	1850000
票号 日期 备注 项 目 个 人 业务员	数量 单价 部门 客户		
记账	审核 出纳	制单 张继纲	

图 4-4-49 【记账凭证】窗口

实训五 特殊销售业务

业务一 买一赠一业务

【业务描述】 2022 年 1 月 29 日,经批准,销售部刘军与哈尔滨中央红集团股份有限公司签订买一赠一的销售合同,货已发出,收到转账支票。取得与该业务相关的原始凭证如图 4-5-1~图 4-5-5 所示。

黑龙江增值税专用发票

No 10935951

开票日期：2022年01月29日

| 购买方 | 名称：哈尔滨中央红集团股份有限公司
纳税人识别号：230102127581296
地址、电话：哈尔滨市中央大街100号 0451-84555119
开户行及账号：中国农业银行哈尔滨道里支行 040201040003986 | 密码区 | 033+*7-*73*>2170608870>2/>09-
7/3/+/86<9<>990498/72132*7+
<>931329*894++897/8>+570*5->
>6<589/47*019>/306>26+006<89 |

货物或应税劳务、服务名称	规格型号	单位	数量	单价	金额	税率	税额
鼎豪平跟正装女鞋	225#-250#	双	50	264.00	13200.00	13%	1716.00
鼎豪内增高女鞋	225#-250#	双	50	235.00	11750.00	13%	1527.50
鼎豪内增高女鞋	225#-250#	双	50	-235.00	-11750.00	13%	-1527.50
合　计					￥13200.00	13%	￥1716.00

价税合计（大写）：⊗壹万肆仟玖佰壹拾陆圆整　　（小写）￥14916.00

| 销售方 | 名称：黑龙江富铤商贸有限公司
纳税人识别号：230102676956780
地址、电话：哈尔滨市道里区爱建路113号 0451-84678976
开户行及账号：中国农业银行哈尔滨中山支行 08059201040012189 | 备注 | |

收款人：　　　复核：　　　开票人：刘军　　　销售方：（章）

图 4-5-1 "业务———增值税专用发票"凭证

购销合同

合同编号：xs0009

签订日期：2022年1月29日

供方（以下简称甲方）：黑龙江富铤商贸有限公司
需方（以下简称乙方）：哈尔滨中央红集团股份有限公司

供需双方平等互利，协商一致的原则，签订本合同，双方信守执行。

一、产品型号、数量、金额

序号	产品名称	规格型号	单位	数量	单价（无税）	金额（无税）	税率	价税合计
1	鼎豪平跟正装女鞋	240#-270#	双	50	264.00	13200.00	13%	14916.00
2	鼎豪内增高女鞋	225#-250#	双	50	235.00	11750.00		13277.50
3	鼎豪内增高女鞋	225#-250#	双			-11750.00		
	合计金额（无税）					13200.00		
	合计金额（大写）	壹万肆仟玖佰壹拾陆元整						￥14916.00
	其他							

二、包装：由甲方按国家标准进行包装。任何因包装不善所致之损失均由甲方负责。
三、交货日期：2022年1月29日
四、交货地点及交货方式：卖方配送，并承担运费。鼎豪内增高女鞋为赠品，随货发往中央红
五、付款方式：转账支票，签订合同当日支付全部货款
六、合同生效及其他
　　1、本合同应在双方授权代表签字、单位盖章、预付款到达乙方指定账户生效。
　　2、本合同正本一式四份，双方各持两份，具有同等法律效力。
七、本合同一式两份，双方签字一致。

甲方单位名称：	黑龙江富铤商贸有限公司	乙方单位名称：	哈尔滨中央红集团股份有限公司
法人代表：	刘军	法人代表：	黄伟
日　　期：	2022年1月29日	日　　期：	2022年1月29日
签　　章：		签　　章：	

图 4-5-2 "业务———购销合同"凭证

中国农业银行 进账单（收账通知）

√普通　加急　委托日期　2022年1月29日

汇款人	全称	哈尔滨中央红集团股份有限公司	收款人	全称	黑龙江富铤商贸有限公司
	账号	040201040003986		账号	08059201040012189
	开户银行	中国农业银行哈尔滨道里支行		开户银行	中国农业银行哈尔滨中山路支行

金额　人民币（大写）　壹万肆仟玖佰壹拾陆元整　¥14916.00

票据编码：10204351
票据种类：转账支票
票据张数：1

附加信息及用途：20双鞋子货款

汇出行签章：　　　　　复核：　　　　记账：

图 4-5-3 "业务————银行进账单"凭证

销售出库单

出货单位：黑龙江富铤商贸有限公司
仓库：女鞋库　　2022年1月29日　　出库编号：20220111

编号	名称	单位	实收数量	应收数量	单位成本（元）	总成本（元）	备注
0102005	鼎豪平跟正装女鞋	双	50	50			xs0009
	合计：		50	50			

仓库管理员：艾英杰　　采购员：略　　部门负责人：略

图 4-5-4 "业务————出库单"凭证(1)

销售出库单

出货单位：黑龙江富铤商贸有限公司
仓库：赠品仓库　　2022年1月29日　　出库编号：20220113

编号	名称	单位	实收数量	应收数量	单位成本（元）	总成本（元）	备注
0102010	鼎豪内增高女鞋	双	50	50			xs0009
	合计：		50	50			

仓库管理员：艾英杰　　采购员：略　　部门负责人：略

图 4-5-5 "业务————出库单"凭证(2)

【业务解析】　本笔业务是签订买一赠一的销售合同、开票发货的销售业务。

【岗位说明】　销售部刘军填制销售订单(审核)、销售专用发票(复核)；仓储部艾英杰填制销售出库单(审核)；财务部张晓娴审核发票，单据记账并制单。

【操作步骤】

1.填制销售订单

(1)2022年1月29日，销售部刘军在企业应用平台中执行【业务工作】/【供应链】/【销售管理】/【销售订货】/【销售订单】命令，打开【销售订单】窗口。

买一赠一业务

(2)单击【增加】按钮,修改"订单号"为"xs0009",选择"销售类型"为"正常销售",按照销售合同录入订单信息,单击【保存】按钮。

(3)单击【审核】按钮,审核填制的销售订单,如图4-5-6所示。

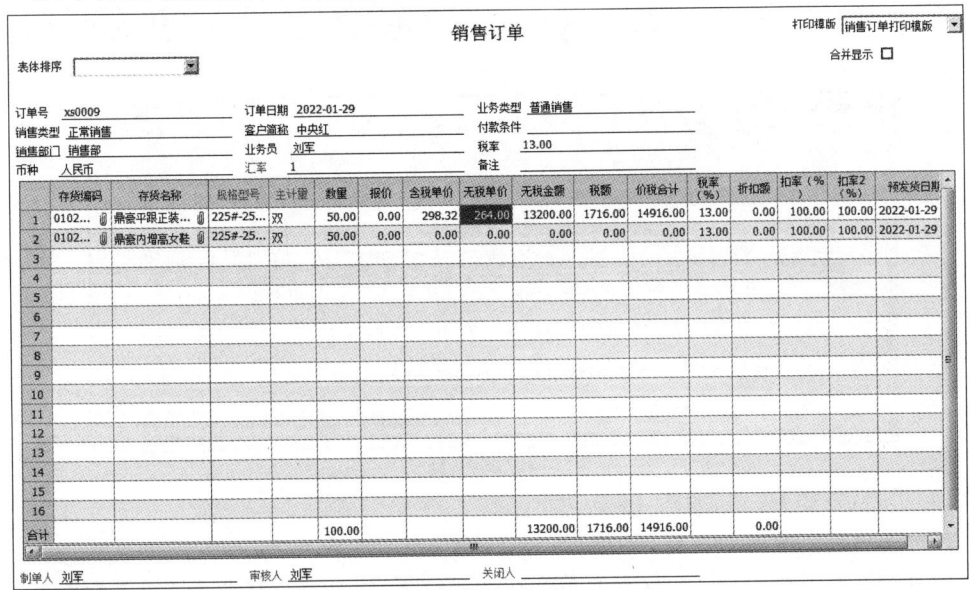

图4-5-6 【销售订单】窗口

2.生成销售专用发票

(1)2022年1月29日,销售部刘军在企业应用平台中执行【业务工作】/【供应链】/【销售管理】/【销售开票】/【销售专用发票】命令,打开【销售专用发票】窗口。

(2)单击【增加】按钮,系统弹出【查询条件选择-参照订单】窗口,单击【确定】按钮,选择相应的订单,单击【确定】按钮,系统生成一张销售专用发票,修改"发票号"为"10935951",单击【保存】按钮,如图4-5-7所示。

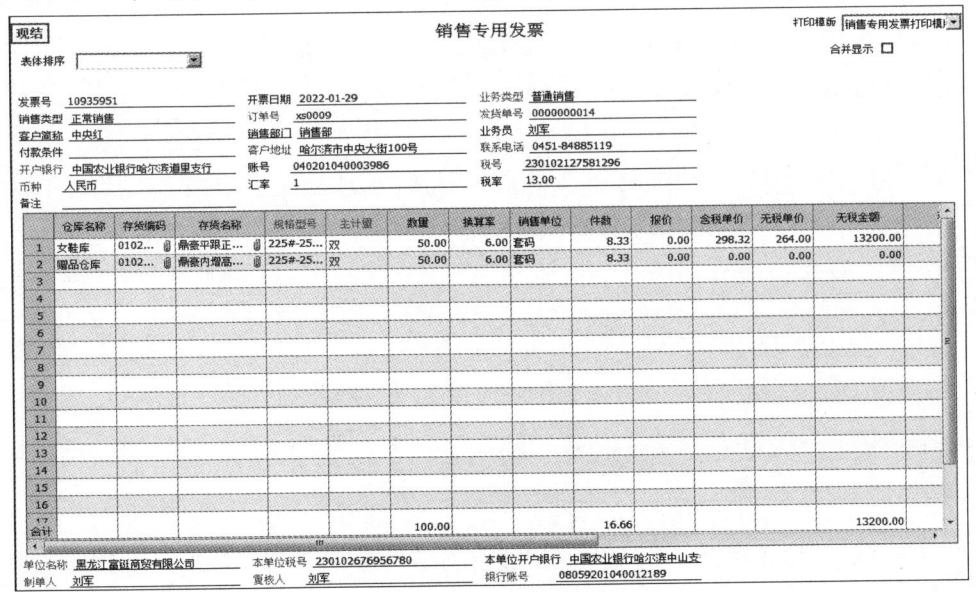

图4-5-7 【销售专用发票】窗口

提示

- 搭赠同类商品时,录入销售发票只需填写数量、报价(含税单价),而不填写其他金额。

(3)单击【现结】按钮,打开【现结】窗口。输入进账单信息,单击【确定】按钮,如图4-5-8所示。

图4-5-8 【现结】窗口

(4)单击【复核】按钮,如图4-5-9所示。

3.生成销售出库单

(1)2022年1月29日,仓储部艾英杰在企业应用平台中执行【业务工作】/【供应链】/【库存管理】/【出库业务】/【销售出库单】命令,打开【销售出库单】窗口。

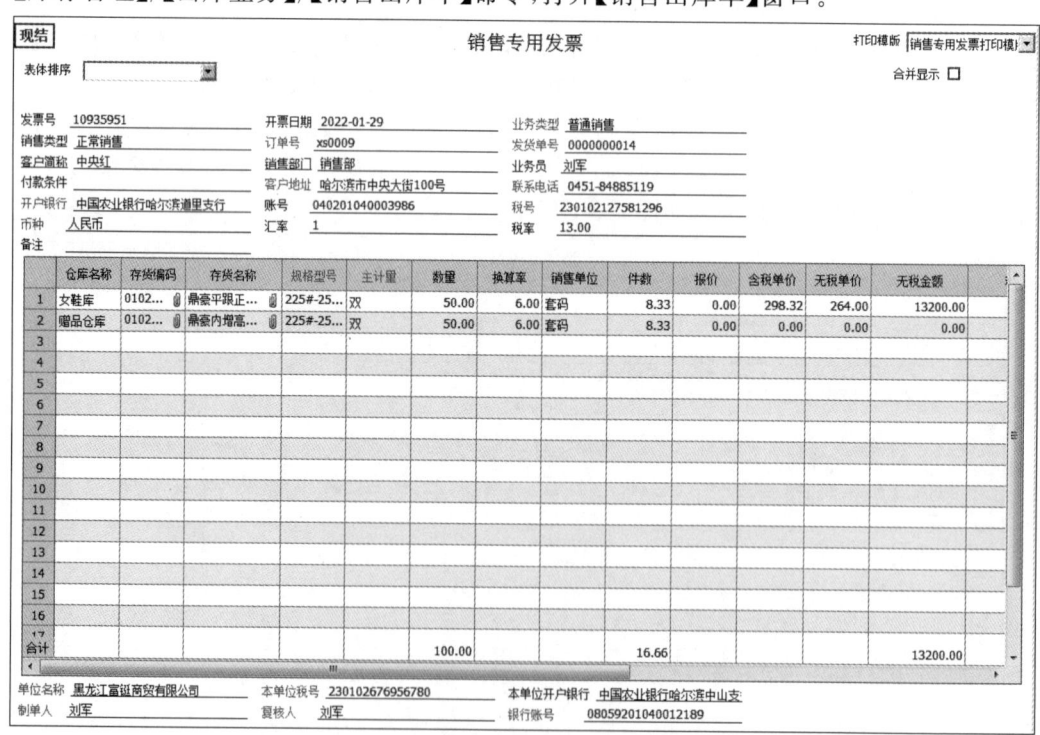

图4-5-9 【销售专用发票】窗口(复核)

(2)选择【生单】/【销售生单】命令,打开【查询条件选择-销售发货单列表】窗口,单击【确定】按钮。

(3)打开【销售生单】窗口,选择相应的发货单,单击【确定】按钮,系统自动生成销售出库单。

(4)单击【审核】按钮,如图 4-5-10 所示。

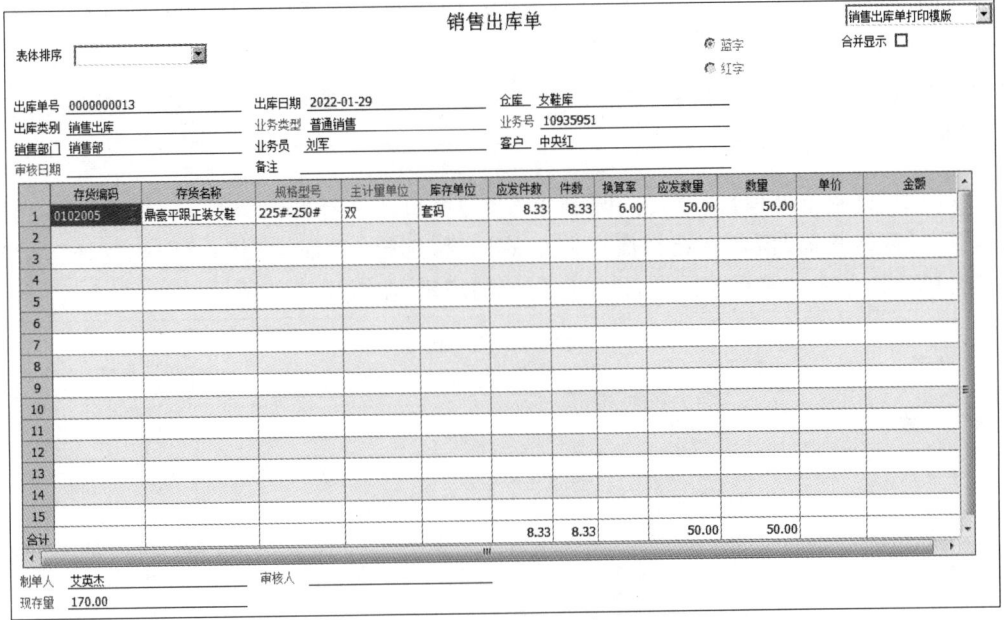

图 4-5-10 【销售出库单】窗口(1)

(5)重复步骤(2)(3)(4)生成第二张销售出库单,如图 4-5-11 所示。

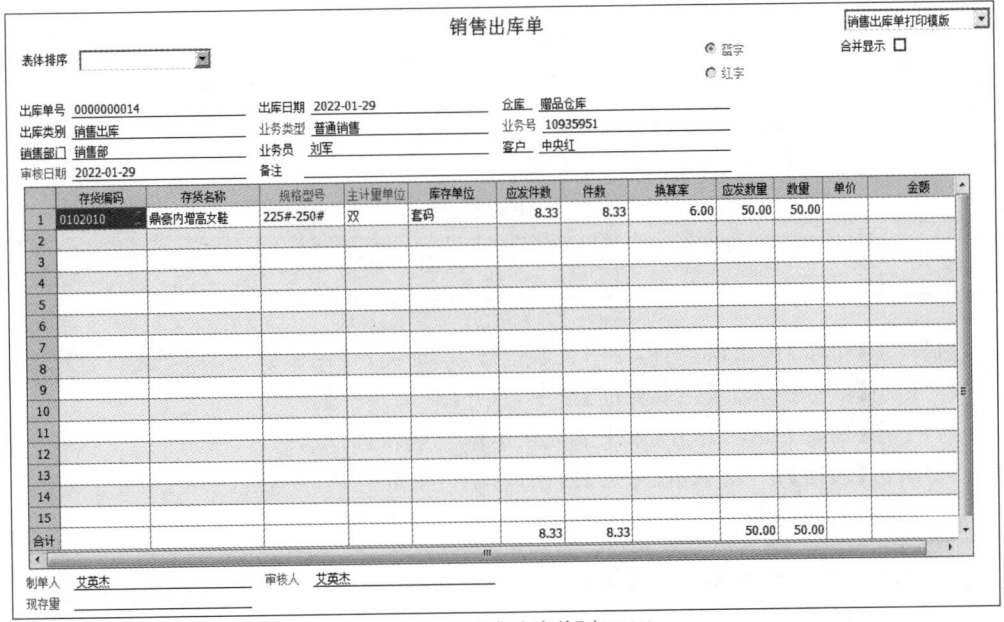

图 4-5-11 【销售出库单】窗口(2)

4.应收单据审核与制单

(1)2022年1月29日,财务部张晓娴在企业应用平台中执行【业务工作】/【财务会计】/【应收款管理】/【应收单据处理】/【应收单据审核】命令,打开【应收单查询条件】窗口,勾选"包含已现结发票",单击【确定】按钮,打开【应收单据列表】窗口。单击【全选】按钮,再单击【审核】按钮,如图4-5-12所示。

选择	审核person	单据日期	单据类型	单据号	客户名称	部门	业务员	制单人	币种	汇率	原币金额	本币金额	备注
	张晓娴	2022-01-29	销售…	10935951	哈尔滨中央红集团股份有限公司	销售部	刘军	刘军	人民币	1.00000000	14,916.00	14,916.00	
合计											14,916.00	14,916.00	

图4-5-12 【应收单据列表】窗口

(2)执行【制单处理】命令,打开【制单查询】窗口。选择"现结制单",单击【确定】按钮,打开【现结制单】窗口。选择需要制单的记录,选择"凭证类别"为"记账凭证",单击【制单】按钮,系统生成相关凭证,再单击【保存】按钮,如图4-5-13所示。

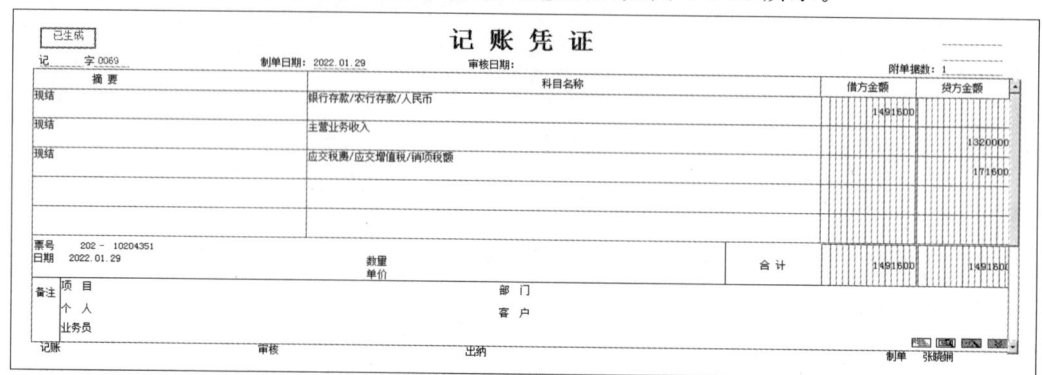

图4-5-13 【记账凭证】窗口

5.结转销售成本

(1)2022年1月29日,财务部张晓娴在企业应用平台中执行【业务工作】/【供应链】/【存货核算】/【业务核算】/【正常单据记账】命令,打开【查询条件选择】窗口。

(2)单击【确定】按钮,打开【正常单据记账列表】窗口。

(3)单击【全选】按钮,如图4-5-14所示。

选择	日期	单据号	存货编码	存货名称	规格型号	存货代码	单据类型	仓库名称	收发类别	数量	单价	金额
√	2022-01-29	10935951	0102005	鼎豪平跟正装	225#-250#		专用发票	女鞋库	销售出库	50.00		
√	2022-01-29	10935951	0102010	鼎豪内增高女鞋	225#-250#		专用发票	赠品仓库	销售出库	50.00		
小计										100.00		

图4-5-14 【正常单据记账列表】窗口

(4)单击【记账】按钮,将销售专用发票记账,系统提示"记账成功",单击【确定】按钮。

(5)执行【财务核算】/【生成凭证】命令,打开【查询条件】窗口。

(6)单击【确定】按钮,打开【未生成凭证单据一览表】窗口。

(7)单击【选择】栏,或单击【全选】按钮,选中待生成凭证的单据,单击【确定】按钮。

(8)选择"凭证类别"为"记 记账凭证",如图4-5-15所示。

凭证类别	记 记账凭证													
选择	单据类型	单据号	摘要	科目类型	科目编码	科目名称	借方金额	贷方金额	借方数量	贷方数量	科目方向	存货编码	存货名称	规格型号	部门编码	部门名称	业务员编码	业务员
1	专用发票	10935951	专用发票	对方	6401	主营业务成本	9,250.00		50.00		2	0102005	鼎豪平跟正装女鞋	225#-250#	4	销售部	401	刘军
				存货	1405	库存商品		9,250.00		50.00	1	0102005	鼎豪平跟正装女鞋	225#-250#	4	销售部	401	刘军
				对方	6401	主营业务成本	8,400.00		50.00		2	0102010	鼎豪内增高女鞋	225#-250#	4	销售部	401	刘军
				存货	1405	库存商品		8,400.00		50.00	1	0102010	鼎豪内增高女鞋	225#-250#	4	销售部	401	刘军
合计							17,650.00	17,650.00										

图4-5-15 【生成凭证】窗口

(9)单击【生成】按钮,生成一张记账凭证,单击【保存】按钮,如图4-5-16所示。

记 账 凭 证

已生成					附单据数：1	
记 字 0070		制单日期：2022.01.29	审核日期：			
摘要			科目名称		借方金额	贷方金额
专用发票			主营业务成本		1765000	
专用发票			库存商品			1765000
票号				合计	1765000	1765000
日期		数量 单价				
备注	项 目 个 人 业务员		部 门 客 户			
记账		审核	出纳		制单 张晓楠	

图4-5-16 【记账凭证】窗口

业务二 采购赠品业务

【业务描述】 2022年1月30日,采购部王悦与徐州市凤雷贸易有限公司签订采购合同,采购凤雷皮革护理液,货已验收入库。取得与该业务相关的凭证如图4-5-17～图4-5-19所示。

购销合同

合同编号： cg0009
签订日期：2022年1月30日

供方（以下简称甲方）： 徐州市凤雷贸易有限公司
需方（以下简称乙方）： 黑龙江富铤商贸有限公司

供需双方平等互利、协商一致的原则,签订本合同,双方信守执行。

一、产品型号、数量、金额

序号	产品名称	规格型号	单位	数量	单价（无税）	金额（无税）	税率	价税合计
1	凤雷皮革护理液	自然色	支	100	15.00	1500.00	13%	1695.00
	合计金额（无税）					1500.00		-
合计金额（大写）		壹仟陆佰玖拾伍元整				￥1695.00		
其他								

二、包装：由甲方按国家标准进行包装。任何因包装不善所致之损失均由甲方负责。
三、交货日期：2022年1月30日
四、交货地点及交货方式：卖方配送,并承担运费。
五、付款方式：电汇,2022年2月12日支付全部货款
六、合同生效及其他
 1、本合同应在双方授权代表签字、单位盖章、预付款到达乙方指定账户生效。
 2、本合同正本一式四份,双方各持两份,具有同等法律效力。
七、本合同一式两份,双方各具一份。

甲方单位名称：	徐州市凤雷贸易有限公司	乙方单位名称：	黑龙江富铤商贸有限公司
法 人 代 表：		法 人 代 表：	王悦
日 期：	2022年1月30日	日 期：	2022年1月30日
签 章：		签 章：	

图4-5-17 "业务二——购销合同"凭证

江苏增值税专用发票

0020884000　　　　　　　　　　　　　　　　№ 10935955

开票日期：2022年01月30日

| 购买方 | 名称：黑龙江富链商贸有限公司
纳税人识别号：230102676956780
地址、电话：哈尔滨市道里区爱建路113号 0451-84678976
开户行及账号：中国农业银行哈尔滨中山支行 08059201040012189 | 密码区 | 033+*7-*73*>2170608870>2/>09-
7/3/+/86*<9<>990498/72132*7+
<>931329*894++897/8>+570*5->
>6<589/47*019>/306>26+006<89 |

货物或应税劳务、服务名称	规格型号	单位	数量	单价	金额	税率	税额
凤雷皮革护理液	自然色	支	100	15.00	1500.00	13%	195.00
合　计					¥1500.00	13%	¥195.00

价税合计（大写）　⊗ 壹仟陆佰玖拾伍圆整　　（小写）¥1695.00

| 销售方 | 名称：徐州市凤雷贸易有限公司
纳税人识别号：32030066576593X
地址、电话：江苏省徐州市段庄小区3#-4-501 0516-85656394
开户行及账号：中国农业银行徐州市段庄分理处 102301040054510 |

收款人：王悦　　复核：　　开票人：　　销售方：（章）

图 4-5-18 "业务二——增值税专用发票"凭证

采购入库单

交货单位：	温州市鼎豪鞋业发展有限公司						
仓库：	赠品仓库			2022年1月30日		入库编号：20220112	
编号	名称	单位	实收数量	应收数量	单位成本（元）	总成本（元）	备注
09018	皮革护理液	双	100	100			cg0009
	合　计		100	100			
验收员：艾英杰			采购员：略			部门负责人：略	

图 4-5-19 "业务二——入库单"凭证

【业务解析】 本笔业务是签订采购赠品合同、到货、入库、收到发票的采购业务。

【岗位说明】 采购部王悦填制采购订单（审核）、采购到货单（审核）、采购专用发票；仓储部艾英杰填制采购入库单（审核）；财务部张晓娴审核发票、单据，记账并制单。

【操作步骤】

1. 填制采购订单

（1）2022年1月30日，采购部王悦在企业应用平台中执行【业务工作】/【供应链】/【采购管理】/【采购订货】/【采购订单】命令，打开【采购订单】窗口。

采购赠品业务

（2）单击【增加】按钮，按照采购合同输入信息，单击【保存】按钮。

（3）单击【审核】按钮，审核填制的采购订单，如图 4-5-20 所示。

2. 生成采购到货单

（1）2022年1月30日，采购部王悦在企业应用平台中执行【业务工作】/【供应链】/【采购管理】/【采购到货】/【到货单】命令，打开【到货单】窗口。

（2）单击【增加】按钮，选择【生单】/【采购订单】命令，打开【查询条件选择-采购订单列表过滤】窗口，单击【确定】按钮。

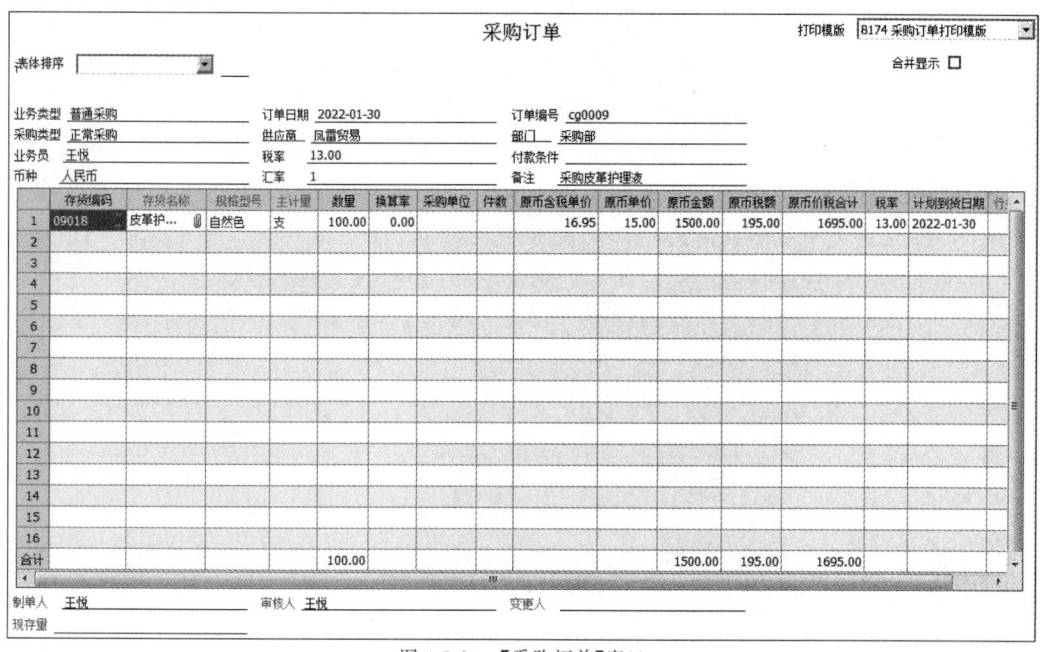

图 4-5-20 【采购订单】窗口

(3)系统弹出【拷贝并执行】窗口,选中所要拷贝的采购订单,单击【确定】按钮,系统自动生成到货单,单击【保存】按钮。

(4)单击【审核】按钮,审核根据采购订单生成的到货单,如图 4-5-21 所示。

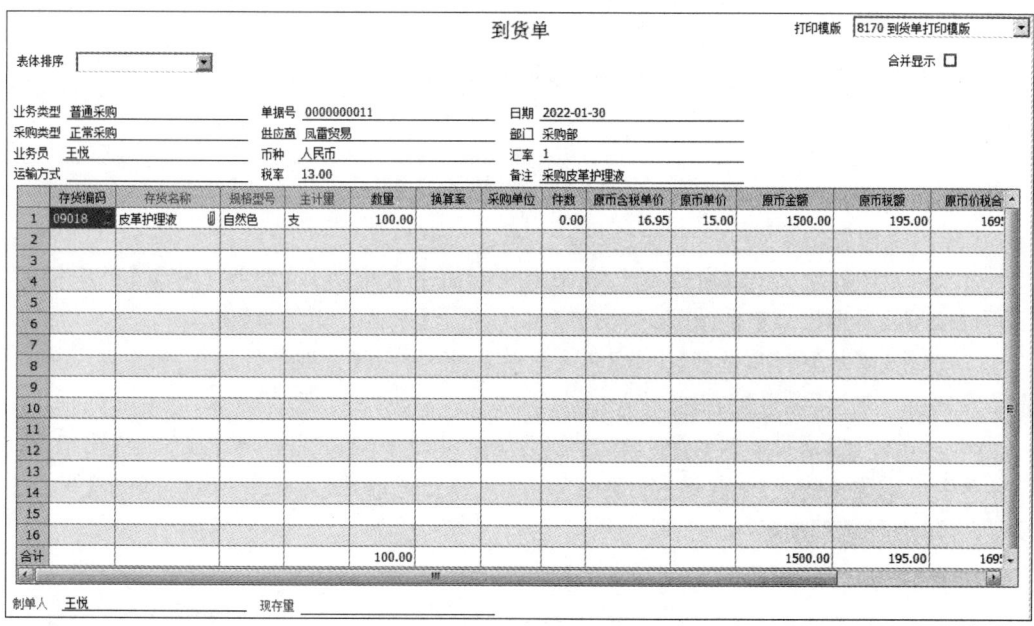

图 4-5-21 【到货单】窗口

(5)单击【退出】按钮。

3.生成采购入库单

(1)2022年1月30日,仓储部艾英杰在企业应用平台中执行【业务工作】/【供应链】/【库存管理】/【入库业务】/【采购入库单】命令,打开【采购入库单】窗口。

(2)选择【生单】/【采购到货单(蓝字)】命令,打开【查询条件选择-采购到货单列表】窗口,单击【确定】按钮。

(3)打开【到货单生单列表】窗口,选择相应的"到货单生单表头",单击【确定】按钮,系统自动生成采购入库单,选择"仓库"为"赠品仓库",单击【保存】按钮。

(4)单击【审核】按钮,如图4-5-22所示。之后单击【确定】按钮,关闭信息提示框。

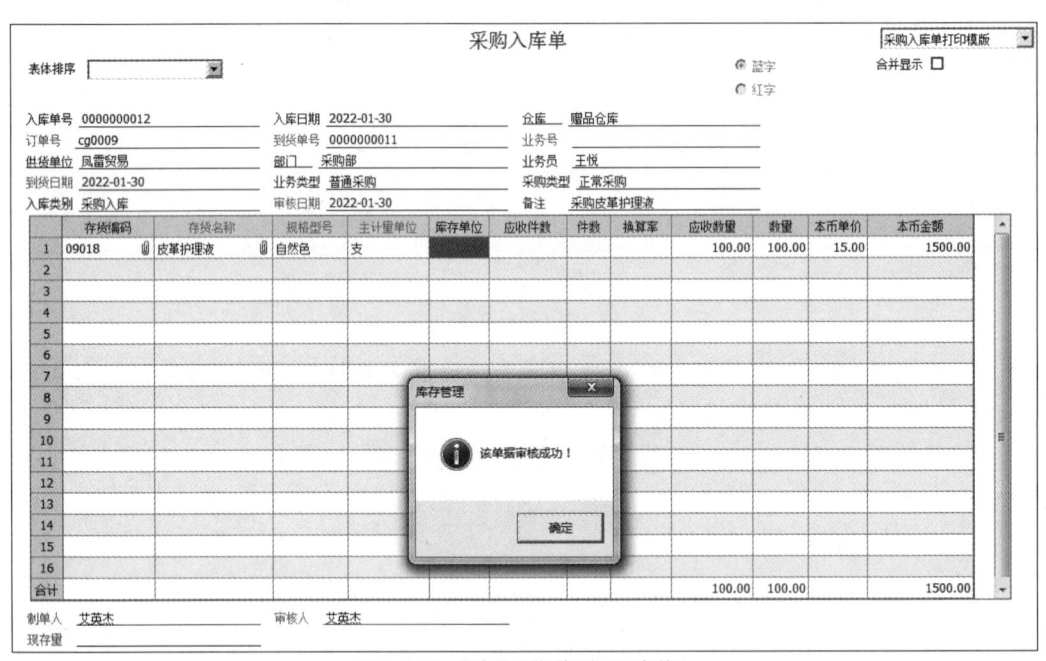

图4-5-22 【采购入库单】窗口(审核)

4.生成采购专用发票

(1)2022年1月30日,采购部王悦在企业应用平台中执行【业务工作】/【供应链】/【采购管理】/【采购发票】/【专用采购发票】命令,打开【采购专用发票】窗口。

(2)单击【增加】按钮,选择【生单】/【入库单】命令,打开【查询条件选择-采购入库单列表过滤】窗口,单击【确定】按钮。

(3)系统弹出【拷贝并执行】窗口,选中所要拷贝的采购入库单,单击【确定】按钮,系统自动生成采购专用发票,修改"发票号"为"10935955",如图4-5-23所示。单击【保存】按钮,再单击【结算】按钮。

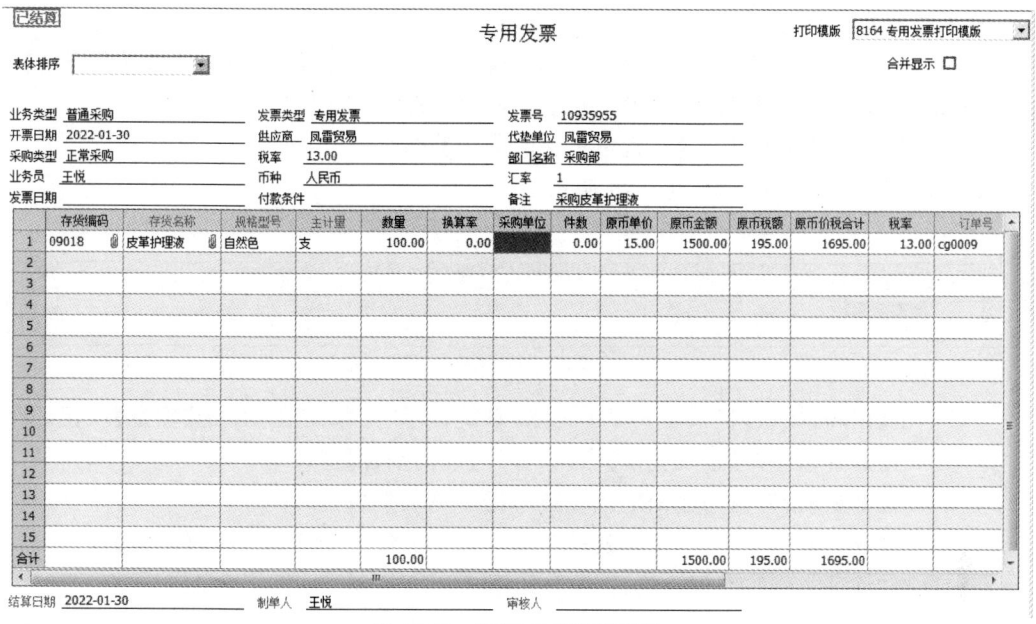

图 4-5-23 【采购专用发票】窗口

5. 应付单据审核与制单

（1）2022年1月30日，财务部张晓娴在企业应用平台中执行【业务工作】/【财务会计】/【应付款管理】/【应付单据处理】/【应付单据审核】命令，打开【应付单查询条件】窗口。

（2）单击【确定】按钮，系统弹出【应付单据列表】窗口。

（3）双击【选择】栏，或单击【全选】按钮，再单击【审核】按钮。

（4）执行【制单处理】命令，打开【制单查询】窗口，选择"发票制单"。

（5）单击【确定】按钮，打开【采购发票制单】窗口。

（6）选择"凭证类别"为"记账凭证"，单击【全选】按钮，选中要制单的"采购专用发票"。

（7）单击【制单】按钮，生成一张记账凭证，单击【保存】按钮，如图4-5-24所示。

图 4-5-24 【记账凭证】窗口

6. 采购成本核算

(1) 2022年1月30日，财务部张晓娴在企业应用平台中执行【业务工作】/【供应链】/【存货核算】/【业务核算】/【正常单据记账】命令，打开【查询条件选择】窗口。

(2) 单击【确定】按钮，打开【正常单据记账列表】窗口。

(3) 单击【全选】按钮，如图 4-5-25 所示。

选择	日期	单据号	存货编码	存货名称	规格型号	存货代码	单据类型	仓库名称	收发类别	数量	单价	金额
√	2022-01-30	0000000012	09018	皮革护理液	自然色		采购入库单	赠品仓库	采购入库	100.00	15.00	1,500.00
小计										100.00		1,500.00

图 4-5-25 【正常单据记账列表】窗口

(4) 单击【记账】按钮，将采购入库单记账，系统提示"记账成功"，单击【确定】按钮。

(5) 执行【财务核算】/【生成凭证】命令，打开【查询条件】窗口。

(6) 单击【确定】按钮，打开【未生成凭证单据一览表】窗口。

(7) 单击【选择】栏，或单击【全选】按钮，选中待生成凭证的单据，单击【确定】按钮。

(8) 选择"凭证类别"为"记 记账凭证"，如图 4-5-26 所示。

凭证类别： 记 记账凭证

选择	单据类型	单据号	摘要	科目类型	科目编码	科目名称	借方金额	贷方金额	借方数量	贷方数量	科目方向	存货编码	存货名称	规格型号	部门编码	部门名称	业务员编码	业务员
1	采购入库单	0000000012	采购皮	存货	1405	库存商品	1,500.00		100.00		1	09018	皮革护理液	自然色	3	采购部	301	王悦
				对方	1402	在途物资		1,500.00		100.00	2	09018	皮革护理液	自然色	3	采购部	301	王悦
合计							1,500.00	1,500.00										

图 4-5-26 【生成凭证】窗口

(9) 单击【生成】按钮，生成一张记账凭证，单击【保存】按钮，如图 4-5-27 所示。

```
已生成                    记 账 凭 证
记  字 0072        制单日期：2022.01.30    审核日期：         附单据数： 1
摘要                         科目名称              借方金额      贷方金额
采购皮革护理液               库存商品              150000
采购皮革护理液               在途物资                           150000

票号
日期              数量
                 单价
备注  项目                  部门           合  计   150000   150000
      个人                  客户
      业务员
记账              审核              出纳                        制单  张晓娴
```

图 4-5-27 【记账凭证】窗口

业务三　促销业务

【业务描述】 2022年1月30日，销售部刘军与哈尔滨秋林集团股份有限公司签订促销合同，销售鼎豪高跟流行女鞋100双，每双赠送凤雷皮革护理液一支。取得与该业务相关的原始凭证如图 4-5-28～图 4-5-31 所示。

购销合同

合同编号： xs0010
签订日期： 2022年1月30日

供方（以下简称甲方）： 黑龙江富铤商贸有限公司
需方（以下简称乙方）： 哈尔滨秋林集团股份有限公司

供需双方平等互利，协商一致的原则，签订本合同，双方信守执行。

一、产品型号、数量、金额

序号	产品名称	规格型号	单位	数量	单价（无税）	金额（无税）	税率	价税合计
1	鼎豪高跟正装女鞋	225#-250#	双	100	235.00	23500.00	13%	26555.00
2	风雷皮革护理液	自然色	支	100				0.00
	合计金额（无税）					23500.00		—
	合计金额（大写）		贰万陆仟伍佰伍拾伍元整				￥26555.00	
	其他							

二、包装：由甲方按国家标准进行包装。任何因包装不善所致之损失均由甲方负责。
三、交货日期： 2022年1月30日
四、交货地点及交货方式：卖方配送，并承担运费。
五、付款方式：转账支票，2022年2月9日支付全部货款
六、合同生效及其他
　1、本合同应在双方授权代表签字、单位盖章、预付款到达乙方指定账户生效。
　2、本合同正本一式四份，双方各持两份，具有同等法律效力。
七、本合同一式两份，双方各执一份

甲方单位名称：	黑龙江富铤商贸有限公司	乙方单位名称：	哈尔滨秋林集团股份有限公司
法 人 代 表：	刘军	法 人 代 表：	宋之福
日　　　　期：	2022年1月30日	日　　　　期：	2022年1月30日
签　　　　章：		签　　　　章：	

图 4-5-28 "业务三——购销合同"凭证

黑龙江增值税专用发票

2300855500　　　　№ 10935956　　　2300855500
　　　　　　　　　　　　　　　　　　　　　　　10935956
此联不作报销、扣税凭证使用
　　　　　　　　　　　　　　　　　　　开票日期：2022年01月30日

购买方	名　称：	哈尔滨秋林集团股份有限公司	密码区	033+*7-*73*>2170608870>2/>09-7/3/+/86<9><>990498/72132*7+<>931329*894++897/8>+570*5->6<589/47*019>/306>26+006<89
	纳税人识别号：	230103127041995		
	地址、电话：	哈尔滨市东大直街319号 0451-58938034		
	开户行及账号：	中国工商银行东大直支行 3500022109006012499		

货物或应税劳务、服务名称	规格型号	单位	数量	单价	金额	税率	税额
鼎豪高跟流行女鞋	225#-250#	双	100	235.00	23500.00	13%	3055.00
合　计					￥23500.00	13%	￥3055.00

价税合计（大写）　⊗ 贰万陆仟伍佰伍拾伍圆整　　　　（小写）￥26555.00

销售方	名　称：	黑龙江富铤商贸有限公司
	纳税人识别号：	230102676956780
	地址、电话：	哈尔滨市道里区爱建路113号 0451-84678976
	开户行及账号：	中国农业银行哈尔滨中山支行 08059201040012189

收款人：　　　复核：　　　开票人：刘军　　　销售方：（章）

图 4-5-29 "业务三——增值税专用发票"凭证

销 售 出 库 单

出货单位： 黑龙江富铤商贸有限公司
仓库： 女鞋库   2022年1月30日   出库编号：20220114

编号	名称	单位	实收数量	应收数量	单位成本(元)	总成本(元)	备注
0102007	鼎豪高跟流行女鞋	双	100	100			xs0010
	合 计：		100	100			

仓库管理员：艾英杰   采购员：略   部门负责人：略

图 4-5-30 "业务三——出库单"凭证（1）

销 售 出 库 单

出货单位： 黑龙江富铤商贸有限公司
仓库： 赠品仓库   2022年1月30日   出库编号：20220115

编号	名称	单位	实收数量	应收数量	单位成本(元)	总成本(元)	备注
09018	皮革护理液	双	100	100			xs0010
	合 计：		100	100			

仓库管理员：艾英杰   采购员：略   部门负责人：略

图 4-5-31 "业务三——出库单"凭证（2）

【业务解析】 本笔业务是签订促销合同、开票发货的销售业务。

【岗位说明】 销售部刘军填制销售订单(审核)，销售专用发票(现结、复核)；仓储部艾英杰填制销售出库单(审核)、其他出库单(审核)；财务部张晓娴审核发票、单据，记账并制单。

【操作步骤】

1.填制销售订单

(1) 2022年1月30日，销售部刘军在企业应用平台中执行【业务工作】/【供应链】/【销售管理】/【销售订货】/【销售订单】命令，打开【销售订单】窗口。

(2) 单击【增加】按钮，修改"订单号"为"xs0010"，选择"销售类型"为"正常销售"，按照促销合同录入订单信息，单击【保存】按钮。

(3) 单击【审核】按钮，审核填制的销售订单，如图4-5-32所示。

2.生成销售专用发票

(1) 2022年1月30日，销售部刘军在企业应用平台中执行【业务工作】/【供应链】/【销售管理】/【销售开票】/【销售专用发票】命令，打开【销售专用发票】窗口。

(2) 单击【增加】按钮，系统弹出【查询条件选择-参照订单】窗口。单击【确定】按钮，打开【参照生单】窗口。选择相应的订单，在订单表体选择"货物编号0102007"的记录，如图4-5-33所示。

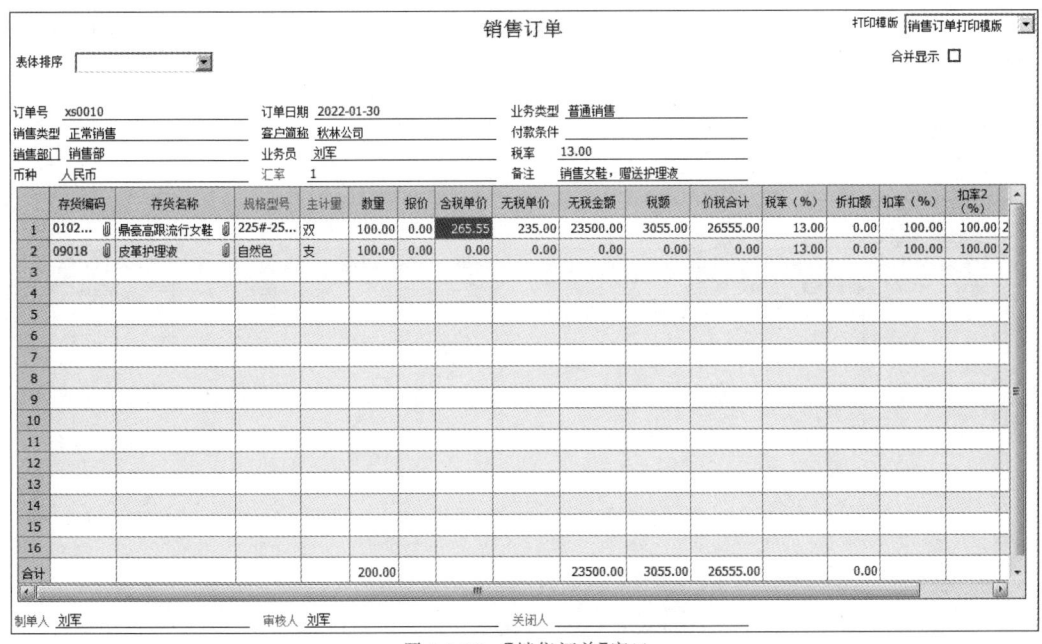

图 4-5-32 【销售订单】窗口

图 4-5-33 【参照生单】窗口

提示

- 表体需填写的"货物编号 0102007"为销售的商品编号。

(3)单击【确定】按钮,系统生成一张销售专用发票,修改"发票号"为"10935956",单击【保存】按钮,再单击【复核】按钮,如图 4-5-34 所示。

3.自动生成并审核发货单

(1)2022 年 1 月 30 日,销售部刘军在企业应用平台中执行【业务工作】/【供应链】/【销售管理】/【销售发货】/【发货单】命令,打开【发货单】窗口。

					销售专用发票					打印模版	销售专用发票打印模		
表体排序										合并显示 □			

发票号 10935956　　开票日期 2022-01-30　　业务类型 普通销售
销售类型 正常销售　　订单号 xs0010　　发货单号 0000000015
客户简称 秋林公司　　销售部门 销售部　　业务员 刘军
付款条件 　　客户地址 哈尔滨市东大直街319号　　联系电话 0451-58938034
开户银行 中国工商银行哈尔滨大直支行　　账号 3500022109006012499　　税号 230103127041995
币种 人民币　　汇率 1　　税率 13.00
备注 销售女鞋，赠送护理液

	仓库名称	存货编码	存货名称	规格型号	主计量	数量	换算率	销售单位	件数	报价	含税单价	无税单价	无税金额
1	女鞋库	0102...	鼎豪高跟流...	225#-25...	双	100.00	6.00	套码	16.67	0.00	265.55	235.00	23500.00
2													
...													
合计						100.00			16.67				23500.00

单位名称 黑龙江富诞商贸有限公司　　本单位税号 230102676956780　　本单位开户银行 中国农业银行哈尔滨中山支
　　　　　　　　　　　　　　　　　　　　　　　　　　　　　　　　　　　　银行账号 08059201040012189
制单人 刘军　　复核人 刘军

图 4-5-34 【销售专用发票】窗口

(2)单击【浏览】按钮,可以查看系统根据销售专用发票自动生成的发货单,如图 4-5-35所示。

					发货单					打印模版	发货单打印模版			
表体排序										合并显示 □				

发货单号 0000000015　　发货日期 2022-01-30　　业务类型 普通销售
销售类型 正常销售　　订单号 xs0010　　发票号 10935956
客户简称 秋林公司　　销售部门 销售部　　业务员 刘军
发货地址 　　发运方式 　　付款条件
税率 13.00　　币种 人民币　　汇率 1
备注 销售女鞋，赠送护理液

	仓库名称	存货编码	存货名称	规格型号	主计量	数量	换算率	销售单位	件数	报价	含税单价	无税单价	无税金额	税额	价税合计
1	女鞋库	0102...	鼎豪高跟流行女鞋	225#-25...	双	100.00	6.00	套码	16.67	0.00	265.55	235.00	23500.00	3055.00	26555.00
合计						100.00			16.67				23500.00	3055.00	26555.00

制单人 刘军　　审核人 刘军　　关闭人

图 4-5-35 【发货单】窗口

4.生成销售出库单

(1)2022年1月30日,仓储部艾英杰在企业应用平台中执行【业务工作】/【供应链】/【库存管理】/【出库业务】/【销售出库单】命令,打开【销售出库单】窗口。

(2)选择【生单】/【销售生单】命令,打开【查询条件选择-销售发货单列表】窗口,单击【确定】按钮。

(3)打开【销售生单】窗口,选择相应的发货单,单击【确定】按钮,系统自动生成销售出库单。

(4)单击【审核】按钮,如图4-5-36所示。

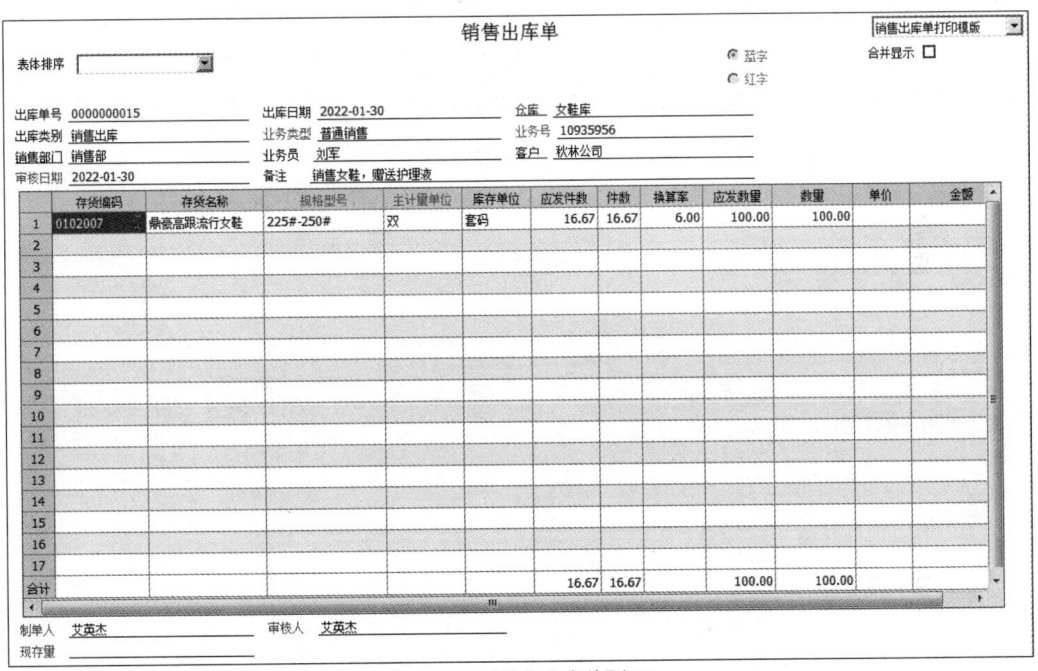

图4-5-36 【销售出库单】窗口

5.生成其他出库单

(1)2022年1月30日,仓储部艾英杰在企业应用平台中执行【业务工作】/【供应链】/【库存管理】/【出库业务】/【其他出库单】命令,打开【其他出库单】窗口。

(2)选择【生单】/【蓝字入库单】命令,打开【查询条件选择-蓝字入库单列表】窗口,单击【确定】按钮。

(3)打开【蓝字入库单】窗口,选择相应的采购入库单,如图4-5-37所示,单击【确定】按钮,系统自动生成其他出库单。

(4)单击【审核】按钮,如图4-5-38所示。

6.应收单据审核与制单

(1)2022年1月30日,财务部张晓娴在企业应用平台中执行【业务工作】/【财务会计】/【应收款管理】/【应收单据处理】/【应收单据审核】命令,打开【应收单查询条件】窗口。单击【确定】按钮,打开【应收单据列表】窗口。单击【全选】按钮,再单击【审核】按钮,如图4-5-39所示。

图 4-5-37 【蓝字入库单】窗口

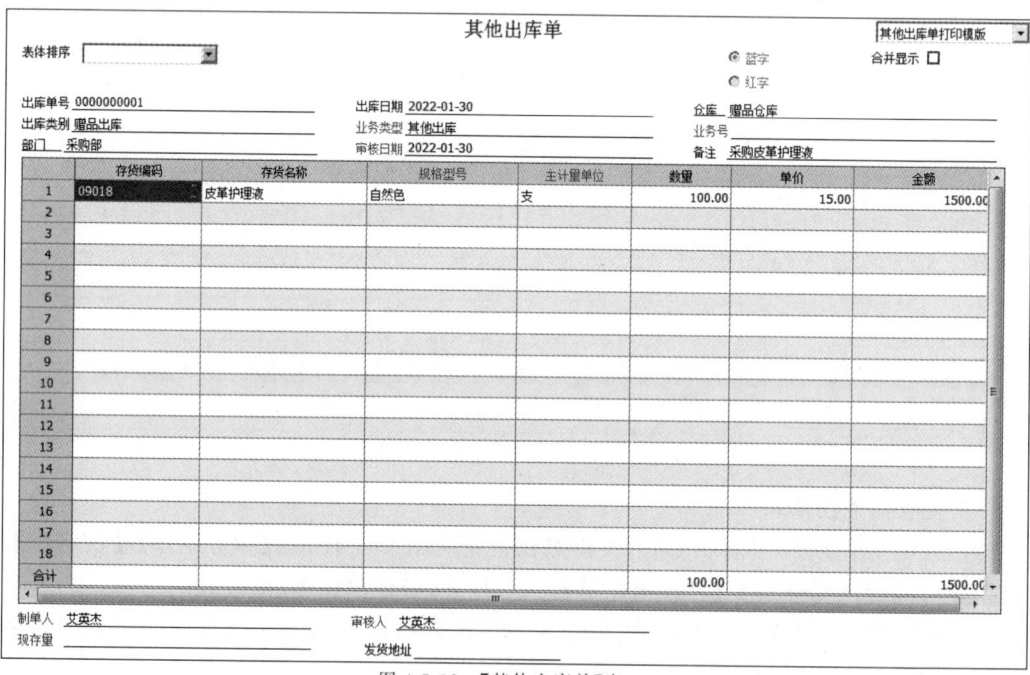

图 4-5-38 【其他出库单】窗口

图 4-5-39 【应收单据列表】窗口

(2)执行【制单处理】命令,打开【制单查询】窗口。选择"发票制单",单击【确定】按钮,在打开的窗口中选择需要制单的记录,选择"凭证类别"为"记账凭证",单击【制单】按钮,系统生成相关凭证,再单击【保存】按钮,如图 4-5-40 所示。

			记 账 凭 证			
已生成						
记 字 0073		制单日期：2022.01.30	审核日期：		附单据数：1	
摘 要		科目名称			借方金额	贷方金额
销售女鞋，赠送护理液		应收账款/人民币			26555500	
销售女鞋，赠送护理液		主营业务收入				23500000
销售女鞋，赠送护理液		应交税费/应交增值税/销项税额				3055500
				合 计	26555500	26555500
备注 项 目			部 门			
个 人			客 户 秋林公司			
业务员 刘军						
记账	审核		出纳		制单 张晓娴	

图 4-5-40 【记账凭证】窗口

7．结转销售成本

（1）2022年1月30日，财务部张晓娴在企业应用平台中执行【业务工作】/【供应链】/【存货核算】/【业务核算】/【正常单据记账】命令，打开【查询条件选择】窗口。

（2）单击【确定】按钮，打开【正常单据记账列表】窗口。

（3）单击【全选】按钮，如图 4-5-41 所示。

				正常单据记账列表							
记录总数：2											
选择	日期	单据号	存货编码	存货名称	规格型号	存货代码	单据类型	仓库名称	收发类别	数量	单价	金额
√	2022-01-30	10935956	0102007	蕾蕾高跟流行…	225#-250#		专用发票	女鞋库	销售出库	100.00		
√	2022-01-30	0000000001	09018	皮革护理液	自然色		其他出库单	赠品仓库		100.00	15.00	1,500.00
小计										200.00		1,500.00

图 4-5-41 【正常单据记账列表】窗口

（4）单击【记账】按钮，将销售专用发票记账，系统提示"记账成功"，单击【确定】按钮。

（5）执行【财务核算】/【生成凭证】命令，打开【查询条件】窗口。

（6）单击【确定】按钮，打开【未生成凭证单据一览表】窗口。

（7）单击【选择】栏，或单击【全选】按钮，选中待生成凭证的单据，单击【确定】按钮。

（8）选择"凭证类别"为"记 记账凭证"，如图 4-5-42 所示。

凭证类别	记 记账凭证														
选择	单据类型	单据号	摘要	科目类型	科目编码	科目名称	借方金额	贷方金额	借方数量	贷方数量	科目方向	存货编码	存货名称	规格型号	部门编码	部门名称	业务员编码	业务员
1	其他出库单	0000000001	采购皮	对方	660104	赠品费用	1,500.00		100.00		1	09018	皮革护理液	自然色	3	采购部		
				存货	1405	库存商品		1,500.00		100.00	2	09018	皮革护理液	自然色	3	采购部		
	专用发票	10935956	销售女	对方	6401	主营业务成本	16,800.00		100.00		1	0102007	蕾蕾高跟流行女鞋	225#-250#	4	销售部	401	刘军
				存货	1405	库存商品		16,800.00		100.00	2	0102007	蕾蕾高跟流行女鞋	225#-250#	4	销售部	401	刘军
合计							18,300.00	18,300.00										

图 4-5-42 【生成凭证】窗口

> **提示**
> - 补充其他出库单对方科目为"660104 销售费用——赠品费用"。

（9）单击【生成】按钮，生成两张记账凭证，单击【保存】按钮，如图 4-5-43、图 4-5-44 所示。

```
┌─────────────────────────────────────────────────────────────────────┐
│ 已生成                    记 账 凭 证                                │
│ 记     字 0074      制单日期：2022.01.30    审核日期：      附单据数：1│
│   摘  要                          科目名称              借方金额  贷方金额│
│ 采购皮革护理液        销售费用/赠品费用                  169500        │
│ 采购皮革护理液        应交税费/应交增值税/销项税额              19500  │
│ 采购皮革护理液        库存商品                                  150000 │
│                                                                      │
│ 票号                    数量                    合 计   169500 169500 │
│ 日期                    单价                                         │
│ 备注  项 目                       部 门                              │
│       个 人                       客 户                              │
│       业务员                                                         │
│   记账            审核            出纳              制单 张晓娴       │
└─────────────────────────────────────────────────────────────────────┘
```

图 4-5-43 【记账凭证】窗口(1)

```
┌─────────────────────────────────────────────────────────────────────┐
│ 已生成                    记 账 凭 证                                │
│ 记     字 0075      制单日期：2022.01.30    审核日期：      附单据数：1│
│   摘  要                          科目名称              借方金额  贷方金额│
│ 销售女鞋，赠送护理液   主营业务成本                      1880000       │
│ 销售女鞋，赠送护理液   库存商品                                  1880000│
│                                                                      │
│ 票号                    数量                    合 计   1880000 1880000│
│ 日期                    单价                                         │
│ 备注  项 目                       部 门                              │
│       个 人                       客 户                              │
│       业务员                                                         │
│   记账            审核            出纳              制单 张晓娴       │
└─────────────────────────────────────────────────────────────────────┘
```

图 4-5-44 【记账凭证】窗口(2)

业务四 非货币性福利业务

【业务描述】 2022年1月31日，公司用库存商品答谢员工，公司将鼎豪高跟休闲女鞋50双免费发放给员工(不考虑个人所得税)，取得与该业务相关的凭证如图4-5-45所示。

销 售 出 库 单

出货单位：黑龙江富链商贸有限公司
仓库：女鞋库　　　　　　　　　2022年1月31日　　　　　出库编号：20220116

编号	名称	单位	实收数量		单位成本(元)	总成本(元)	备注
			实收数量	应收数量			
0102009	鼎豪高跟休闲女鞋	双	50	50			员工福利
	合 计：		50	50			

仓库管理员：艾英杰　　　　　　采购员：略　　　　　　　部门负责人：略

图 4-5-45 "业务四------出库单"凭证

【业务解析】 本笔业务是以库存商品发放职工非货币性福利的业务。

【岗位说明】 仓储部艾英杰填制其他出库单(审核)；财务部张晓娴进行单据记账并制单。

【操作步骤】

1. 填制其他出库单

(1)2022年1月31日,仓储部艾英杰在企业应用平台中执行【业务工作】/【供应链】/【库存管理】/【出库业务】/【其他出库单】命令,打开【其他出库单】窗口。

(2)单击【增加】按钮,录入福利发放信息,【出库类别】选择"其他出库",备注录入员工福利,单击【保存】按钮。

(3)单击【审核】按钮,如图4-5-46所示。

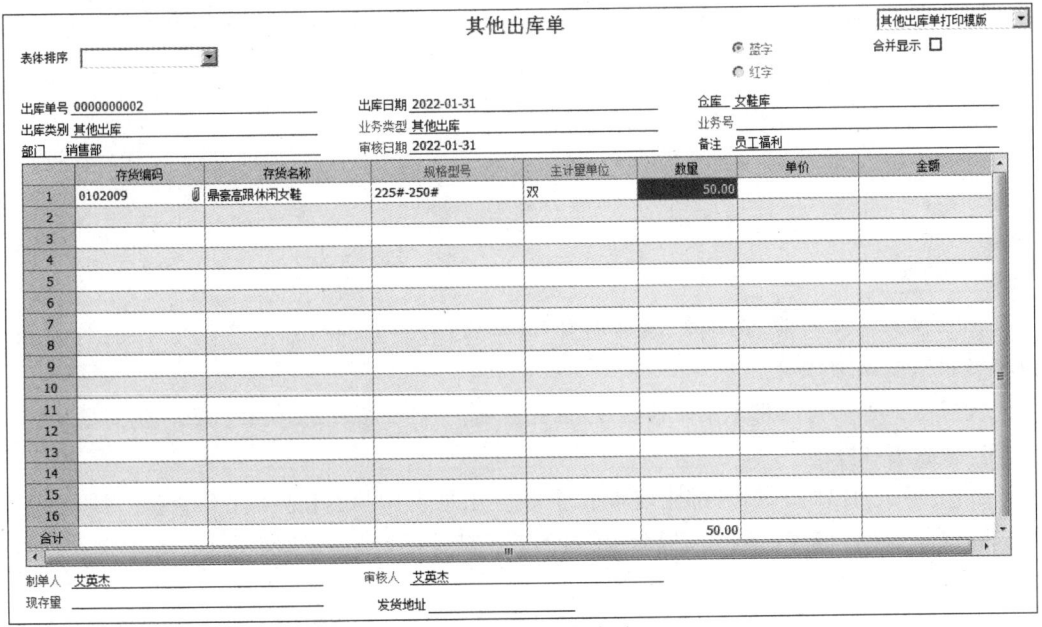

图4-5-46 【其他出库单】窗口

2. 结转出库成本

(1)2022年1月31日,财务部张晓娴在企业应用平台中执行【业务工作】/【供应链】/【存货核算】/【业务核算】/【正常单据记账】命令,打开【查询条件选择】窗口。

(2)单击【确定】按钮,打开【正常单据记账列表】窗口。

(3)单击【全选】按钮。

(4)单击【记账】按钮,将其他出库单记账,系统提示"记账成功",单击【确定】按钮。

(5)执行【财务核算】/【生成凭证】命令,打开【查询条件】窗口。

(6)单击【确定】按钮,打开【未生成凭证单据一览表】窗口。

(7)单击【选择】栏,或单击【全选】按钮,选中待生成凭证的单据,单击【确定】按钮。

(8)选择"凭证类别"为"记 记账凭证",如图4-5-47所示。

图4-5-47 【生成凭证】窗口

提示

- 补充其他出库单对方科目"221103 应付职业薪酬——职工福利"。

（9）单击【生成】按钮，生成一张记账凭证，单击【保存】按钮，如图 4-5-48 所示。

记 字 0076	记 账 凭 证	制单日期：2022.01.31	审核日期：		附单据数：1	
摘要		科目名称			借方金额	贷方金额
员工福利		应付职工薪酬/职工福利费			384200	
员工福利		库存商品				340000
员工福利		应交税费/应交增值税/进项税额转出				44200
				合计	384200	384200

图 4-5-48 【记账凭证】窗口

提示

- 在保存凭证之前，凭证中"贷方科目"可单击【拆分】按钮，录入科目"22210107 进项税额转出"，金额为"442.00"。
- 将企业外购商品用于集体福利，增值税应确认为"进项税额转出"，而非"视同销售"。

3. 总账填制凭证

2022 年 1 月 31 日，财务部张晓娴在企业应用平台中执行【业务工作】/【财务会计】/【总账】/【凭证处理】/【填制凭证】命令，打开【填制凭证】窗口，填制一张记账凭证，如图 4-5-49 所示。

记 字 0077	记 账 凭 证	制单日期：2022.01.31	审核日期：		附单据数：	
摘要		科目名称			借方金额	贷方金额
发放员工福利		销售费用/职工薪酬			153680	
发放员工福利		管理费用/职工薪酬			230520	
发放员工福利		应付职工薪酬/职工福利费				384200
				合计	384200	384200

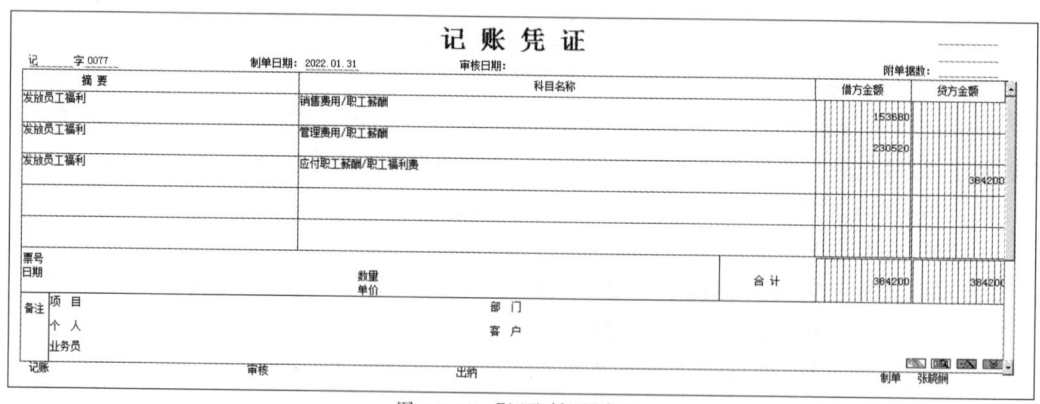

图 4-5-49 【记账凭证】窗口

提示

- 销售部人员的职工福利计入"销售费用——职工福利"，其他部门人员的职工福利计入"管理费用——职工福利"，该公司销售机构发放福利占总额 40%，其他部门 60%。
- 该公司职工福利当月发生当月计提。

实训六　销售退货业务

业务一　销售退货业务

【业务描述】 2022年1月31日，哈尔滨中央红集团股份有限公司退回合同编号"xs0003"的富铤休闲男鞋10双，原因为质量问题，即日办理退货，并于当日退还价税款及红字发票（使用现结功能处理）。取得与该业务相关的原始凭证如图4-6-1～图4-6-3所示。

黑龙江增值税专用发票　No 10935961

230022080　销项负数　开票日期：2022年01月31日

购买方	名称：哈尔滨中央红集团股份有限公司 纳税人识别号：230102127581296 地址、电话：哈尔滨市中央大街100号 0451-84555119 开户行及账号：中国农业银行哈尔滨道里支行 040201040003986	密码区	033+*7-*73*>2170608870>2/>09- 7/3/+/86<9<>990498/72132*7+ <>931329*894++897/8>+570*5-> >6<589/47*019>/306>26+006<89

货物或应税劳务、服务名称	规格型号	单位	数量	单价	金额	税率	税额
富铤休闲男鞋	240#-270#	双	-10	330.00	-3300.00	13%	-429.00
合　计					¥-3300.00	13%	¥-429.00

价税合计（大写）　⊗叁仟柒佰贰拾玖元整圆整　（小写）¥-3729.00

销售方	名称：黑龙江富铤商贸有限公司 纳税人识别号：230102676956780 地址、电话：哈尔滨市道里区爱建路113号 0451-84678976 开户行及账号：中国农业银行哈尔滨中山支行 08059201040012189

收款人：　　复核：　　开票人：刘军　　销售方：（章）

图4-6-1　"业务一——开具红字增值税专用发票通知单"凭证

中国农业银行转账支票存根（黑）

编码 10204361

科　目 _____

对方科目 _____

出票日期 2022 年 01 月 31 日

收款人：哈尔滨中央红集团股份有限公司

金　额：¥3729.00

用　途：退货款

单位主管　　会计

图4-6-2　"业务一——银行转账支票存根"凭证

【岗位说明】 销售部刘军填制退货单(审核)、销售专用发票(现结、复核);仓储部艾英杰填制红字销售出库单(审核);财务部张晓娴审核发票、单据记账并制单。

销售出库单

出货单位:	黑龙江富链商贸有限公司					
仓库:	女鞋库		2022年1月31日		出库编号:	20220117
编号	名称	单位	实收数量		单位成本(元)	总成本(元)	备注
			实收数量	应收数量			
0101002	富链休闲男鞋	双	-10	-10			销售退货
	合 计:		-10	-10			
仓库管理员:艾英杰			采购员:略			部门负责人:略	

图 4-6-3 "业务————出库单"凭证

【操作步骤】

1.填制退货单

(1)2022年1月31日,销售部刘军在企业应用平台中执行【业务工作】/【供应链】/【销售管理】/【销售发货】/【退货单】命令,打开【退货单】窗口。

销售退货业务

(2)单击【增加】按钮,系统弹出【查询条件选择-退货单参照发货单】窗口,单击【确定】按钮,系统自动生成一张退货单,修改表体数量为"-10",单击【保存】按钮,再单击【审核】按钮,如图4-6-4所示。

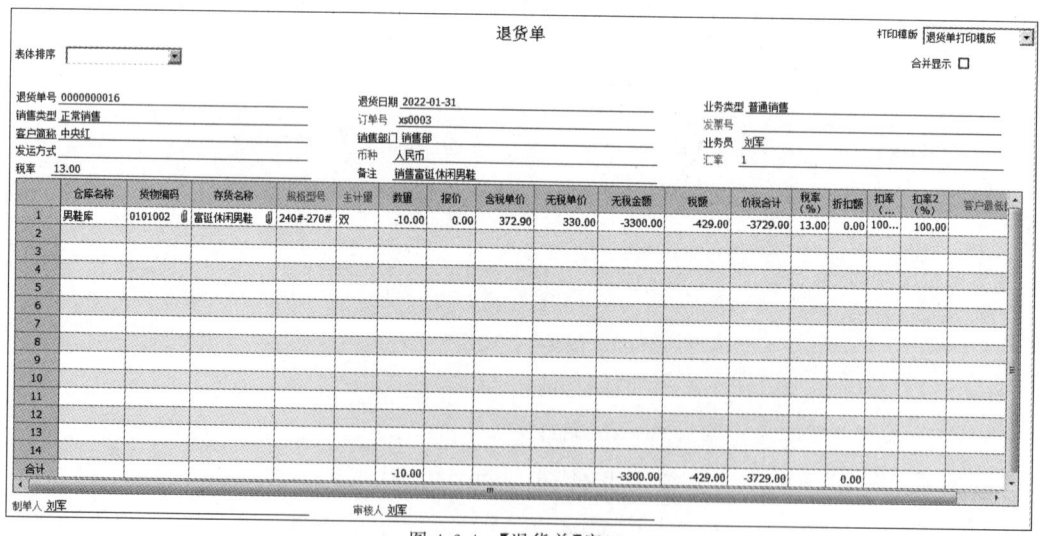

图 4-6-4 【退货单】窗口

2.生成红字销售专用发票

(1)2022年1月31日,销售部刘军在企业应用平台中执行【业务工作】/【供应链】/【销售管理】/【销售开票】/【红字销售专用发票】命令,打开【红字销售专用发票】窗口。

(2)单击【增加】按钮,系统弹出【查询条件选择-发票参照发货单】窗口,选择"发货单类型"为"红字记录",如图4-6-5所示。

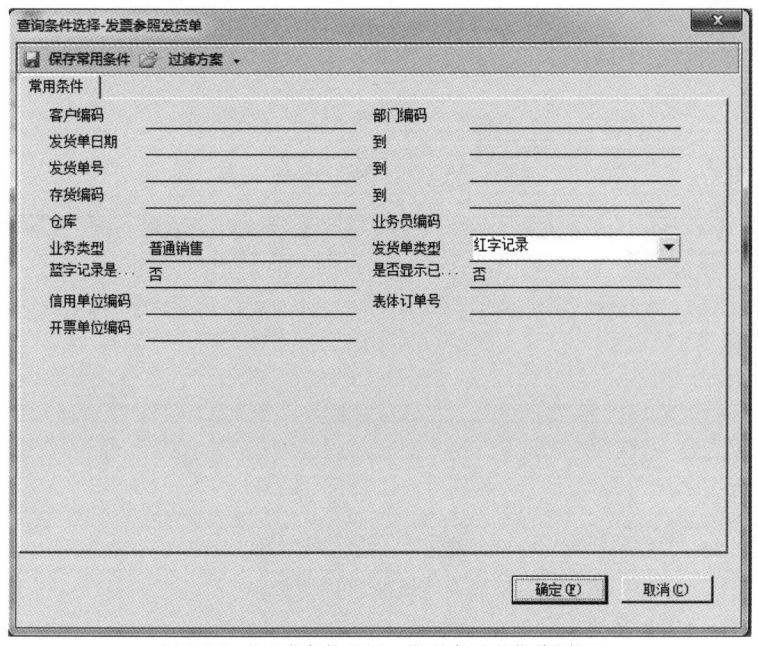

图 4-6-5 【查询条件选择—发票参照发货单】窗口

(3)单击【确定】按钮,系统弹出【参照生单】窗口,选择相应的发货单,单击【确定】按钮。

(4)系统自动弹出一张红字销售发票,修改"发票号"为"10935961",单击【保存】按钮,单击【现结】按钮,打开【现结】窗口,输入转账支票的信息,如图 4-6-6 所示。

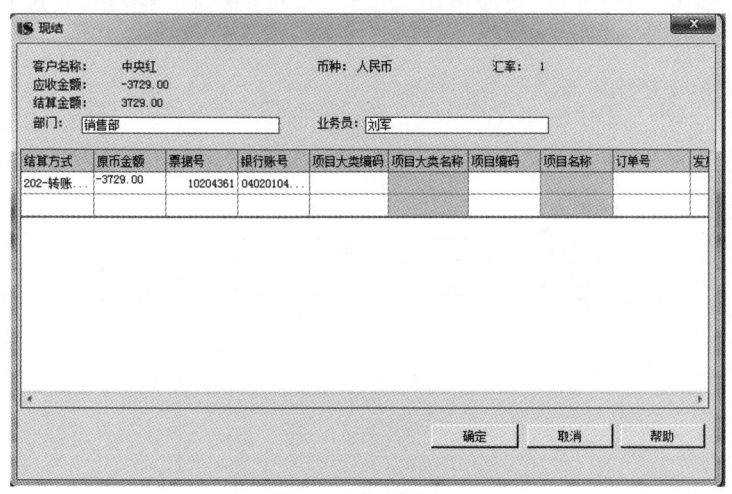

图 4-6-6 【现结】窗口

提示

- 销售退货现结的原币金额输入负数金额。

(5)单击【确定】按钮,系统提示"发票已现结",单击【确定】按钮,单击【复核】按钮,如图 4-6-7 所示。

图 4-6-7 【销售专用发票】窗口

3. 生成红字销售出库单

(1) 2022 年 1 月 31 日，仓储部艾英杰在企业应用平台中执行【业务工作】/【供应链】/【库存管理】/【出库业务】/【销售出库单】命令，打开【销售出库单】窗口。

(2) 选择【生单】/【销售生单】命令，打开【查询条件选择-销售发货单列表】窗口，单击【确定】按钮。

(3) 打开【销售生单】窗口，选择相应的发货单，单击【确定】按钮，系统自动生成销售出库单。

(4) 单击【审核】按钮，如图 4-6-8 所示。

图 4-6-8 【销售出库单】窗口

4.应收单据审核与制单

(1)2022年1月31日,财务部张晓娴在企业应用平台中执行【业务工作】/【财务会计】/【应收款管理】/【应收单据处理】/【应收单据审核】命令,打开【应收单查询条件】窗口。勾选"包含已现结发票",单击【确定】按钮,打开【应收单据列表】窗口。单击【全选】按钮,再单击【审核】按钮,如图4-6-9所示。

应收单据列表											
选择	审核人	单据日期	单据类型	单据号	客户名称	部门	业务员	制单人	币种	汇率	原币金额	本币金额	备注
	张晓娴	2022-01-31	销售	10935961	哈尔滨中央红集团股份有限公司	销售部	刘军	刘军	人民币	1.00000000	-3,729.00	-3,729.00	销售富诞休闲男鞋
合计											-3,729.00	-3,729.00	

图4-6-9 【应收单据列表】窗口

(2)执行【制单处理】命令,打开【制单查询】窗口。选择"现结制单",单击【确定】按钮,打开【现结制单】窗口。选择需要制单的记录,选择"凭证类别"为"记账凭证",单击【制单】按钮,系统生成相关凭证,再单击【保存】按钮,如图4-6-10所示。

图4-6-10 【记账凭证】窗口

5.冲减销售成本

(1)2022年1月31日,财务部张晓娴在企业应用平台中执行【业务工作】/【供应链】/【存货核算】/【业务核算】/【正常单据记账】命令,打开【查询条件选择】窗口。

(2)单击【确定】按钮,打开【正常单据记账列表】窗口。

(3)单击【全选】按钮,如图4-6-11所示。

正常单据记账列表										
选择	日期	单据号	存货编码	存货名称	规格型号	存货代码	单据类型	仓库名称	收发类别	数量	单价	金额
Y	2022-01-31	10935961	0101002	富诞休闲男鞋	240#-270#		专用发票	男鞋库	销售出库	-10.00		
小计										-10.00		

图4-6-11 【正常单据记账列表】窗口

(4)单击【记账】按钮,系统弹出【手工输入单价列表】窗口,输入"单价"为"236.00",如图4-6-12所示,单击【保存】按钮,再单击【记账】按钮,将销售专用发票记账,系统提示"记账成功",单击【确定】按钮。

手工输入单价列表											
选择	存货编码	存货名称	存货代码	规格型号	部门编码	仓库编码	存货名称	部门名称	单价	存货自由项1	存货自由项2	存货自由项3	存货自由项4
Y	0101002	富诞休闲男鞋		240#-270#		01	男鞋库		236.00				
小计													

图4-6-12 【手工输入单价列表】窗口

💠 提示

- 此处录入的单价应为退货商品的进价。

(5) 执行【财务核算】/【生成凭证】命令,打开【查询条件】窗口。

(6) 单击【确定】按钮,打开【未生成凭证单据一览表】窗口。

(7) 单击【选择】栏,或单击【全选】按钮,选中待生成凭证的单据,单击【确定】按钮。

(8) 选择"凭证类别"为"记 记账凭证",如图4-6-13所示。

凭证类别	记 记账凭证															
选择	单据类型	单据号	摘要	科目类型	科目编码	科目名称	借方金额	贷方金额	借方数量	贷方数量	科目方向	存货编码	存货名称	规格型号	部门编码	部门名称	业务员编码	业务员
1	专用发票	10935961	销售富…	对方	6401	主营业务成本	-2,360.00		-10.00		1	0101002	富诞休闲男鞋	240#-270#	4	销售部	401	刘军
				存货	1405	库存商品		-2,360.00		-10.00	2	0101002	富诞休闲男鞋	240#-270#	4	销售部	401	刘军
合计							-2,360.00	-2,360.00									

图4-6-13 【生成凭证】窗口

(9) 单击【生成】按钮,生成一张记账凭证,单击【保存】按钮,如图4-6-14所示。

图4-6-14 【记账凭证】窗口

拓展训练四

请根据拓展训练一至三完成的任务数据,对黑龙江鼎鑫商贸有限公司2022年1月份业务进行处理:

1.2022年1月2日,销售部刘军与沃尔玛超市签订销售合同,销售三元250 mL小方白纯牛奶300箱,每箱不含税单价84.00元,价税合计28476元(合同详扫二维码资源)。

2.2022年1月6日,销售部刘军与家乐福超市签订销售合同,销售三元250 mL巧克力牛奶600箱,每箱不含税单价72.00元,价税合计48816元(合同详扫二维码资源)。

3.2022年1月8日,向沃尔玛超市发货,三元250 mL小方白纯牛奶300箱(发票、出库单详扫二维码资源)。

4.2022年1月9日,向家乐福超市发货,三元250 mL巧克力牛奶600箱(发票、出库单详扫二维码资源)。

5.2022年1月12日,销售部刘军与华联超市签订销售合同,销售伊利250 mL AD钙奶500箱,每箱不含税单价108元,价税合计61020元(合同详扫二维码资源)。

6.2022年1月14日,向华联超市发货,伊利250 mL AD钙奶500箱(发票、出库单详扫二维码资源)。

7.2022年1月15日,收到家乐福超市货款47952元(注:付款条件、进账单详扫二维码资源)。

拓展训练四
销售管理

项目五

库存管理

> **知识链接**
>
> 　　库存管理是在物流过程中对商品数量上的量化管理,它接收采购部门从供应商那里采购来的材料或商品,并支配着生产的领料、销售的出库等业务。
>
> 　　库存管理系统主要功能包括采购入库、销售出库、产成品入库、材料出库、其他出入库、盘点管理和形态转换等业务需要,提供仓库货位管理、批次管理、保质期管理、出库跟踪入库管理和可用量管理的全面的业务应用。库存管理适用于各类型的工商业企业,可以单独使用,也可以与采购管理、销售管理、物料需求计划、存货核算集成使用,以发挥更加强大的应用功能。

> **能力塑造**
>
> - 能够掌握库存管理系统各项业务流程
> - 能够运用库存管理系统进行盘点业务处理
> - 能够运用库存管理系统进行其他业务处理
> - 能够灵活掌握库存管理系统与其他各子系统数据传递

> **素质培养**
>
> - 培养学生保护企业资产安全的主人翁精神
> - 培养学生具有法制思想的社会主义核心价值观
> - 培养学生谨慎性的工作原则
> - 培养学生珍惜劳动成果,不怕苦不怕难的劳动精神

实训一　盘点业务

业务一　发现盘亏业务

【业务描述】　2022年1月31日,对男鞋库进行盘点,盘亏富铤商务男鞋1双。取得与该业务相关的原始凭证如图5-1-1所示。

存货盘点报告单

盘点日期:2022年1月31日　　　　　　　　　　　　　　　盘点人:艾英杰

序号	存货名称	型号	账面数量	盘盈数量	盘亏数量	实盘数量
1	富铤商务男鞋	240#-270#	140		1	139
2	富铤休闲男鞋	240#-270#	20			20
3	富铤运动男鞋	240#-270#	104			104
	合　　计		264	—	1	263

图5-1-1　"业务一——存货盘点报告单"凭证

【业务分析】　本笔业务是存货盘亏业务。

【岗位说明】　2022年1月31日,公司对存货进行清查,盘亏原因待查。

【操作步骤】

1.填制盘点单

(1)2022年1月31日,仓储部艾英杰在企业应用平台中执行【业务工作】/【供应链】/【库存管理】/【盘点业务】命令,打开【盘点单】窗口。

(2)单击【增加】按钮,选择"盘点仓库"为"男鞋库",单击【盘存】按钮,输入存货编码为"0101001"的盘点数量为"139",单击【保存】按钮。

(3)单击【审核】按钮,审核填制的盘点单,如图5-1-2所示。

2.审核其他出库单

2022年1月31日,仓储部艾英杰在企业应用平台中执行【业务工作】/【供应链】/【库存管理】/【出库业务】/【其他出库单】命令,单击【浏览】按钮,找到盘点单自动生成的"其他出库单",单击【审核】按钮,如图5-1-3所示。

3.存货核算

(1)2022年1月31日,财务部张晓娴在企业应用平台中执行【业务工作】/【供应链】/【存货核算】/【业务核算】/【正常单据记账】命令,打开【查询条件选择】窗口。

(2)单击【确定】按钮,打开【正常单据记账列表】窗口。

(3)单击【全选】按钮,如图5-1-4所示。

(4)单击【记账】按钮,将其他出库单记账,系统提示"记账成功",单击【确定】按钮。

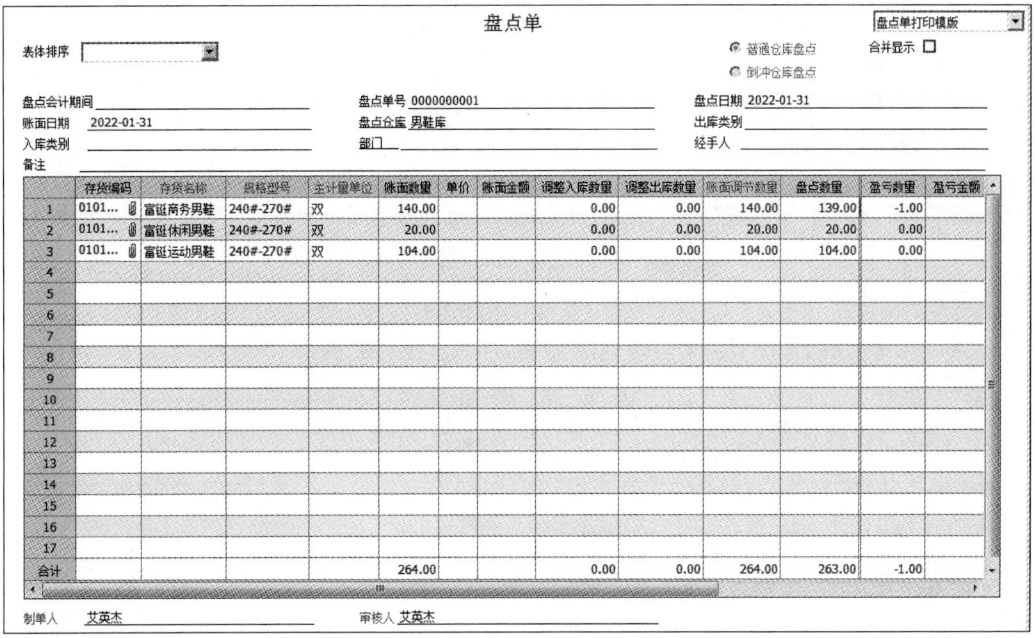

盘点单

盘点单打印模版

表体排序

普通仓库盘点　倒冲仓库盘点　合并显示

盘点会计期间　　盘点单号 0000000001　　盘点日期 2022-01-31

账面日期 2022-01-31　　盘点仓库 男鞋库　　出库类别

入库类别　　部门　　经手人

备注

	存货编码	存货名称	规格型号	主计量单位	账面数量	单价	账面金额	调整入库数量	调整出库数量	账面调节数量	盘点数量	盈亏数量	盈亏金额
1	0101…	富铤商务男鞋	240#-270#	双	140.00			0.00	0.00	140.00	139.00	-1.00	
2	0101…	富铤休闲男鞋	240#-270#	双	20.00			0.00	0.00	20.00	20.00	0.00	
3	0101…	富铤运动男鞋	240#-270#	双	104.00			0.00	0.00	104.00	104.00	0.00	
4													
5													
6													
7													
8													
9													
10													
11													
12													
13													
14													
15													
16													
17													
合计					264.00			0.00	0.00	264.00	263.00	-1.00	

制单人 艾英杰　　审核人 艾英杰

图 5-1-2 【盘点单】窗口

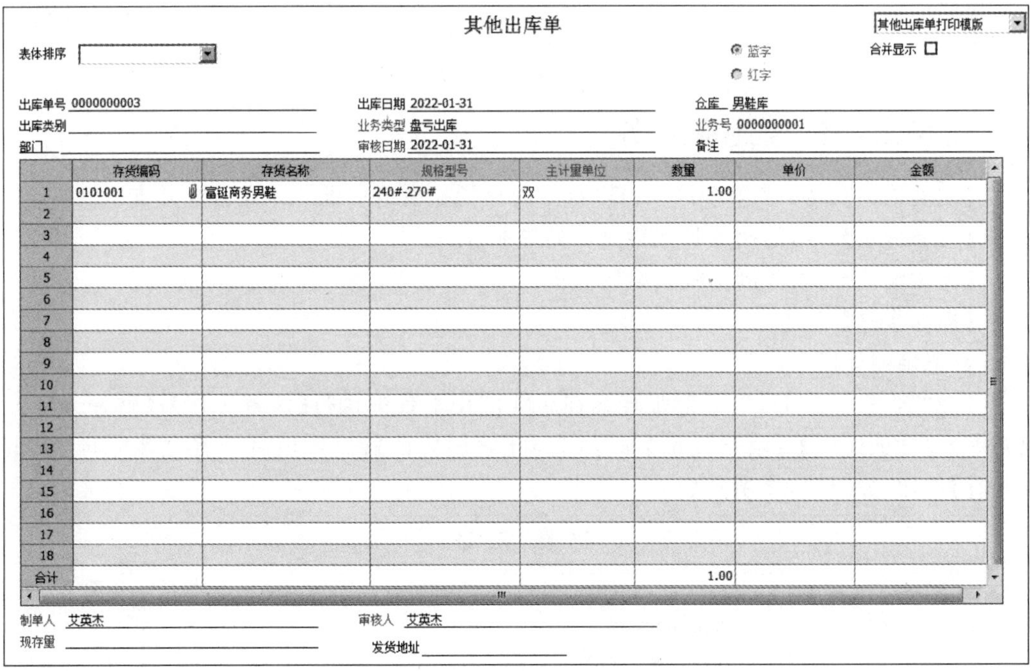

其他出库单

其他出库单打印模版

表体排序

蓝字　红字　合并显示

出库单号 0000000003　　出库日期 2022-01-31　　仓库 男鞋库

出库类别　　业务类型 盘亏出库　　业务号 0000000001

部门　　审核日期 2022-01-31　　备注

	存货编码	存货名称	规格型号	主计量单位	数量	单价	金额
1	0101001	富铤商务男鞋	240#-270#	双	1.00		
2							
3							
4							
5							
6							
7							
8							
9							
10							
11							
12							
13							
14							
15							
16							
17							
18							
合计					1.00		

制单人 艾英杰　　审核人 艾英杰

现存量　　发货地址

图 5-1-3 【其他出库单】窗口

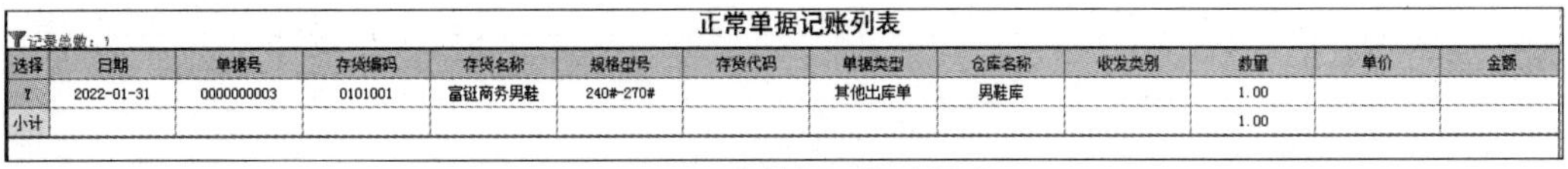

正常单据记账列表

记录总数：1

选择	日期	单据号	存货编码	存货名称	规格型号	存货代码	单据类型	仓库名称	收发类别	数量	单价	金额
Y	2022-01-31	0000000003	0101001	富铤商务男鞋	240#-270#		其他出库单	男鞋库		1.00		
小计										1.00		

图 5-1-4 【正常单据记账列表】窗口

(5)执行【财务核算】/【生成凭证】命令,打开【查询条件】窗口。

(6)单击【确定】按钮,打开【未生成凭证单据一览表】窗口。

(7)单击【选择】栏,或单击【全选】按钮,选中待生成凭证的单据,单击【确定】按钮。

(8)选择"凭证类别"为"记 记账凭证",如图5-1-5所示。

图5-1-5 【生成凭证】窗口

(9)单击【生成】按钮,生成一张记账凭证,如图5-1-6所示。

图5-1-6 【记账凭证】窗口

业务二 盘亏处理业务

【业务描述】 2022年1月31日,盘亏的存货损失请求批准计入营业外支出。

【业务分析】 本笔业务是存货盘亏处理业务。

【岗位说明】 财务部张晓娴填制凭证。

【操作步骤】

总账填制凭证

2022年1月31日,财务部张晓娴在企业应用平台中执行【业务工作】/【财务会计】/【总账】/【凭证处理】/【填制凭证】命令,打开【填制凭证】窗口,填制一张记账凭证,单击【保存】按钮,如图5-1-7所示。

图5-1-7 【记账凭证】窗口

业务三　发现盘盈业务

【业务描述】 2022年1月31日,对女鞋库进行盘点,盘盈鼎豪高跟休闲女鞋2双。取得与该业务相关的原始凭证如图5-1-8所示。

存货盘点报告单

盘点日期:2022年1月31日　　　　　　　　　　　　　　　　　　　　　盘点人:艾英杰

序号	存货名称	型号	账面数量-数量	账面数量-单价	盘盈数量	盘亏数量	实盘数量-数量	实盘数量-单价
1	鼎豪平跟流行女鞋	225#-250#	180	216			180	216
2	鼎豪平跟正装女鞋	225#-250#	120	185			120	185
3	鼎豪平跟休闲女鞋	225#-250#	58	153			58	153
4	鼎豪高跟流行女鞋	225#-250#	41	168			41	168
5	鼎豪高跟正装女鞋	225#-250#	90	142			90	142
6	鼎豪高跟休闲女鞋	225#-250#	70	68	2		72	68
7	细平短筒靴	225#-250#	0	296			0	296
8	细平中筒靴	225#-250#	0	324			0	324
9	细平高筒靴	225#-250#	0	325			0	325
	合　计		559	-	2	-	561	-

图5-1-8　"业务三——存货盘点报告单"凭证

【业务分析】 本笔业务是存货盘盈业务。

【岗位说明】 仓储部艾英杰填制盘点单(审核)、审核其他出库单;财务部张晓娴凭单据记账并制单。

【操作步骤】

1.填制盘点单

(1)2022年1月31日,仓储部艾英杰在企业应用平台中执行【业务工作】/【供应链】/【库存管理】/【盘点业务】命令,打开【盘点单】窗口。

(2)单击【增加】按钮,选择"盘点仓库"为"女鞋库",单击【盘存】按钮,输入存货编码为"0102009"的盘点数量为"72",单击【保存】按钮。

(3)单击【审核】按钮,审核填制的盘点单,如图5-1-9所示。

2.审核其他入库单

2022年1月31日,仓储部艾英杰在企业应用平台中执行【业务工作】/【供应链】/【库存管理】/【入库业务】/【其他入库单】命令,单击【浏览】按钮,找到盘点单自动生成的"其他入库单",单击【审核】按钮,如图5-1-10所示。

3.存货核算

(1)2022年1月31日,财务部张晓娴在企业应用平台中执行【业务工作】/【供应链】/【存货核算】/【业务核算】/【正常单据记账】命令,打开【查询条件选择】窗口。

(2)单击【确定】按钮,打开【正常单据记账列表】窗口,点击右键【手工输入】窗口,录入单价68元。

(3)单击【全选】按钮,如图5-1-11所示。

(4)单击【记账】按钮,将其他入库单记账,系统提示"记账成功",单击【确定】按钮。

(5)执行【财务核算】/【生成凭证】命令,打开【查询条件】窗口。

(6)单击【确定】按钮,打开【未生成凭证单据一览表】窗口。

(7)单击【选择】栏,或单击【全选】按钮,选中待生成凭证的单据,单击【确定】按钮。

图 5-1-9 【盘点单】窗口

图 5-1-10 【其他入库单】窗口

图 5-1-11 【正常单据记账列表】窗口

(8)选择"凭证类别"为"记 记账凭证",如图 5-1-12 所示。

凭证类别	记 记账凭证															
选择	单据类型	单据号	摘要	科目类型	科目编码	科目名称	借方金额	贷方金额	借方数量	贷方数量	科目方向	存货编码	存货名称	规格型号	部门编码	部门名称	业务员编码	业务员
1	其他入库单	0000000003	其他入	存货	1405	库存商品	136.00		2.00		1	0102009	鼎鼎高跟休闲女鞋	225#-250#				
				对方	1901	待处理财产损益		136.00		2.00	2	0102009	鼎鼎高跟休闲女鞋	225#-250#				
合计							136.00	136.00									

图 5-1-12 【生成凭证】窗口

(9)单击【生成】按钮,生成一张记账凭证,如图 5-1-13 所示。

图 5-1-13 【记账凭证】窗口

业务四 盘盈业务处理

【业务描述】 2022 年 1 月 31 日,盘盈的存货损失请求批准冲减管理费用。

【业务分析】 本笔业务是存货盘盈处理业务。

【岗位说明】 财务部张晓娴填制凭证。

【操作步骤】

总账填制凭证

2022 年 1 月 31 日,财务部张晓娴在企业应用平台中执行【业务工作】/【财务会计】/【总账】/【凭证处理】/【填制凭证】命令,打开【填制凭证】窗口,填制一张记账凭证,单击【保存】按钮,如图 5-1-14 所示。

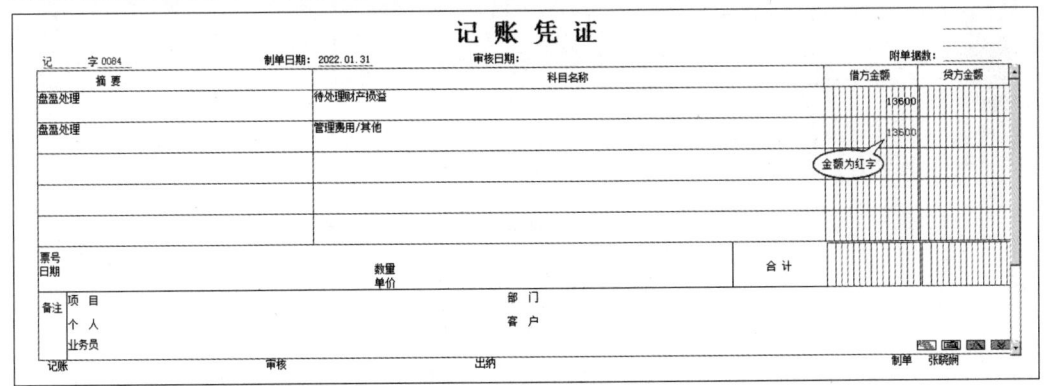

图 5-1-14 【记账凭证】窗口

> **提示**
>
> - 管理费用科目的发生额应调整为"借方红字"。

实训二　其他业务

业务一　存货损失

【业务描述】　2022年1月31日,由于保管不当,造成鼎豪平跟休闲女鞋损坏1双,经批准,损失计入管理费用。

【业务分析】　本笔业务是存货损失及其处理的业务。

【岗位说明】　仓储部艾英杰填制其他出库单;财务部张晓娴进行正常单据记账并制单。

【操作步骤】

1.填制其他出库单

2022年1月31日,仓储部艾英杰在企业应用平台中执行【业务工作】/【供应链】/【库存管理】/【出库业务】/【其他出库单】命令,打开【其他出库单】窗口,单击【增加】按钮,按照出库单信息录入,单击【保存】按钮,再单击【审核】按钮,如图5-2-1所示。

图 5-2-1　【其他出库单】窗口

2.存货核算

(1)2022 年 1 月 31 日，财务部张晓娴在企业应用平台中执行【业务工作】/【供应链】/【存货核算】/【业务核算】/【正常单据记账】命令，打开【查询条件选择】窗口。

(2)单击【确定】按钮，打开【正常单据记账列表】窗口。

(3)单击【全选】按钮，如图 5-2-2 所示。

正常单据记账列表

记录总数：1

选择	日期	单据号	存货编码	存货名称	规格型号	存货代码	单据类型	仓库名称	收发类别	数量	单价	金额
Y	2022-01-31	0000000004	0102006	鼎豪平跟休闲...	225#-250#		其他出库单	女鞋库	其他出库	1.00	153.00	153.00
小计										1.00		153.00

图 5-2-2 【正常单据记账列表】窗口

(4)单击记账按钮，将其他出库单记账，系统提示“记账成功”，单击【确定】按钮。

(5)执行【财务核算】/【生成凭证】命令，打开【查询条件】窗口。

(6)单击【确定】按钮，打开【未生成凭证单据一览表】窗口。

(7)单击【选择】栏，或单击【全选】按钮，选中待生成凭证的单据，单击【确定】按钮。

(8)选择“凭证类别”为“记 记账凭证”，如图 5-2-3 所示。

凭证类别 记 记账凭证

选择	单据类型	单据号	摘要	科目类型	科目编码	科目名称	借方金额	贷方金额	借方数量	贷方数量	科目方向	存货编码	存货名称	规格型号	部门编码	部门名称	业务员编码	业务员
1	其他出库单	0000000004	其他出...	对方	1901	待处理财产损溢	153.00		1.00		1	0102006	鼎豪平跟休闲女鞋	225#-250#				
				存货	1405	库存商品		153.00		1.00	2	0102006	鼎豪平跟休闲女鞋	225#-250#				
合计							153.00	153.00										

图 5-2-3 【生成凭证】窗口

(9)单击【生成】按钮，生成一张记账凭证，如图 5-2-4 所示。

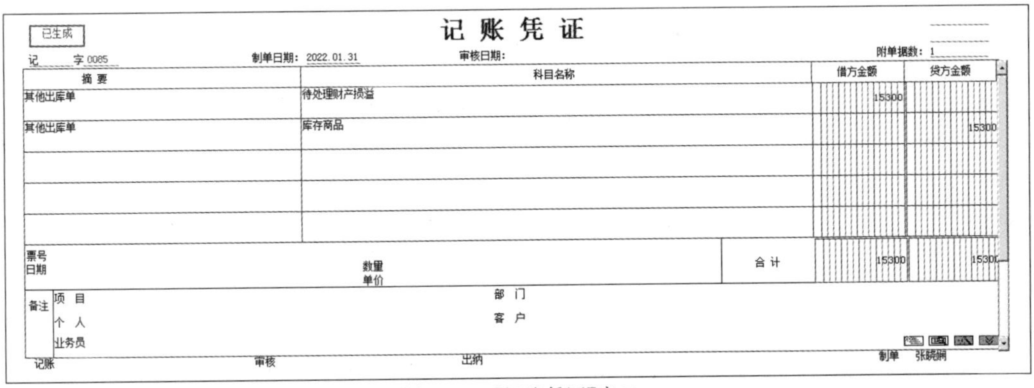

图 5-2-4 【记账凭证】窗口

3.总账填制凭证

2022 年 1 月 31 日，财务部张晓娴在企业应用平台中执行【业务工作】/【财务会计】/【总账】/【凭证处理】/【填制凭证】命令，打开【填制凭证】窗口，填制一张记账凭证，单击【保存】按钮，如图 5-2-5 所示。

图 5-2-5 【记账凭证】窗口

拓展训练五

请根据拓展训练一至四完成的任务数据,对黑龙江鼎鑫商贸有限公司 2017 年 1 月份业务进行处理:

2022 年 1 月 31 日,进行存货盘点和账实核对,并查询盘点表。

项目六

存货核算

知识链接

存货是指企业在生产经营过程中为销售或生产耗用而存储的各种资产,包括商品、产成品、在产品和各种材料、燃料、包装物、低值易耗品等。存货核算用于核算和分析所有业务中的存货耗用情况,正确计算存货购入成本,为企业提供成本核算的基础数据;动态掌握存货资金的变动,减少库存资金积压,加速资金周转;支持工商业多种核算方法;与采购管理或销售管理一起使用,可暂估采购入库或销售出库的成本核算。

存货核算主要功能包括:添加或修正存货暂估价格;对存货价格、价值进行调整;对业务单据进行记账处理;对记账单据按照存货计价方法进行计算,为成本计算提供数据等。

能力塑造

- 能够掌握存货核算系统各项业务流程
- 能够运用存货核算系统进行日常业务处理
- 能够运用存货核算系统进行期末业务处理
- 能够灵活运用存货核算系统与其他各子系统数据传递

素质培养

- 培养学生实事求是的职业精神
- 培养学生保持数据一致性的标准意识
- 培养学生分析解决问题的实践能力

实训一　存货价格及结算成本处理

业务一　暂估成本录入业务

【业务描述】　2022年1月31日,检查是否有入库单存货尚无价格,并给这些单据录入价格。

【岗位说明】　财务部张晓娴录入。

【操作步骤】

(1)2022年1月31日,财务部张晓娴在企业应用平台中执行【业务工作】/【供应链】/【存货核算】/【业务核算】/【暂估成本录入】命令,打开【查询条件选择】窗口,如图6-1-1所示。

图 6-1-1　【查询条件选择】窗口

(2)单击【确定】按钮,打开【暂估成本录入】窗口,如图6-1-2所示。如果有需要录入单价的存货,录入单价信息,单击【保存】按钮。

图 6-1-2　【暂估成本录入】窗口

业务二　暂估成本结算处理业务

【业务描述】　2022年1月31日，检查本期进行采购结算，如果有需要进行结算成本暂估处理的单据，对其进行暂估处理。

【岗位说明】　财务部张晓娴进行暂估处理。

【操作步骤】

(1)2022年1月31日，财务部张晓娴在企业应用平台中执行【业务工作】/【供应链】/【存货核算】/【业务核算】/【结算成本处理】命令，打开【暂估处理查询】窗口，如图6-1-3所示。

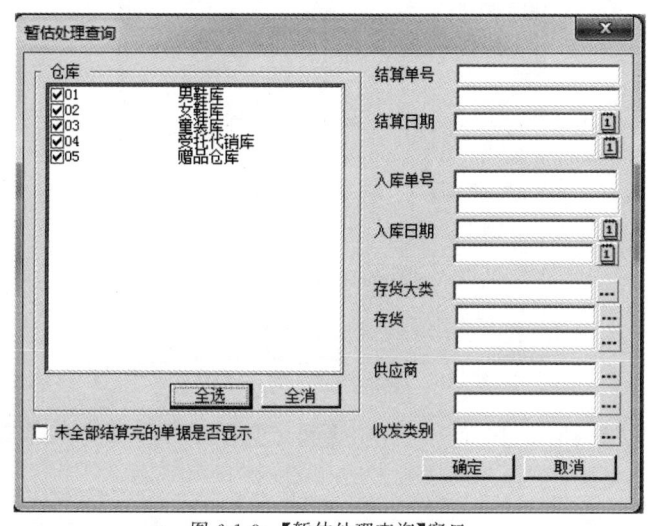

图6-1-3　【暂估处理查询】窗口

(2)选择所有的仓库，其他条件为默认值，单击【确定】按钮，打开【结算成本处理】窗口，如图6-1-4所示。

图6-1-4　【结算成本处理】窗口

(3)单击需要进行暂估处理的单据，再单击【暂估】按钮。

实训二　单据记账

业务一　特殊单据记账业务

【业务描述】　2022年1月31日，进行特殊单据记账，将所有特殊业务单据进行记账。

【岗位说明】 财务部张晓娴记账。

【操作步骤】

(1)2022年1月31日,财务部张晓娴在企业应用平台中执行【业务工作】/【供应链】/【存货核算】/【业务核算】/【特殊单据记账】命令,打开【特殊单据记账条件】窗口,如图6-2-1所示。

图6-2-1 【特殊单据记账条件】窗口

(2)"单据类型"选择"调拨单",再单击【确定】按钮,打开【特殊单据记账】窗口,如图6-2-2所示。

图6-2-2 【特殊单据记账】窗口

(3)对全部单据进行记账,单击【全选】按钮,或者单击表体中需要记账的单据,再单击【记账】按钮。

业务二　正常业务单据记账

【业务描述】 2022年1月31日,进行正常单据记账,将所有正常业务的单据进行记账。

【岗位说明】 财务部张晓娴记账。

【操作步骤】

(1)2022年1月31日,财务部张晓娴在企业应用平台中执行【业务工作】/【供应链】/【存货核算】/【业务核算】/【正常单据记账】命令,打开【查询条件选择】窗口,如图6-2-3所示。

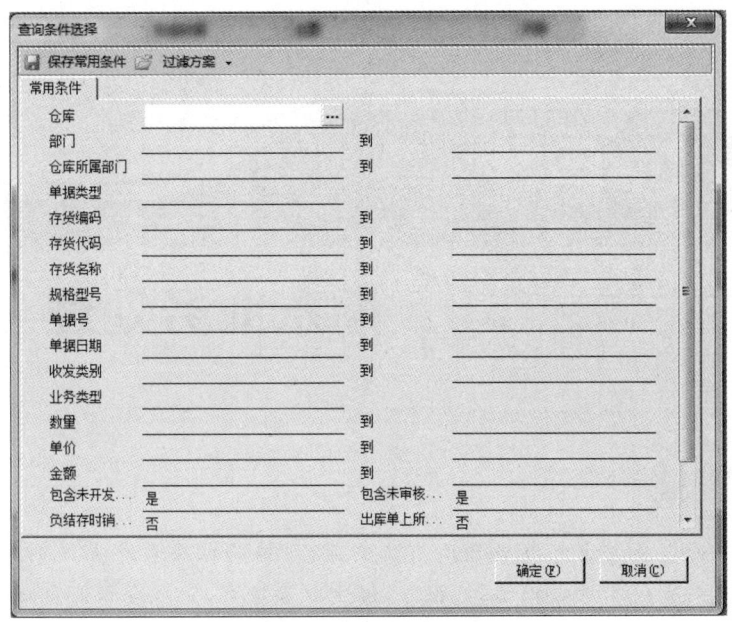

图6-2-3 【查询条件选择】窗口

(2)单击【确定】按钮,系统弹出【正常单据记账列表】窗口,如图6-2-4所示。

图6-2-4 【正常单据记账列表】窗口

(3)单击【全选】按钮,再单击【记账】按钮。

提示

- 单据记账是登记存货明细账、差异明细账/差价明细账、受托代销商品明细账和受托代销商品差价账,同时使用除全月平均法外的其他几种存货计价方法,对存货进行出库成本的计算。

拓展训练六

请根据拓展训练一至五完成的任务数据,对黑龙江鼎鑫商贸有限公司2022年1月份业务进行处理:

1.2022年1月31日,处理本月暂估业务。

项目七

期末业务处理

知识链接

期末业务处理是企业完成当期所有工作后,系统将相关各个系统的单据封存,通过月末结账自动完成各种数据结算、记账,编制财务报表,完成会计期间的期末处理工作。会计信息使用者可以通过供应链管理系统提供的相关数据进行核算财务状况、资金变动情况和财务分析、预测、决策等管理工作。

能力塑造

- 能够进行业务部门的期末处理
- 能够进行财务部门的期末结账
- 能够进行账表查询工作

素质培养

- 培养学生吃苦耐劳、艰苦创业的精神
- 培养学生结合社会发展动态进行财务数据分析的大局观
- 培养学生正确披露企业财务数据的责任意识
- 培养学生拓展探究的学习能力

实训一　业务部门期末处理

业务一　采购管理月末结账

【业务描述】　2022年1月31日,进行采购管理系统月末结账。
【岗位说明】　采购部王悦结账。

【操作步骤】

1.结账

(1)2022年1月31日,采购部王悦在企业应用平台中执行【业务工作】/【供应链】/【采购管理】/【月末结账】命令,打开【结账】窗口,如图7-1-1所示。

(2)单击【结账】按钮,系统弹出【是否关闭订单】信息提示框,如图7-1-2所示。

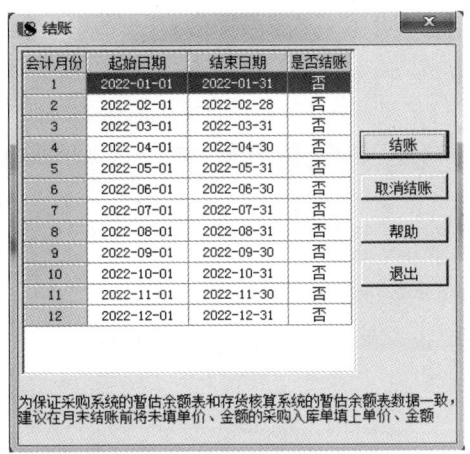

图7-1-1 【结账】窗口(1)

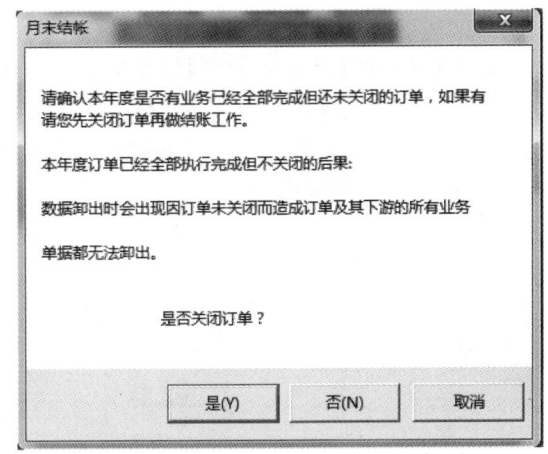

图7-1-2 【是否关闭订单】信息提示框

(3)单击【否】按钮,系统提示"月末结账完毕",单击【确定】按钮,如图7-1-3所示。

图7-1-3 【结账】窗口(2)

2.取消结账

如果操作发生错误需要取消当月结账时,可按以下步骤进行操作:

(1)执行【业务工作】/【供应链】/【采购管理】/【月末结账】命令,弹出【结账】窗口。

(2)单击【取消结账】按钮。

业务二 销售管理月末结账

【业务描述】 2022年1月31日,进行销售管理系统月末结账。

【岗位说明】 销售部刘军结账。

【操作步骤】

1.结账

(1)2022年1月31日,销售部刘军在企业应用平台中执行【业务工作】/【供应链】/【销售管理】/【月末结账】命令,打开【结账】窗口,如图7-1-4所示。

(2)单击【结账】按钮,系统弹出【是否关闭订单】信息提示框,如图7-1-5所示。

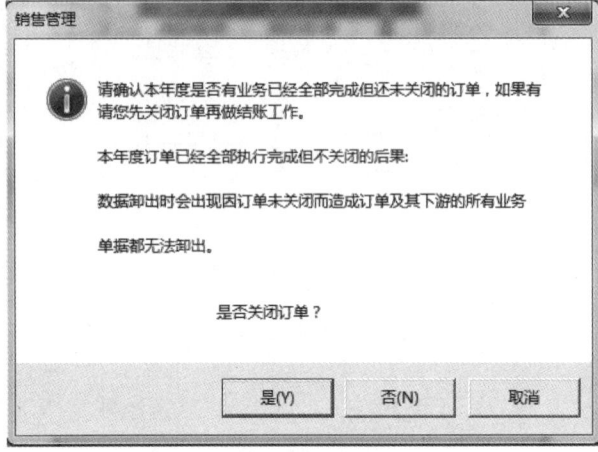

图7-1-4 【结账】窗口(1)　　　　　图7-1-5 【是否关闭订单】信息提示框

(3)单击【否】按钮,系统提示"月末结账完毕",单击【确定】按钮,如图7-1-6所示。

图7-1-6 【结账】窗口(2)

2.取消结账

如果操作发生错误需要取消当月结账时,在【结账】窗口中单击【取消结账】按钮即可。

业务三 库存管理月末结账

【业务描述】 2022年1月31日,进行库存管理系统月末结账。
【岗位说明】 仓储部艾英杰结账。
【操作步骤】

1.结账

(1)2022年1月31日,仓储部艾英杰在企业应用平台中执行【业务工作】/【供应链】/【库存管理】/【月末结账】命令,打开【结账】窗口,如图7-1-7所示。

(2)单击【结账】按钮,系统弹出【库存管理结账】信息提示框,如图7-1-8所示。

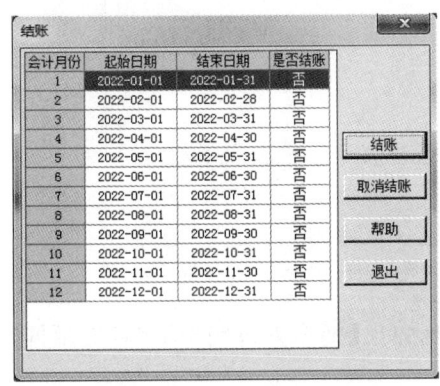

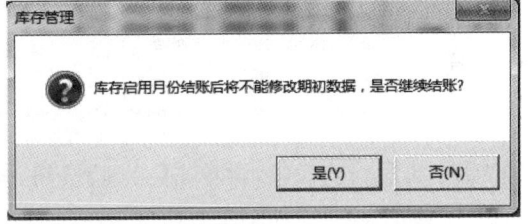

图7-1-7 【结账】窗口(1)　　　图7-1-8 【库存管理结账】信息提示框

(3)单击【是】按钮,系统提示"月末结账完毕",单击【确定】按钮,如图7-1-9所示。

图7-1-9 【结账】窗口(2)

2.取消结账

如果操作发生错误,需要取消当月结账,可在【结账】窗口中单击【取消结账】按钮。

业务四 存货核算月末结账

【业务描述】 2017年1月31日,进行存货核算系统月末结账。
【岗位说明】 财务部张晓娴结账。

【操作步骤】

1. 期末处理

(1)2022年1月31日，财务部张晓娴在企业应用平台中执行【业务工作】/【供应链】/【存货核算】/【业务核算】/【期末处理】命令，弹出【期末处理】窗口，如图7-1-10所示。

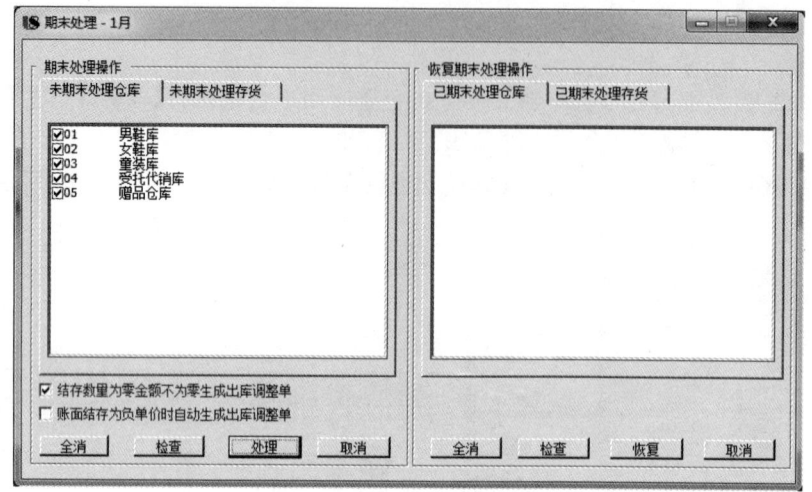

图 7-1-10　【期末处理】窗口(1)

(2)单击【全选】按钮，再单击【处理】按钮，系统弹出【期末处理完毕】信息提示框，如图7-1-11所示。

图 7-1-11　【期末处理完毕】信息提示框

(3)单击【确定】按钮，【期末处理】窗口显示已期末处理仓库，如图7-1-12所示。

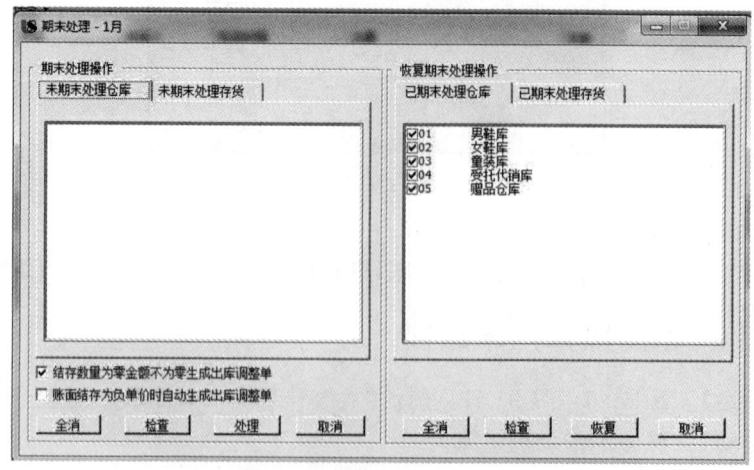

图 7-1-12　【期末处理】窗口(2)

2.月末结账

(1)2022年1月31日财务部张晓娴在企业应用平台中执行【业务工作】/【供应链】/【存货核算】/【业务核算】/【月末结账】命令,打开【结账】窗口,如图7-1-13所示。

(2)单击【结账】按钮,系统提示"月末结账完成",单击【确定】按钮,如图7-1-14所示。

图7-1-13 【结账】窗口

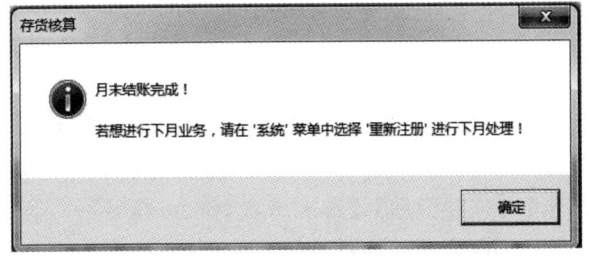

图7-1-14 【月末结账完成】信息提示框

实训二 财务部门月末结账

业务一 应收款月末结账

【业务描述】 2022年1月31日,进行应收款管理系统月末结账。

【岗位说明】 财务部张晓娴结账。

【操作步骤】

1.结账

(1)2022年1月31日,财务部张晓娴在企业应用平台中执行【业务工作】/【财务会计】/【应收款管理】/【月末结账】命令,打开【月末处理】窗口,如图7-2-1所示。

(2)选择结账的月份,在对应的【结账标志】栏双击后显示选中标志"Y"。

(3)单击【下一步】按钮,系统弹出【月末处理】窗口,显示处理情况,如图7-2-2所示。

图7-2-1 【月末处理】窗口(1)

图7-2-2 【月末处理】窗口(2)

(4)单击【完成】按钮,结账完成后,系统提示"1月份结账成功",单击【确定】按钮,如图 7-2-3 所示。

图 7-2-3 【结账成功】信息提示框

2. 取消结账

如果操作发生错误,需要取消结账时,可按以下步骤进行操作:

(1)2022 年 1 月 31 日,财务部张晓娴在企业应用平台中执行【业务工作】/【财务会计】/【应收款管理】/【月末结账】命令,打开【月末处理】窗口。

(2)双击已结账月份所对应行的【选择标志】栏,系统显示选中标志"Y"。

(3)单击【取消结账】按钮。

(4)系统提示"取消月末记账完毕",单击【确定】按钮,完成取消月末结账工作。

业务二 应付款月末结账

【业务描述】 2022 年 1 月 31 日,进行应付款管理系统月末结账。

【岗位说明】 财务部张晓娴结账。

【操作步骤】

1. 结账

(1)2022 年 1 月 31 日,财务部张晓娴在企业应用平台中执行【业务工作】/【财务会计】/【应付款管理】/【月末结账】命令,打开【月末处理】窗口,如图 7-2-4 所示。

(2)选择结账的月份,在对应【结账标志】栏双击后显示选中标志"Y"。

(3)单击【下一步】按钮,系统弹出【月末处理】窗口,显示处理情况,如图 7-2-5 所示。

图 7-2-4 【月末处理】窗口(1)

图 7-2-5 【月末处理】窗口(2)

(4)单击【完成】按钮,结账完成后,系统提示"1月份结账成功",单击【确定】按钮。
2.取消结账
参考应收款管理系统取消月末结账操作。

业务三 总账月末结账

【业务描述】 2022年1月31日,进行总账系统月末结账。
【岗位说明】 财务部高鹏审核凭证,财务部张晓娴记账和结账。
【操作步骤】
1.审核凭证
(1)2022年1月31日,财务部高鹏在企业应用平台中执行【财务会计】/【总账】/【凭证】/【审核凭证】命令,弹出【审核凭证】窗口,单击【确定】按钮,进入【凭证审核列表】窗口。
(2)双击打开待审核的第一张"记账凭证"。
(3)执行【批处理】/【成批审核凭证】命令,系统给出"成批审核凭证报告",如图7-2-6所示。

图7-2-6 成批审核凭证报告

(4)单击【确定】按钮,凭证审核完成。
2.记账
(1)2022年1月31日,财务部张晓娴在企业应用平台中执行【财务会计】/【总账】/【凭证】/【记账】命令,打开【记账】窗口。
(2)单击【记账】按钮,打开"期初试算平衡表"。
(3)单击【确定】按钮,系统进行记账,记账完毕后,系统弹出【记账完毕】信息提示框,如图7-2-7所示。

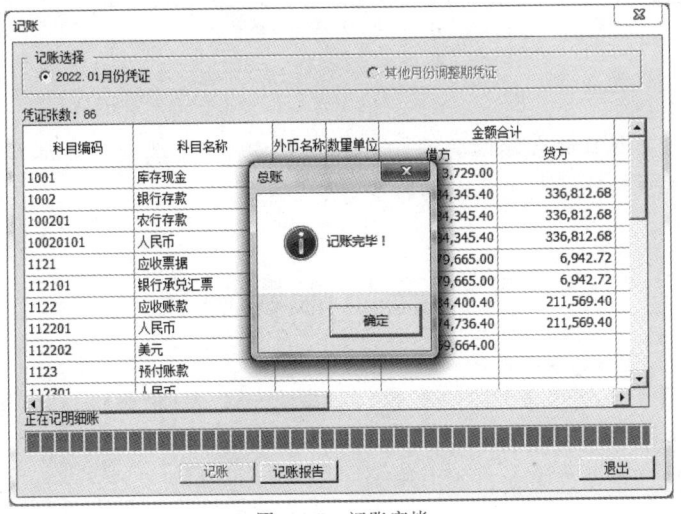

图7-2-7 记账完毕

3.结账

(1)2022年1月31日,财务部高鹏在企业应用平台中执行【财务会计】/【总账】/【期末】/【结账】命令,打开【结账】窗口,如图7-2-8所示。

图7-2-8 【结账】窗口

(2)单击【下一步】/【对账】/【下一步】按钮,系统显示月度工作报告,如图7-2-9所示。单击【下一步】按钮,系统提示"可以结账",单击【结账】按钮完成结账。

图7-2-9 月度工作报告

提示

- 需将损益类科目的余额结转到"本年利润"科目,生成损益类结转凭证,并对其审核、记账,总账系统结账才能通过工作检查,顺利结账。

实训三 账表查询

【业务描述】 2022年1月31日,进行收发存汇总表、销售统计表、销售收入明细账和销售成本明细账等账表查询。

【岗位说明】 总经理宋文哲查询账表。

【操作步骤】

1.查询收发存汇总表

2022年1月31日,总经理宋文哲在企业应用平台中执行【业务工作】/【供应链】/【存货核算】/【账表】/【汇总表】/【收发存汇总表】命令,打开【收发存汇总表查询】窗口,单击【确定】按钮,打开【收发存汇总表】窗口,如图7-3-1所示。

图7-3-1 【收发存汇总表】窗口

2.查询本月销售统计表

2022年1月31日,总经理宋文哲在企业应用平台中执行【业务工作】/【供应链】/【销售管理】/【报表】/【统计表】/【销售统计表】命令,打开【查询条件选择-销售统计表】窗口,单击【确定】按钮,打开【销售统计表】窗口,如图7-3-2所示。

图7-3-2 【销售统计表】窗口

3.查询本月销售收入明细账

2022年1月31日,总经理宋文哲在企业应用平台中执行【业务工作】/【供应链】/【销售管理】/【报表】/【明细表】/【销售收入明细表】命令,打开【查询条件选择-销售收入明细表】窗口,单击【确定】按钮,打开【销售收入明细账】窗口,如图7-3-3所示。

4.查询本月销售成本明细账

2022年1月31日,总经理宋文哲在企业应用平台中执行【业务工作】/【供应链】/【销售管理】/【报表】/【明细表】/【销售成本明细表】命令,打开【查询条件选择-销售成本明细表】窗口,单击【确定】按钮,打开【销售成本明细账】窗口,如图7-3-4所示。

销售收入明细账

日期： 2022-01-01 到 2022-01-31　　部门：　　客户：　　到
业务员：

年	月	日	销售类型	单据类型	发票号	存货名称	数量	无税单价	含税单价	金额	税额	价税合计	折扣
2022	1	14	正常销售	销售专…	00678332	细平短筒靴	200.00	296.00	334.48	59,200.00	7,696.00	66,896.00	
2022	1	14	正常销售	销售专…	00678332	细平中筒靴	100.00	324.00	366.12	32,400.00	4,212.00	36,612.00	
2022	1	14	正常销售	销售专…	00678333	细平高筒靴	240.00	390.00	440.70	93,600.00	12,168.00	105,768…	
2022	1	15	正常销售	销售专…	10935911	富诞休闲男鞋	200.00	330.00	372.90	66,000.00	8,580.00	74,580.00	
2022	1	16	正常销售	销售专…	10935912	鼎豪平跟休闲女鞋	60.00	95.00	107.35	5,700.00	741.00	6,441.00	
2022	1	16	正常销售	销售专…	10935912	鼎豪平跟正装女鞋	90.00	200.00	226.00	18,000.00	2,340.00	20,340.00	
2022	1	18	正常销售	销售专…	JS1702	鼎豪平跟正装女鞋	200.00	44.00	49.72	8,800.00	1,144.00	9,944.00	
2022	1	19	正常销售	销售专…	10935915	鼎豪平跟休闲女鞋	300.00	214.00	241.82	64,200.00	8,346.00	72,546.00	
2022	1	20	正常销售	销售专…	10935916	富诞商务男鞋	100.00	445.00	502.85	44,500.00	5,785.00	50,285.00	
2022	1	21	正常销售	销售专…	10935917	鼎豪高跟流行女鞋	300.00	235.00	265.55	70,500.00	9,165.00	79,665.00	
2022	1	22	销售退货	销售专…	10935918	鼎豪平跟休闲女鞋				-6,420.00	-834.60	-7,254.60	
2022	1	25	正常销售	销售零…	10935931	宝派婴童套装	50.00	66.00	74.58	3,300.00	429.00	3,729.00	
2022	1	25	正常销售	销售专…	10935921	宝派男童套装	200.00	96.00	108.48	19,200.00	2,496.00	21,696.00	
2022	1	25	正常销售	销售专…	10935921	宝派婴童套装	200.00	66.00	74.58	13,200.00	1,716.00	14,916.00	
2022	1	28	委托销售	销售专…	10935933	富诞运动男鞋	50.00	358.00	404.54	17,900.00	2,327.00	20,227.00	
2022	1	28	委托销售	销售专…	10935941	鼎豪平跟正装女鞋	100.00	264.00	298.32	26,400.00	3,432.00	29,832.00	
2022	1	29	正常销售	销售专…	10935951	鼎豪内增高女鞋	50.00						
2022	1	29	正常销售	销售专…	10935951	鼎豪平跟正装女鞋	50.00	264.00	298.32	13,200.00	1,716.00	14,916.00	
2022	1	30	正常销售	销售专…	10935958	鼎豪高跟流行女鞋	100.00	235.00	265.55	23,500.00	3,055.00	26,555.00	
2022	1	31	正常销售	销售专…	10935961	富诞休闲男鞋	-10.00	330.00	372.90	-3,300.00	-429.00	-3,729.00	
2022	(…						2,580.00	220.88	249.60	569,880.00	74,084.40	643,964…	
	(…						2,580.00	220.88	249.60	569,880.00	74,084.40	643,964…	
总计							2,580.00	220.88	249.60	569,880.00	74,084.40	643,964…	

图 7-3-3 【销售收入明细账】窗口

销售成本明细账

记账日期：
单据日期： 2022-01-01 2022-01-31

会计月	部门	客户	业务员	单据号	数量	单价	成本
1	销售部	大庆世纪联华超市有…	刘军	10935941	100.00	185.00	18,500.00
1	销售部	大商集团大庆新东风…	刘军	10935915	300.00	153.00	45,900.00
1	销售部	哈尔滨哈西万达百货	刘军	00678332	300.00	305.33	91,600.00
1	销售部	哈尔滨哈西万达百货	刘军	10935917	300.00	168.00	50,400.00
1	销售部	哈尔滨哈西万达百货	刘军	10935933	50.00	256.00	12,800.00
1	销售部	哈尔滨家得乐超市有…	刘军	10935916	100.00	318.00	31,800.00
1	销售部	哈尔滨秋林集团股份…	刘军	10935912	150.00	172.20	25,830.00
1	销售部	哈尔滨秋林集团股份…	刘军	10935956	100.00	168.00	16,800.00
1	销售部	哈尔滨岳华进出口有…	刘军	JS1702	200.00	185.00	37,000.00
1	销售部	哈尔滨中央红集团股…	董勇浩	00678333	240.00	325.00	78,000.00
1	销售部	哈尔滨中央红集团股…	刘军	10935911	200.00	236.00	47,200.00
1	销售部	哈尔滨中央红集团股…	刘军	10935921	400.00	57.50	23,000.00
1	销售部	哈尔滨中央红集团股…	刘军	10935651	100.00	176.50	17,650.00
1	销售部	哈尔滨中央红集团股…	刘军	10935961	-10.00	236.00	-2,360.00
1	销售部	佳木斯标志服饰经销…	董勇浩	10935931	50.00	47.00	2,350.00
1	(小计)销售部				2,580.00	192.43	496,470.00
	(小计)1				2,580.00	192.43	496,470.00
	总计				2,580.00	192.43	496,470.00

图 7-3-4 【销售成本明细账】窗口

拓展训练七

请根据拓展训练一至六完成的任务数据，对黑龙江鼎鑫商贸有限公司2022年1月份进行月末处理：

1.2022年1月31日，计提坏账准备。

2.2022年1月31日，结转期间损益。

3.进行供应链各子系统月末结账。

4.进行总账、应收款管理、应付款管理系统月末结账。

参考文献

1. 汤华东,李勉,董文婧.用友 ERP 供应链管理系统实验教程:U8.72(第 2 版).北京:清华大学出版社,2016
2. 李爱红.ERP 财务供应链一体化实训教程(用友 U8V10.1).北京:高等教育出版社,2016
3. 胡生夕,姜明霞.ERP 供应链管理系统(第二版).大连:东北财经大学出版社,2016
4. 牛永芹,刘大斌,曹芳林.ERP 供应链管理系统实训教程(用友 U8 V10.1 版).北京:高等教育出版社,2015
5. 李继鹏,董文婧,李勉.用友 ERP 供应链管理系统实验教程(U8 V10.1 版).北京:清华大学出版社,2014
6. 徐亚文,钟爱军.会计信息化实务.武汉:武汉大学出版社,2011